Robert Pelletier · Das Buch der Aspekte

Robert Pelletier

Das Buch der Aspekte

Hugendubel

Herausgeber der Reihe »Kailash-Buch«: Gerhard Riemann

Aus dem Amerikanischen von Erika Ifang

Die Originalausgabe erschien unter dem Titel »Planets in Aspect« bei Para Research, Inc., Rockport, Mass.

Dieses Buch ist meinen Eltern
Fred und Aline Pelletier gewidmet.

Umschlaggestaltung: Dieter Bonhorst, Germering
Produktion: Tillmann Roeder, Buchendorf
Satz: Fotosatz Otto Gutfreund, Darmstadt
Druck und Bindung: Wiener Verlag, Himberg

ISBN 3-88034-277-6

Printed in Austria

Dank

Ich möchte an dieser Stelle meinen Dank aussprechen für die Ermutigung, die mir von seiten meiner Freunde und meiner Schüler zuteil wurde und die mir den Ansporn gab, *Das Buch der Aspekte* zu schreiben. Zutiefst dankbar für ihre Unterstützung bin ich:

Doris Boucher, Gilbert Ferreira, Geri Giannandrea, Natalie Hanratty, Magdelyn Hayes, Claudette Olson, Marilyn Revelli.

INHALT

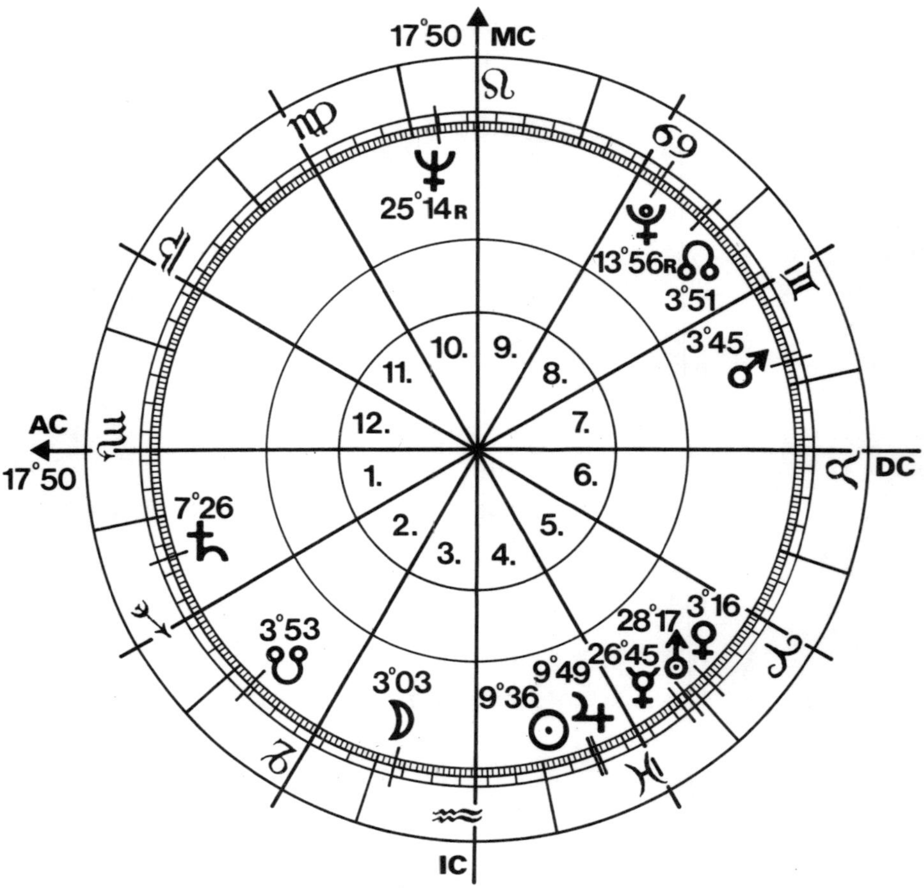

Geburtshoroskop von Robert Pelletier

Geburtsdatum:	Geburtsort:
28. Februar 1927	Dover, New Hampshire, USA
	Länge 70°53′ W.
Geburtszeit:	Breite 43°12′ N.
$23^h\ 20^m$ Normalzeit	
$3^h\ 20^m$ Greenwich-Zeit	Aszendent nach geozentrischer
$10^h\ 8^m\ 25^s$ Sternzeit	Breite berechnet

VORWORT

Welch ein Segen, dem reifen Werk eines geistvollen Mannes zu begegnen, der über mehr als ein Vierteljahrhundert Erfahrung als astrologischer Lehrer und Berater verfügt. Es ist mir wirklich ein Vergnügen, aller Welt kundzutun, daß Robert Pelletier hier ein Buch geschaffen hat, welches für jeden Astrologen – Anfänger wie Fortgeschrittenen –, der gut unterrichtet sein möchte, mit Sicherheit unentbehrlich werden dürfte. Er hat, wie ich meine, mit bewundernswertem Scharfblick ganze Arbeit dabei geleistet, seine auf langjähriger Erfahrung beruhenden Erkenntnisse über menschliche Charakterzüge und Lebensumstände in ein solides Gerüst traditioneller astrologischer Richtlinien einzufügen. Aller Voraussicht nach wird *Das Buch der Aspekte* als Standardnachschlagewerk Anerkennung finden und das Ansehen der Astrologie als psychologische, wissenschaftliche und metaphysische Disziplin steigern.

Da ich mich mit dem Thema der Planetenkombinationen eingehend befaßt habe, ist mir in besonderem Maße bewußt, wie schwierig es ist, die individuellen Wirkungsweisen der verschiedenen Planetenaspekte in Einklang zu bringen mit den Theorien darüber, wie diese Aspekte wirken *sollen*. Überdies kann sich ein und dasselbe Energiemuster eines Horoskops auf so vielen unterschiedlichen Ebenen manifestieren, daß man oft nicht weiß, welche Möglichkeit unter vielen man vorrangig in Betracht ziehen soll. Ich bin froh, daß der Autor davon Abstand genommen hat, eine unnatürliche Zweiteilung in »gute« und »schlechte« Aspekte vorzunehmen, und statt dessen lieber aufzeigt, wie sich latent vorhandene Aktiva und Passiva in ein größeres, wertfreies Bild einfügen.

Ein astrologisches Handbuch wie dieses zu schreiben ist außerordentlich schwierig, denn der Autor muß sich mit Menschen ganz unterschiedlicher Entwicklungsstufen auseinandersetzen. Wir alle wissen, daß jeden Tag überall in der Welt Tausende von Kindern mit im wesentlichen gleichen Horoskopen geboren werden, gleich zumindest im Hinblick auf die Planetenaspekte.

Dennoch wird jedes Kind seinen Anteil an kosmischer Energie in einzigartiger Weise nutzen. Wer kann schon voraussagen, ob die Marskräfte in der oberen Körperregion zum Beschreiten neuer spiritueller Pfade anregen oder ob sie in der unteren sexuelle Eroberungslust wecken – oder auch beides auf einmal! Wird ein bevorstehender Saturn-Transit den Leistungswillen stärken und auf das Wesentliche richten oder wird er eine Gefängnisstrafe heraufbeschwören?

Die Hauptarbeit des Astrologen besteht darin, den Standort des Horoskopeigners auf dem Weg der Evolution herauszufinden, und diese Erkenntnis kann nur durch Mobilisierung der Gottesgabe Intuition erlangt werden. Deshalb ist die Astro-Diagnose Kunst und Wissenschaft zugleich, ja eine heilige Kunst. Wer wie der Astrologe das Leben in einem größeren Zusammenhang sieht, empfindet Kunst und Wissenschaft in der Horoskopie als ebensowenig widersprüchlich wie Kunst und Wissenschaft in der medizinischen Diagnose. Erst aus der Ergänzung beider Komponenten entsteht das eigentliche therapeutische System.

In welchem Maße ist uns nun aber beschieden, auf planetarische Energien, die sich geltend machen, nach astrologischen Grundsätzen zu reagieren, wie sie in diesem und anderen Lehrbüchern dargelegt sind? Die meisten kundigen Astrologen nehmen an, daß ein Individuum in einem bestimmten Augenblick geboren wird, weil seine Seele oder sein unsterblicher Wesenskern freiwillig entscheidet, sich dem Strom der Lebensenergie anzuschließen, der durch einen begrenzten, aus Raum und Zeit gebildeten Durchlaß in die physische Welt fließt. Will man von dieser Annahme ausgehen, muß man sie allerdings wohl noch etwas modifizieren, um eine Antwort zu finden auf die hartnäckige Frage der Astro-Metaphysik: Inwieweit wählt sich ein Individuum sein Horoskop selbst und inwieweit nimmt das Horoskop Einfluß und formt den Menschen zu dem, der er ist?

Berücksichtigt die Seele bei ihrer Wahl wirklich jeden astrologischen Faktor oder ist die Persönlichkeit weitgehend das Produkt eines zum Zeitpunkt der Geburt aufgewirbelten Kräftepotentials? Oder entspricht vielleicht beides der Wahrheit? Ein Beispiel: Eine Frau kauft sich ein Kleid, weil es nach ihrer Meinung Exklusivität und Geschmack zeigt. Wenn sie es dann trägt, regt das Kostüm sie dazu an, die Rolle einer Aristokratin zu spielen.

Man sollte also, um die Frage zu beantworten, das Horoskop mit einer kompletten Garderobenausstattung vergleichen und nicht mit einem Sortiment verschiedener Stoffe. Wird ein Stück Stoff als Hemd zugeschnitten, gibt es Ärmel, Taschen und einen Kragen. Bekommt es den Schnitt eines Abendkleides, fallen Ausschnitt, Taille und Saum entsprechend aus. So ist trotz aller möglichen Stilvariationen der Grundschnitt der Kleidung durch ihre Funktion festgelegt.

Astrologisch gesehen, enthält jeder Augenblick des Zeitablaufs das Potential für einen speziellen Satz ganz bestimmter Charakteristika. Bei einer Konstellation, in der z. B. die Sonne im Widder und der Mond im Wassermann im Quadrat zu Mars steht, muß wohl auch alles andere miteinbezogen werden, was mit dieser Kombination zusammenhängt. So wird ein Astrologe, der das Verhalten einer solchen Widder-Persönlichkeit beobachtet, wahrscheinlich herausfinden, daß auch die Mehrzahl der Hunderte von mitwirkenden Faktoren wie Aspekte, Knoten, Halbdistanzpunkte, Transite und Progressionen sich bis zu einem gewissen Grade im gesamten Bereich des täglichen Lebens auswirken.

Jeder, der sich mit Astrologie befaßt, sollte einmal übungsweise annehmen, er sei eine Seele auf der Suche nach einer geeigneten Geburtszeit. Dabei geht er am besten davon aus, daß sich bereits ein passendes Elternpaar gefunden hat und daß er sich innerhalb von drei Jahren wiederverkörpern muß, wenn er mit einer sich gerade inkarnierenden Gruppe spirituell gesinnter Menschen Schritt halten will, um eine bestimmte Aufgabe zu erfüllen. Er muß nun zunächst die Ephemeriden der vor ihm liegenden Jahre eingehend studieren, bis er das Horoskop gefunden hat, mit dem er sich identifizieren zu können glaubt. Hierbei wird er merken, daß die Wahl eines Geburtshoroskops mit dem Einzug in ein Haus zu vergleichen ist: Wenn auch ein paar wesentliche Bedingungen erfüllt sind, müssen doch zahllose Kleinigkeiten mit in Kauf genommen werden, weil das Haus nun einmal so und nicht anders erbaut wurde. Anfangs hat man bei seinen Bemühungen die freie Wahl, aber was schließlich dabei herauskommt, hängt doch weitgehend davon ab, was konkret zur Verfügung steht.

Für ein Sonnenzeichen nach Wunsch muß man innerhalb eines bestimmten Zeitraums von dreißig Tagen geboren werden. Bei zusätzlicher Wahl des Mondzeichens beschränkt sich der Spielraum der Möglichkeiten sogar auf weniger als zweieinhalb Tage des Jahres, wobei der Stand der übrigen Planeten noch gar nicht in Betracht gezogen ist.

Das gleiche gilt für die Planetenkonstellationen. Läßt sich ein Individuum zur Erfüllung seiner Ziele auf ein Quadrat zwischen Merkur und Neptun ein, kommen gleichzeitig eine Menge anderer Aspekte zum Tragen. Ein Faktor zieht den andern nach, und so fallen die Fremdbestimmungen doch stärker ins Gewicht als die in freier Wahl gesetzten Prioritäten.

Ob nun das Selbst vom Horoskop oder umgekehrt das Horoskop vom Selbst bestimmt wird, ist eine ebensolche Frage wie die, ob Huhn oder Ei zuerst da war. Jede rationale Erklärung beginnt mit der Erkenntnis, daß sich Geist und Materie nicht ohne weiteres gleichsetzen lassen – und der Mensch ist aus beidem geboren. Generell wählt sich die Seele ihr Horoskop selbst aus, aber das Horoskop wiederum prägt durch die näheren Lebensumstände die Persönlichkeit. Gerade diese persönlichen Charaktereigenschaften jedoch legen womöglich fest, welche Art von Horoskop bei der nächsten Inkarnation gewählt wird.

Selbst wenn das Geburtshoroskop nicht in allen Einzelheiten den Absichten der Seele entspricht, so können doch auch die ungewollten Aspekte von Nutzen sein. Wir müssen nun einmal von dem Gebrauch machen, was uns zur Verfügung steht, und das kann uns eine Hilfe sein zu erkennen, wie die alltäglichen Vorkommnisse in ihrem Zusammenhang in ein Gesamtgefüge vielfältiger, scheinbar zufälliger Ereignisse verwoben sind. Es liegt in der Natur der Sache, daß erst alle erdenklichen Horoskope zusammengenommen ein vollständiges Ganzes bilden. Das heißt, jedes horoskopische Schema trifft in seiner verallgemeinerten Form auf eine ganze Reihe von Menschen rund um den Erdball zu. Einige Individuen innerhalb dieser Gruppe werden die höheren, positiveren Möglichkeiten der zugehörigen Aspekte ausschöpfen, andere vielleicht die niederen, eher negativen. Wieder andere haben möglicherweise so wenig persönliche Eigenart, daß sie vorwiegend auf das übergeordnete Horoskop ihrer Nation oder ihres Stammes reagieren.

So muß jeder von uns seine spezielle Aufgabe im kosmischen Plan erfüllen, der sichtbar am Himmel aufgezeichnet ist, auch wenn er den Geboten seiner eigenen Seele folgt. Ich zum Beispiel hatte oft das Gefühl, daß ich gut auf das kräftegeladene Quadrat von Mars und Uranus zu Mond und Pluto hätte verzichten können, und doch mußte ja im größeren Zusammenspiel auch für diese Kräfte die Möglichkeit bestehen, sich einen Weg zu bahnen. Wir alle können nicht einfach nur die eigenen Bedürfnisse befriedigen, denn wir sind gleichermaßen dem Universum verpflichtet, dem wir unser Leben verdanken. Wer weise ist, lernt diese beiden Erfordernisse miteinander in Einklang zu bringen.

In einer materiellen Form kann niemals die Fülle des geistigen Wesens erschöpfend zum Ausdruck kommen. So stimmt kein Horoskop je völlig mit den karmischen Aktiva und Passiva der Seele überein. Aber wahrscheinlich kann dieses Manko durch den »großen Computer am Himmel« wieder ausgeglichen werden, in dem die Akasha-Chronik gespeichert ist und der in seiner Verantwortung für alles, was im Universum geschieht, fortwährend neu programmiert wird.

Normalerweise hat jedes Individuum im Schatzkästlein seiner Verdienste genug gutes Karma angehäuft, das im Laufe einer bestimmten Lebensspanne durch das horoskopische Kräftefeld pulsieren kann. Wenn ein Mensch jedoch unaufhörlich egoistisch war, kann die Quelle seiner angesammelten Verdienste versiegen. Die belastenden Aspekte, die eine Zeit des Leidens und der Läuterung heraufbeschwören, mögen vielleicht mit einer Konfiguration aus Trigonen und Sextilen einhergehen, aber diese harmonischen Aspekte werden dann keine heilsame Wirkung ausüben können.

Eine Seele, die sich weiter vervollkommnet hat, kann durchaus gegen Ende des Kreislaufs der Wiedergeburten soviel negatives Karma aufgearbeitet haben, daß nichts mehr übrig ist, um die sogenannten unheilvollen Aspekte noch zu aktivieren. In diesem Fall ist die Quelle der potentiellen Widrigkeiten versiegt; sollte sich auch irgendein unheilbringender Aspekt wie beispielsweise ein Mars-Neptun-Quadrat vordrängen wollen, kann dennoch nichts Übles mehr geschehen. Hierin wie in allen anderen Dingen ist das Universum fair.

Mir scheint es jedenfalls, als variiere die Art und Weise, in der das Geburtshoroskop sein Füllhorn ausschüttet, je nach dem Reifegrad der Seele, die sich gerade einem bestimmten Planetenmuster angepaßt hat. Jeder Faktor eines Horoskops gleicht einer Pipeline oder einem Kanal, durch den eine ganz spezielle Qualität der universalen Urkraft hindurchströmt, und wir sind in Lebensführung und Verhalten abhängig von der Art der Kanäle, die wir einzurichten imstande waren.

Wie die einströmenden Energien der Planeten und Zeichen zum Ausdruck kommen, wird weitgehend vom Reifezustand der Seele bestimmt, und folglich hängt die Genauigkeit der jeweiligen astrologischen Auslegung letztendlich vom Einfühlungsvermögen des Interpreten ab. Er muß nach anfänglicher genauer Analyse eine Verbindung zwischen einer Vielzahl von verschiedenen Faktoren herstellen, und das alles unter Berücksichtigung des Reifegrades der betreffenden Person. Die Grundvoraussetzung dafür ist der tiefere Einblick in die Bedeutung der elementaren planetarischen Wechselwirkungen, wie sie in diesem Buch beschrieben sind. Der Leser des vorliegenden Buches der Aspekte dürfte dazu in der Lage sein, sowohl das subjektive Grundprinzip als auch die objektiven Regeln der Astrologie zu begreifen und bei jeder individuellen Interpretation nach diesen Regeln vorzugehen. Das Buch stellt hohe Ansprüche, was man von einem Großteil der populären astrologischen Literatur, die den Markt überschwemmt, nicht gerade sagen kann. Es liefert sowohl für den praktizierenden Astrologen, der auf ganz konkrete, allgemeinverständliche Weise mit den unterschiedlichsten Problemen umgehen muß, als auch für den Neuling, der einfach nur sich selbst verstehen lernen will, Informationen von unschätzbarem Wert. Manch einer, der dieses Buch liest, wird das Gefühl haben, Zwiesprache mit einem weisen, mitfühlenden Freund zu halten.

Das Buch der Aspekte wird all jenen eine Hilfe sein, die tiefer eindringen wollen in das Zusammenwirken von Mensch und Universum, in dem sich so sichtbar die göttliche Offenbarung in aller Herrlichkeit manifestiert. Möge es uns allen, die wir uns um ein Verständnis astrologisch-kosmischer Energien bemühen, Kraft zu fruchtbarer Zusammenarbeit geben!

Marcia Moore

PRAKTISCHE HINWEISE

Erste Voraussetzung für die Nutzung des in diesem Buch dargelegten Materials ist ein genau berechnetes Horoskop. Hauptanliegen des Buches ist es, eine detaillierte Darstellung aller wichtigen Winkelbeziehungen zwischen den einzelnen Planeten und zwischen den Planeten und dem Aszendenten des jeweiligen Horoskops zu geben. Diese Beziehungen heißen Aspekte, und behandelt werden diejenigen sechs Aspekte, die in der Horoskopanalyse als die wichtigsten gelten. Es gibt noch viele andere, aber ihre Wirkung ist nicht so bedeutungsvoll, daß sie hier aufgeführt werden müßten.

Neben dem Inhaltsverzeichnis ist sicherlich das Sichtregister am Buchseitenrand von Nutzen. Obwohl es sich um astrologische Symbole handelt, sollte man sich mit ihnen vertraut machen, um die einzelnen Aspekte jederzeit schnell nachschlagen zu können. Aspekte, die astronomisch unmöglich sind oder in diesem Jahrhundert nicht vorkommen, finden keine Erwähnung.

Was ist ein Aspekt?

Ein Aspekt ist die Winkelbeziehung zwischen zwei Punkten innerhalb der 360° des Tierkreises. Alle Planeten in einem Horoskop liegen innerhalb des Tierkreises, und der Winkel zwischen zwei beliebigen Planeten, in Gradzahlen angegeben, wird Aspekt genannt. Auf die Gradzahl kommt es an, denn jeder Winkel hat eine bestimmte Bedeutung. Wenn zwei oder mehr Planeten auf demselben Grad stehen, so wird das als Konjunktion bezeichnet. Wenn zwei Planeten innerhalb des Tierkreises 60° voneinander getrennt sind, bilden sie den Sextil-Aspekt. Liegen 90° dazwischen, handelt es sich um den Quadrat-Aspekt, usw. Der Winkelabstand von einem Planeten zu anderen neuralgischen Punkten im Horoskop, beispielsweise zum Aszendenten, wird ebenfalls Aspekt genannt. Der Aszendent ist der im Augenblick der Geburt im Osten aufsteigende Punkt des Tierkreises.

Hier die in diesem Buch kommentierten Aspekte mit Namen und dazu die entsprechenden Gradzahlen und Symbole:

Aspekt	*Entfernung in Graden*	*Symbol*
Konjunktion	0°	☌
Sextil	60°	⚹
Quadrat	90°	□
Trigon	120°	△
Quinkunx	150°	⚻
Opposition	180°	☍

Wenn man den Aspekt bestimmen will, muß man der Berechnung stets den kürzesten Abstand zwischen zwei Planeten zugrunde legen. Demzufolge beträgt kein Aspekt im Tierkreis mehr als 180°, denn das ist die größte Entfernung, die zwei Punkte auf einem Kreis voneinander haben können. Angenommen, ein Planet steht in 0° Widder und ein anderer in 0° Skorpion, dann sind sie in der zeitlichen Aufeinanderfolge des Tierkreises 210° auseinander, nämlich sieben Zeichen von je 30°. Die kürzeste Entfernung jedoch beträgt 150°, beziehungsweise fünf Zeichen von je 30°, und das heißt, der diese beiden Planeten verbindende Aspekt ist der Quinkunx.

Es kommt gelegentlich vor, daß *genau* die Anzahl von Graden zwischen zwei Planeten liegen, die den Aspekt kennzeichnen, doch ist das höchst selten der Fall. Die Abweichung vom genauen Winkel aber wird als Orbis bezeichnet. Planetenpositionen, die bis zu ±6° vom exakten Winkel eines Aspekts abweichen, werden noch als miteinander im Aspekt stehend gewertet. Wenn Sonne, Mond oder Aszendent mitbeteiligt sind, vergrößert sich der Orbis um weitere 2° auf ±8°. Für den Quinkunx-Aspekt gilt ein Orbis von nur 3°.

Alle Aspekte werden unter dem von der Erde aus sichtbaren Winkel gemessen. Da Merkur und Venus näher bei der Sonne stehen als die Erde, können sie nur bestimmte Winkelbeziehungen zur Sonne eingehen. Merkur kann mit der Sonne keinen anderen Aspekt als die Konjunktion bilden, denn die beiden Himmelskörper sind nie weiter als 28° voneinander entfernt. Venus, die nie mehr als 48° Abstand von der Sonne hat, vermag mit ihr lediglich die Aspekte Konjunktion, Halbsextil (30°) und Halbquadrat (45°) zu formen. Die beiden letztgenannten Aspekte werden in diesem Buch nicht erörtert.

Sobald die Winkelbeziehungen zwischen allen Planeten und zwischen den Planeten und dem Aszendenten ermittelt sind, wird eine Übersicht aller dabei gefundenen Aspekte aufgestellt. Am besten nimmt man eine Einteilung nach Aspekt-Typen vor und faßt einmal die Konjunktionen zusammen, dann die Sextile, und weiter die Quadrate, Trigone, Quinkunxe und Oppositionen. In diese Rubriken werden nun alle Aspekte in der nachstehenden Reihenfolge eingetragen: Sonne, Mond, Merkur, Venus, Mars, Jupiter, Saturn, Uranus, Neptun, Pluto, Aszendent. Wenn man beispielsweise ein Sextil zwischen Jupiter und Merkur hat, ist Merkur als der schnellere der beiden Planeten derjenige, der den Aspekt »ausmacht«. Er ist nach dem Sichtregister im Abschnitt *Sextile* unter »Merkur Sextil Jupiter« zu finden. Als »Jupiter Sextil Merkur« kommt er nicht vor, weil Jupiter nach der oben angegebenen Ordnung nur mit Saturn, Uranus, Neptun, Pluto und dem Aszendenten selbst Aspekte bildet.

Wer die Berechnung des Horoskops nicht selber durchführen will, kann die Arbeit durch einen Computer erledigen lassen. (Einen solchen Service bietet z. B. an: ASTRODATA AG, Lindenbachstraße 56, CH-8042 Zürich.)

EINLEITUNG

Die Planeten: Triebkräfte des Verhaltens

Um von diesem Buch sinnvoll Gebrauch machen zu können, muß man sich unbedingt erst einmal mit der Natur eines jeden Planeten und seiner Beziehung zum Seelenleben des Menschen befassen und sie zu verstehen suchen. Vielleicht haben die Planeten tatsächlich einen direkten Einfluß auf das menschliche Verhalten, ja überhaupt auf alles, was auf der Erde geschieht – aber jedenfalls ist die Astrologie ein gutes Mittel, zu einem tieferen Verständnis des Menschen, seiner Möglichkeiten und seines Schicksals zu kommen. Das Buch will sich jedoch keineswegs in die Kontroverse zwischen den Befürwortern planetarischer Einwirkungen und den Befürwortern solcher Einflüsse einschalten, wie sie C. G. Jung sehr überzeugend in seiner Arbeit »Synchronizität als Prinzip akausaler Zusammenhänge«* darstellt.

Sonne und Mond werden zwar in der astrologischen Fachsprache als »Lichter« bezeichnet, in diesem Buch aber der Einfachheit halber als Planeten betrachtet und den echten Planeten gleichgestellt. Jeder Planet repräsentiert eine besondere, einzigartige Bewegkraft für das Verhalten, die sich auf allen Seinsebenen – der physischen, emotionalen, spirituellen und geistigen – auswirkt. Die Rollen, die die Planeten jeweils spielen, ergeben in ihrem Zusammenhang ein überaus kompliziertes Gefüge. Deshalb muß man sie erst einmal einzeln genau kennen, ehe man darangeht, die Variablen, die sie in den Raumkonfigurationen der Aspekte verkörpern, zu einer Synthese zu führen. Ohne diesen Einblick ist der Versuch einer Synthese zwecklos. In Verbindung mit den Aspekten formieren sich die planetarischen Kräfte zu Wirkungen und Zusammenhängen ganz bestimmter Art. Wesen und Wirkungsweise der Planeten sind die Bausteine, von denen eine genaue Analyse ausgehen muß und die abschließende Synthese abhängt.

Die Zeichen, in denen die Planeten stehen, nehmen ebenfalls einen Einfluß, der mitbewertet werden muß, aber das soll an anderer Stelle untersucht werden. In diesem Buch geht es nur um die Einwirkung der

---

* C. G. Jung und W. Pauli, *Naturerklärung und Psyche,* Zürich 1952, 1–107

Planeten und darum, welche Bedeutung die verschiedenen Aspekte haben und in welcher Form sich diese Bedeutung auf das Wesen der Planeten überträgt, die einen Aspekt bilden.

☉

Die *Sonne* repräsentiert das Ich, die Individualität, den Willen, die Suche nach dem tieferen Sinn und den bewußten Persönlichkeitsanteil. Sie zeigt in erster Linie an, was ein Mensch in seinem Dasein zu erreichen sucht. Sie symbolisiert die treibende Kraft, alle Möglichkeiten aggressiv auszuschöpfen und sich alle verfügbaren Quellen nutzbar zu machen. Die Sonne, Sinnbild für den aus dem Lebenswillen genährten Schaffensdrang, weist auf die Zukunft hin, in der das Selbst die Möglichkeit hat, sich seiner Idealvorstellung gemäß zu realisieren. In diesem Sinne hat sie viel mit dem Schicksal zu tun. Planeten im Aspekt zur Sonne verheißen geballte Energie und Schöpferkraft, denn die Sonne verleiht den mit ihr im Bunde stehenden Planeten ihren Unternehmungsgeist.

☽

Der *Mond* stellt den unbewußten Persönlichkeitsanteil, die Palette der Gewohnheiten und Triebe dar. Er repräsentiert die sich ständig wandelnde Persönlichkeit, die auf Einflüsse von außen anspricht und reagiert. Die Gefühle und Stimmungen eines solchen Menschen stehen auf Grund überkommener Verhaltensmuster stets im Widerspruch zu seiner schöpferischen Selbstverwirklichung. Leicht verwundbar, wie er ist, sucht er Schutz vor aggressiven Einflüssen. Der Mond steht für den Herdeninstinkt, das Gefühl, nur unter vielen andern sicher zu sein. Zu seinem Wirkungsbereich gehört die Vergangenheit, er weckt die Sehnsucht nach längst Vergangenem und bewirkt den Hang zu Traditionsgebundenheit. Er repräsentiert das Verlangen danach, erwünscht zu sein, das emotionale Sicherheitsbedürfnis. Unter seinem Einfluß fühlt sich ein Mensch zu Dingen hingezogen, die Aufmerksamkeit erfordern, und zu schutzbedürftigen Menschen. Mehr noch als die romantische Liebe versinnbildlicht der Mond die mütterliche Liebe und die besitzergreifende Zuneigung, die nach emotionaler Absicherung strebt.

☿

Merkur, der die intellektuellen Fähigkeiten repräsentiert, deutet auf Neugier und den Drang hin, sich alles Wissenswerte anzueignen. Er befähigt dazu, alle durch den Mond aufgenommenen Informationen einzustufen und zu klassifizieren. Er aktiviert das Urteilsvermögen, so daß jede Erfahrung ihre Bedeutung erhält und als Erinnerung gespeichert werden kann. Unter dem Einfluß von Merkur lassen sich Probleme mittels deduktiver Logik erklären und lösen. Aber wenn er auch das Tor zum Verstand ist, führt er dennoch nicht in die Tiefe. Er regt zwar das Denken an, aber nicht die Nachdenklichkeit; er stimuliert den Wissensdurst, ohne zu enthüllen, wie vom gewonnenen Wissen Gebrauch gemacht werden kann. Er bringt die Außenwelt ins Bewußtsein und gleichzeitig die Erkenntnis, davon getrennt zu sein. Merkur verkörpert gleichsam eine Linse, durch die alle Erfahrungen gebündelt werden, damit sie inhaltlich verglichen und katalogisiert werden können, um in Zukunft abrufbar zu sein. Am Anfang einer jeden Beziehung steht normalerweise die Kommunikation, und auch hierauf nimmt dieser Planet Einfluß.

♀

Venus verkörpert die Anpassungsbereitschaft, die das Eingehen einer Beziehung erleichtert. Sie ist einer Hand vergleichbar, die in der Hoffnung ausgestreckt wird, daß jemand sie ergreift und drückt. Unter dem Einfluß dieses Planeten zeigt sich der Mensch von seiner besten Seite, und sei es auch nur in Erwartung einer ähnlichen Reaktion beim Gegenüber. Venus steht für Empfindsamkeit und Zuneigung, Verständnis und Entgegenkommen, Vervollkommnung und Schönheit. Sie repräsentiert das Verlangen nach Gemeinsamkeit, das entweder durch persönliche Beziehungen oder auch durch soziale Kontakte gestillt werden kann. Sie läßt ein behagliches, sorgenfreies Leben als wünschenswert erscheinen, wobei die finanzielle Sicherheit eine bedeutende Rolle spielt. Venus stellt auch den Sinn für erlesene Kunstwerke und gute Musik, für ein behagliches Heim mit schönen Möbeln und für leckeres Essen im Überfluß dar. Sie deutet auf aktive Teilnahme am Gesellschaftsleben hin, durch die das Bedürfnis befriedigt wird, unter Leuten zu sein.

Mars ist die Antriebskraft für das Ich, dessen Herrscher die Sonne ist. Er repräsentiert die Überreste der animalischen Natur des Menschen, die diesen dazu bringt, sich auf aggressive Art durchzusetzen und Schwächere zu unterdrücken. Mars verkörpert die typisch männliche Überlegenheit, die allerdings bei beiden Geschlechtern anzutreffen ist. Er steht eher für ein ausgeprägtes Geltungsbedürfnis als für Willenskraft, für ständiges Ausschauhalten nach Konkurrenten, die eine Herausforderung darstellen. Ihm entspricht die Kraft in der Natur, die nur die Stärksten überleben läßt und damit die Evolution zur Vollendung führt, ohne daß eine Absicht dahinter stünde. Er regiert das Triebleben, das für die Arterhaltung lebenswichtig ist. Dadurch spielt er im Tierreich eine überragende Rolle. Wird der Trieb aus Selbstsucht entstellt, äußert er sich oft derb und vulgär. Der Marsbeeinflußte widersetzt sich hartnäckig jeglicher Vernunft und Logik, er handelt lieber blindlings und denkt später erst nach, wenn überhaupt. Mars, die trennende Kraft, bringt Dissonanzen in die Harmonie, um daraufhin den Einklang wiederherstellen zu können. Auf diese Weise wird eine gewisse Teilnahmslosigkeit überwunden, die Entwicklung und Wachstum hemmt. Er schafft Unordnung, die seinen polaren Gegenpart, Venus, dazu veranlaßt, wieder für Ordnung zu sorgen, und dadurch entsteht eine endlose dynamische Kette von Aktion und Reaktion.

Jupiter symbolisiert die hohen Erwartungen auf die Erfüllung aller großen Hoffnungen in der Zukunft. Er steht für die höheren Geisteskräfte, die darauf ausgerichtet sind, den Sinn des Lebens über die physischen Erscheinungsformen hinaus zu begreifen. Jeder Prozeß, der die Entwicklung und Erweiterung des Bewußtseins vorantreibt, bekommt durch ihn spirituelle Bedeutung, und es wird zwischen recht und unrecht unterschieden. Jupiter verkörpert das begierige Streben nach der Unsterblichkeit im paradiesischen Schangri-La, die an die Stelle des harten physischen Überlebens treten soll. Dergestalt entfacht er religiösen Eifer und ausgesprochene Freude an einem reichen und erfüllten Leben. Er vertieft das Interesse an Philosophie und Bildung und repräsentiert den Sinn für Etikette und Sozialverhalten. Ambitionen werden verstärkt, oft mit der Tendenz, über die eigenen Kräfte zu gehen. Negativ drückt sich dieser

Planet in der Erwartung aus, belohnt zu werden, ohne etwas dafür zu tun, was bei manchen Menschen dazu führt, sich dem Spiel hinzugeben oder Ränke zu schmieden, um sich ihre Wünsche zu erfüllen. Jupiter steht für die Überzeugung, daß kaum ein Fehlschlag zu befürchten sei und daß jede Art von Zwang unerträglich ist.

♄

Saturn bedeutet Weiterentwicklung im persönlichen Werdegang. Er repräsentiert die Einsicht, daß Belohnung nur auf persönlichen Einsatz und Verantwortlichkeit zurückzuführen ist. Er öffnet die Augen für die Wirklichkeit und bringt den Menschen dazu, die Bürde seiner Pflichten willig auf sich zu nehmen. Unter seinem Einfluß gründen sich Urteile auf Erfahrung. Saturn läßt die Furcht vor dem Unbekannten zurücktreten, die nur allzuoft zu mangelndem Zutrauen führt und die Entwicklung hemmt. Wenn das Vertrauen einmal wiedergewonnen ist, glaubt der betreffende Mensch an sein Wachsen und Werden und vermag Projekte zu realisieren, die im Grunde schon immer abrufbereit in ihm schlummerten. Das Gefühl des Freiseins wird nicht länger durch die Angst vor der eigenen Unzulänglichkeit eingeschränkt. Saturn setzt Prioritäten, damit die persönlichen Fähigkeiten zielstrebig zur Entwicklung kommen können. Wenn er sich negativ auswirkt, kommt es zu Pessimismus und Fehlschlägen. Erscheint die Last der Verantwortung allzu schwer, wird die Zuversicht so gedämpft, daß selbst die kleinste Anstrengung Mühe macht. Darum ist Selbstdisziplin unumgänglich, denn nur sie gewährleistet, daß sich der Einsatz auch immer lohnt. Darüber hinaus besteht die absolute Notwendigkeit, sich an die Gesetze der Natur zu halten, um denen überlegen zu sein, die das nicht tun, denn die Evolution zeigt, daß der Besserangepaßte überlebt. Saturn repräsentiert die Weisheit, die aus der überlegten Anwendung von Kenntnissen resultiert.

♅

Uranus stellt das individuelle Bedürfnis nach Freiheit von bindender Verantwortung dar. Er symbolisiert die Teilhabe am kollektiven Bewußtsein und das Beharren darauf, daß jeder ohne Ausnahme die Gelegenheit haben muß, sein Schicksal selbst in die Hand zu nehmen. Uranus repräsentiert die Ablehnung, sich je einem Meister zu unterwerfen, den man nicht selbst gewählt hat. Unter seinem Einfluß zeichnet sich eine Entwicklung ab, die über physische Grenzen hinaus zu neuen Dimensionen und Wirklichkeiten führt, wo der innere Geist zur Ruhe kommen soll. Konventionen und Traditionen werden als einengend verworfen, weil sie die Individualität zu stark beschränken. Uranus wirkt am stärksten in Situationen, in denen der Verstand unvoreingenommen, gerecht und wahrhaftig operieren kann. Im Verhalten gegenüber der Öffentlichkeit treten Genialität und Originalität zutage, man hält zwar Abstand, zeigt aber doch aufrichtiges Interesse. Worauf es hier ankommt, ist die Entwicklung des geistigen Bereichs, die Veränderung geltender sozialer Verhaltensweisen mit dem Ziel, wahre Freiheit und echten Fortschritt zu erlangen. Im Privatleben repräsentiert Uranus die Vorliebe für Neuheiten und für Originelles. Reiner Materialismus jedoch wird verabscheut, weil er die Entwicklung hemmt. Der negative Einfluß von Uranus äußert sich in Anarchie, Fanatismus, Überspanntheit, Egozentrik und in der anmaßenden Zurschaustellung von Macht und Autorität. In diesem Fall wird gegen jede Art von Autorität rebelliert – zu Hause, in Jugendgruppen, in Schule und Beruf, gegen die Gesellschaft und ihre Normen oder gegen die Regierung und ihre gewählten Vertreter. Wirkt sich dieser Einfluß hingegen positiv aus, entwickelt sich daraus ein wahrhaft spirituelles Interesse an der Befreiung der Gesellschaft aus den Ketten der Unwissenheit.

♆

Neptun symbolisiert den Antrieb, durch den aus dunklen Schuldgefühlen und einem inneren Verantwortungsgefühl heraus soziale Verpflichtungen übernommen werden. Der Betreffende hat das unbestimmte Gefühl, der Gesellschaft dienen zu müssen, und so wandert er ziellos umher in der Hoffnung, von seiner inneren Unruhe erlöst zu werden. Neptun macht überaus empfindlich für die Ungerechtigkeit, die darin besteht, daß große Teile der Gesellschaft in ein Netz von ungünstigen Verhältnissen verstrickt sind. Er steht für das Unbewußte, die Sympathie, das Einfühlungsvermögen, den Sinn für Ästhetik, für Zukunftsträume, Rhythmus, Einbildungskraft und Poesie. Er verkörpert die Musikalität, das Vorstellungsvermögen und das Seelische, aber auch Spinnerei, romantisierende Erotik und sklavische Abhängigkeit. Wenn Neptun positiv zum Ausdruck kommt, bewirkt er meist Aufgeschlossenheit für schöpferische Leistungen auf höchstem Niveau. Er begründet die innere Bereitschaft, einen Ausgleich für die dekadenten, drückenden Verhältnisse innerhalb der Gesellschaft zu schaffen. Im Chaos der äußeren Lebensumstände die Ordnung wiederherzustellen, wird als innere Befriedigung empfunden.

Neptun weckt das Interesse an Mitarbeit in sozialen Einrichtungen, die sich mit Kriminellen, mit geistig-seelisch gestörten oder erblich belasteten Menschen befassen. Darüber hinaus wird die Aufmerksamkeit auch auf religiöse Institutionen gelenkt und Betätigung im geistlichen Bereich gesucht. Alles in allem wird der betreffende Mensch dazu angeregt, einem Leben mit sozialen Ambitionen nachzugehen, in der Hoffnung, dabei seine Schuldgefühle über die Existenz der bestehenden Verhältnisse zu verlieren.

♇

Pluto versinnbildlicht den Drang, sich den Belangen eines im Werden begriffenen sozialen Gefüges zu opfern, beziehungsweise alles daranzusetzen, die Art der betreffenden Entwicklung selbst zu bestimmen. Er hat damit zu tun, wie subtile individuelle Energiequellen zu einem riesigen Energiepotential verschmolzen werden. Pluto steht für die Macht, mit der große Organisationen kraft ihres wirtschaftlichen Potentials das Schicksal der Menschheit lenken können. Er beschreibt die schrecklichen politischen, religiösen und soziologischen Umbrüche, die in wiederkehrenden Abständen zu einer Überprüfung jener Werte führen, von denen der Mensch sich bis dahin leiten ließ. Wird diese Kraft positiv genutzt, werden die parasitären Auswüchse ausgemerzt, die sonst die davon befallene Menschheit zerstören würden. Bei negativer Nutzung hingegen wird sie zur um sich greifenden Bösartigkeit, die den Menschen fast auf die Stufe seiner einstigen animalischen Natur zurückwirft. Pluto repräsentiert also sowohl die Entwicklung aller Mitglieder der menschlichen Gesellschaft als auch die Zerstörung durch einzelne, die die Gesellschaft aussaugen, um ihren ureigenen Machthunger zu stillen.

Die Orben der Aspekte

Das Orbis-Phänomen hat schon von jeher Verwirrung gestiftet. Über nichts anderes gehen die Meinungen so weit auseinander, außer vielleicht noch über die Methode der Häuserbestimmung im Horoskop. Selbstverständlich muß es Regeln geben, nach denen die Genauigkeit der Aspektwinkel festgelegt wird. Bisher war es allgemein üblich, der Konjunktion, dem Quadrat, dem Trigon und der Opposition einen Orbis von 8° zuzuordnen, dem Sextil 4° und dem Quinkunx 2°. Sind Sonne oder Mond an einem dieser Aspekte beteiligt, werden zusätzliche 2° bewilligt.

Wir wollen uns jedoch nicht auf eine solche Orbis-Definition festlegen, wie wir uns auch nicht an die Lehrmeinung halten, daß ein Punkt existiert, an dem mit einiger Sicherheit eine Wirkung beginnt oder endet. Lieber vergleichen wir die Wirkung der Aspekte mit dem Geräusch eines herannahenden Flugzeugs: Das Geräusch wird von dem Augenblick an, wo es zuerst zu hören ist, ständig stärker, ist am lautesten, wenn das Flugzeug genau über einem ist, und wird in dem Maße wieder schwächer, wie das Flugzeug in der Ferne verschwindet. Dieser Eindruck kann nun zwar durch den Lärm einer in der Nähe vorbeifahrenden Lokomotive verwischt werden, aber das ändert nichts am Geräusch oder der Wirklichkeit des vorüberfliegenden Flugzeugs. Nur hat es das Gehör ungleich schwerer und ist kaum in der Lage, die einzelnen Geräusche gegeneinander abzugrenzen. Wir sind also dazu übergegangen, allen Aspekten einen Orbis von 6° zuzuordnen, mit Ausnahme des Quinkunx, für den wir einen Orbis von 3° gelten lassen. Sind Sonne, Mond oder Aszendent an einem Aspekt beteiligt, erweitern wir den Orbis auf 8°, außer beim Quinkunx, wo wir es bei 3° belassen. Doch selbst bei dieser Orbis-Bestimmung bleiben wir offen für die sich allmählich abschwächende Wirkung einer Planeten-Konstellation. Andererseits haben wir jedoch ganz entschieden etwas gegen eine allzu laxe Anwendung dieser Theorie, bei der alles mögliche in einen Aspekt »hineingelesen« wird. Es gibt tatsächlich Astrologen, die mit so großen Orben rechnen, daß der betreffende Aspekt gleichwohl Quadrat oder Trigon sein kann! Das halten wir für unverantwortlich und völlig unhaltbar. Der Astrologe muß anhand der auftretenden Variablen ein genaues Urteil fällen können.

Jeder einzelne Faktor in einem Horoskop ist unauflöslich mit jedem andern verknüpft, und diese Beziehungen muß man berücksichtigen. Es kommt gelegentlich einmal vor, daß Faktoren auftreten, die anscheinend keinerlei Beziehung zu anderen Konstellationen im Horoskop haben. Selbst in solchen Fällen besteht aber normalerweise doch ein Zusammenhang mit dem übrigen Horoskop. Insgesamt bildet das Horoskop trotz der verschiedenen Einzelteile immer ein vollständiges Ganzes.

Wir nehmen an, daß ein Aspekt schon wirksam zu werden beginnt, wenn der aspektbildende Planet noch 6° vor dem Punkt steht, der den betreffenden Aspekt genau definiert, wobei wir zugeben müssen, daß ein Aspekt in manchen Fällen schon eine Wirkung hat, auch wenn die Planeten noch durch einen größeren Orbis voneinander getrennt sind. Letztendlich liegt es im Ermessen des Lesers, zu bestimmen, ob noch eine spürbare Wirkung da ist, wenn die Orbisweite der Planeten überschritten ist. Jedenfalls ist die Wirkung der Planeten um so merklicher, je »enger« der Aspekt ist (das heißt, je größer der Genauigkeitsgrad ist), und jeder muß selbst entscheiden, wie weit er das Einflußgebiet abstecken will.

Besondere Aufmerksamkeit ist jenen Planeten zu widmen, die die genauesten Aspekte bilden. Sie sind außerordentlich wichtig und überspielen die Wirkung von Planeten, die weniger exakte Aspekte formen. Am besten versucht man ein Maß dafür zu ermitteln, wie sich die Wirkung proportional abschwächt, wenn die Planeten sich immer weiter vom Punkt größter Genauigkeit entfernen. Manchmal müssen auch größere Orben zugrundegelegt werden, weil gerade kein Planet einen Aspekt innerhalb der genauen Orbisweite bildet. Man sollte einmal im eigenen Horoskop prüfen, ob nicht vielleicht ein den zulässigen Orbis überschreitender Aspekt tatsächlich von Bedeutung ist, indem man den zugehörigen Text liest und sich beim Lesen nicht auf die Aspekte beschränkt, die innerhalb der vorgeschlagenen Orben von 6° liegen. Diese Übung wird Ihnen herauszufinden helfen, wie flexibel Sie bei der Deutung der Aspekte in den Horoskopen anderer Leute sein können.

In einem Horoskop ist der engste Aspekt der wichtigste und meist der für den Horoskopeigner charakteristischste. In diesem Zusammenhang ist sicher anzuraten, sich das von Stephen Erlewine zusammengestellte Buch *The Circle Book of Charts* (Horoskope berühmter Persönlichkeiten) anzuschaffen und dazu ein gutes biographisches Lexikon wie: *Die Großen der Welt,* hrsg. v. G. Popp, Arena-Verlag, Würzburg. Mit Hilfe dieser beiden Werke kann man die jeweils vorliegenden Horoskope gut überprüfen. Es ist relativ einfach, aus dem darin vorgegebenen Material eine Liste der klarsten Aspekte und der aspektbildenden Planeten zusammenzustellen. Dann ist man gut gerüstet, um die Wirkung von Aspekten in Relation zur Orbisweite der Planeten zu beurteilen. Das Studium der Astrologie ist viel leichter, wenn man die richtigen Hilfsmittel benutzt.

Planeten-Protokoll

Ein Aspekt wird stets von dem sich schneller bewegenden Planeten gebildet, außer bei Transiten, wo der in Bewegung befindliche Planet Aspekte mit Planeten bildet, deren Position im Geburtshoroskop feststeht.

Das »Planeten-Protokoll« richtet sich nach der relativen Geschwindigkeit der Planeten bei ihrem Lauf um die Sonne. Für das Geburtshoroskop gilt die nachstehende Reihenfolge: Mond, Merkur, Venus, Sonne, Mars, Jupiter, Saturn, Uranus, Neptun und Pluto. Folglich bildet der Mond Aspekte zu allen Planeten, Merkur zu allen Planeten außer dem Mond, Venus zu allen Planeten außer dem Mond und Merkur usw. Sind z. B. Mars und Neptun an einem Aspekt beteiligt, kommt die für den Aspekt charakteristische Kraft von Mars. Die Beschreibung des betreffenden Aspekts findet sich unter der Überschrift des jeweiligen Aspekt-Typs, das heißt, Mars-Quadrat-Neptun steht unter *Quadrate* in dem Abschnitt, der die von Mars gebildeten Quadrate behandelt. Bei den von Neptun geformten Quadraten ist es hingegen nicht zu finden.

Nun ist zwar der aspektbestimmende Planet die aktive Kraft, aber es ist doch der langsamere Planet, zu dem er im Aspekt steht, der seinen Einfluß auf den schnelleren geltend macht. Ich kann aus Erfahrung sagen, daß sich der schnellere, rangniedrigere Planet dem langsameren Planeten, der einen höheren Rang einnimmt, unterordnet. Bis auf eine gewisse Abschwächung wird der schnellere Planet im allgemeinen wenig tun, um den Einfluß des langsameren Planeten zu verändern, zu dem er im Aspekt steht. Die persönlichen Planeten – Sonne, Mond, Merkur, Venus und Mars – sind besonders anfällig für den Einfluß der übrigen fünf Planeten – Jupiter, Saturn, Uranus, Neptun und Pluto. Es war meines Wissens Dane Rudhyar, der diesen Ablauf einmal als »anbrandende und abebbende Gezeiten« bezeichnete, das heißt, der Mensch überstürzt sich im Ausschöpfen seiner Möglichkeiten und wird schließlich doch gezwungen, sich der harten Disziplin zu beugen, die unbekannte Faktoren seiner Außenwelt aufstellen. So durchläuft er einen Läuterungsprozeß und erreicht immer höhere Stufen der Vollendung.

Richtlinien zur Auswertung der Aspekte

Es wäre natürlich bequem, wenn man die Aspekte genau so interpretieren könnte, wie im nachstehenden Text vorgegeben. Aber das geht leider nicht, weil der Mensch ein kompliziertes Wesen und die Deutung der Aspekte in einem Horoskop eine verwickelte Sache ist. Der Astrologe selbst erschwert diese Dinge, dabei kann man sie sich erleichtern, indem man sich an gewisse Richtlinien hält. Wer die hier gelieferten Informationen verwerten lernt, wird das bald merken.

Voraussetzung für eine Synthese ist nicht allein die Kenntnis der Eigenarten der einzelnen Planeten, sondern auch der Wesensart der Aspekte, die sie miteinander verbinden. Der Aspekt bestimmt die Verhaltensweisen, durch die sich ein Planet manifestiert, über die von dem Planeten selbst geschaffenen Bedingungen hinaus.

Am einfachsten ist es, die Aspekte im Zusammenhang mit den korrespondierenden Tierkreiszeichen zu sehen, mit denen sie identifiziert werden können. Die Planeten, die über die Zeichen im Tierkreis (beginnend mit Widder) herrschen, übertragen ihre Besonderheit wie folgt auf die Aspekte: Auf Widder folgt 60° weiter Zwillinge und 60° in umgekehrter Richtung Wassermann. Somit hat der Aspekt *Sextil* die Charakteristika von Zwillingen und Wassermann. Ferner hat das Sextil etwas mit den Eigenheiten der ihnen zugeordneten Häuser, des dritten und elften Hauses, zu tun, und darüber hinaus noch mit den Planeten Merkur und Uranus, den Herrschern dieser Zeichen und Häuser. Das *Quadrat* hat die Eigenschaften von Krebs und Steinbock, die beide 90° von Widder entfernt liegen. Es ist wesensverwandt mit Mond und Saturn, die über diese Zeichen herrschen, und hat zudem einen Bezug zum vierten und zehnten Haus, weil diese Häuser mit den betreffenden Zeichen verbunden sind. Auch die andern Aspekte werden in gleicher Weise herausgearbeitet. Mag diese Methode auch kompliziert erscheinen, enthüllt sie doch nur die komplexe Natur des Menschen und liefert dem Astrologen eine Vielzahl an Informationen, mit deren Hilfe er die in Aktion tretenden Planeten detailliert und umfassend analysieren kann.

Bei der Ausdeutung der Aspekte muß unbedingt das Planeten-Protokoll berücksichtigt werden. Der schnellere Planet bildet immer den Aspekt zu dem langsameren. Man geht davon aus, daß der langsamere Planet, einmal abgesehen von seiner Position im Tierkreis, am Aszendenten steht und der schnellere das Haus besetzt, das seiner Position im Tierkreis entspricht. Dann steht der aspektbildende Planet im Falle eines *Trigons* (120°) entweder im fünften oder im neunten Haus. Es liegt auf der Hand, daß dieser Aspekt in sich die Eigenheiten von Mars (erstes Haus/Aszendent), Sonne (fünftes Haus) und Jupiter (neuntes Haus) vereint.

Die Planeten in dieser Konstellation behalten zwar ihre jeweilige Wesensart, aber in der Gesamtwirkung macht sich doch auch die Natur von Mars, Sonne und Jupiter sowie die Eigenart geltend, die normalerweise dem ersten, fünften und neunten Haus zugeschrieben wird.

Wir haben auch den Quinkunx zu den wichtigen Aspekten gezählt, denn ihm kommt die gleiche Bedeutung zu wie der Konjunktion, dem Sextil, dem Quadrat, dem Trigon und der Opposition. Die Erfahrung hat uns gelehrt, daß die in diesem Aspekt vereinten Planeten beim Menschen stets eine Überreaktion hervorrufen in bezug auf die hochgesteckten Erwartungen anderer und die damit verbundenen Opfer. Außerdem zeigt dieser Aspekt auf, wie ein Mensch sich auf Grund erworbener Kenntnisse zu Höchstleistungen aufzuschwingen vermag und seine Dienste überall hoch im Kurs stehen.

Bei der Beschreibung der Aspekte haben wir versucht, die Variablen, die vorkommen, wenn zwei bestimmte planetarische Einflüsse durch eine besondere Winkelbeziehung miteinander in Verbindung gebracht werden, zu einer Synthese zu führen. Dabei haben wir bewußt alle weiteren Erwägungen außer acht gelassen, die diesen Aspekt oder andere Aspekte in bezug auf andere Planeten betreffen. Es muß die Aufgabe des Astrologen bleiben, sein Urteilsvermögen zu schärfen und zusätzlich auftretende Einflüsse und Störfaktoren entsprechend einzuordnen. In diesem Bereich wird die Angelegenheit kompliziert, denn es erfordert Fingerspitzengefühl und Erfahrung, einen Aspekt entsprechend zu modifizieren. Das Problem löst sich aber in dem Maße, wie man praktische Erfahrungen sammelt. Wir wollen diese Arbeit erleichtern und haben daher ein recht festes Fundament geschaffen, auf dem der Leser seine Analysen aufbauen kann.

Hier ein Beispiel zur Erläuterung dieses Verfahrens. Angenommen, in einem Horoskop steht die Sonne in Konjunktion mit Mars und im Quadrat zu Saturn. Aus der Textbeschreibung zu Sonne-Konjunktion-Mars geht hervor, daß der betreffende Mensch glaubt, seinen Willen nach Belieben durchsetzen zu können, ohne je das Gefühl zu haben, mit irgend jemandem einen Kompromiß eingehen zu müssen. Er möchte als Person anerkannt werden und nicht auf Grund seiner Leistungen. Jetzt liest man den Begleittext zu Sonne-Quadrat-Saturn und erfährt, daß dieser Mensch ernsthaft, um nicht zu sagen tiefsinnig, ist. Er ist früh gereift, und Disziplin ist ihm nicht unbekannt. Bereitwillig arbeitet er für die Erfüllung seiner Wünsche und nimmt dafür auch Verantwortung auf sich. Er erreicht seine Ziele, denn er setzt sich mit Haut und Haar dafür ein. Seine Leistungen finden Anerkennung, und er wird wegen seiner Selbstsicherheit bewundert.

Aus den Schilderungen dieser beiden Aspekte wird deutlich, daß eine neue Synthese gefunden werden muß, wobei wir einmal annehmen, der Orbis beider Aspekte sei gleich. Sonne in Konjunktion zu Mars ist ein überaus starker Aspekt, und der betreffende Mensch wird in jungen Jahren dazu neigen, sich so zu verhalten, als sei das der einzige wirksame Aspekt. Aber Sonne im Quadrat zu Saturn ist ebenfalls ein starker Aspekt, und so wird, während dieser Mensch heranreift, der Stellenwert der Planeten stärker hervortreten und der Saturn-Einfluß sich zunehmend bemerkbar machen. Zusammenfassend würde man nun folgendes sagen:

»Sie setzen Ihre Willenskraft mit Erfolg zum Erreichen Ihrer Ziele ein, weil Sie aus Erfahrung genau wissen, wie weit Sie gehen können und trotzdem noch das bekommen, was Sie wollen. Sie merken, daß Aggressivität allein nicht ausreicht, und planen deshalb ihre Schritte genau, um weder Zeit noch Energie mit unproduktiven Handlungen zu verschwenden. Sie gehen keine Kompromisse ein, es sei denn, Ihre Position hat sich als unhaltbar erwiesen. Sie verlangen nur dann Anerkennung, wenn Sie ganze Arbeit geleistet haben. Sie scheuen sich nicht, Verantwortung für Ihre Handlungsweise zu tragen, denn Sie übernehmen nur Aufgaben, denen Sie auch gewachsen sind.«

Komplexe Konstellationen und Stellatien

Planetenkonstellationen, bei denen drei oder mehr Planeten eine geschlossene Aspektformation bilden, sind von ganz besonderer Bedeutung. Unter diesen komplexen Konstellationen sind das Große Trigon, das Große Kreuz und das T-Kreuz erwähnenswert.

Das Große Trigon kommt zustande, wenn drei oder mehr Planeten den gleichen Grad in Zeichen des gleichen Elements besetzen und so drei Winkel von 120° bilden.

Es deutet auf einen unerschöpflichen Born kreativer Fähigkeiten hin, die genutzt werden können. Enge Aspekte, die weitere Planeten zu den Planeten des Großen Trigons bilden, wirken besonders anregend auf die schöpferische Ausdruckskraft.

Das Große Kreuz entsteht, wenn vier oder mehr Planeten den gleichen Grad in Zeichen gleicher Qualität besetzen und so vier Winkel von 90° bilden. Es zeigt an, daß ein schwerer Kampf im Gange ist, damit Energien nicht ziel- und beziehungslos vergeudet werden. Der Verwirklichung von Zielen stellen sich beständig Hindernisse in den Weg. Enge Aspekte, die weitere Planeten zu den Planeten des Großen Kreuzes bilden, spielen die wichtige Rolle eines druckmindernden Ventils, das die Nutzung der von den Planeten ausgehenden Energien erleichtert.

Das T-Kreuz entspricht dem Großen Kreuz, nur daß einer der vier Kreuzarme fehlt, so daß die Formation wie der Buchstabe T aussieht. Es weist auf starke Antriebskräfte hin, die oft gehemmt werden, es sei denn, man lernt, seine Ziele weniger hoch zu stecken. Enge Aspekte, die weitere Planeten zu den Planeten des T-Kreuzes bilden, vermindern die Spannung und ermöglichen ein befriedigendes Ausleben des Kräftepotentials.

Ein Stellatium ist eine Zusammenballung von Planeten in einem bestimmten Bereich des Tierkreises, meist im selben Zeichen, und besteht aus mehreren Konjunktionen. Die Planeten in dieser Konstellation sind außerordentlich bedeutsam, denn ein Aspekt, den ein irgendwo im Horoskop befindlicher Planet zu einem beliebigen Planeten der Gruppe bildet, beteiligt alle Planeten. Manchmal sind vier oder fünf Planeten auf den ganzen Bereich des Zeichens verteilt, so daß ein Planet am Anfang des Zeichens theoretisch außerhalb der Orbisweite des Aspekts zu einem Planeten am Ende des Zeichens steht. Aber wenn der Planet mit der niedrigeren Gradzahl im Orbis eines Aspekts zu einem Planeten höherer Gradzahl liegt und sich der letztere wiederum innerhalb der Orbisweite eines Aspekts zu einem Planeten noch höherer Gradzahl befindet usw., dann entsteht ein »Domino-Effekt«, der alle diese Planeten zu einer großen konjunktionalen Konstellation vereint. In diesem Fall muß also jeder Planet, der mit einem beliebigen Planeten des Stellatiums einen Aspekt formt, so betrachtet werden, als bilde er denselben Aspekt mit allen Planeten der Gruppe. Das ist ein äußerst komplizierter Sachverhalt, der eingehende Untersuchungen erforderlich macht, wenn eine klare Deutung gefunden werden soll. Im allgemeinen hat man es hier mit einer außerordentlich komplexen Persönlichkeit zu tun.

KAPITEL 1
KONJUNKTIONEN

Konjunktionen

Die Konjunktion, der energiegeladenste Aspekt, den es überhaupt gibt, zeigt an, daß zwei Planeten bei gleicher Gradzahl bzw. innerhalb der zulässigen Orbis im selben Zeichen stehen. Sie bezeichnet aber auch das Verbundensein zweier Planeten, wenn der eine auf einem hohen Grad eines Zeichens steht und der andere auf einem niedrigen Grad des darauffolgenden Zeichens (z. B. 28° ♈–3° ♉). In diesem Fall ist die Wirkung leicht abgeschwächt, weil die aneinander grenzenden Zeichen eine größere Vielgestaltigkeit hervorrufen. Dies wird im allgemeinen als *dissoziierte* Konjunktion bezeichnet.

Die Konjunktion sorgt für eine starke Konzentration der beteiligten Planetenkräfte und verdichtet ihre individuelle Ausstrahlung. Sie hat die energiespendende Wirkung von Mars, dem sie ähnlich ist. Eine Konjunktion ballt die energetischen Kräfte zusammen, so daß die betreffenden Planeten sich leichter offenbaren können. Sie beeinflußt den Menschen dahingehend, die vereinten Eigenschaften der beiden Planeten für sich in Anspruch zu nehmen, ohne sich dabei groß darum zu kümmern, wie das auf andere Leute wirkt. Der so beeinflußte Mensch scheint nicht kompromißfähig zu sein und sich nicht zugunsten eines besseren Einvernehmens auf irgendwelche Zugeständnisse einlassen zu können. Meist ist er nicht in der Lage, der Realität ins Gesicht zu sehen, und hat die Tendenz, den Belangen anderer Menschen gleichgültig gegenüberzustehen.

Eine Konjunktion deutet darauf hin, daß die beteiligten planetarischen Triebkräfte sich schöpferisch Bahn brechen, und darüber hinaus auf einen Eifer, wie er bei keinem anderen Aspekt zu finden ist. Ein Mensch mit diesem Aspekt ist positiv eingestellt und leicht zu begeistern, er erfreut sich ungeheurer Energiereserven, die ihn alle Schwierigkeiten auf seinem Weg bestehen helfen. Die Konjunktion regt zu Konkurrenzverhalten an und weckt die Bereitschaft, auf Herausforderungen einzugehen, weil das als spannend empfunden wird. Der betreffende Mensch verfolgt hemmungslos die eigenen Interessen und kennt kein Zurück, wenn persönliche Wünsche auf Widerstand stoßen. Er ist aufrichtig empört, wenn seine Freiheit beschnitten wird, und glaubt an Wahlsprüche wie »der Stärkere hat recht« oder »frisch gewagt ist halb gewonnen«.

Menschen mit diesem Aspekt können keine Kritik vertragen und sind beschämt, wenn bei einem Wettstreit ihre Achillesferse zum Vorschein kommt. Bei ihnen läuft alles am besten, wenn ihre Energien auf nützliche Tätigkeiten gelenkt werden, in denen sie ihre Talente vorteilhaft anwenden können.

Nehmen wir zur Erläuterung einmal ein Beispiel: Sonne-Konjunktion-Uranus. Die Sonne steht für den Willen, das Geltungsbedürfnis und die Schaffenskraft. Uranus verkörpert das Streben nach Unabhängigkeit, Originalität und Befreiung von der Beengtheit materieller Existenz.

Werden diese Himmelskörper nun durch eine Konjunktion vereint, erfährt das Selbstbewußtsein eine solche Stärkung, daß man sich von Dingen dieser Welt absolut nicht unterkriegen läßt. Bei der Suche nach Erfüllung paart sich der Lebenswille mit Genialität. Man ist zwar bestrebt, erfolgreich zu sein, akzeptiert aber auch voll und ganz, daß Fortkommen und Führungsanspruch Verantwortlichkeit erfordern. Doch gilt es aufzupassen, daß nicht aus Egoismus der gesunde Menschenverstand außer acht gelassen oder das Vertrauen derer enttäuscht wird, die zum Aufstieg in die Führungsposition beigetragen haben. Kompromißunfähigkeit ist ein Vorzeichen des Despotismus.

Sonne-Konjunktion-Mond

Die Konjunktion von Sonne und Mond zeigt an, daß Sie gleichmütig sind und ziemlich unberührt bleiben, wenn Sie mit dem, was andere wollen, in Konflikt geraten. Sie ruhen im Grunde in sich selbst, aber das ist keine Garantie für ein sorgenfreies Leben. Es deutet nur darauf hin, daß Sie relativ zufrieden mit sich und den Zielen sind, die Sie zu verwirklichen hoffen. Sie ergeben sich nicht in die Umstände, es sei denn, es dient Ihren persönlichen Interessen. Da Sie aus innerem Antrieb an die Erfüllung Ihrer Ziele gehen, ist Ihnen mit größter Wahrscheinlichkeit auch Erfolg beschieden. Sie setzen sich nur dann für eine Sache ein, wenn sie sich irgendwie für Sie auszahlt. Sie verstehen es, Ihre Fähigkeiten mit Ihren Lebenszielen unter einen Hut zu bringen und haben das nötige Geschick, praktisch jede Aufgabe, die Sie sich stellen, auch zu lösen.

Niemand hat sich in Ihre Angelegenheiten einzumischen, wie Sie sich auch nicht mit anderer Leute Angelegenheiten befassen. Sie errichten eine Barriere zwischen sich und anderen und lassen niemanden in Ihr Hoheitsgebiet eindringen. Sich selbst gestatten Sie wohl, diese Grenze zu überschreiten, tun das aber selten. Im allgemeinen muß jemand, der Sie kennenlernen will, den ersten Schritt tun. Sie selbst gehen lieber nicht aus sich heraus, solange Sie es vermeiden können. Da es Ihnen angenehmer ist, nicht in engere Beziehung zu anderen Menschen zu treten, sind Sie in harten Zeiten auf sich selbst gestellt. Auf diese Weise ebnen Sie sich einmal den Weg, legen sich aber gleichzeitig wieder Steine hinein.

Nach Ihrer eigenen Einschätzung sind Sie überaus erfolgreich, auch wenn andere Ihre Leistungen nicht beurteilen können. Sie messen die Güte Ihrer Leistungen nicht mit dem gleichen Maßstab, den die meisten anderen Leute anlegen, wenn sie Vergleiche anstellen. Am besten gelingt Ihnen alles, wenn Sie alleine arbeiten oder zumindest selbst entscheiden können, wann oder wie Sie Ihre Arbeit verrichten. Sie haben die Qualifikation für Führungspositionen, stoßen aber vielleicht bei Untergebenen auf Ablehnung, weil Sie so selbstsicher sind. Es liegt in Ihrer Macht, andern weiterzuhelfen, aber Sie halten das oft nicht für der Mühe wert.

Trotz Ihrer scheinbaren Selbstsicherheit sind Sie jedoch nicht allzu erfolgreich im Umgang mit anderen Menschen, außer im sozialen Bereich. Sie haben solche Angst davor, daß auf Ihren Gefühlen herumgetrampelt wird, daß Sie sich persönliche Kontakte drei Schritt vom Leibe halten. Diese Empfindlichkeit ist Ihre Achillesferse, die Sie zu schützen suchen.

Sie brauchen unbedingt Augenblicke der Stille, um die inneren Kräfte wieder zu sammeln, die Ihr Leben äußerlich in Gang halten. Streß und Hektik der Wettbewerbsgesellschaft reiben Sie so auf, daß Sie von Zeit zu Zeit ganz allein für sich Kraft schöpfen müssen, vielleicht durch Meditation.

Sonne-Konjunktion-Merkur

Die Sonne in Konjunktion mit Merkur deutet darauf hin, daß Sie sehr eigenwillige Auffassungen vertreten und nachdrücklich kundtun. Sie neigen dazu, Leute vor den Kopf zu stoßen, weil Sie absolut keine Lust haben, sich höflich deren Meinung anzuhören, oder Sie tun diese gleich als unwichtig ab. Sie sind egozentrisch, und Ihr Interesse gilt im allgemeinen nur Dingen, die Sie persönlich angehen. Anderer Leute Belange gönnen Sie nur einen flüchtigen Blick. Meist sind Sie es, der eine Unterhaltung anfängt, und Sie müssen auch das letzte Wort haben, weil Sie einen bleibenden Eindruck hinterlassen wollen. In Ihrer Hast, überall Erster zu sein, treffen Sie manchmal voreilige Entscheidungen. Sie sammeln nicht erst lange Fakten, bevor Sie ein Urteil abgeben, so daß Sie gelegentlich Ihre Meinung später ändern müssen. Aber es fällt Ihnen nicht leicht, sich zu entschuldigen, denn das hieße ja zuzugeben, daß Sie einen Fehler gemacht haben.

Bei alledem sind Sie ein Mensch voller Ideen und vermögen geschickt die Aufmerksamkeit auf sich zu ziehen, wenn Sie Ihre Gedanken darlegen. Sie sind kontaktfreudig und drücken sich klar aus. Aber da es Ihnen an Objektivität mangelt, haben Sie es schwer, für ihre Unternehmungen und Projekte Unterstützung zu finden. Wer Ihnen beisteht, fühlt sich wahrscheinlich geradezu genötigt, sich unter Ihren Willen zu beugen. Sie haben allerdings ein besonderes Talent, Menschen, die ansonsten schwer zu begeistern sind, mitzureißen, und eignen sich bestens für Aufgaben, die diese Fähigkeit erfordern. Für Sie ist jeder Beruf interessant, in dem Sie es mit der Öffentlichkeit zu tun haben. Aus Ihnen spricht die Stimme der Autorität, und Sie treffen liebend gern Anordnungen, bei denen es kein Wenn und Aber gibt. Sie können jedoch auf Widerstand stoßen, weil Sie nicht zeigen, daß Sie auch meinen, was sie sagen. In dem jugendlichen

Überschwang, der Ihnen eigen ist, wirken Sie weniger überzeugend auf ältere und reifere Menschen. Diesen Leuten mag auch Ihre Keckheit und arrogante Alleskönnerhaltung nicht behagen.

Sie sind kreativ und haben manchmal sogar glänzende Einfälle. Aber Sie würden mehr erreichen, wenn Sie sich die Zeit nähmen, sich besser zu informieren, bevor Sie zur Tat schreiten, und wenn Sie die Gefühle anderer Menschen mehr achten würden. Versuchen Sie, sich selbst nicht zu ernst zu nehmen, und üben Sie sich in Bescheidenheit.

Sie sind ein Energiebündel, aber Ihr Drang, fortwährend am Ball zu bleiben, laugt Sie unter Umständen sehr aus. Sie müssen langsamer treten und Ihren vielen Fähigkeiten Zeit lassen, sich zu regenerieren.

Sonne-Konjunktion-Venus

Die Sonne in Konjunktion mit Venus deutet auf ein stark ausgeprägtes Liebesbedürfnis hin. Dem zufälligen Beobachter mag es gar nicht auffallen, daß Sie über alles wünschen, von Leuten gemocht zu werden. In Ihrem Verlangen, Beachtung zu finden, machen Sie sogar kleine Zugeständnisse, um sich die anderen geneigt zu machen. Aber Sie gehen nicht um jeden Preis einen Kompromiß ein, weil Sie natürlich nicht den Eindruck hervorrufen wollen, Sie wären charakterschwach. Bei intimeren Beziehungen zu Menschen, die Sie gut kennen, haben Sie keine Angst, verkannt zu werden, und benehmen sich natürlicher.

Es ist Ihr innigster Wunsch, als Persönlichkeit eingeschätzt zu werden, die etwas gilt und die wahre Schätze anzubieten hat für den, der mit ihr zu teilen bereit ist. Sie sind kommunikationsfreudig und ein begeisterter Zuhörer. Sie sind gern unter Leuten, und überall dort, wo sie auf andere Menschen treffen, verhalten Sie sich meist fröhlich und gesellig. Auf die entfernte Möglichkeit hin, vielleicht jemanden kennenzulernen, der Ihnen später einmal nützlich sein könnte, geben Sie sich betont locker, machen die Runde und pflegen mit jedermann Kontakt. Sie wissen, wie Sie einen bleibenden Eindruck hinterlassen, indem Sie sich ins rechte Licht setzen, denn Sie wollen nicht übersehen werden, nur weil Sie sich nicht die Zeit genommen haben, sich bemerkbar zu machen.

Ihr größtes Problem ist die feste Annahme, die Leute dächten gut von Ihnen, auch wenn das durch nichts begründet ist. Sie können ungeheuer eingebildet sein, als wäre Ihre reine Gegenwart schon dazu angetan, die Aufmerksamkeit aller auf Sie zu lenken. Im Grunde sind Sie romantisch veranlagt, und wenn Ihnen Zuneigung entgegengebracht wird, lassen Sie sich womöglich leicht beeinflussen. Sie lieben die schönen Dinge des Lebens und fühlen sich bestätigt, wenn Sie darin schwelgen können, ganz abgesehen davon, daß sie Ihrem Vergnügen und Ihrer Bequemlichkeit dienen.

Sonne-Konjunktion-Mars

Die Sonne in Konjunktion mit Mars vermittelt Ihnen das Gefühl, Ihren Willen durchsetzen zu können. Sie glauben keineswegs, im Umgang mit irgendwelchen Leuten Kompromisse eingehen zu müssen. Da Sie Ihren Willen so nachdrücklich und unbestreitbar heftig zum Ausdruck bringen, kann Ihre Anwesenheit auf weniger robuste Menschen bedrohlich wirken, auch wenn solches gar nicht in Ihrer Absicht liegt. Sie haben ein ausgeprägtes Geltungsbedürfnis, und zwar nicht so sehr, was Ihre Leistungen betrifft, sondern bezüglich Ihrer Person. Das wiederum schafft Ihnen Widersacher, die sich Ihrem Überlegenheitsanspruch, der durch nichts gerechtfertigt ist, entgegenstellen. Es ist schwer festzustellen, ob Sie aus Selbstsucht handeln, oder nur, weil Sie Kräfte sparen müssen. Auf jeden Fall lassen Sie sich leicht zu einem Wettstreit herausfordern und setzen alles daran, zu gewinnen. Da Sie Status-quo-Situationen unerträglich und Teilnahmslosigkeit unverzeihlich finden, bringen Sie Menschen dazu, in Aktion zu treten, die sonst zu träge gewesen wären, überhaupt einen Finger zu krümmen. Ihre beträchtliche Körperstärke unterstützt Sie dabei, Ihren grenzenlosen Enthusiasmus auch auszuleben.

Sie haben enorme schöpferische Fähigkeiten und können sich in jeder führenden Stellung behaupten. Was für eine Arbeit Sie tun, ist Ihnen nicht so wichtig wie die Art und Weise, in der Sie Projekte ausführen. Widerstände sind Ihnen ein Dorn im Auge, und auf Kritik reagieren Sie äußerst hitzig. Sie neigen zu Kompromißlosigkeit, wenn anderer Leute Meinung sich von der Ihrigen unterscheidet, und erteilen in diesem Fall mit schonungsloser Offenheit einen Verweis. Ihrem Gefühl nach unternimmt jeder, der eine andere Auffassung vertritt als Sie, einen direkten Angriff auf Ihre persönliche Glaubwürdigkeit.

Ihr Temperament ist eine ideale Voraussetzung für Berufe, in denen Konkurrenzverhalten gefragt ist und wo Risiko und Gefahr an der Tagesordnung sind. Sport (vor allem Rennsport), Forschungsaufgaben, Militär-, Polizeidienst, die Arbeit mit Maschinen oder die Jagd wären gute Wege für Sie, sich schöpferisch zu verwirklichen, aber auch Betätigungen auf einem höheren Niveau wie beispielsweise in der Medizin, der Chirurgie oder im Rechtswesen.

Die Hartnäckigkeit, mit der Sie Ihre eigenen Wünsche in den Vordergrund stellen, ohne an andere zu denken, ist einer Ihrer ausgeprägtesten Wesenszüge. In Fehleinschätzung der Fakten schlagen Sie oft über die Stränge, wenn Sie in Aktion treten, so daß die Sache später wiederholt werden muß. Sie sind nicht in der Lage, mit Ihren Kräften hauszuhalten, und verschwenden eine Menge Energie an Unternehmungen, die sich nicht lohnen. Sie könnten einen vertrauenswürdigen Berater brauchen, der Ihnen hilft, Ihre Schritte im voraus zu planen, der Ihnen als Fürsprecher bei Streitfällen dient und Sie von impulsiven Handlungen zurückhält, die Ihnen schaden würden.

Ihre starke Libido treibt Sie zu Gewaltanwendung, wenn Ihre Gelüste nicht befriedigt werden. Und nicht allein das, Sie sind auch völlig unempfindlich für die Gefühle anderer. Sie müssen lernen, Zugeständnisse an die zu machen, deren Empfindungen nicht so intensiv wie die Ihren sind.

Da Sie blindlings reagieren, wenn Sie erzürnt werden, besteht verstärkt die Möglichkeit, daß Sie sich eine Körperverletzung zuziehen. Sie vergeuden ungeheure Mengen Energie in fruchtlosen Bemühungen, die Sie eigentlich positiv nutzen könnten. Auf Grund Ihrer Überaktivität brauchen Sie reichlich Entspannung, um sich Ihre Gesundheit zu erhalten.

Sonne-Konjunktion-Jupiter

Die Konjunktion von Sonne und Jupiter zeigt an, daß Sie in Ihren Aktivitäten kaum jemals maßhalten können. In allem, was Sie tun, liegt grenzenloser Überschwang, und Sie wollen absolut nicht glauben, daß etwas schiefgehen könnte. Auf Grund dieser Überzeugung, alles machen zu können, was Sie sich in den Kopf gesetzt haben, überschätzen Sie manchmal Ihre Fähigkeiten und erleben dann eine Enttäuschung. Aber selbst dann vermögen Sie sich doch gleich wieder aufzuraffen, um sich in das nächste kühne Unternehmen zu stürzen. Wenn Sie lernen würden, Ihre Handlungen besser zu planen, wären Ihre Erfolge von größerer Dauer. Da Ihnen die Fähigkeit abgeht, Ihre Talente richtig einzusetzen, neigen Sie dazu, ziellos von einer Sache zur andern zu schweifen und vertrauen darauf, daß alles schon zu einem guten Abschluß kommen wird. Immer, wenn Sie es am meisten brauchen, scheint Ihnen das Glück hold zu sein, obwohl Sie sich nicht unbedingt darauf verlassen.

Sie wünschen sich zwar eine Würdigung Ihrer Leistungen, sind jedoch nicht ehrgeizig. Für Sie ist es wichtiger, ein ausgefülltes Leben zu haben, das erlebnisreich ist und Ihnen reichlich Gelegenheit bietet, Ihre Möglichkeiten auszuschöpfen. Schuldnern gegenüber zeigen Sie Großmut, und nie wird jemand, der mit seinen Sorgen zu Ihnen kommt, mit leeren Händen weggeschickt. Das ist ein Grund unter vielen, warum Sie gewisse Schwierigkeiten haben, Geld zu sparen. Selbst wenn es für Sie angezeigt ist, sparsam zu sein, werden Sie noch schwach.

Ihre beruflichen Interessen sind breit gefächert, aber im allgemeinen neigen Sie zu einem Beruf im Bereich von Medizin, Recht, Erziehung, Philosophie, Wohlfahrtswesen, Tourismus und anderen Sektoren, die Entwicklungsmöglichkeiten bieten. Routine-Jobs, bei denen kaum die Chance besteht, voranzukommen und sich zu entfalten, oder solche, die keinen Einfallsreichtum erfordern, haben Sie schnell satt. Sie tun Ihre

Arbeit am besten, wenn Sie Ihre Kreativität gebrauchen dürfen, und dann mit größter Begeisterung. Sie sind vielseitig gebildet und stets eifrig darauf bedacht, noch mehr zu lernen.

Im großen und ganzen haben Sie eine recht liberale Auffassung von Religion und stehen religiösen Institutionen relativ gleichgültig gegenüber, was Ihnen allerdings selbst etwas leid tut. Als leidenschaftlicher Bücherwurm haben Sie das Empfinden, für Ihr Leben eine eigene Philosophie entwickeln zu müssen. Sie setzen große Hoffnungen in die Zukunft und lassen sich nie auf Geleise ein, die Ihren Werdegang einengen. Ihre innere Stimme sagt Ihnen, daß alles, was in der Außenwelt geschieht, in einem sinnvollen Zusammenhang mit inneren Bewußtseinsvorgängen steht. Sie sind zutiefst gläubig, auch wenn Sie darin keiner bestimmten Ideologie folgen, und werden dadurch in Ihrer Fähigkeit bestärkt, der Ihnen zugedachten Rolle gerecht zu werden.

Emotionale Bindungen haben Sie in erster Linie zu Menschen, die Ihre Lebensfreude teilen, die gerne ihre Erfahrungen mit Ihnen austauschen und sich nicht ausschließlich materiellen Belangen widmen. Sie plädieren für die Unverletzlichkeit allen Lebens – der Pflanzen, Tiere und Menschen – und sind jedem wohlgesonnen, der ähnlich empfindet. Aber Sie sind auch unersättlich, was Gefühle betrifft, und haben wahrscheinlich einige Schwierigkeiten, einen Partner zu finden, der Ihren körperlichen, seelischen und geistigen Ansprüchen genügt und eine restlos befriedigende Beziehung mit Ihnen unterhält.

Da Sie nicht maßhalten können, stellen sich leicht physische Probleme ein. Sie tun über längere Zeitläufe hinweg einfach zuviel, ohne sich genügend auszuruhen, so daß es schnell zu körperlichen Beschwerden kommen kann. Vielleicht macht Ihnen auch Ihr Blutdruck Sorgen. Bemühen Sie sich um eine gesunde Lebensweise!

Sonne-Konjunktion-Saturn

Die Konjunktion Ihrer Sonne mit Saturn zeigt, daß Sie von allem, was Ihre Aufmerksamkeit erregt, ernstlich berührt oder gar betroffen sind. Aus jeder Erfahrung lernen Sie etwas. Sie können besser als die meisten andern Menschen Verantwortung tragen, aber es paßt Ihnen auch nicht, wenn die anderen immer Ihnen die Last aufbürden wollen. Mitunter haben Sie das Gefühl, daß die Regelung Ihrer materiellen Verhältnisse Sie viel härter ankommt, als es bei anderen der Fall ist.

In Ihrer Entwicklung waren Sie wahrscheinlich frühreif und wurden strenger erzogen als andere Kinder. In Ihren Entwicklungsjahren hat Ihnen wohl ein Elternteil oder auch beide Eltern Beschränkungen auferlegt. Bei Ihrem übermächtigen Verlangen, Ihre Ziele zu verwirklichen, hat Ihnen nie jemand Hilfestellung geleistet, und jetzt pfeifen Sie darauf.

Sie führen häufig ein Leben in strenger Selbstbeschränkung, weil Ihnen das möglicherweise in der Zeit Ihres Heranwachsens geholfen hat, sich auf die eigenen Füße zu stellen. Um erfolgreich zu sein, mußten Sie sich völlig auf Ihre Fähigkeit verlassen, Ihre Talente wirkungsvoll einzusetzen.

Sie geben im allgemeinen erst dann eine Meinung von sich, wenn Sie Grund dazu haben. Sie bringen Ihre Ansichten zwar nicht gerade schnell zum Ausdruck, aber wenn es einmal soweit ist, erwarten Sie auch, daß man Ihnen zuhört. An müßigem Gerede finden Sie keinen Gefallen und lassen sich auch von andern nur in ein Gespräch ziehen, wenn ein lohnendes Thema anliegt.

Sie müssen aufpassen, daß Sie sich nicht selbst bemitleiden, wenn Ihnen ein Vorhaben zu mühsam und beschwerlich erscheint. Andererseits fällt Ihnen Selbstverleugnung relativ leicht, weil Sie sich in früher Jugend schon darin geübt haben. Wenn Sie erst einmal ein Ziel vor Augen haben, bleiben Sie auch hartnäckig am Ball, denn Sie haben ungeheuer viel darin investiert. Sie werden mit aller Zähigkeit daran festhalten, Nutzen aus dem zu ziehen, was Sie einmal erreicht haben. Es fällt Ihnen schwer, großzügig zu sein, denn Sie haben einfach zu hart gearbeitet, um sich Ihre Wünsche zu erfüllen, und können die mageren Jahre nicht vergessen.

Ihr Erfolg beruht auf Ihrer Fähigkeit, alle Ihnen zu Gebote stehenden Mittel höchst effektiv zu Ihrem eigenen Vorteil einzusetzen. Talente wie die Ihren werden auf vielen Gebieten gebraucht, unter anderm im Industriemanagement, im Lehrberuf, in Politik, Wissenschaft und Forschung, in der Mathematik und in der Rechtswissenschaft. Jeder dieser Berufe stellt hohe Anforderungen. Nur wer Selbstdisziplin hat und keine Verantwortung scheut, kommt gut über die Runden.

Sie werden sich einen Partner wählen, der Selbstachtung besitzt, denn das ist in Ihren Augen eine wichtige Eigenschaft. Ihr Partner muß bereit sein, Ihre Entscheidung zu teilen, über vergangene oder gegenwärtige Verhältnisse hinweg aufzusteigen. Er muß bescheiden und aufrichtig und darüber hinaus in der Lage sein, für eine bessere, von Erfolg gekrönte Zukunft vorübergehende Einschränkungen in Kauf zu nehmen.

Ihr größtes Problem besteht darin, negativ auf Rückschläge zu reagieren und bitter zu werden. Daraus können sich Gesundheitsschäden entwickeln wie beispielsweise Verdauungsbeschwerden und Magengeschwüre, es sei denn, Sie nehmen eine hoffnungsvollere Haltung ein und setzen hohe Erwartungen in die Zukunft. Sehr wichtig ist auch, daß Sie gelegentlich Urlaub von der Alltagsroutine nehmen und sich auch einmal etwas erlauben. Wenn Sie sich ab und zu ein wenig Muße gönnen, werden Sie Ihre Verpflichtungen mit neuer Begeisterung wiederaufnehmen. Rutschen Sie nicht in ausgetretene Geleise – sonst sind Sie eingeengt und empfinden Herausforderungen nicht länger als reizvoll.

Sonne-Konjunktion-Uranus

Mit der Sonne in Konjunktion zu Uranus sind Sie in höchstem Maße selbstbewußt. Sie bewegen sich frei in Ihrer Umgebung und stellen sich in höchst eigenwilliger Manier zur Schau, ohne zu merken, daß die Leute Sie für exzentrisch halten. Sie sind ein ausgesprochen halsstarriger Mensch und können es absolut nicht vertragen, wenn Sie jemand in Ihre Schranken zu weisen wagt. Sie wachen eifersüchtig über Ihr Recht, ganz Sie selbst zu sein, und sprechen kompromißlos aus, was Ihnen gerade in den Sinn kommt. Wenn Ihnen die Freiheit beschnitten oder abgesprochen wird, kämpfen Sie dafür, sie wieder zurückzugewinnen. Sie halten nichts von Traditionen und den gesellschaftlichen Zwängen, die sie mit sich bringen. Ihre freizügige Art ist nicht unbedingt förderlich für den Erfolg, weil selbst Leute, die von Ihnen beeindruckt sind, leicht zu dem falschen Schluß kommen, Sie seien ein grundunbeständiger Mensch.

Schon in frühen Lebensjahren haben Sie sich im Einklang mit Ihrer überentwickelten Individualität auch arrogante Wesenszüge angeeignet. In Ihrer Kindheit waren Sie genauso schwer unter Kontrolle zu halten wie jetzt. Sie haben sich in viel kürzerer Zeit als andere entwickelt, denn Sie hatten absolut keine Lust mehr, die Beschränkungen auszuhalten, die Ihnen von seiten Ihrer Angehörigen auferlegt wurden. Daß Sie so schnell dem Kindesalter entwachsen waren, ist sowohl beargwöhnt als auch bewundert worden.

Sie wollen frei sein, und Ihr Beruf muß Ihnen die Freiheit lassen, die Ziele, die Sie sich gesteckt haben, in ureigener Weise zu verwirklichen. Insofern gibt es für Ihre Karriere nahezu ungezählte Möglichkeiten. In Politik und Wissenschaft, im Erziehungswesen wie auch in einigen technischen Bereichen der Industrie könnten Sie Ihre schöpferischen Möglichkeiten voll ausschöpfen.

Sie haben eine fortschrittliche Lebensauffassung, und die angeschnittenen Fachgebiete würden von Ihrem Einfühlungsvermögen und Ihrer Voraussicht nur profitieren. Fortschritt ist wahrlich Ihr liebstes Kind; Sie ziehen nur Lehren aus der Vergangenheit, wenn sie zur Grundlage für eine kontinuierliche Entwicklung werden können.

Sie sind gern mit Leuten zusammen, die ebenso gespannt und erwartungsvoll in die Zukunft blicken wie Sie. Ihr überschäumendes Temperament muß jedoch von einem Partner gezügelt werden, der etwas mehr Erdverbundenheit besitzt. Sonst verlieren Sie zu leicht den Bezug zur Realität und lösen soziale Kontakte auf, die doch Ihr Leben bereichern können.

Sonne-Konjunktion-Neptun

Mit der Sonne in Konjunktion zu Neptun fällt es Ihnen schwer, sich zu Ihrer eigenen Zufriedenheit zu verwirklichen. Sie sind sehr unsicher und voller Zweifel, was Ihre Fähigkeiten angeht. Manchmal jedoch äußern Sie sich so, als wären Sie Herr der Lage, erleben dabei aber oft eine Enttäuschung. Ihr Blick für das wirkliche Leben ist getrübt, daher gehen Sie Unannehmlichkeiten lieber aus dem Weg und scheuen vor persönlicher Verantwortung zurück. Sie neigen dazu, sich im Geiste die Art von Wirklichkeit vorzustellen, die Sie akzeptieren können, auch wenn diese kaum Ähnlichkeit mit dem hat, was andere darunter verstehen.

Wenn Sie sich der Kunst, Poesie, Musik oder dem Theater zuwenden, sind Sie überaus kreativ und begabt. Ihr künstlerisches Schaffen ist symbolträchtig und hebt sich dadurch deutlich von dem ab, was Durchschnittsmenschen machen. Sie haben besondere Begabungen, aber Sie brauchen eine Ausbildung, um sie auch anwenden zu können und gesellschaftliche Anerkennung zu finden.

Sie sollten einen Beruf ergreifen, der Ihnen die Freiheit läßt, von Ihren schöpferischen Fähigkeiten Gebrauch zu machen. Eine Acht-Stunden-Routine ist wohl kaum in Ihrem Sinne, es sei denn, Sie dürfen Ihr Talent und Ihre Eingebung mit einbringen. Gruppenunternehmungen, die etwas mit Kunst zu tun haben, könnten für Sie lohnend und befriedigend sein. Auch im Kunsthandwerk dürfte sich Ihr Schaffensdrang kreativ und sinnvoll äußern. Für Sie ist von größter Wichtigkeit, daß Sie in einem Beruf tätig werden, der nicht Ihrem Wunsch entgegensteht, etwas Wesentliches zu leisten. Sowohl Sie wie auch Ihr Arbeitgeber könnten davon profitieren, wenn Sie im Erziehungswesen, in der Werbung, in der Medizin, im Wohlfahrtswesen oder bei kirchlichen und sozialen Programmen zum Wohle der Öffentlichkeit tätig werden.

Denken Sie auf jeden Fall daran, daß Sie den Realitäten des Lebens ins Gesicht sehen müssen, auch wenn Sie als zartbesaitetes Wesen schwer darunter leiden. Suchen Sie sich einen Berater, dem Sie vertrauen und der Ihnen ehrlich sagt, was Sie in einem Berufszweig, der Sie interessiert, erwartet. Geben Sie unrealistische Erwartungen auf, sonst werden Sie enttäuscht.

Sonne-Konjunktion-Pluto

Die Konjunktion zwischen Ihrer Sonne und Pluto deutet an, daß Sie ein Extremist sind. Sie haben einerseits ausgesprochene Vorlieben, andererseits ebenso ausgeprägte Abneigungen, und maßvolles Handeln fällt Ihnen schwer. Ihr Ichgefühl ist so stark, daß Sie sich in den Vordergrund stellen, wann immer Sie können. Das eine Mal handeln Sie couragiert, ein andermal wieder zeigen Sie einen erstaunlichen Mangel an gesundem Menschenverstand.

In Ihrer Begierde, in wichtige Führungspositionen aufzurücken, wenden Sie unter Umständen Druckmittel gegen Leute an, die Ihnen im Weg stehen. Sie gehen sofort auf einen Konkurrenzkampf ein, selbst wenn Sie dabei finanzielle Einbußen riskieren, nur um zu zeigen, daß Sie ein Machtfaktor sind, mit dem man rechnen muß.

Da Sie einen äußerst geschärften Sinn für soziale Verhältnisse haben, unternehmen Sie große Anstrengungen, um in Ihrer Umgebung bessere Bedingungen zum Wohle aller zu schaffen. Wenn Sie Bedürftige verteidigen oder daran arbeiten, soziale Ungerechtigkeit zu beheben, beweisen Sie Ihre wirkliche Größe. Schwächen bei Ihren Mitmenschen oder in politischen Systemen, in denen unfaire oder unerträgliche menschliche Bedingungen herrschen, vermögen Sie nicht zu tolerieren.

Sie haben ausgeprägte physische Begierden und bekommen leicht einen Wutanfall, wenn Ihre Annäherungsversuche auf Widerstand stoßen. Im übertragenen Sinne sind Sie ein Jäger, ein räuberisches Wesen auf der ständigen Suche nach Beute. Es liegt in Ihrer Natur, daß Sie unzufrieden sind, ehe Sie nicht auf allen Gebieten den Sieg davongetragen haben. Ihre magische Anziehungskraft übt auf Ihre Mitmenschen eine hypnotische Wirkung aus. Aber wenn Sie nicht mehr Hilfsbereitschaft zeigen gegenüber den Leuten, die sich selbst nicht helfen können, werden Sie auch die Leute verärgern, die von Ihnen anfänglich begeistert waren.

Vermeiden Sie es, sich körperlich zu sehr zu verausgaben. Wenn Sie Ihre Kräfte konstruktiv einsetzen, ist Ihnen der Erfolg gewiß.

Sonne-Konjunktion-Aszendent

Die Sonne in Konjunktion mit dem Aszendenten weist darauf hin, daß Sie ein ausgeprägtes Geltungsbedürfnis haben und erfinderisch darin sind, auf sich aufmerksam zu machen. Sie sind unter Umständen so mit sich und Ihrer Person zufrieden, daß Sie gar nicht merken, wieviel eben diese elementare Selbstwertschätzung auch für jene bedeutet, mit denen Sie Umgang pflegen. Im allgemeinen sind Sie unbeugsam, weil Sie fürchten, sich andernfalls der Autorität anderer beugen zu müssen. Aber Sie haben großes Vertrauen in Ihre Fähigkeit, sich über alle widrigen Lebensumstände zu erheben. Sie verstehen es, Ihre ungeheuren schöpferischen Reserven gezielt gegen jeden Widersacher einzusetzen, und glauben daran, schließlich auch erfolgreich zu sein. Meistens sind Sie das auch, nur greifen Sie, wenn Sie zu einem scharfen Wettstreit herausgefordert werden, dessen Ausgang ungewiß ist, zu brutaler Gewalt, um deutlich zu machen, daß Sie sich nicht kampflos ergeben. Sie wissen, wie Sie sich Freunde schaffen und wie Sie Leute beeinflussen können, und nutzen dieses Talent mit

Erfolg aus. Es ist verwunderlich genug, daß sich trotz dieser Ihrer Begabung nicht jeder gewinnen läßt, und das wurmt Sie. Damit Sie sich in Ihrem Beruf wirklich wohl fühlen, müssen Sie eine Stellung bekleiden, die Ihnen einige Macht über andere verschafft.

Mond-Konjunktion-Merkur

Der Mond in Konjunktion zu Merkur bedeutet, daß Sie ein sympathischer, verständnisvoller Mensch sind. Sie haben starke Gefühle und finden stets Wege, sie denen zu zeigen, die Ihnen nahestehen. Reichbegabt mit Phantasie, verfügen Sie auch über das intellektuelle Know-how, sie auf vielerlei Art zum Ausdruck zu bringen. Es fällt Ihnen verhältnismäßig leicht, anderen Menschen Freude zu bereiten und Kontakt anzuknüpfen. Was auch immer geschieht, Sie nehmen es gefaßt als Gelegenheit hin, Ihre Persönlichkeit weiter zu entfalten. Sie lernen mehr durch Erfahrung als durch freiwilliges Studium, obgleich Ihre Fähigkeit, sich durch traditionelle Lernmethoden etwas anzueignen, viel stärker ausgeprägt ist als bei anderen Menschen. Wahrscheinlich ist Ihr Wissendurst schon durch Ihre Erziehung in frühen Lebensjahren geweckt worden, und deshalb haben Sie nie Langeweile. Sie gewöhnen sich schnell an wechselnde Verhältnisse und sehen immer gleich die Möglichkeiten, die sich darin für Ihr Fortkommen bieten.

Sie dürften allerdings einige Schwierigkeiten haben, Gefühl und Verstand auseinanderzuhalten. Manchmal können Sie nicht mehr klar denken, weil Ihre Gemütswogen zu hoch schlagen, und ein andermal wieder geben Sie ein völlig nüchternes Urteil ab, wo Sie eigentlich Ihr Herz hätten sprechen lassen sollen. Sie wollen weder als eiskalter Intellektueller noch als reiner Gefühlsmensch betrachtet werden. Das sollte Sie aber nicht weiter bekümmern, denn die meisten Leute werden Sie einfach als Mensch schätzen. Auf Kritik reagieren Sie empfindlich, und gelegentlich lesen Sie mehr in die Verhaltensweise eines Menschen hinein, als wirklich darin ist.

Da Sie freundlich sind und mit Ihnen gut Kirschen essen ist, kommen Sie prima mit Ihren Arbeitskollegen zurecht, selbst wenn diese mit Ihnen konkurrieren. Sie fühlen sich selten überfordert, denn Sie sind sich Ihrer Kenntnisse sicher. Auf ein gewagtes Unternehmen lassen Sie sich nur ein, wenn Sie glauben, daß es erfolgversprechend ist. Man unterhält sich gern mit Ihnen. Vielleicht teilen Ihnen andere Menschen sogar ihre innersten Geheimnisse mit, weil Sie ein guter Zuhörer sind und Vertrauen erwekken. Mit dieser Ihrer Planetenkonstellation sollten Sie aber aufpassen, daß Sie das in Sie gesetzte Vertrauen nicht unabsichtlich mißbrauchen.

Sie werden eine gute Mutter oder ein guter Vater sein und Ihren Kindern die gleichen Chancen einräumen, die Ihre Eltern Ihnen einst gegeben haben. Junge Leute fühlen sich in Ihrer Gesellschaft wohl, denn Sie können sich in sie hineinversetzen. Es ist durchaus möglich, daß Nachbarskinder sich enger an Sie anschließen als an die eigenen Eltern, weil sie das Gefühl haben, mit Ihnen freier reden zu können.

Mond-Konjunktion-Venus

Der Mond in Konjunktion zu Venus deutet darauf hin, daß Sie leicht mit andern Menschen in Kontakt kommen, ohne einen Vorwand zu gebrauchen. Sie warten nicht um jeden Preis, bis der andere den ersten Schritt auf Sie zu tut, weil Sie wissen, wie schwer das manchen Leuten fällt. Wenn Sie jemanden kennenlernen, sind Sie bewußt entgegenkommend, um etwaige Spannungen gleich abzubauen. Als überaus empfindsamer Mensch fühlen Sie sich verletzt, wenn jemand hart mit Ihnen umspringt. Sie haben es mehr mit der Güte – Grobheit ist Ihnen zuwider. Sie mögen Ihre Mitmenschen und wollen mit allen, die Ihren Weg kreuzen, auf gutem Fuße stehen. Wie Sie oft feststellen, wissen die andern diese Einstellung auch zu würdigen.

Ihre Jugendjahre waren wahrscheinlich relativ angenehm, so daß Sie gern an die Zukunft denken, in der Sie selbst einmal Heim und Familie gründen. Sie haben den Wert des Geldes schätzen gelernt und wissen, wie Sie sich Ihren Verhältnissen entsprechend ein gewisses Maß an Sicherheit schaffen. Sie haben Freude an einem gemütlichen Zuhause, an schönen Möbeln, reichlichem guten Essen und an netten Gästen. Ihren Freunden begegnen Sie mit Wärme, und Sie sind zu jedermann höflich, ganz gleich, wie man sich Ihnen gegenüber verhält. Ihr Takt und Ihre Diplomatie gereichen Ihnen zum Vorteil, das ist gewiß, und doch handeln Sie im Grunde nur so, weil Sie das als richtig empfinden.

Wenn Sie nicht aufpassen, kann es passieren, daß Sie zu »nett« wirken, was Zweifel an Ihrer Motivation aufkommen läßt. Scharwenzeln Sie nicht bis zum Überdruß um die Leute herum. Bleiben Sie höflich, wie es sich gehört, aber übertreiben Sie nicht. Wenn Sie den anderen Gelegenheit geben, selbst Interesse an Ihnen zu zeigen, fühlen diese sich wohler.

Sie können in jedem Beruf erfolgreich sein, bei dem Sie an die Öffentlichkeit treten müssen. Ihre Mitmenschen pflichten Ihnen bei, weil Sie ehrliches Interesse für ihre Belange zeigen. Sie haben Verständnis für ihre Probleme und versuchen aus allen Kräften, eine Lösung finden zu helfen. Sie machen großzügige Angebote, um denen beizustehen, die weniger vom Glück begünstigt sind als Sie.

Sie pflegen ein herzliches Verhältnis zu denen, die Ihnen nahestehen. Liebe und Romantik sind Ihnen zwar wichtig, aber Ihre Liebesbeziehung wird durch bestehende Familienbande belastet, und das kann zu Schwierigkeiten führen. Womöglich binden Sie sich zu früh, ehe Sie die nötige

Reife haben, Ihren Partner zu Ihrem ausschließlichen Lebensgefährten zu machen. Ihrer Neigung nach sind Sie mehr darauf bedacht, sich Ihre Wünsche zu erfüllen, als die nötige Disziplin aufzubringen, die ein Zusammenleben in gegenseitiger Rücksichtnahme erfordert. Im großen und ganzen dürfte es Ihnen jedoch nicht allzu schwerfallen, von Ihrem Egoismus abzukommen und sich partnerschaftlich zu verhalten.

Mond-Konjunktion-Mars

Der Mond in Konjunktion mit Mars weist auf innere Unruhe und Ungeduld hin. Ihre Gefühle sind übermächtig und ständig in Aufruhr, weil Sie auf alles, was man Ihnen sagt oder antut, überempfindlich reagieren. Ihre Einbildungskraft läuft auf Hochtouren und läßt Vermutungen in Ihnen aufkommen, die völlig haltlos sind. Sie verteidigen sich gegen diese eingebildeten Beleidigungen, indem Sie die Leute, mit denen Sie es zu tun haben, vor den Kopf stoßen, obgleich diese eine solche Behandlung gar nicht verdienen. Sie sind so mit sich selbst beschäftigt, daß Sie manchmal gar kein Verständnis aufbringen für Leute, die mit Ihnen auszukommen versuchen. Es kommt soweit, daß Sie gemieden werden. Wenn Sie sich durch das aggressive Verhalten anderer Menschen bedroht fühlen, rächen Sie sich, indem Sie sie barsch in ihre Schranken weisen. Sie wünschen sich verzweifelt, enge Beziehungen einzugehen, sind der Situation aber, wenn es endlich soweit ist, überhaupt nicht gewachsen. Das liegt wahrscheinlich daran, daß Ihre Eltern Sie in Ihrer Kindheit fälschlich wegen Ihres Verhaltens getadelt haben.

Diese Planetenkonstellation ist nicht dazu angetan, bestimmte berufliche Interessen in Ihnen zu wecken. Sie deutet Schwierigkeiten an, die Sie im Umgang mit Arbeitskollegen haben, ganz gleich, welchem Beruf Sie nachgehen. Wenn Sie unterlegen sind, ist es so ziemlich aus mit Ihrer Freundlichkeit, und unter Umständen lassen Sie sogar durchblicken, Ihr Konkurrent habe sich auf unfaire Weise einen Vorteil verschafft. Mit anderen Worten: Sie sind ein schlechter Verlierer. Sie haben eine so dünne Haut, daß schon leiseste Kritik genügt, um bei Ihnen einen Gefühlsausbruch auszulösen.

Auf der anderen Seite verstehen Sie sich sehr gut darauf, eine beinahe sadistische Tirade gegen jemanden loszulassen, und Sie sind dann auch noch schockiert über die Reaktion darauf. Bei Ihnen besteht ein tiefer Widerspruch zwischen der Überempfindlichkeit, mit der Sie auf Kritik reagieren, und der Gleichgültigkeit, die Sie gegenüber der Empfindsamkeit anderer Leute zur Schau tragen. Wenn Sie gern in Berufen weiterkommen wollen, in denen Sie engen Kontakt zur Öffentlichkeit oder zu Arbeitskollegen haben, müssen Sie wohl mit diesen Schwierigkeiten fertig werden.

Sie setzen sich mit allen Mitteln durch, wenn es um die Befriedigung Ihrer emotionalen Bedürfnisse geht. Auf Zurückweisung können Sie unglaublich herzlos reagieren, vielleicht sogar bösartig und rachsüchtig. Die Menschen, mit denen Sie sich anfreunden, brauchen auch andere mitmenschliche Kontakte, aber für derlei Bedürfnisse sind Sie blind, und in Ihrer Eifersucht werden Sie ungerecht. Schließlich beklagen Sie sich auch noch bitterlich, Sie würden im Stich gelassen. Zugeständnisse sind etwas, das Sie von andern erwarten, während Sie selber keinerlei Veranlassung sehen, Kompromisse einzugehen.

Sie müssen ganz schön an sich arbeiten, ehe Sie innerlich zur Ruhe kommen. Beginnen Sie damit, daß Sie jede Entscheidung hinsichtlich einer Beziehung hinausschieben, bis Sie *alle* Fakten beisammen haben. Versuchen Sie, einmal selbst in die Haut des anderen zu schlüpfen, damit Sie eine Vorstellung davon bekommen, wie es ist, Ihren aggressiven Gefühlsausbrüchen ausgesetzt zu sein. Wenn Sie ehrlich sind, werden Sie einsehen, daß Sie sich oft unreif und ungerecht benehmen. Sie haben es ganz allein sich selbst zuzuschreiben, wenn Sie mit Ihren Mitmenschen nicht zurechtkommen. Unterstellen Sie doch einfach mal, daß die Leute nicht darauf aus sind, Ihnen eins auszuwischen; es könnte ja durchaus sein, daß Sie sich das nur eingebildet haben.

Mond-Konjunktion-Jupiter

Die Konjunktion von Mond und Jupiter bedeutet, daß Sie Ihrer Umwelt gegenüber außerordentlich feinfühlig sind und den aufrichtigen Wunsch hegen, sie soweit als möglich zu verstehen. Auf äußere Reize reagieren Sie weitgehend gefühlsmäßig. Doch tragen Sie auch intellektuell zur Lösung sozialer Probleme bei und sehen eine Möglichkeit darin, sich auf diese Weise um die Gesellschaft verdient zu machen. Sie sind ernsthaft um Ihre Mitmenschen bemüht und bestehen darauf, daß man Ihnen auch Gelegenheit gibt, Ihre Anteilnahme zu zeigen. Wo immer eine wichtige Arbeit ansteht, sind Sie da und bieten bereitwilligst Ihre Dienste an, ein deutliches Anzeichen für Ihre recht mitfühlende Natur. Sie sind genial, wenn es darum geht, Hilfsmöglichkeiten für die aufzutun, die sich nicht selbst helfen können. In Ihrem Bestreben, bedürftigen Menschen beizustehen, ersuchen Sie beherzt politische und religiöse Organisationen um Unterstützung. Bei Ihnen findet jeder, der es wirklich nötig hat, eine Zuflucht. Obwohl Sie nicht gern im Mittelpunkt des öffentlichen Interesses stehen, werden Ihre Leistungen doch gebührend anerkannt.

Aus Ihrer Erziehung in frühen Jugendjahren haben Sie die Lehre gezogen, daß es tatsächlich seliger ist zu geben, als zu nehmen, und diese Ihre Großzügigkeit erfüllt jeden, der Sie kennt, mit aufrichtiger Bewunderung. Als Mutter oder Vater werden Sie Ihre Kinder dazu anleiten, sich selbstlos für andere einzusetzen. Ihnen ist der Glaube eigen, der Berge versetzen kann, und das ist Ihnen auch beim ersten Spatenstich schon bewußt. Wie übel eine Sache auch aussehen mag, Sie geben nie die Hoffnung auf, daß sie sich trotzdem noch zum Besseren wenden kann. Sie sind vollkommen davon überzeugt, daß Sie immer etwas tun können, um das spirituelle Bewußtsein eines Menschen anzuheben. Sie betrachten dies regelrecht als Ihre moralische Pflicht, wenn Sie die Notwendigkeit dafür verspüren.

Ihrer rastlosen Natur nach finden Sie Bestätigung im Wohlfahrtswesen, in der Öffentlichkeitsarbeit, in der Pflichtverteidigung, bei der Arbeit mit Minderbemittelten, als Bewährungshelfer und in der Leitung von Kinderpflegeheimen oder Rehabilitationszentren für ehemalige Drogenabhängige. Unter Umständen gehen Sie auch auf Reisen für Organisationen wie CARE, UNICEF, Entwicklungsdienste und dergleichen. Medizin, Rechtswesen und geistliche Ämter dürften für Sie ebenfalls vielversprechende Möglichkeiten bieten, Ihr überströmendes Mitgefühl für andere zum Ausdruck zu bringen. Worauf Sie auch immer Ihre Bemühungen richten, Ihre innere Einsicht stärkt Ihr Durchhaltevermögen, auch wenn die Fakten klar gegen den Erfolg zu sprechen scheinen.

Ihre Angehörigen und Mitarbeiter halten große Stücke auf Sie, und Ihre Freunde sowie die vielen Unbekannten, deren Sie sich annehmen, blicken mit Bewunderung und aufrichtiger Dankbarkeit auf Sie. Sie sammeln ein reiches Erbe an, das denen zufällt, die Ihre Ziele einmal weiterverfolgen.

Das einzige, was Ihnen große Schwierigkeiten bereiten dürfte, ist, Ihrem Körper die nötige Ruhe und Entspannung zu gönnen. Niemand braucht mehr Ruhe als Sie. Physische Erschöpfung ist Ihnen so gut wie gewiß, wenn Sie bei Ihrem Terminplan nicht maßhalten und keinen Beistand für die auf Ihnen lastenden Verpflichtungen finden.

Mond-Konjunktion-Saturn

Die Konjunktion zwischen Mond und Saturn zeigt an, daß Sie verschlossen, vorsichtig, zurückhaltend und außerordentlich empfindlich sind, was Ihre Erfahrungen angeht. Vielleicht waren Ihre Eltern oder Fürsorger in Ihrer Kindheit so streng zu Ihnen, daß Sie glaubten, nicht geliebt zu werden. Auf Grund Ihrer Überempfindlichkeit neigen Sie dazu, negative Eindrücke generell überzubewerten. Mit ziemlicher Sicherheit hatten Sie in den frühen, prägenden Jahren traumatische Erlebnisse mit Ihren Eltern, die sich zum Teil noch immer negativ auswirken und wahrscheinlich durch den Elternteil ausgelöst wurden, der zu Hause die meiste Autorität besaß. Die prägenden Erfahrungen Ihrer Kindheit haben Sie nicht darauf vorbereitet, die Dinge des alltäglichen Lebens erfolgreich zu meistern, und so erwarten Sie erfahrungsgemäß stets das Schlimmste.

Vielleicht sind die Schuldgefühle, die Ihnen in Ihrer Kindheit eingeimpft wurden, der Grund für die Schwierigkeiten, die Sie als Erwachsener manchmal dabei haben, enge emotionale Bindungen einzugehen. Es kommt oft vor, daß Sie kein Talent zur Partnerschaft zeigen. Aber selbst wenn das der Fall ist, sollten Sie sich bewußt von dem Gedanken freimachen, das Glück sei Ihnen immer abhold. Sie müssen Ihr Selbstwertgefühl stärken, damit Sie auf andere einen positiveren Eindruck machen.

Beruflich werden Sie bestimmt erfolgreich sein, denn Sie setzen sich auf Gebieten ein, wo kein Gefühl gefragt ist. Da Sie sich schützen, indem Sie Ihre Gefühle nicht zeigen, könnten Sie es im Geschäftsleben zu etwas bringen. In beruflichen Dingen sind Sie prinzipiell grundehrlich (manchmal übertrieben), und Sie verlangen von anderen die gleiche Redlichkeit. Das Management ist Ihre besondere Stärke, und hier können Sie führende Positionen erreichen. Als Mann wirken Sie sicher hart auf Frauen, werden aber wegen Ihrer Fairneß respektiert. Sie verlangen von Ihren Untergebenen Kompetenz und sind selbst das beste Beispiel dafür. Wenn Sie eine Führungsposition innehaben, zögern Sie nicht, jemanden zu entlassen, der Ihre Erwartungen nicht erfüllt. Sie betrachten jeden Untergebenen als verlängerten Arm Ihrer selbst.

Sie könnten auch gut als Angestellter von Amtspersonen wie Richtern, Rechtsanwälten, Ärzten, Industriellen, Erziehern oder Politikern arbeiten. Sie wirken vertrauenerweckend, so daß ein effektives Arbeiten gewährleistet und den jeweiligen Interessen bestens gedient ist. Es wäre auch denkbar, daß Sie einem solchen Beruf in Eigenverantwortung nachgehen. Da Sie Ihre Gefühle aus allem heraushalten, sind Sie in der Lage, unparteiisch zu urteilen, was natürlich im Interesse Ihrer Klienten läge.

Emotionale Befriedigung finden Sie im Kontakt mit reifen, ernsten Menschen. Eine dauerhafte Beziehung kommt nur dann zustande, wenn Ihr Partner anerkennt, daß Sie ihm auf allen Gebieten ebenbürtig sind – gesellschaftlich, geistig und beruflich. Es liegt Ihnen unendlich viel daran, Ihr Leben mit jemandem zu teilen, aber dieses Teilen muß auch vollkommen sein. Und was das wichtigste ist: gegenseitige Hochachtung.

Was Ihre Gesundheit betrifft, könnten Sie unter anderem Probleme mit Ihrem Rücken haben, die Sie zeitweise in Ihrer Bewegungsfreiheit einschränken. Irgendwann in Ihrem Leben dürften Sie auch Schwierigkeiten mit den Geschlechtsorganen bekommen. Achten Sie vor allen Dingen mehr auf die Sonnenseiten des Lebens! Schlechte Erfahrungen sind zwar bisweilen traurig, aber die Lehren, die Sie daraus ziehen können, sollten Sie doch mit der Zeit optimistischer stimmen.

Mond-Konjunktion-Uranus

Mit Ihrem Mond in Konjunktion zu Uranus sind Sie so etwas wie ein Original, eine aufregende Persönlichkeit. Sie sind sehr ausdrucksstark, besonders, wenn Ihre Gefühle wachgerüttelt sind. Für Heimlichkeiten haben Sie nicht viel übrig und brauchen sich deshalb auch nicht die Sorgen zu machen, die Geheimniskrämer oft haben. Selbst wenn Sie einmal in emotionsgeladene Situationen geraten, versuchen Sie immer, die Sache so vernünftig und realistisch wie möglich anzugehen. Ihrer Meinung nach ist das die einzige Art, solche Schwierigkeiten zu beheben.

In Ihrem Freundeskreis sind Sie wegen Ihrer Toleranz und Ihres Verständnisses beliebt. Sie ergreifen selten Partei, wenn es um ein bestimmtes Thema geht, weil Sie stets auf beiden Seiten etwas Wahres finden und wissen, daß es eine Basis gibt, auf der eine Übereinstimmung erzielt werden kann. Ihre Grundehrlichkeit ist es, die Sie andern so lieb und wert macht. Sie sind so hoffnungsvoll und optimistisch, daß sich andere Menschen, auch wenn sie gerade in persönlichen Schwierigkeiten stekken, in Ihrer Gegenwart besser fühlen. Aber Ihre eigenen Probleme vermögen Sie nicht immer so leicht zu lösen wie die anderer Leute. Dann leiden Sie unter Umständen unter starken Spannungsgefühlen und nervöser Reizbarkeit.

In Ihrem Liebesleben spielen alle möglichen Sonderlinge vom Heiligen bis zum Sünder eine Rolle. Sie finden es schön und spannend, mit »unmöglichen« Typen Beziehungen einzugehen; ein normaler Mensch scheint Sie nicht weiter zu interessieren. Obgleich Sie für andere oft den Heiratsvermittler spielen, bleiben Sie selber lieber ledig. Wenn Sie sich verlieben, dann bis über beide Ohren, und sollte Ihre Liebe nicht erwidert werden, sind Sie meist völlig entnervt.

Als derart freiheitsliebender Mensch sind Sie gegen jede Art von Einschränkung. Sie pochen auf Ihr Recht, Ihre Lebensweise selbst zu bestimmen, und Ihr Lebensstil hat auch entsprechend wenig Ähnlichkeit mit dem Ihrer Eltern. Erfolg oder Mißerfolg betrachten Sie als ganz persönliche Angelegenheit und lassen sich von niemandem hineinreden.

Mond-Konjunktion-Neptun

Der Mond in Konjunktion zu Neptun zeigt an, daß Sie einfallsreich, gefühlvoll und empfindsam sind und sich manchmal Tagträumen hingeben. Sie besitzen psychische Kräfte, auf Grund deren Sie auf äußere Reize reagieren, die andere gar nicht wahrnehmen. Sie neigen dazu, jedem, der Hilfe zu brauchen scheint, Ihren Beistand anzubieten. Das kann Sie jedoch in Schwierigkeiten bringen, denn manche Leute werden Ihnen die Schuld geben, wenn sich ihre Probleme nicht lösen. In Ihrem Leben gibt es häufig Enttäuschungen, denn obschon Sie andern in ihrem Leid beistehen, werden Sie bei freudigen Ereignissen oft ausgelassen.

Ihr Berufsleben muß Ihnen genug Anreiz bieten, damit Sie rege und »am Ball« bleiben. Vermeiden Sie Berufe, in denen Sie über längere Zeit hinweg ewig gleichbleibende Aufgaben verrichten müssen. Bei einer solchen Tätigkeit würden Sie sich in Tagträume flüchten, träge werden und wenig schaffen. Womöglich würden Sie als faul, unfähig und gleichgültig eingestuft und entlassen, und das bestimmt auf Grund der geschilderten Umstände. Die in Ihnen schlummernden Talente dürften bei Tätigkeiten zum Vorschein kommen, die mehr auf Öffentlichkeitsarbeit ausgelegt sind wie beispielsweise das Dienstleistungs- und Wohlfahrtswesen, die Krankenpflege, die Arbeit mit geistig Zurückgebliebenen oder die Rehabilitation von Behinderten. Die enge Zusammenarbeit mit Leuten, die von Ihnen abhängig sind, wäre ein guter Katalysator für Ihre Energien, und Sie würden mit gesammelter Aufmerksamkeit und Kraft bei der Sache sein.

In Ihrem Liebesleben sind Sie außerordentlich romantisch veranlagt, und es dürfte wahrhaft schwerfallen, Ihre Erwartungen zu erfüllen. Sie haben sich darauf versteift, der harten Wirklichkeit zu entfliehen. Die meisten Menschen, die Sie kennenlernen, verwirren Sie, und deshalb klassifizieren Sie sie nach Ihrer eigenen Denkweise. Wenn dann zuzeiten deren wahre Natur durchbricht, sind Sie entsetzt und wollen es nicht für möglich halten. Lernen Sie, Menschen so zu akzeptieren, wie sie sind, statt ihnen Eigenschaften anzudichten, die ihnen nicht zukommen oder die sie nicht verdient haben. Man wird Sie bewundern für das teilnahmsvolle Verständnis, das Sie dem Hochgefühl oder auch dem seelischen Tief anderer entgegenbringen. Sie können Ihre Phantasie in künstlerischer Betätigung zum Ausdruck bringen – im Design, in der Malerei, der Musik oder der Poesie. Helfen Sie anderen, indem Sie Aktivitäten für sie erfinden, Farbe in ihr Leben bringen, sie durch Gesang entspannen oder mit ihnen in die zarten Gefilde der Poesie flüchten.

Mond-Konjunktion-Pluto

Der Mond in Konjunktion zu Pluto deutet darauf hin, daß Sie innig und besitzheischend lieben. Statt Ihre Zeit an flüchtige Beziehungen zu verschwenden, halten Sie dauernd Ausschau nach jemandem, der Ihre Gefühle ebenso tief erwidern kann. Sie warten lieber auf diese überaus seltene Gattung Mensch, als sich spontan zu verlieben. Wenn Sie aber erst einmal lieben, dann können Sie sehr besitzergreifend sein und außerordentlich hohe Ansprüche stellen. Wird Ihre Liebe nicht erwidert, erweisen Sie sich oft als nachtragend und eiskalt, selbst dem Menschen gegenüber, den Sie lieben.

Zu Hause sind Sie häufig ein Despot, mit dem schwer zu leben ist. Wenn Sie nicht aufpassen und sich selbst beobachten, kann es passieren, daß Sie sich Ihre Lieben fortwährend mehr entfremden und dadurch selbst einsam werden.

Sex ist Ihnen sehr wichtig, und Sie lassen sich manchmal auf eine rein körperliche Beziehung ein, um Ihre heftige Begierde nach Erfüllung zu stillen. Doch selbst in einer rundum befriedigenden physischen Beziehung fühlen Sie sich frustriert. Sie wollen mehr, Sie wollen auch noch Herz und Seele.

Ihr Verlangen nach einer vollkommenen Beziehung zwingt Sie dazu, Ihre Partner und sich selbst ständig neu einzuschätzen. Zeitweilig unterliegt Ihre Persönlichkeit großen Veränderungen, so daß alte Bekannte unter Umständen Schwierigkeiten haben, Sie wiederzuerkennen.

Dieser Aspekt ist sehr machtvoll und zeigt auf, daß Sie wohl kaum Ihre Gefühle unter Kontrolle halten können. Sie sind sehr idealistisch und wollen entweder die perfekte Beziehung oder gar keine. Lieber halten Sie weiter Ausschau, als sich auf die erste beste einzulassen.

Wenn Sie den Idealpartner nicht finden, warten und leiden Sie weiter, bestraft durch das eigene Verlangen nach intensiver mitmenschlicher Gemeinschaft, die Ihnen nur eine intime Beziehung vermitteln kann.

Auch in der Freundschaft sind Sie wählerisch und bevorzugen ganz bestimmte, enge Kontakte, denn jede Art von flüchtiger Bekanntschaft irritiert Sie. Sie lernen beizeiten, sich von Menschen zu lösen, die nur eine flüchtige Beziehung wünschen.

Der Mond deutet hier auf Empfindungen, Liebesgefühle und Stimmungsschwankungen hin, während Pluto auf einen ausgeprägten Sinn für Erneuerung hinweist. Die Konjunktion der beiden Planeten bedeutet, daß Sie sich nach neuen Bindungen, neuen Liebesbeziehungen und neuen Romanzen sehnen.

Vielleicht merken Sie erst nach einem halben Leben, wieviel Ihnen eine Liebesbeziehung, die Sie vor langen Jahren einmal hatten, wirklich bedeutet hat. Aber diese Einsicht kommt zu spät, weil Sie diese Liebe für eine neue hingeworfen haben.

Ihre Anfälligkeit in Sachen Liebe erlaubt andern Menschen, Sie zu übervorteilen, und da Sie davor Angst haben, sind Sie in ständiger Verteidigungsbereitschaft. Andererseits können Sie auf Grund Ihrer Triebhaftigkeit auch selber gut andere ausnutzen. Einmal werden Sie Ihre diversen Erfahrungen nach ihrer jeweiligen Bedeutung für Sie ordnen müssen.

Das alles klingt vielleicht sehr kompliziert und scheint ein schweres Los zu sein, aber es kann Ihnen doch auch zum Segen werden, wenn Sie endlich Ihre große Liebe finden und genießen. Und wenn es die Liebe Ihres Lebens ist, wird sie innig und emotional befriedigend sein und zu Ihrer geistigen Entwicklung beitragen.

Mond-Konjunktion-Aszendent

Der Mond in Konjunktion mit dem Aszendenten zeigt an, daß Sie einige emotionale Schwierigkeiten haben. Sie wünschen sich, mit Ihren Mitmenschen in engen, intimen Kontakt zu kommen, neigen aber in Ihrer Angst, sich ihnen zu verpflichten, dazu, sich die Leute drei Schritt vom Leib zu halten. Aus dieser Furcht heraus fühlen Sie sich gezwungen, viele lohnende Bekanntschaften aufzugeben, um sich vor allem zu schützen, was in eine intime Beziehung ausarten könnte. Sie stecken voller Widersprüche: Einerseits stellen Sie Anforderungen an andere Menschen, beschweren sich aber, wenn diese mit Ihnen das gleiche machen. Sie erwarten Annäherungsversuche von seiten der andern, ziehen sich jedoch zurück, wenn sie das auch wirklich tun. Sie erhoffen sich herzliche soziale Kontakte, lösen aber die Bande, noch ehe sie fester geworden sind. Wenn Sie mit Erfolg eine enge Beziehung eingegangen sind, halten Sie sich mit Beweisen Ihrer Zuneigung zurück, bis Sie sicher sind, daß Ihre Gefühle erwidert werden. Sie verfügen zwar über eine blühende Phantasie, reagieren aber auf Anregungen anderer im allgemeinen negativ und kritisch. Bei Ihnen spielen Gefühle eine so große Rolle, daß es Ihnen kaum möglich ist, anderer Leute Beweggründe für ihr Verhältnis zu Ihnen richtig einzuschätzen. Nach außen hin wirken Sie unabhängig, dabei sehnen Sie sich in Wirklichkeit danach, sich in aller Ruhe in dem wohligen Gefühl zu sonnen, daß jemand Sie gern hat. Das kann aber nur geschehen, wenn Sie die Schutzwälle um sich herum abbauen und lernen, Kompromisse einzugehen, indem Sie Ihren Mitmenschen auf halbem Wege entgegenkommen.

Merkur-Konjunktion-Venus

Die Konjunktion von Merkur und Venus weist darauf hin, daß Sie umgänglich sind und feine Lebensart haben. Sie kommen mit den meisten Menschen gut aus, weil Sie wissen, wann Sie zugunsten der Harmonie Zugeständnisse machen sollten. Das heißt aber nicht, daß Sie nachgeben, im Fall, daß der andere sichtlich im Irrtum ist. Sie versuchen im allgemeinen, ein faires Urteil abzugeben, damit Sie niemanden ohne berechtigten Grund verletzen. Sie verstehen es, Ihre Meinung so auszudrücken, daß sich niemand bedroht oder eingeschüchtert fühlt, und Sie sind unerschöpflich darin, Ihren Vortrag durch Fakten und Informationen auch zu belegen. Sie sind im Grunde weder feindlich gesinnt noch rechthaberisch und gestehen jedem das Recht zu, Zweifel zu äußern, wenn eine Meinungsverschiedenheit aufkommt. Sie sind sehr kultiviert und geben erst einmal den andern Gelegenheit, Ihnen ihren Standpunkt darzulegen, bevor Sie sich für etwas entscheiden.

Ihre höfliche, unbeschwerte Art kommt Ihnen bei vielen Berufen zugute, aber es kann sein, daß Ihnen so aufreibende Dinge wie scharfe, gezielte Konkurrenz zu schaffen machen. Das sollten Sie bei Ihrer Berufswahl bedenken. Für Sie ist es besser, allein oder nur mit einer kleinen Gruppe von Leuten zusammenzuarbeiten, so daß Sie sich nicht um lästige Konkurrenten zu bekümmern brauchen.

Sie dürften Freude an öffentlichen Auftritten als Redner oder am Theater haben. Auch die Schriftstellerei könnte Ihnen Befriedigung verschaffen, denn Sie haben die natürliche Gabe, sich gut auszudrücken. Ihre Erfindungskunst ist unerschöpflich und berückend, sie gefällt Leuten, die sowohl unterhalten als auch informiert werden wollen. Am wohlsten fühlen Sie sich bei Projekten, die Sie in aller Freizügigkeit locker angehen können.

Sie stellen es ziemlich klug an, etwas zur Verbesserung Ihrer finanziellen Verhältnisse zu ersinnen. Sie setzen Ihre Fähigkeiten mit Erfolg ein und können normalerweise Ihre Ideen in klingende Münze umsetzen. Ihre Partner werden Sie bei Ihren Unternehmungen unterstützen, weil Ihr ausgewogenes Urteil ihnen weitgehend die Gewähr bietet, daß Sie sich nicht auf dem Holzweg befinden. Sie verstehen sich darauf, Ihren Erfolg als gewiß darzustellen, was meistens zu fruchtbarer Zusammenarbeit führt. Aber Sie verlangen auch von den andern nicht, Risiken auf sich zu nehmen, die Sie nicht eingehen würden. Da Sie sich überlegt und gründlich vorbereiten, ehe Sie etwas in Angriff nehmen, ist die Risikogefahr ohnehin höchst gering. Außerdem schrecken Sie vor Projekten zurück, die schwierig sind und anhaltenden Einsatz erfordern, bevor etwas dabei herauskommt.

Merkur-Konjunktion-Mars

Ihr Merkur in Konjunktion zu Mars deutet an, daß Sie geistig rege und voller Wissensdurst sind, aber ständig das Gefühl haben, irgendwie keine befriedigenden Antworten auf Ihre Fragen zu bekommen. Ihre schöpferischen Vorstellungen zeugen von Erfindungsgeist, und Sie setzen sie auch energisch in die Tat um. Es fehlt Ihnen jedoch die Geduld, sich über längere Zeit auf eine Sache zu konzentrieren. Welche Stellung Sie auch bekleiden mögen, immer vertreten Sie eine bestimmte Auffassung und wollen sie auch unbedingt zu Gehör bringen. Sie sind streitlustig und lassen sich nur zu gern in einen Wortwechsel mit jemandem ein, der Sie dazu herausfordert. Wenn nicht andere Faktoren in Ihrem Horoskop das Gegenteil besagen, kümmern Sie sich nicht weiter um grundlegende Tatsachen, ehe Sie Ihre Meinung von sich geben. Sie sind stets davon überzeugt, recht zu haben, und im allgemeinen vorschnell in Ihrem Urteil. Es fällt Ihnen nicht leicht, sich zu entschuldigen, wenn Sie im

Irrtum waren, tun es aber, falls es Ihnen geraten erscheint. Sie neigen dazu, sich ungefragt in anderer Leute Gespräche einzumischen und erregen Unwillen, weil Sie unaufgefordert dazwischenreden. Es gibt kaum etwas, das Ihrer Aufmerksamkeit entgeht – vielleicht haben Sie da auch schon einmal zufällig gehört, wie jemand bei Ihrem Näherkommen sagte: »Da kommt ja der Besserwisser.«

Bei Ihrem scharfen Verstand, Ihrem Ideenreichtum und Ihrem Hang zur Aggressivität stehen Ihnen viele Berufe offen, in denen Sie sich wohl fühlen werden und frei ausdrücken können. Dazu gehören die Lehrtätigkeit, die Öffentlichkeitsarbeit, das Rechtswesen, der Gesangsunterricht, die Schauspielkunst und die Schriftstellerei. In all diesen Berufssparten hätten Sie uneingeschränkt Gelegenheit, Ihre Talente zu entfalten. Da Sie sich mit allen zu Gebote stehenden Kräften Ihren Zielen widmen können, liegt es auch ganz bei Ihnen, inwieweit Sie erfolgreich sind. Es wäre wahrscheinlich das Beste für Sie, alleine zu arbeiten. Nur wenige Menschen dürften nervlich in der Lage sein, mit Ihrem Tempo Schritt zu halten, und Sie würden mit schonungsloser Offenheit Kritik üben, wenn es Ihrer Meinung nach zu schleppend ginge. Vielleicht sind Sie im Unrecht, nur kann Sie keiner davon überzeugen.

Sie lassen sich nicht gern zurückweisen von jemandem, für den Sie sich emotional interessieren, zerbrechen sich aber nicht sehr lange den Kopf darüber. Nach Ihrer Auffassung können Sie jederzeit Ersatz finden, denn Sie blicken vorwärts, selten zurück. Dadurch machen Sie aber die gleichen Fehler wieder und wieder. Sie nehmen sich nicht die Zeit, über vergangene Erlebnisse einmal nachzudenken und daraus zu lernen. Statt dessen geben Sie einfach vor, zu beschäftigt zu sein, um sich mit Lappalien zu befassen. Es wäre klüger, doch gelegentlich Zeit und Überlegung an die sogenannten Bagatellen zu wenden, denn dann merken Sie vielleicht, warum Sie nicht so vorankommen, wie Sie eigentlich könnten.

Versuchen Sie, ein ruhigeres Tempo vorzulegen. Ihr Verstand arbeitet mit halsbrecherischer Geschwindigkeit, und darunter leidet Ihr Nervenkostüm. Ihr Körper kann auf die Dauer nicht mit Ihrer geistigen Frische und Tatkräftigkeit im verlangten Maße mithalten.

Merkur-Konjunktion-Jupiter

Die Konjunktion von Merkur und Jupiter weist darauf hin, daß Sie über eine ausgezeichnete Urteilsfähigkeit verfügen und den Enthusiasmus haben, sich bleibend für alles zu interessieren, was einmal Ihre Aufmerksamkeit erregt hat. Sie haben einen unstillbaren Wissensdurst, und Ihr Verstand ist eine wahre Schatztruhe voller Kenntnisse. Größtes Talent beweisen Sie auf dem Gebiet der Kommunikation, und Sie bringen Ihre Meinung überzeugend zum Ausdruck. Da Sie immer bestrebt sind, der

Wahrheit auf den Grund zu gehen, sind Sie sich Ihrer selbst und Ihrer Kenntnisse sicher. Sie entwickeln Ihre genialen Vorstellungen mit Klugheit und außerordentlicher Findigkeit. Sie stecken voller Einfälle, wie Sie Ihre schöpferischen Fähigkeiten ausbeuten können.

In Ihren frühen Lebensjahren haben Sie immerfort Fragen gestellt und waren nicht zu beruhigen, bis diese auch beantwortet wurden. Diese Neugierde ist Ihnen geblieben und wird Ihr Leben lang wach bleiben. Mit jeder Antwort, die Sie bekommen, geraten immer mehr offene Fragen in Ihr Blickfeld. Kurz und gut, Ihr ganzes Leben ist ein Lernprozeß, der alles umfaßt, vom Alten bis zum Neuen. Sie sind flexibel genug, um umzudenken, wenn ein neuer Sachverhalt das ratsam erscheinen läßt. Sie studieren zwar die Vergangenheit, soweit Sie daraus etwas lernen können, doch gilt Ihr wahres Interesse der Zukunft.

Von Ihren unglaublichen geistigen Fähigkeiten können Sie auf solchen Gebieten wie Erziehung, Philosophie, Geschichte (neue und ältere), in der Öffentlichkeitsarbeit in direktem Umgang mit Menschen, in der Schriftstellerei (freiberuflich oder als Redakteur) und im Tourismus Gebrauch machen. Sie werden schließlich in Ihrem Fachbereich als Kapazität anerkannt werden und auf Grund Ihrer sozialen Leistungen hochgeachtet sein. Der Forscher Sir Richard Burton, ferner Emily Dickinson und O. Henry hatten alle diese Planetenkonstellation, Sie befinden sich also in guter Gesellschaft.

Sie sollten einsehen, daß Sie sich weiterbilden müssen, sofern Sie das noch nicht getan haben. Ihre Bildung wird Sie dazu befähigen, einen wesentlichen Beitrag zu leisten; die Welt wird ärmer, wenn Sie Ihrer enormen schöpferischen Begabungen verlustig geht.

Wahrscheinlich haben Sie Schwierigkeiten, sich ausschließlich auf ein Projekt zu konzentrieren, aber darüber brauchen Sie sich nicht allzusehr zu beunruhigen. Wie Erle Stanley Gardner können Sie mit der nötigen Selbstdisziplin den verschiedensten Interessen gleichzeitig nachgehen und, wenn Sie nur wollen, sich trotzdem auf eine Sache gesondert konzentrieren. Bei so einzigartigen Fähigkeiten besteht durchaus die Möglichkeit, daß Sie zu Rang und Namen kommen.

In einer hitzigen Debatte erweisen Sie sich auf Grund Ihrer enormen Kenntnisse als starker Gegner. Ihr einziges Problem besteht darin, sich für eine Lebensaufgabe zu entscheiden und sich Ziele zu stecken, die Sie zu erreichen wünschen.

Sie haben unter Umständen nervöse Beschwerden, und um sich davon erholen zu können, müssen Sie sich wohl einmal von Ihren Ambitionen freimachen. Sie brauchen unbedingt Ruhe, das kann nicht genug betont werden.

Merkur-Konjunktion-Saturn

Die Konjunktion von Merkur und Saturn zeigt an, daß Sie Verantwortungsgefühl besitzen und ein nachdenklicher, ernster Mensch sind, was zum Teil auf Ihre frühkindliche Erziehung zurückzuführen ist. Sie lösen Probleme folgerichtig und vergeuden wenig Zeit mit oberflächlichen Dingen. Sie sprudeln über vor Kenntnissen und können aus jeder Erfahrung eine Lehre ziehen. Sie sind ein guter Zuhörer und halten im Gespräch mit Ihrer Meinung zurück. Statt sich unrealistischen Träumereien hinzugeben, setzen Sie sich lieber für Ziele ein, die auch wirklich in Ihrer Reichweite liegen. Mitunter sind Sie pessimistisch eingestellt und können durch Rückschläge ernstlich niedergedrückt werden.

Ihre beruflichen Interessen dürften im Bereich der Mathematik, Planung, Technik und Architektur, des Natur- und Umweltschutzes, der Erziehung oder der Politik liegen. Für Sie kommen wirklich eine Menge Berufe in Frage, in denen Sie erfolgreich sein könnten. Aber wenn Ihre Fähigkeiten nicht gefragt sind, verlieren Sie das Interesse an Ihrer Tätigkeit. Nur wenn Sie wissen, daß Ihr Einsatz auch gewürdigt wird, legen Sie sich ungeheuer ins Zeug. Da Sie Ihrer Veranlagung nach oft Einzelgänger sind, arbeiten Sie besser, solange Sie selbst das Tempo angeben. Im allgemeinen arbeiten Sie auch lieber allein, weil Sie sich von Kollegen leicht ablenken lassen. Für Ihren Arbeitgeber zahlen Sie sich aus, denn Sie sind aufrichtig und ehrlich und stehen zu Ihren vertraglichen Zusagen. Sie erwarten keineswegs Lohn ohne Mühe.

Obgleich Sie intellektuelle Fähigkeiten haben und verhältnismäßig ehrgeizig sind, werden Ihre Talente oft zu spät erkannt oder von Ihren zahlreichen Konkurrenten in den Schatten gestellt. Passen Sie besonders auf, daß Sie sich nicht von Ihren Kollegen ausbooten lassen. Sie sind so eifrig darauf bedacht, Verbesserungsvorschläge zu machen, daß Ihnen unwissentlich Informationen entschlüpfen könnten, die Sie besser für sich behalten sollten. Aber darum brauchen Sie doch kein Blatt vor den Mund zu nehmen, wenn Sie eine gute Idee haben. Sollten Sie zu schüchtern sein, dann lassen Sie sie durch jemanden vertreten, dem Sie vertrauen.

Sie tragen eine gewisse Teilnahmslosigkeit zur Schau, die andere Menschen auf den Gedanken bringen könnte, Sie fänden keinen Gefallen an sozialen Kontakten. Sie sind auch wirklich meist tief in Gedanken versunken über irgendeine längst gefallene Bemerkung. Gelegentlich sind Sie sogar geistesabwesend. Selbst in einer größeren Gesellschaft sondern Sie sich oft dermaßen ab, daß weder die andern noch Sie selbst Ihre Anwesenheit wahrnehmen.

Sie müssen unbedingt jemanden in Ihrer Nähe haben, dem Sie Vertrauen schenken können. Herzliche Zuneigung bringen Sie nur einem reifen, aufrichtigen und verantwortungsbewußten Menschen entgegen. Sie wissen Tradition und Brauchtum zu schätzen, die Ihnen inneren Halt geben.

Ihre religiösen Ansichten sind wahrscheinlich die gleichen wie die Ihrer Eltern und spiegeln Ihre frühkindliche Erziehung wider. Sie halten nichts von Veränderungen, es sei denn, sie sind ein Fortschritt im Vergleich zur Vergangenheit.

Wenn Sie sich nicht von Zeit zu Zeit entspannen, werden Sie sich Verkrampfungen aussetzen. Machen Sie des öfteren Kurzurlaub und verbringen Sie Ihre Zeit dabei mit süßem Nichtstun. Lernen Sie, die Dinge von der sonnigen Seite zu sehen und auch einmal über Ihre eigenen Fehler zu lachen. Vermeiden Sie es, sich mit krankhafter Besessenheit in große Probleme zu verrennen.

Merkur-Konjunktion-Uranus

Mit Merkur in Konjunktion zu Uranus sind Sie ein heller Kopf, verstehen sich klar auszudrücken, sind wißbegierig, zu intuitiven Erkenntnissen fähig und betreten gern geistiges Neuland. Sie finden alles, was Sie beobachten, aufregend und sind von allem Andersartigen oder Ungewöhnlichen fasziniert. Ihr Verstand läuft auf Hochtouren, wenn Sie nach Antworten auf Ihre Fragen suchen, denn dumpfe Unwissenheit ist Ihnen unerträglich.

Als Kind wollten Sie herausfinden, wodurch sich Ihr mechanisches Spielzeug bewegte, und Ihre Eltern brauchten sich wahrscheinlich nie darum zu sorgen, wie Sie beschäftigt werden könnten. Schon früh haben Sie Kreativität entwickelt und sogar neue Bereiche für sich erfunden, die Sie erforschen konnten, und damit war Ihr Interesse für die Dinge dieser Welt für alle Zeiten geweckt.

Die Wahrheit spielt eine wichtige Rolle in Ihrem Leben. Infolgedessen dürften Sie in der Wissenschaft, der Philosophie, der Psychologie und der Verhaltensforschung erfolgreich sein, denn in diesen Bereichen geht es darum, Antworten auf offene Fragen zu finden. Auch in der industriellen Forschung und Entwicklung könnten Sie Ihren Erfindungsgeist sicher mit Erfolg spielen lassen. Vielleicht wäre auch das Schreiben über Fachthemen eine Ausdrucksmöglichkeit für Sie.

Um Sie auf Dauer fesseln zu können, muß der Partner Ihrer Wahl ähnlich geartet sein wie Sie, sonst sind Sie gelangweilt. Sie neigen dazu, mit Ihren Bekannten in geistige Beziehungen zu treten, die auf Gegenseitigkeit beruhen. Und Sie werden schnell den Kontakt zu jemandem abbrechen, der im Umgang mit Ihnen nicht bei der Wahrheit bleibt.

Sie sind zukunftsgläubig und hängen selten nostalgischen Gedanken nach. Wenn Sie die Wahl haben, dann fassen Sie lieber vor Ihnen liegende Möglichkeiten ins Auge. Ihnen stehen tausend Wege offen, sich Ihrer Persönlichkeit entsprechend auszudrücken, nur daß es Ihnen an Stetigkeit mangelt, etwas, das bei dieser Konstellation häufig vorkommt. Wenn Sie lernen könnten, sich zu konzentrieren und jeweils nur eine einzige Aufgabe zu bewältigen, wäre dieser einzige Nachteil der Konjunktion ausgeschaltet.

Merkur-Konjunktion-Neptun

Mit Merkur in Konjunktion zu Neptun arbeitet Ihre Einbildungskraft oft zu stark. Wenn Sie eine Meinung vertreten, stehen Ihre Ausführungen häufig auf ebensolch tönernen Füßen wie die »Tatsachen«, auf die sich Ihr Urteil gründet. Da Ihnen die Wirklichkeit unbehaglich ist, bringen Sie die Wahrheit meist in die Form, die Ihnen genehm ist. Sie reagieren äußerst empfindlich auf Ihre Umwelt und können keine schmerzhaften Erfahrungen vertragen, so daß Sie zu flüchten oder sich davon fernzuhalten versuchen. Für Sie ist es überaus wichtig, einen Weg zu finden, Ihre hochentwickelten, feinsinnigen Geistesgaben zum Ausdruck zu bringen.

Ihr Beruf muß Ihnen die Gelegenheit bieten, von Ihren künstlerischen Fähigkeiten Gebrauch zu machen. Ihre Aufgeschlossenheit für alle Künste befähigt Sie unter Umständen dazu, auf einem Gebiet wie der Schriftstellerei, der Schauspiel- oder der Tanzkunst erfolgreich zu sein. In diese Berufe könnten Sie Ihre Vorstellungskraft und Ihr Rhythmusgefühl vorteilhaft einbringen. Sie werden sich jeder beruflichen Tätigkeit Ihrer Wahl mit Haut und Haar verschreiben.

Sie brauchen eine Ausbildung, um auch wirklich Kapital aus Ihren schöpferischen Fähigkeiten schlagen zu können. Das ist für Sie absolutes Muß, damit Sie größten Nutzen aus Ihren Talenten ziehen können. Geheimnisse, Romanzen und Illusionen üben einen unwiderstehlichen Reiz auf Sie aus, aber passen Sie auf, daß Sie nicht von dem Wunsch übermannt werden, sich dadurch vor Realität und Verantwortlichkeit zu flüchten.

Seien Sie besonders vorsichtig mit Ihren Liebesbeziehungen, das erspart Ihnen unnötige Enttäuschungen. Sie idealisieren über alle Maßen und dichten andern Eigenschaften an, die sie gar nicht besitzen, stellen dafür aber Ihr eigenes Licht unter den Scheffel. Sie lassen sich leicht vom Glanz und Glimmer berühmter oder auch berüchtigter Leute beeinflussen. Oft imitieren Sie Menschen, die Sie bewundern, und denken sich vielleicht romantisch in eine Rolle mit ihnen hinein, um in Ihrer Vorstellung eine Beziehung zu genießen, die Sie selbst geschaffen haben. Sie sind leicht zu beeinflussen, wie gesagt, und sollten deshalb einen Bogen um künstliche Anregungsmittel machen.

Merkur-Konjunktion-Pluto

Die Konjunktion von Merkur und Pluto weist darauf hin, daß Sie einen tiefgründigen, durchdringenden Verstand haben und zu Extremen neigen. Sie deuten Ihre Erlebnisse aus, wie ein Detektiv seinen Kriminalfall rekonstruiert, und suchen nach dem verborgenen Sinn unbedeutender Kleinigkeiten. Sie bewerten die Dinge subjektiv, und Ihre hellseherische Veranlagung enthüllt Ihnen oft Anhaltspunkte, die weniger sensiblen Beobachtern verborgen bleiben. In Ihrem übertriebenen Wissensdurst gehen Sie bis ins Extrem beim Zusammentragen von Informationen, die Sie zum Lösen Ihrer Probleme brauchen.

Sie haben die Gabe, sich überzeugend zur Geltung zu bringen, wenn das der einzige Weg zu sein scheint, ans Ziel zu gelangen. Unerschrocken verfolgen Sie Ihre Pläne und werden wegen Ihrer Entschlossenheit und Ausdauer bewundert. Haben Sie sich einmal etwas in den Kopf gesetzt, bleiben Sie auch dabei, es sei denn, schwerwiegende Gründe sprechen dagegen. Da Sie jedoch Ihre Ansichten so vehement verteidigen, empfinden andere Menschen Ihre Einstellung häufig als unangenehm.

Geheimnisvolles und Okkultes fasziniert Sie. Mit Ihrer raschen Beobachtungsgabe, Details wahrzunehmen und richtig zu bewerten, könnten Sie als Systemanalytiker oder Steuerprüfer erfolgreich sein. Auch Verbrechensaufklärung, Chemie, Forschung, Pathologie und Chirurgie wären Gebiete, auf denen Sie Ihre Kenntnisse und Fähigkeiten konstruktiv einsetzen könnten. Sie könnten Forscher oder Finanzanalytiker und -berater werden.

Sie sollten Ihre anarchistischen Neigungen zurückhalten. Selbst wenn Sie nicht aus Rachegelüsten gegen die agieren, die Ihnen die Stirn bieten, sinnen Sie doch beständig auf Revanche. Auch soziale Ungerechtigkeiten wirken auf Sie wie ein rotes Tuch; hier können Sie Ihrem versteckten Ärger freien Lauf lassen und Ihre Fähigkeiten dazu gebrauchen, gegen das Unrecht anzugehen. Sie verstehen sich darauf, Situationen zu dramatisieren, um diejenigen, die an der Macht sitzen, auf sich aufmerksam zu machen und Veränderungen herbeizuführen. Sie könnten gut der Fürsprecher für all jene sein, denen der Mut fehlt, ihre Stimme in eigener Sache zu erheben. Vielleicht würde Ihnen die Politik den Einfluß verschaffen, vieles durchzuführen, was Ihnen und Ihren Mitmenschen zugute käme.

In Ihren persönlichen Beziehungen sind Sie anspruchsvoll, Schwächen gegenüber manchmal sogar extrem unduldsam. Sie suchen sich zwar Menschen aus, die sich Ihnen unterwerfen, verachten sie aber aus dem nämlichen Grunde. Das ist der Widerspruch, den diese Planetenkonstellation mit sich bringt und der die Schwierigkeiten verursacht, die andere im Umgang mit Ihnen haben. Tatsache ist, daß Sie Stärke bewundern und Autorität respektieren, so daß sich andere geradezu herausgefordert fühlen, diese Eigenschaften zu demonstrieren. Ideal wäre es, wenn Ihr

Partner stark und in der Lage wäre, Ihnen gegenüber Stellung zu beziehen, damit Sie in allen Dingen positiv aufeinander einwirken könnten. Gemeinsame Ziele und Interessen dürften ein dauerhaftes Bindeglied zwischen Ihnen sein.

Merkur-Konjunktion-Aszendent

Merkur in Konjunktion zum Aszendenten zeigt an, daß Sie intensiv mit sich selbst beschäftigt sind. Sie fangen wahrscheinlich viel häufiger als andere Leute ein Gespräch mit »Ich« an, und auch »mir« oder »mich« wird mit schöner Regelmäßigkeit darin vorkommen. Das ist nicht gerade schlimm, langweilt jedoch andere Menschen. Ihre Geistesgaben sind gut entwickelt, denn Sie verfügen über einen hellen Kopf und Witz, so daß Ihr unablässiger Gebrauch von persönlichen Fürwörtern wohl toleriert werden dürfte. Intellektuell nehmen Sie begeistert alles und jedes auf, das sich Ihnen bietet, und Sie lassen sich schnell beim leisesten Anstoß zu übereilten Meinungsäußerungen hinreißen. Sie brüsten sich damit, wie leicht Ihnen das Lernen fällt, und blicken unter Umständen mit Verachtung auf jeden, der sich schwerer tut als Sie. In Ihrem Gefühlsüberschwang geben Sie kaum jemandem die Chance, Ihre Fragen zu beantworten. In Gesellschaft sind Sie im Gespräch meist tonangebend, indem Sie Fragen anschneiden und gleich selbst beantworten oder Probleme aufwerfen, die Sie sofort selbst lösen. Als Redner beweisen Sie Originalität und Erfindungsreichtum und verstehen es zumeist auch, Ihre Ausführungen durch bühnenreife Gestik und Mimik wirkungsvoll zu unterstreichen. Ihre Mitmenschen sind von Ihrer Sprachgewandtheit und Vortragskunst fasziniert. Sie scheuen sich nicht, Ihre Stimme zu erheben, wenn Sie sich im Recht wissen, nur haben Sie leider nicht immer recht. Wenn Ihre Ansichten kritisiert werden, sind Sie entrüstet und setzen sich zur Wehr. Sie sind alles andere als ein Mauerblümchen und mischen lieber mit, statt den Mund zu halten.

Venus-Konjunktion-Mars

Venus in Konjunktion zu Mars zeigt an, daß Sie voller Begierden stecken, die Sie zu allen Zeiten ausleben müssen. Sie können zwar Ihr Verlangen in mitmenschlichen Beziehungen stillen, sind jedoch durchaus bereit, es auch auf andere Weise zu befriedigen, um keine Enttäuschung zu erleben. Dazu gehören künstlerische Betätigungen oder soziale Aufgaben, die für sich genommen schon gewinnbringend für Sie sind und Ihnen darüber hinaus noch Gelegenheit verschaffen, Menschen kennenzulernen, mit denen Sie sich identifizieren können und zu denen Sie eine innere Beziehung haben. Ihre Gefühlswärme und großzügige Art zieht Ihre Mitmenschen an, nur ist Ihnen wahrscheinlich nicht bewußt, daß Sie sich in Gesellschaft wie auch in bezug auf Einzelpersonen mit Hilfe sinnlicher Suggestionen mitteilen. Aus diesem Grunde werden Sie trotz lauterer Absichten leicht mißverstanden, so daß Sie in Schwierigkeiten geraten und dann zwangsläufig Ihre Verteidigungsmechanismen in Gang setzen.

In Ihrem Bestreben, soziale Kontakte zu knüpfen, neigen Sie dazu, wahllos mit allen möglichen Leuten Umgang zu pflegen. Bei Beziehungen zum andern Geschlecht sind im allgemeinen Sie der aktive Teil und erregen leicht Unwillen, weil Sie zu aggressiv sind. Andererseits vergrößert Ihre Angriffslust Ihre Erfolgschancen bei Konkurrenzkämpfen, denn Sie geben nicht auf, ehe Sie nicht alle Hebel in Bewegung gesetzt haben, um Ihre Fähigkeiten zu demonstrieren. Diese Planetenpaarung allein gibt keinen klaren Hinweis auf bestimmte berufliche Interessen, aber Sie werden Anerkennung finden auf Grund der Entschiedenheit, mit der Sie für Chancengleichheit eintreten. Sie dürften wohl am besten eine Tätigkeit ausüben können, mit der Sie an die Öffentlichkeit treten und aktiv werden. Allein zu arbeiten, ohne Kontakt zur Öffentlichkeit oder zu Kollegen, würde Ihnen die Bestätigung versagen, die Sie brauchen, und Sie wahrscheinlich langweilen. Sie sind ein zu energiegeladener Mensch, um fern aller Geschäftigkeit und ohne den Reiz enger Zusammenarbeit mit andern Menschen glücklich zu sein.

Sie fühlen sich zu aktiven, draufgängerischen, sinnlichen Menschen hingezogen, die allerdings nie den Versuch machen dürfen, Kontrolle über Sie auszuüben. Sie halten sich für einen freien Menschen und haben nichts für Leute übrig, die Ihnen Beschränkungen auferlegen wollen. Zugeständnisse machen Sie nur nach reiflicher Überlegung, erwarten aber Kompromisse von den andern. Sie stellen hohe Anforderungen an den Menschen, den Sie lieben, und verlangen oft etwas, dem schwer Folge zu leisten ist. Da Sie dem Wahlspruch »erst lieben, dann lassen« huldigen, sehen sich viele, die für Sie in Frage kämen, bei ihrer Suche nach einer bindenden Beziehung lieber anderswo um.

Venus-Konjunktion-Jupiter

Die Konjunktion von Venus und Jupiter deutet darauf hin, daß Sie gütig, freundlich, verständnisvoll und großzügig sind. Aber Sie gehen oft zu weit, wenn Sie diese Eigenschaften unter Beweis stellen, und sind nachsichtig gegen Leute, die es gar nicht verdienen. Brutalität und Gemeinheit sind Ihnen unerträglich. Sie haben viel Sinn für Humor, wiewohl Sie gelegentlich ins Grübeln geraten, und Sie benehmen sich mit Anstand. In Zeiten der Not sind Sie besonders optimistisch und hoffen unentwegt, daß sich alles zum Besten wendet. Sie gönnen sich materiellen Komfort und legen Wert auf ein sorgenfreies Leben, das Ihnen erlaubt, an allen gesellschaftlichen Vergnügungen teilzunehmen, die sie lieben.

Die häuslichen Verhältnisse in Ihrer Kindheit waren wohl kaum mit materiellem Überfluß gesegnet, aber Sie haben wahrscheinlich nichts wirklich Wesentliches entbehren müssen. Die Liebe, die Freundlichkeit und das Verständnis zwischen Ihnen und Ihren Eltern haben den Grund für Ihre kontinuierliche Weiterentwicklung gelegt.

Sie eignen sich für Berufe, in denen Ihre überschwengliche Art Ausdruck finden kann, beispielsweise für Public Relations, den Tourismus, für den Lehrerberuf, die Berufsberatung für Jugendliche oder die Organisation sozialer Aktivitäten. Wenn Sie in einer Wohlfahrtsorganisation oder -stiftung arbeiten würden, könnten Sie Menschen, die sozial, wirtschaftlich oder körperlich benachteiligt sind, Freude bereiten und Hoffnung machen. Sie könnten von Ihren Fähigkeiten auch bei der Rehabilitationstherapie – vor allem mit handwerklichen, kunstgewerblichen Tätigkeiten usw. – Gebrauch machen.

Durch Ihre forsche Art und Ihre warme Ausstrahlung sind Sie nahezu bei jedermann beliebt. Aber Sie sind so unbeschwert, daß manche Menschen daraus Vorteil schlagen könnten. Sie nehmen sich solche unliebsamen Begegnungen jedoch so gut wie nie zu Herzen. Sie suchen und finden Menschen, die ebenfalls selbstsicher sind und mit Erfolg rechnen. Sie mögen Aufrichtigkeit und fühlen sich zu Menschen mit dieser Eigenschaft hingezogen. Aber Leute, die andern gegenüber lautere Absichten äußern und dabei Hintergedanken haben, sind Ihnen ein Greuel. Sie verschwenden keine Zeit an Leute, die ihrerseits Zeit verschwenden. Jeder Erfolg, ob im materiellen oder privaten Bereich, läßt Sie vor Glück strahlen. Wenn Saturn durch einen Spannungsaspekt mit diesem Planetenpaar verbunden ist, kann es allerdings sein, daß ein solches Glücksgefühl schwer zu erlangen ist, aber Sie hätten trotzdem noch immer gute Chancen.

Venus-Konjunktion-Saturn

Die Konjunktion von Venus und Saturn deutet darauf hin, daß Sie glauben, Zugeständnisse machen zu müssen, um ans Ziel Ihrer Wünsche zu gelangen. Von Ihnen wird immer erwartet, daß Sie sich anpassen, damit die Beziehung für beide Seiten befriedigend ist. Deshalb mißfallen Ihnen häufig die Bekanntschaften, die Sie schließen, weil Sie entweder keine rechte Bestätigung finden oder sich ausgenutzt fühlen. Unter Umständen geben Sie klein bei und machen das beste aus einer Verbindung, in die Sie mehr einbringen als der andere. Positiv gesehen wiederum beweist das, wie ernst Sie die Beziehung nehmen. Ihre Zuneigung ist treu und aufrichtig, doch neigen Sie dazu, sie lieber nicht zu zeigen aus Furcht, übervorteilt zu werden.

Sie haben ein recht gutes Urteilsvermögen, was sich in Ihren materiellen Verhältnissen widerspiegelt. Beim Umgang mit Geld beweisen Sie Selbstdisziplin und legen in weiser Voraussicht immer etwas auf die hohe Kante, egal, wie hoch Ihr Einkommen sein mag. Mit dieser Besonnenheit kompensieren Sie Enttäuschungen, die Sie häufig in Ihren Privatbekanntschaften erleben, und sie ist Ihrer Ansicht nach ein ganz vernünftiger Ausgleich. Darüber hinaus gibt Ihnen Ihre Sparsamkeit Sicherheit und ermöglicht Ihnen ein recht behagliches Leben.

Ihrer Natur nach eignen Sie sich für Berufe, in denen man nur erfolgreich ist, wenn man sich an Regeln und Statuten hält. Finanz- und Bankwesen, Bau- und Versicherungsgeschäfte, Rechtswesen, Immobilien, Handel und Planung sind Tätigkeitsbereiche, in denen Sie sich mit Erfolg einsetzen könnten. Ideal für Sie wäre eine Stellung, in der Sie unabhängig sind. Sie haben Pflichtbewußtsein und Verantwortungsgefühl und leisten entschieden mehr, wenn Ihnen kein Vorgesetzter im Nacken sitzt. Sie können zwar auch mit andern zusammenarbeiten, ziehen aber die selbständige Arbeit vor.

Ihr Gefühlsleben wird durch Menschen aktiviert, die ernsthaft, ehrlich und aufrichtig sind. Sie brauchen jemanden, den Sie achten können und der Sie ebenfalls achtet. Ein reifer Mensch vermittelt Ihnen Sicherheit und außerdem gesellschaftliche Anerkennung. Ihr Liebespartner muß taktvoll und kultiviert sein und einen starken, bewundernswerten Charakter haben. Gewöhnlichkeit wirkt abstoßend auf Sie, Unordnung störend. Ihre Vorhaben sind klar umrissen, und Sie erwarten von Ihrem Partner, daß er mit Ihnen zusammen auf gemeinsame Ziele hinarbeitet. Da Ihnen überaus viel am Familienzusammenhalt liegt, werden Sie sich ohne Zögern von allem distanzieren, was der Familie abträglich sein könnte.

Sie müssen Ihren Blick unbedingt auf das Schöne und Angenehme im Leben richten – eine negative Einstellung kann auch negative Auswirkungen zeitigen. Darauf sind unter Umständen auch Probleme mit den Halsdrüsen zurückzuführen. Sie können Ihren Allgemeinzustand generell verbessern, wenn Sie mit mehr Frohsinn ins Leben schauen, nur muß Ihre Zuversicht auch von Herzen kommen.

Venus-Konjunktion-Uranus

Mit Venus in Konjunktion zu Uranus sind Sie eine sprühende, überschäumende Persönlichkeit. Ihre Beliebtheit und Geselligkeit geht fast schon ins Extrem, und Sie geben sich mit größtem Genuß einem erfüllten Leben ohne Einschränkung hin. Sie suchen auf alle nur erdenkliche Weise Kontakt zu Ihren Mitmenschen, um alle Lebensbereiche von Grund auf erforschen zu können. Über gesellschaftliche Normen setzen Sie sich bei Ihren Bekanntschaften meist hinweg, und sollte sich doch einmal eine konventionelle Beziehung ergeben, muß sie schon sehr reizvoll sein, damit Sie sich nicht eingeengt und gefesselt fühlen.

Sie eignen sich am besten für Berufe, die den Reiz des Neuen mit sich bringen und in denen Sie auf Ihre ureigene Art kreativ tätig werden können. Sie fügen sich nicht gern in eine Routine; ein Tagesablauf voller sich wiederholender Arbeitsgänge wäre Ihnen unerträglich langweilig. Tätigkeiten, die Sie mit der Öffentlichkeit in Kontakt bringen, entsprechen schon eher Ihrem Temperament. Public Relations, Festgestaltung und Partyservice, soziale Aufgaben, Modenschauen, Vermögensberatung und Innenarchitektur sind Gebiete, auf denen Sie Ihre Wendigkeit und Kreativität gebührend zum Ausdruck bringen können.

In Ihren persönlichen Beziehungen verlangen Sie unbegrenzte Freiheit, damit Sie sich ohne Schuldgefühle davonmachen können, wenn Sie das Interesse verlieren. Sollte jemand Sie über längere Zeit fesseln, binden Sie sich sehr stark an ihn. Trotzdem lösen Sie jäh alle Bande, wenn Sie wieder jemand anders kennenlernen, dessen seltene Qualitäten Ihre Aufmerksamkeit erregen.

Es fällt Ihnen wahrscheinlich schwer, eine dauerhafte Beziehung einzugehen, weil Sie ein extrovertierter und oft karriereorientierter Mensch sind. Schieben Sie das Heiraten lieber auf, bis Sie Gelegenheit hatten, aus eigenem Antrieb den Versuch zu machen. Da Sie in Liebesdingen sehr sprunghaft sind, wären Sie gut beraten, wenn Sie sich erst einmal für längere Zeit verloben würden, ehe Sie heiraten. Eine spontan eingegangene Ehe wäre wahrscheinlich nicht von Dauer. Nur die erdhaften Eigenschaften eines starken Saturn, falls diese sich irgendwo in Ihrem Horoskop feststellen lassen, können diese Tendenz ausgleichen. Ihnen fehlt gewissermaßen Verantwortungsgefühl, so daß Sie wenig Neigung zu dauerhaften Bindungen zeigen.

Venus-Konjunktion-Neptun

Mit Venus in Konjunktion zu Neptun sind Sie ein romantischer Idealist. Durch Ihre zutrauliche Art liefern Sie sich leicht Schwindlern aus, die versuchen könnten, Sie zu übervorteilen. Als feinfühliger Mensch und Ästhet haben Sie Freude an Kunst, Musik und Literatur. Ihr Kunstsinn ist mit Phantasie gepaart, so daß Sie Schönheit sehen, wo andere nichts dergleichen bemerken.

Durch Ihre sensible Natur eignen Sie sich am besten für Berufe, bei denen es in der Regel ruhig und gelassen zugeht. Vermeiden Sie jede Art von Tätigkeit, die Hektik mit sich bringt oder draufgängerisches Verhalten von Ihnen verlangt, denn beides wäre für Sie unerträglich. Bei allen geistig orientierten künstlerischen Betätigungen wie der Musik, der Schriftstellerei, der Mode oder auch bei kulturellen Aufgaben könnte Ihre Kreativität gebührenden Ausdruck finden.

Der in Ihrer romantischen Ader begründete Idealismus kann Ihnen in Ihren persönlichen Beziehungen einige Schwierigkeiten bereiten. Sie suchen Bekanntschaften, die heiter und ungestört sind. Aber Sie sind auch wehrlos den Versuchen anderer Menschen ausgesetzt, Sie auszunutzen. Ihnen fällt es schwer, andere realistisch einzuschätzen, und so sind Sie andern ein leichtes Opfer. Ein solches Verhalten Ihrer Mitmenschen entsetzt Sie und erschüttert Ihr Gemüt. Da Sie keine Kämpfernatur sind, werden Sie sich wohl einfach zurückziehen. Wenn sich solche Erfahrungen wiederholen – und das ist anzunehmen –, nehmen Sie womöglich Zuflucht zu einem sicheren Verbündeten, der nur in Ihrer Einbildung existiert. Oder aber Sie fassen den Entschluß, sich zu schützen, indem Sie ähnliche üble Praktiken anwenden. Die rosarote Brille, durch die Sie das Leben betrachten, bringt Ihre Angelegenheiten durcheinander, bis Sie endlich verstehen lernen, daß die Grobheit mancher Leute und die aufreibenden Dinge in Ihrer Umgebung ganz natürliche Erscheinungsformen der Wirklichkeit sind.

Venus-Konjunktion-Pluto

Mit Venus in Konjunktion zu Pluto werden Sie wiederholt Krisen durchstehen müssen, solange Sie mit Ihrer romantischen Veranlagung nach emotionaler Erfüllung suchen. Sie sind bestrebt, sich sowohl körperlich als auch gefühlsmäßig bis zum Äußersten auszuleben und fühlen sich auf Grund Ihres leidenschaftlichen Liebesverlangens zu vielen verschiedenen Partnern hingezogen. An Ihre jeweilige Liebe stellen Sie Besitzansprüche, richten jedoch Ihr Augenmerk schnell wieder auf jemand anders, mit dem Sie eine tiefere Beziehung eingehen zu können glauben.

Wenn Sie sich erst einmal emotional auf eine Beziehung eingelassen haben, verlangen Sie oft sichtbare Liebesbeweise von Ihrem Partner. Da Sie selbst willens sind, dem Gegenstand Ihrer Liebe enorme Zugeständnisse zu machen, finden Sie es nur gerecht, wenn Ihr Partner auch bedeutende Opfer bringt, um sein ehrliches Interesse zu bekunden. Auf diese Weise gehen Sie sicher, daß die Beziehung nicht ausschließlich auf rein körperlicher Anziehung beruht, sondern durchaus zu einer dauerhaften Verbindung führen kann. Sie erhoffen sich fortwährend die totale Partnerschaft, in der Sie alle Freuden der Zweisamkeit bis zur Neige auskosten können – körperlich, geistig und seelisch.

Sie finden großen Anklang bei Ihren Mitmenschen, selbst bei solchen, mit denen Sie nur gelegentlich Kontakt pflegen. Die Art, wie Sie sich geben, ruft sowohl positive als auch negative Reaktionen hervor; die einen finden Sie unwiderstehlich und verführerisch, andere wiederum fürchten, Ihrem entwaffnenden Charme in die Falle zu gehen. Mit der Zeit werden Sie aufhören, sich von Ihren Sexualgelüsten beherrschen zu lassen, und dann eher in der Lage sein, alle möglichen Kontakte zu Ihren Mitmenschen zu unterhalten.

Sie besitzen magnetische Anziehungskraft. Manche finden Ihren Sinn für Dramatik oder Ihre künstlerischen Neigungen interessant, andere sind von Ihrer furchtlosen Beteiligung an kompromißlosen oder gar gefährlichen Bündnissen fasziniert.

Soziale Ungerechtigkeiten können Sie nicht ertragen. Sie haben das deutliche Empfinden, daß daran etwas geändert werden muß. Es erstaunt Sie, wie gleichgültig Beamte sich unmenschlichen Verhältnissen gegenüber zeigen. Sobald ein Programm zur Änderung der Zustände in Gang gesetzt wird, sind Sie wahrscheinlich bereit, daran mitzuarbeiten, wenn es den wirklich Bedürftigen zugute kommt. Ihrem Gefühl nach ist kein Opfer zu groß, sofern auch nur ein kleiner Fortschritt abzusehen ist.

Sie werden Freude an Sammelkampagnen haben, wo Sie Ihre Hochachtung für die Menschenwürde konstruktiv unter Beweis stellen können. Sie wissen, wie Sie Druck ausüben können, und das besonders bei Ihren wohlhabenden Bekannten und Partnern, deren Unterstützung Sie für Ihre Ziele gewinnen möchten.

Venus-Konjunktion-Aszendent

Venus in Konjunktion mit dem Aszendenten zeigt auf, daß Sie ein einnehmendes Wesen und persönlichen Charme haben, wodurch Sie bei allen Menschen Anerkennung finden, mit denen Sie es zu tun haben. Und genau diese Zustimmung brauchen Sie, denn Sie wollen um jeden Preis akzeptiert werden. Es fällt Ihnen leicht, nötigenfalls jeden Kompromiß einzugehen, um ans Ziel Ihrer Wünsche zu gelangen. Sie lieben die angenehmen Dinge im Leben und verbünden sich gern mit Leuten, die ähnliche Neigungen haben, immer in der Hoffnung, mit einem solchen Menschen einmal eine dauerhafte Beziehung aufzubauen. Sie werden jedoch nicht unbedingt jedermann mit Erfolg davon überzeugen können, daß Sie ja nur die Rolle des »Ränkeschmieds« spielen. Ganz gleich, welches Bild Sie Beobachtern auch bieten mögen, hinter Ihrer Fassade arbeitet eine Rechenmaschine, auf der Sie die Vor- und Nachteile einer jeden Bekanntschaft oder Freundschaft und aller gesellschaftlichen Kontakte und Verpflichtungen durchkalkulieren.

Sie verstehen es klug, sich stets von Ihrer besten Seite zu zeigen, weil Sie wissen, wie Sie auf Ihre charmante Art Bewunderer finden. Im allgemeinen benehmen Sie sich gut und kultiviert, aber wenn Sie nicht bekommen, was Sie wollen, werden Sie außerordentlich aggressiv und fordernd. Nichts läuft mehr, bis Ihre Wünsche erfüllt sind. Sie provozieren andere Menschen dazu, Sie zu übervorteilen, und sind dann verärgert über solche Vermessenheit. Lernen Sie, Ihre Selbstsucht zu zügeln, und verbringen Sie einmal auch Zeit damit, Ihre wirklichen Fähigkeiten zu entwickeln, um sich dessen würdig zu erweisen, was Sie erhoffen.

Mars-Konjunktion-Jupiter

Durch die Konjunktion von Mars und Jupiter haben Sie Energie und Enthusiasmus in solchem Übermaß, daß Sie sich an Aufgaben wagen können, vor denen nur die Allermutigsten nicht zurückschrecken. Um ans Ziel Ihrer Wünsche zu gelangen, setzen Sie sich furchtlos durch, selbst im Angesicht von Gefahr. Reichlich unbekümmert glauben Sie daran, das Schicksal herausfordern und etwas riskieren zu können, ohne je an Ihrem Erfolg zu zweifeln. Was Ihnen an Finesse fehlt, machen Sie durch Arroganz wieder wett. Schon bei der leisesten Provokation schwillt Ihnen der Kamm, und Ihre Konkurrenten haben allen Grund zur Beunruhigung, wenn Sie Ihnen gegenübertreten. Sie lassen sich mit Vergnügen auf eine direkte Konfrontation mit Ihren Widersachern ein und genießen den dazugehörigen Ruhm und die Publicity aus vollstem Herzen. Die Eintragungen im *Guinness-Buch der Rekorde* haben einen eigenen Reiz für Sie, und Sie würden nur zu gerne Ihren eigenen Namen unter irgendeiner Rekordleistung darin aufgeführt finden.

Mit Ihrem angeborenen Sinn für Dramatik können Sie in keinerlei Hinsicht maßhalten. Sie geben sich nicht einfach damit zufrieden, den Sieg über einen Konkurrenten errungen zu haben, sondern unterstreichen Ihren Triumph noch, indem Sie eine Art ritualistischer, publikumswirksamer Schau abziehen. Sie verstehen es, die Aufmerksamkeit der Öffentlichkeit auf Ihre Fähigkeiten zu ziehen und sich dadurch zur Geltung zu bringen. Wayne Newton, Yoko Ono, Jim Nabors, Ray Charles, Lee Marvin, Roy Campanella, Hugh Hefner und John F. Kennedy gehören zu den besser bekannten Persönlichkeiten, die diesen Aspekt in ihrem Horoskop hatten und sich in eben dieser Weise hervorgetan haben.

Es gibt zahllose Möglichkeiten, wie Sie aus diesem sehr wirkungsvollen, dynamischen Aspekt Nutzen ziehen können. Sie verfügen über eine spannende Mischung aus körperlicher Spannkraft und intellektuellen Fähigkeiten. Da Ihnen nie der Gedanke an einen Fehlschlag kommt, erhöhen sich Ihre Erfolgschancen. Wenn Sie Ihre schöpferischen Fähigkeiten in einer körperlichen Arbeit zum Tragen bringen, werden Sie durch Sachkenntnis und gesunden Menschenverstand die besten Ergebnisse mit Ihren Anstrengungen erzielen. Sollten Sie sich lieber einer Lebensaufgabe verschreiben, die Ihnen intellektuell mehr abverlangt, werden Sie sich durch Ihr unglaubliches physisches Durchhaltevermögen und Konkurrenzverhalten auszeichnen. Auf solchen Gebieten wie dem Sport, der Forschung, dem Rechtswesen, der Verwaltung, der Schauspielkunst, dem Komponieren oder der Schriftstellerei hätten Sie tausendfach Gelegenheit zu zeigen, was in Ihnen steckt und wozu Sie fähig sind.

Was sich allerdings hartnäckig bei Ihnen hält, ist Ihr Unvermögen maßzuhalten, und das kann zu Erschöpfungszuständen führen. In Ihrem rastlosen Bestreben, noch über das Ziel hinauszuschießen, das Sie sich selbst gesteckt haben, verschleißen Sie allmählich Ihre Vitalkräfte. Es ist lebenswichtig für Sie, regelmäßig vom aufreibenden Konkurrenzkampf auszuspannen und Urlaub zu machen.

Mars-Konjunktion-Saturn

Mars in Konjunktion zu Saturn zeigt an, daß Sie in der glücklichen Lage sind, Ihre Kräfte konstruktiv zu nutzen. Bei Ihnen wird das natürliche Verlangen, sich spontan für etwas einzusetzen, durch die Vergegenwärtigung möglicher Konsequenzen aufgewogen, die eine solche Handlungsweise nach sich ziehen kann. Diese bewußte Zurückhaltung kann Sie ein gutes Stück weiterbringen, weil Sie keine Energien an fruchtlose Bemühungen verschwenden. Ihr Sinn für Wirtschaftlichkeit und Leistung deutet bereits auf Erfolg hin. Sie verstehen es, Ihre Fähigkeiten gezielt für bestimmte Aufgaben einzusetzen. Sie sind realistisch und schätzen den Sachverhalt erst einmal klar ein, ehe Sie in Aktion treten.

Ihre frühkindliche Erziehung hat Sie in den Stand gesetzt, ohne weiteres größere Verpflichtungen einzugehen. Da Sie Ihre Grenzen kennen, übernehmen Sie sich selten. Sie sind besonnen und doch unerschrocken, vorsichtig, aber auch aggressiv. Sie arbeiten hart und vermögen es trotzdem, durch rationelle Arbeitseinteilung mit wenig Aufwand eine Menge zu schaffen. Obgleich Sie eigentlich ein komplizierter Mensch sind, suchen Sie Probleme auf einfachste Weise zu lösen. Aggressives Verhalten und Selbstkontrolle halten sich bei Ihnen wahrhaft vorbildlich die Waage.

Ihnen sind die Gefühle anderer Menschen nicht gleichgültig, aber Sie können sehr ärgerlich werden, wenn man Ihnen in die Quere kommt. Frustration setzt bei Ihnen eine gefährliche Dynamik in Gang. Sie lassen sich nicht gern Ihre Pläne durchkreuzen und können gemein über Ihre Widersacher herfallen. Dabei schrecken Sie auch vor physischer Gewaltanwendung nicht unbedingt zurück. Unter Umständen zeigen andere Faktoren in Ihrem Horoskop deutlicher auf, ob Sie wirklich so weit gehen würden, aber die Möglichkeit dazu ist bereits durch diese Planetenkonstellation gegeben.

Auf Grund dieser Konjunktion stehen viele Berufsziele zur Wahl. Besonders günstig sind Tätigkeiten, die physische Ausdauer und Spannkraft erfordern wie beispielsweise Archäologie, Forschung, Landvermessung und Forstwirtschaft. Im industriellen Bereich bieten sich Forschung und Entwicklung an. Auch der Militärdienst wäre eine Möglichkeit für Sie, Ihre Energien, die Sie gut im Griff haben, unter Beweis zu stellen.

In Liebesdingen spielen Sie mit Leichtigkeit sowohl die Rolle des Jägers als auch die des Gejagten. Sie schätzen erst sorgfältig ab, bei welcher Taktik Ihr Partner am ehesten schwach wird, und entscheiden dann, welche Methode Sie anwenden wollen. Sie lassen sich zum Beispiel einfach so lange haschen, bis Ihnen der Verfolger ins Netz gegangen ist.

Sie müssen sehr darauf achten, sich nach physischen Anstrengungen nicht zu verkühlen. Erfrischen Sie sich ganz allmählich und nehmen Sie keine kalten Getränke zu sich, damit Sie keine Krämpfe bekommen. Wenn Sie keine schwere körperliche Arbeit leisten, sollten Sie so wenig Salz wie nur möglich zu sich nehmen.

Mars-Konjunktion-Uranus

Mit Mars in Konjunktion zu Uranus gehen Sie hemmungslos, ungestüm und voller Energie an die Verwirklichung Ihrer Ziele. Sie stellen Ihre eigenen Regeln auf und lassen sich von niemandem Beschränkungen auferlegen. Was Sie vom Leben erwarten, erarbeiten Sie sich vollkommen rücksichtslos in der festen Überzeugung, daß es Ihnen freistehen muß, alles Notwendige tun zu können, um sich Ihre Wünsche zu erfüllen. Wenn Sie zugegen sind, kommt keine Langeweile auf, denn Sie brauchen Trubel, und sollte nichts los sein, dann sorgen Sie einfach selbst für Aufregung.

Ihre Impulsivität kann Ihnen allerlei Schwierigkeiten bereiten. Die Gesellschaft hat ihren Zusammenhalt auf Grund von Gesetzen und Verhaltensregeln, und Sie sind den Leuten, die sich daran halten, durch Ihre rebellische Art lästig. Wenn Sie es wirklich zu etwas bringen wollen, müssen Sie sich an die Spielregeln halten.

Ihrer beherzten Natur entsprechen Berufe am besten, die Wagemut erfordern, wie alle möglichen Sportarten, der Rennsport, das Bergsteigen oder die Erforschung eines Landes. Bevor Sie nun aber etwas hiervon in Betracht ziehen, sollten Sie wirklich eingesehen haben, daß Schutzmaßnahmen eine absolute Notwendigkeit sind. Andernfalls wird die Sache ein tragisches Ende nehmen. Nur ein starker Saturn in Ihrem Horoskop kann Ihnen den Schutz bieten, den Sie brauchen.

Sie könnten gut der Fürsprecher von Menschen werden, die selbst zu schwach oder vielleicht auch zu schüchtern sind, soziale Gerechtigkeit oder eine Veränderung ihrer Verhältnisse für sich zu verlangen. Sie haben den Mut, an einflußreiche Regierungsbeamte heranzutreten und einen Wandel voranzutreiben. Zur Bekräftigung Ihres Standpunktes können Sie auch sehr drohend auftreten, weil Sie sich von der Öffentlichkeit unterstützt wissen. Sobald Sie alle Beweismittel beisammen haben, die Ihre Aussage über die betreffenden Mißstände bestätigen, sind Sie von keiner Aktion mehr zurückzuhalten, die der Gerechtigkeit dient und ihr schließlich zum Sieg verhilft.

Sie haben starke Sexualgelüste und lassen es nicht gelten, wenn jemand sich verweigern will. Meist treffen Sie bei solchen Partnern auf Widerstand, die außer der körperlichen auch eine emotionale Bestätigung erwarten. Sie sind in erster Linie vom Stamme »Nimm«, statt auch einmal zu geben.

Mars-Konjunktion-Neptun

Bei Ihnen steht der Planet Mars in Konjunktion zu Neptun, und das zeigt einige Konflikte auf zwischen der Impulsivität, mit der Sie handeln, und der Bereitschaft, auch die Verantwortung für Ihre Handlungsweise zu tragen. Sie gehen den Konsequenzen nicht unbedingt absichtlich aus dem Weg, aber es fällt Ihnen oft schwer, sich über die Schwere Ihrer Schuld klarzuwerden. Manchmal ist Ihr Vorstellungsvermögen blockiert, denn Sie sind nicht dazu in der Lage, gründlich genug vorauszuplanen, und überlassen es dem Zufall, wie die Sache ausgeht. Nahezu alles, was Sie spontan tun, geht schief. Bevor Sie in Aktion treten, sollten Sie nüchtern abwägen, wieviel Kraft Sie aufwenden müssen, um den erwünschten Erfolg zu erzielen. In Ihrem Geltungsdrang neigen Sie dazu, die Realität und die Gefühle anderer Menschen zu ignorieren.

Ihre Mitmenschen fühlen sich magisch zu Ihnen hingezogen. Sie geben sich mit Leichtigkeit so, daß Sie andern gefallen und harmlos wirken. Das Theater und ähnliche Bereiche sind für Ihre rege Einbildungskraft und Ihr großartiges schöpferisches Talent wie geschaffen. Mit Ihrem Schauspieltalent können Sie aber auch in vielen andern beruflichen Tätigkeiten »eine Rolle spielen«. Um auf Ihrem Interessengebiet Anerkennung zu finden, müssen Sie womöglich Ihre Zuflucht zur List nehmen. Aber Ihre redlich erworbenen Kenntnisse müssen doch bald an die Stelle der Maskerade treten, wenn Sie Ihre Stellung behalten wollen. Sollten andere Faktoren in Ihrem Horoskop einen Hinweis auf Vorsicht, Zurückhaltung und Verantwortlichkeit geben, entspräche die Medizin Ihrer sensiblen Natur vielleicht am besten.

Seien Sie mit Ihren Liebesbeziehungen ganz besonders vorsichtig. Was zuerst wie die wahre Liebe aussieht, könnte sich später als bloße Eskapade für Sie oder Ihren Partner erweisen. Eine solche Enttäuschung wäre sehr schmerzhaft. Sie gehen leicht eine Beziehung ein, deren Aufdeckung peinlich wäre. Führen Sie niemanden hinters Licht, aber legen Sie es auch nicht darauf an, von andern getäuscht zu werden. Sie müssen aufrichtig sein, wenn Sie Kontakte knüpfen.

Hüten Sie sich vor Medikamenten, es sei denn, ein Arzt hat sie Ihnen verschrieben. Hygiene ist außerordentlich wichtig für Sie, da Sie mehr als andere Leute zu Infektionen neigen.

Mars-Konjunktion-Pluto

Die Konjunktion von Mars und Pluto zeigt an, daß Sie voller Begierden stecken und die nötige Beharrlichkeit und Entschlossenheit haben, auch zu bekommen, was Sie wollen. Wenn Sie schließlich am Ziel Ihrer Wünsche sind, merken Sie oft, daß Ihnen eigentlich gar nichts daran liegt und Ihr ganzes Trachten nur eine Übung war, sich selbst zu beweisen, daß Sie es schaffen. Viele Ihrer Ziele verfolgen Sie nur, um sich Genüge zu tun. Bei Ihren Beweggründen verwechseln Sie leicht Eigensinn und Verlangen.

In einer Krisensituation können Sie sich so lange zusammennehmen, bis der rechte Augenblick zum Handeln gekommen ist. Dann gehen Sie mit gesammelter Kraft daran, Herr der Lage zu werden und die Krise zu bewältigen. Sie stehen unter einem enormen Zwang, sich Geltung zu verschaffen, besonders wenn Sie den Verdacht hegen, jemand wolle Ihnen irgendwelche Beschränkungen auferlegen. Sie können keinen über sich vertragen, obgleich Sie Autorität respektieren, sofern sie gerecht waltet.

In Ihren privaten Beziehungen neigen Sie zur Aggression und wecken bei andern die Vorsicht, Ihnen nicht zu nahe zu kommen. In der Liebe sind Sie tyrannisch und selbst Freunden gegenüber sehr anspruchsvoll. Ihre Begehrlichkeit steht Ihnen ins Gesicht geschrieben und bewegt andere entweder dazu, von Ihrer sinnlichen Ausstrahlung angezogen zu werden oder aber sich bedroht zu fühlen und Sie zu meiden. Sie haben starke sexuelle Bedürfnisse, und Ihre Begierden könnten Sie dazu veranlassen, Sex vorsätzlich als Mittel zum Zweck einzusetzen. Zur Rechtfertigung Ihrer Methoden behaupten Sie oft, diese seien die einzige Möglichkeit für Sie, Ihre Ziele zu erreichen.

Sie sind sich der sozialen Probleme in Ihrer Umgebung bewußt und verstehen sich außerordentlich gut darauf, andere zu drängen, die notwendigen Veränderungen herbeizuführen, um diese Probleme zu lösen. Ihre Überredungskunst ist allerdings darauf zurückzuführen, daß Ihre Forderungen einen bedrohlichen Unterton haben. Sie sind beherzt genug, auch die schwierigsten Aufgaben unerschrocken in Angriff zu nehmen, und findig darin, für Ihre Unternehmungen finanzielle Unterstützung zu gewinnen. Sie müssen einen Weg finden, sich durch konstruktive Tätigkeiten auszudrücken.

Mars-Konjunktion-Aszendent

Mars in Konjunktion zum Aszendenten versorgt Sie mit einem unerschöpflichen Vorrat an Energie. Sie sind dauernd in Bewegung, aber diese Hektik ist nicht immer sinnvoll. Da es Ihnen an Selbstdisziplin mangelt, nehmen Sie unnötig große Risiken auf sich, wenn Sie sich herausgefordert fühlen. Ihre Anhänger halten Sie für mutig, während Ihre Gegner Sie draufgängerisch und arrogant finden. Beide Ansichten lassen Sie jedoch kalt, denn Sie wollen vor allem, daß man Ihre Überlegenheit anerkennt und Ihnen die Bewegungsfreiheit läßt, die Sie brauchen. Sie müssen fortwährend den sichtbaren Beweis haben, daß die Leute gewaltigen Respekt vor Ihrer aggressiven Überlegenheit bezeigen, weil Sie innerlich Ihrer selbst nicht ganz sicher sind. Das Bild, das Sie abgeben, verbirgt nur Ihre latent vorhandenen Minderwertigkeitsgefühle. Sie gewinnen wahrscheinlich bei einer Auseinandersetzung dadurch, daß Sie den meisten Lärm machen und Ihre Gegner mit unaufhörlichem Gestichel zermürben. Aber Sie brauchen Ihre Energien wirklich nicht auf diese Weise zu verschwenden, denn Sie verfügen über enorme schöpferische Fähigkeiten, die Sie nur gezielt nutzen müssen. Gelingt Ihnen das, wird niemand leichter zum Erfolg kommen als Sie und trotzdem noch soviel Kraft übrighaben.

Sie sind ein Kraftmensch und neigen dazu, alles, was nach Kompromiß oder Zugeständnis klingt, beiseite zu fegen, weil Sie solche Praktiken nur schwächlichen Menschen ohne Rückgrat zugestehen. Es ist schier unmöglich, mit Ihnen einfach nur freundlich zu reden. Wenn Sie glauben, die Zügel nicht mehr in der Hand zu haben und Ihre Stellung nicht halten zu können, werden Sie ärgerlich und nehmen womöglich Ihre Zuflucht zur Gewalt. Seien Sie versichert, daß Leute, die im Gespräch mit Ihnen nur »ja« und »nein« sagen, genau wissen, wie leicht Sie hochgehen. Was die positiven Seiten betrifft, so sind Sie unabhängig und selbstbewußt. Sie verstehen sich darauf, Leute samt allem, dessen sie fähig sind, zu mobilisieren, um Ihre Ziele zu verwirklichen. Obwohl Sie ebenso hart wie die Besten unter ihnen arbeiten können, spielen Sie doch lieber die Rolle des Antreibers, setzen sich bequem zurück, halten die Fäden in der Hand und lassen die andern nach Ihrer Pfeife tanzen.

Jupiter-Konjunktion-Saturn

Die Konjunktion von Jupiter und Saturn deutet darauf hin, daß Sie ungeheure Erfolgschancen haben, aber: ohne Fleiß kein Preis. Obwohl sich dem Erfolg schwere Hindernisse entgegenstellen, stürmen Sie mit Feuereifer voran und behaupten sich in der Welt. Sie haben die nötige Seelenstärke und Ausdauer, sich mit allen verfügbaren Kräften dafür einzusetzen. Es ist außerordentlich wichtig, daß Sie jeden Schritt auf Ihrem Weg vorausplanen und wissen, wann Sie in Aktion treten sollten und wann nicht. In Ihren Träumen haben Sie sich die Zukunft bereits in leuchtenden Farben ausgemalt, sind jedoch realistisch genug, auch verantwortungsvoll an der Verwirklichung zu arbeiten. Wie Sie wissen, sind alle noch so angestrengten Bemühungen, Bedeutung zu erlangen, fruchtlos, wenn sie nicht einer klar umrissenen geistigen Vorstellung entsprechen. Sie haben den Mut, Ihren Glauben an sich selbst ostentativ zur Schau zu tragen, sind aber auch so vorsichtig, Ihre Grenzen nicht zu überschreiten. Ihre Fähigkeit, die gesteckten Ziele zu erreichen, leitet sich direkt aus Ihrer Bereitwilligkeit her, Selbstdisziplin zu üben und hart zu arbeiten. Und dazu sind Sie gewillt, weil Ihnen der Erfolg so verheißungsvoll winkt.

Sie sind optimistisch, aber auch wirklichkeitsnah, sind mit Eifer wie auch dem nötigen Ernst bei der Sache und gehen bestimmt, aber doch wohlüberlegt vor. Im allgemeinen gehen Sie kein Risiko ein, sondern greifen lieber auf altbewährte Methoden zurück, um ans Ziel Ihrer Wünsche zu kommen. Sie setzen Ihre Talente so effektiv ein, daß Sie kaum Mühe an unproduktive Projekte verschwenden. Von Ihren schöpferischen Fähigkeiten können Sie zu Ihrer vollsten Zufriedenheit auf dem Gebiet des Rechts, der Erziehung, der Medizin, des Rechnungswesens oder auch in geistlichen Ämtern Gebrauch machen. In diese Bereiche würden Sie tiefes Verständnis für Ihre Mitmenschen einbringen und ihnen ihre Probleme lösen helfen. Sie haben Geduld mit weniger begabten Menschen und sind bereit, ihnen Beistand zu leisten, wenn Sie gebraucht werden.

Wenn Sie sich einmal ein wenig Muße gönnen, lesen Sie gern informative Bücher, die Ihren beruflichen Interessen dienen. In Ihrem rastlosen Bestreben, Ihre Kenntnisse zu vertiefen, nehmen Sie womöglich an Volkshochschul- und Fortbildungskursen teil. Sie halten Ihre Sachkenntnis zu keinem Zeitpunkt für ausreichend und wissen, daß sie nur konkurrenzfähig bleiben, wenn Sie ständig über neue Auffassungen und Entwicklungen in Ihrem Fach auf dem laufenden bleiben.

Was die Geschichte lehrt, hat Bedeutung für Sie und regt Sie zu philosophischen Betrachtungen über das Los und die Rolle jedes einzelnen Menschen im Schicksal der Menschheit an. Ihr gutes Gedächtnis ist Ihnen in Krisensituationen, die ein sofortiges Eingreifen erforderlich machen, eine große Hilfe; vielleicht sind Sie selbst überrascht, wie schnell Ihnen zur rechten Zeit das Richtige in den Sinn kommt.

Ihr größtes Problem ist, daß Sie zuviel des Guten tun, denn das kann zu Erschöpfungszuständen führen. Sie müssen unbedingt von Ihren Alltagssorgen Abstand nehmen und sich richtig entspannen. Gönnen Sie sich immer mal ein paar Urlaubstage, damit sich Ihre Lebensgeister erholen und Sie sich mit frischen Kräften Ihren Zielen widmen können.

Jupiter-Konjunktion-Uranus

Die Konjunktion von Jupiter und Uranus zeigt an, daß Sie hohe Erwartungen an Ihre Zukunft haben. Ihr Scharfblick ebnet Ihnen Wege, Ihre Fähigkeiten so zu entfalten, daß Sie den größtmöglichen Nutzen daraus ziehen können. Sie haben große Hochachtung vor Kenntnissen und bewundern die Geistesgrößen der Vergangenheit und Gegenwart. In Ihrem unstillbaren Wissensdurst wollen Sie soviel wie nur möglich lernen, denn Wissen bedeutet für Sie sowohl Freiheit als auch Macht.

Dieser Bildungshunger ist wahrscheinlich direkt oder indirekt durch Ihre frühkindliche Erziehung genährt worden. Ihre Fähigkeit, Kenntnisse zu sammeln, ist überdurchschnittlich entwickelt, und Sie wissen auch, wofür Sie diese brauchen – sie können Ihnen freie Bahn verschaffen, Ihre Möglichkeiten auszuschöpfen. Sie sind begierig auf Ihr Fortkommen bedacht und lassen sich keine Gelegenheit entgehen, die Ihnen zum Vorteil gereichen könnte. Wie ein Philosoph trachten Sie nach der Wahrheit und suchen in allem, was Sie tun, den tieferen Sinn.

Wenn Sie sich auch zur Politik hingezogen fühlen sollten, könnten Sie wohl doch auf dem Bildungssektor mehr leisten. Sie schauen nach vorn und können mit Leichtigkeit andere dazu anregen, sich für ihre Zukunft zu begeistern. Für die Vergangenheit haben Sie zwar nicht viel übrig, lassen sie sich aber auf jeden Fall eine Lehre sein. Sollten Sie am Erziehungswesen kein Interesse haben, kämen als nächstes Recht und Verwaltung für Sie in Frage. Sie haben die Anlagen wie auch das Geschick, soziale und politische Richtlinien aufzustellen, die sich als richtungweisend herausstellen werden.

Gesellschaftlich fühlen Sie sich wohl, wenn Sie mit Leuten zusammen sind, die ähnliche Auffassungen vertreten wie Sie. In privaten Beziehungen sind Sie über alle Maßen großzügig. Sie müssen frei mit fortschrittlich gesinnten Menschen umgehen können, damit Ihre Begeisterung für das Leben keinen Dämpfer bekommt und Ihnen uneingeschränkt erhalten bleibt. Ihr Liebespartner muß gleichfalls von allem Neuen und allen Entwicklungen, die jeder Tag mit sich bringt, fasziniert sein. Sie brauchen jemanden, der Ihre Zukunftspläne mit Ihnen teilt und Ihre Projekte unterstützt. Denken Sie daran, öfter einmal auszuspannen und ein paar Urlaubstage einzulegen, damit Sie Ihre Lebenskraft bewahren und sich wieder auf Ihre eigentlichen Ziele besinnen können.

Jupiter-Konjunktion-Neptun

Mit Jupiter in Konjunktion zu Neptun neigen Sie dazu, zuviel des Guten zu tun. Sie reden unter Umständen über Dinge, von denen Sie gar nichts verstehen, oder versuchen, Aufgaben zu erfüllen, die über Ihre Kräfte gehen. Sie vertrauen andern in der festen Überzeugung auf Gegenseitigkeit und nehmen unbedacht an, daß diese Ihr Vertrauen auch verdienen. Wenn Sie immer nur das Beste von Ihren Mitmenschen annehmen, werden Sie manche bittere Enttäuschung erleben und sich oft hintergangen fühlen. Sie glauben fest an Ihre Mitmenschen, und das macht Sie blind.

Sie bewahren andern Menschen gegenüber Gleichmut und hoffen immer darauf, jemanden zu finden, dem Sie vollstes Vertrauen schenken können. Aber sie lernen auch aus den Erfahrungen, die Sie mit andern machen, und verfeinern dadurch Ihr Urteilsvermögen. Sie haben ein feines Gespür für Ihre sozialen Verpflichtungen, denen Sie aus allen Kräften mit Eingebung und Imagination nachkommen, wann immer Sie können. Besonders segensreich könnten Sie tätig werden im weiten Bereich der öffentlichen Wohlfahrt. Ihrem Temperament und Ihrer Veranlagung nach könnten Sie gut in einer Sonntagsschule, einem Waisenhaus, im Rahmen eines Programmes für geistig Behinderte, einem Amt für medizinische Versorgung oder bei Entwicklungsdiensten lehren und arbeiten. Ihnen fällt es leicht, denen, die es verzweifelt nötig haben, aus ganzem Herzen teilnahmsvolles Verständnis entgegenzubringen.

Es besteht dauernd die Gefahr, daß andere Menschen Sie ausnutzen und aus Ihrer Hilfsbereitschaft Kapital zu schlagen versuchen. Wenn Sie nicht auf der Hut sind, kann Ihnen das auch im privaten Bereich passieren. Sie wollen nun einmal glauben, daß Ihr Partner wahre Liebe für Sie empfindet und tun alles, damit sich die Beziehung vertiefen kann, weil Sie auf eine spätere Heirat hoffen. Sollten Sie nicht lernen, die Motive der Menschen, mit denen Sie in Kontakt stehen, in Frage zu stellen, werden Sie mit Sicherheit enttäuscht.

Sie müssen einen Sinn für die rauhe Wirklichkeit in Ihrer Umgebung entwickeln. In Ihrem Verlangen, nur in den höchsten Gefühlen und erhabensten Sinnesgenüssen zu schwelgen, laufen Sie Gefahr, sich auf realitätsfernen Fanatismus einzulassen. Halten Sie sich von Drogen, Kulten und verantwortungslosen Scharlatanen fern.

Jupiter-Konjunktion-Pluto

Mit Jupiter in Konjunktion zu Pluto trachten Sie danach, das Leben aus vollen Zügen zu genießen. Aus einem starken inneren Antrieb heraus setzen Sie ehrgeizig alles daran, Ihre Ziele so schnell wie möglich zu erreichen, und sind ungehalten über alles, was Sie aufhält. Andern erscheinen Ihre Vorstellungen vielleicht unrealistisch, aber Sie suchen sie mit erstaunlicher Entschlossenheit zu verwirklichen. Es kommt Ihnen kaum in den Sinn, daß Sie scheitern könnten, denn Sie geben sich nie geschlagen. Ein unstillbarer Hunger, alle Ihre Möglichkeiten voll auszuschöpfen, treibt Sie an. Und Sie haben tatsächlich geradezu blendende Erfolge bei Aufgaben, die eigentlich undurchführbar sind. Ihrem ehrgeizigen Streben liegt der unerschütterliche Glaube an Ihre Fähigkeit zugrunde, sich über äußere Grenzen hinwegsetzen zu können. Wegen Ihrer Kenntnisse werden Sie von vielen gelobt und beneidet.

Ihre beruflichen Interessen sind überaus breit gefächert und erstrecken sich über viele Gebiete. Doch selbst wenn Sie erfolgreich sind, fühlen Sie sich erst wohl, wenn Sie eine Lebensaufgabe gefunden haben, die Ihnen unbegrenztes Entwicklungsmöglichkeiten bietet. Grundsätzlich fühlen Sie sich zu Berufen hingezogen, in denen Sie eng mit Menschen zusammenarbeiten wie im Rechtswesen, in der Medizin, der Psychologie oder auch im religiösen Bereich. Andererseits kann Ihr großer Ehrgeiz Sie dazu verleiten, sich im Sport, in der Forschung und Erforschung oder gar im Spiel hervortun zu wollen, wo das Risiko hoch und die Gefahren verlokkend sind. Sie werden in finanzielle Unternehmungen riesigen Ausmaßes verwickelt sein, bei denen etliches für Sie herausspringt.

Im Privatbereich nimmt Sie Ihr Erfolgsdenken für Menschen ein, die ebenfalls erfolgreich sind. Sie werden sich einen Partner suchen, den Sie wegen seiner Charakterstärke, seiner Erfolge und wegen des Anklangs, den er findet, bewundern. Sie verstehen die Beweggründe Ihres Gefährten und spornen ihn voller Begeisterung zu bestimmten Leistungen an. Passen Sie jedoch auf, daß Sie nicht zuviel Nachdruck auf die Verdienstmöglichkeiten Ihres Partners und das damit verbundene angenehme Leben legen und so die feinen persönlichen Eigenschaften herabwürdigen, die doch die eigentliche Grundlage für seine Fähigkeiten sind.

Jupiter-Konjunktion-Aszendent

Mit Jupiter in Konjunktion zum Aszendenten sind Sie der Optimismus in Person. Sie kennen kein Maß, weil Sie stets hoffen, daß Sie mit Ihrer überschwenglichen Art auf die Dauer am weitesten kommen. Sie sprudeln über vor Ideen, wie Sie zu Erfolg kommen können, und sind sicher, daß es Ihnen gelingt. In Ihrem grenzenlosen Vertrauen auf Ihre Fähigkeiten und auf eine gute Portion Glück scheren Sie sich nicht um den nächsten Tag und schon gar nicht um den vergangenen. Sie sind zwar ehrgeizig, aber wenn es darum geht, ans Ziel Ihrer Wünsche zu gelangen, sind Ihre Augen immer größer als Ihr Mund. Ihre Aufgeblasenheit kann ein ernstes Hindernis sein bei Ihrer Suche nach Leuten, die Ihre Unternehmungen unterstützen sollen. Wer mag schon einen Aufschneider oder Menschen, der sich selbst dermaßen überbewertet! Ihre Untergebenen sind von Ihnen begeistert, aber Sie sollten ihnen keinesfalls Versprechungen machen, die Sie nicht mit Sicherheit erfüllen können.

Sie sind großzügig, sympathisch, freundlich, gütig und das Entzücken aller, die sich einen Beitrag für eine Sammelaktion erhoffen, denn Sie geben gerne. Im großen und ganzen sind Sie gut informiert über Themen, die für Ihre beruflichen Ziele von ausschlaggebender Bedeutung sind, wie auch über Dinge von allgemeinem Interesse. Sie hegen größte Hochachtung für Bildungsinstitutionen, und da Sie vom Schicksal begünstigt sind, werden Sie wahrscheinlich irgendeine Schule gründen. Sie sind zu offen, was private oder unter Verschluß zu haltende Mitteilungen betrifft, und wenn Ihre Konkurrenz Sie mit einem neuen Produkt überflügelt, stammt die Idee dazu womöglich ursprünglich von Ihnen. Versuchen Sie, zurückhaltender und ernsthafter zu sein. Auch Ihren Appetit sollten Sie zügeln, denn Sie neigen zu Übergewicht, insbesondere mit vorrückendem Alter.

Saturn-Konjunktion-Uranus

Die Konjunktion zwischen Saturn und Uranus deutet darauf hin, daß Sie befähigt sind, Ihren vielen schöpferischen Ideen Form zu geben. Sie legen ungewöhnlich reife Ansichten an den Tag, so daß Sie aus allem, was Sie tun, einigen Nutzen ziehen dürften. Ihrem Freiheitsdrang kommt Ihre Fähigkeit zugute, ihm zuliebe überlegt und rationell alle Ihre Kräfte für bestimmte Projekte zu mobilisieren. Sie haben einen gesunden Respekt vor Autorität und für die Lektionen, die sie erteilt. Und Sie haben den inneren Antrieb und den Ehrgeiz, wichtige, langwierige Aufgaben in Angriff zu nehmen, die Ihnen eine sichere Zukunft garantieren.

Ihre beruflichen Möglichkeiten sind nahezu unbegrenzt, da Sie weder Verantwortung noch die Anforderungen scheuen, die eine Führungsposition an Sie stellt. Mit ziemlicher Sicherheit können Sie Ihren Mitmenschen auf Grund Ihres Verständnisses und Ihrer Erfahrung vieles geben. Sie lernen aus der Vergangenheit und setzen sich energisch dafür ein, daß der Unwissenheit in Zukunft kein Raum bleibt. Sie sollten bei Gruppeninitiativen oder auf sozialpolitischer Ebene Ihren Beitrag dazu leisten. Wissenschaft, Mathematik, Forschung, Politik, Okkultes und besonders die Lehrberufe sind Bereiche, wo Ihre Fähigkeiten sehr von Nutzen wären.

Am wohlsten fühlen Sie sich in der Gesellschaft von tatkräftigen Menschen mit hohen Zielen und Idealen. Sie brauchen den Umgang mit unternehmungslustigen Typen, die die Zukunft fest im Griff haben. Nur mit Leuten, die auf dem »Vormarsch« und auf dem Weg nach oben sind, können Sie etwas anfangen. Für banale, oberflächliche Menschen haben Sie nichts übrig, weil Sie bezweifeln, daß sie den Anliegen der Masse dienen können. Ihr Leben hat Sinn und Ziel, und Ihre engsten Bekannten haben ähnliche Vorstellungen wie Sie.

Sie müssen von Zeit zu Zeit ausspannen, um wieder zu Kräften zu kommen. Allzu leicht muten Sie sich zuviel zu, ohne daran zu denken, daß sich dabei Ihre physischen Reserven erschöpfen. Wenn Sie müde sind, sehen Sie vielleicht schwarz für Vorhaben, die eigentlich ganz gut laufen.

Saturn-Konjunktion-Neptun

Mit Ihrem Saturn in Konjunktion zu Neptun ist es sehr unwahrscheinlich, daß Sie auf die Dauer irregeführt werden. Normalerweise schützen Sie sich, indem Sie Situationen oder Menschen, die Ihnen fremd sind, mißtrauen. Selbst in spirituellen oder religiösen Dingen weigern Sie sich, Dogmen anzuerkennen, die Sie nicht logisch erschließen können. Vielleicht haben Sie in jungen Jahren solche Lehren bereitwilligst akzeptiert und dann später, als Sie ihre Gültigkeit in Frage stellten, Schuldgefühle darüber entwickelt. Im großen und ganzen bezeugen Sie eine reife Einstellung religiösen Angelegenheiten gegenüber und größtes Verständnis für Ihre sozialen Verpflichtungen.

Sie haben einen ganz praktischen »sechsten Sinn« und lassen sich von Ihren Erfahrungen leiten, wenn Sie Ihrer Eingebung folgen, die sich immer mehr entfaltet. Sie eignen sich für eine Tätigkeit im Verwaltungsbereich, denn Sie können wichtige Entscheidungen treffen, die mit größter Wahrscheinlichkeit zum Erfolg führen. Im Berufsleben profitieren Sie von Ihrer Fähigkeit, Unehrlichkeit oder Betrug aufdecken zu können. Sie bleiben auf dem Boden der Tatsachen und pochen darauf, daß andere auch nachweisen müssen, wovon sie reden. Sie fürchten die Ungewißheit und schieben eine Entscheidung vorsichtshalber so lange hinaus, bis Sie alle Fakten kennen. Sie können Ihre Eingebungen praktisch nutzen und konkretisieren.

In Ihren Liebesbeziehungen sind Sie ähnlich angelegt. Sie sind zwar Idealist, aber durchaus von dieser Welt. Sie lassen sich im allgemeinen emotional auf nichts ein, ehe nicht klar bewiesen ist, daß Ihre Gefühle erwidert werden. Ob in Freundschaft oder Liebe, Sie gehen keine flüchtige Verbindung ein. Ihrer Natur nach sind Sie nicht für oberflächliche Liebschaften geschaffen, bringen jedoch in eine Beziehung, an der offensichtlich etwas dran ist, ungeheuer viel ein.

Nehmen Sie möglichst keine Medikamente, die Ihnen nicht von einem Arzt verschrieben wurden. Vitaminpillen, Anregungsmittel und Antidepressiva sind nichts für Sie, weil sie bei Ihnen unangenehme Nebenwirkungen verursachen können.

Saturn-Konjunktion-Pluto

Die Konjunktion von Saturn und Pluto gibt Ihnen den inneren Antrieb, Ihre Ziele zu verwirklichen. Damit Sie das aber auch schaffen, müssen Sie mit allen Kräften und mit Sachkenntnis ans Werk gehen. Vielleicht müssen Sie sich Einschränkungen auferlegen, aber Sie sind ja willens, alles nur Erdenkliche durchzustehen, sofern es zum Gelingen Ihrer Vorhaben beiträgt. Die Angst vor einem unerfüllten Leben treibt Sie beständig an, soviel zuwege zu bringen, wie Sie können. Sie sind fest davon überzeugt, daß Sie mit Entschlossenheit und Ausdauer zum Erfolg kommen.

Unter Umständen sind Sie gezwungen, einen bestimmten Beruf zu ergreifen, ehe Sie sich noch darüber klar werden konnten, auf welchem Gebiet Sie das erreichen können, was Ihnen vorschwebt. Sie neigen zu herkömmlichen Berufen, die Ihnen angesichts des Wechsels sozialer Werte, welcher Ihnen finanziell bedrohlich erscheint, eine gewisse Stabilität garantieren. Wahrscheinlich sträuben Sie sich dagegen, sich in Veränderungen zu fügen, und ganz bestimmt sagen Sie jedem den Kampf an, der Ihnen vorhält, daß kein Weg daran vorbei führt, oder Sie machen voller Sorge Zugeständnisse. In der Art und Weise, wie Sie anliegende Probleme zu bewältigen versuchen, gehen Sie jedenfalls immer einen Schritt zu weit. Entweder machen Sie aus der Not eine Tugend, oder Sie leisten Widerstand und müssen erleben, daß die Fortschrittswelle Ihnen unbarmherzig den Boden unter den Füßen wegreißt.

Sie schweigen sich über Ihre Pläne und Ziele aus und geben niemandem Einblick in Ihre Gedankenwelt. Sie arbeiten hinter den Kulissen und legen sich in aller Geduld ein finanzielles Rückenpolster zu, damit Sie für spätere Jahre abgesichert sind. Ihre finanziellen Angelegenheiten regeln Sie sehr effektiv, und Sie haben auch Ideen, wie Sie Ihr Geld ausgeben können.

Sie sind für hohe Ämter und Machtpositionen qualifiziert. Als hervorragender Organisator flößen Sie Ihren Untergebenen Respekt ein. Recht und Gesetz gegenüber verhalten Sie sich geradezu untadelig. Ihr Urteil mag zwar hart ausfallen, aber es ist gerecht. Mit Ihrer trefflichen Fähigkeit, anderer Menschen Motive zu durchschauen, können Sie gut über Schuld oder Unschuld entscheiden.

Saturn-Konjunktion-Aszendent

Saturn in Konjunktion zum Aszendenten zeigt auf, daß Sie sich vorsichtig und diszipliniert verhalten. Da Sie meist aus Schüchternheit im Hintergrund bleiben, meinen andere oft, Sie hätten kein Interesse an Ihren Mitmenschen. Ihr Selbstwertgefühl ist stark angeschlagen, so daß Sie stets auf der Hut sind, wenn es gilt, Schwierigkeiten zu überwinden.

Sobald Sie durch Erfahrung lernen, sich selbst zu verstehen, wird dieser Mangel an Selbstvertrauen durch Ihre zunehmende Selbstsicherheit behoben. Sie haben nicht gerade die forsche Art, die andere Menschen auf den ersten Blick beeindruckt, aber Sie wirken vertrauenerweckend, und darum verläßt man sich schließlich auf Sie. Andern fallen Ihre guten Eigenschaften viel eher auf als Ihnen selbst. Sie halten sich von Natur aus bescheiden zurück und bleiben lieber im Schatten, als ins Rampenlicht zu geraten.

Sie verstehen Ihre Möglichkeiten voll auszuschöpfen und sind davon überzeugt, Ihre Ziele zu erreichen, nur unterschätzen Sie Ihre Fähigkeiten. Sie kommen eben langsam in Gang und müssen erst einmal zu Ihrer Beruhigung bei einigen Unternehmungen erfolgreich gewesen sein, ehe Sie sich auf bestimmte Projekte festlegen und sorgfältig Pläne ausarbeiten, wie Sie zu Werke gehen. Sie sind darauf gefaßt, nur schrittweise voranzukommen, bis Sie endlich zeigen können, was in Ihnen steckt. Wenn Sie etwas entscheiden müssen, zögern Sie meist, weil Sie erst ganz sicher sein wollen. Manchmal verpassen Sie eine Gelegenheit aus Angst, verspottet zu werden, falls Sie die falsche Entscheidung treffen. Allzu verantwortungsbewußt, wie Sie sind, lassen Sie nie jemanden hängen, der auf Sie angewiesen ist. Ein wenig mehr Eigenliebe tut Ihnen not, damit Sie das Gefühl haben, die angenehmen Dinge im Leben auch zu verdienen, für die Sie so fleißig arbeiten. Möglicherweise gehen Sie Leuten auf den Leim, die Vorteil aus Ihrer Abneigung schlagen, für Ihre Rechte einzutreten, aber das vergessen Sie ihnen nie. Obgleich Sie kein rachsüchtiger Mensch sind, warten Sie doch auf den Augenblick, wo diese Leute Ihren Beistand brauchen, um es ihnen dann mit kalter Gleichgültigkeit heimzuzahlen.

Uranus-Konjunktion-Neptun

Die Konjunktion von Uranus und Neptun zeigt, daß Sie sich sehr wohl Ihrer Verpflichtungen innerhalb des sozialen Gefüges, zu dem Sie gehören, bewußt sind und sich stark mit dem Bewußtsein der Massen identifizieren. Sie haben einen scharfen Blick für die Täuschungsmanöver, die oft von den Führenden angewendet werden, um Kontrolle über Menschen zu gewinnen und zu behalten, und das verstört Sie zutiefst. Sie erkennen, daß diese Verhaltensweise zum Verlust der persönlichen Freiheit führen kann, wenn nicht Schritte unternommen werden, die Übeltäter kaltzustellen. Da Sie einer Generation angehören, die Autoritäts- und Machtmißbrauch nicht duldet, ist Ihnen klar, daß die Freiheit verlorengehen kann, wenn sie nicht vor politischen Übergriffen bewahrt wird.

Keiner der jetzt Lebenden hat diese Planetenkonstellation; sie kommt erst 1992 wieder vor und besteht dann bis 1994. Die letzte Konjunktion dieser Art trat 1821 auf und blieb bis 1824, aber vielleicht ist es doch interessant, einmal ein paar wesentliche Leistungen aus den betreffenden Jahren näher in Augenschein zu nehmen. Dazu gehört zum einen die Erfindung einer raffinierten Methode, Stoffe wasserdicht zu imprägnieren, und zum andern die Entwicklung von Zement, der später in der industriellen Revolution eine große Rolle spielte. Diese beiden Errungenschaften – Zement und wasserdichtes Tuch – entsprechen genau den festen Grundsätzen der couragierten Menschen, die diesen Aspekt haben, und der Art und Weise, wie sie sich und ihre Rechte schützen.

Sie haben ein offenes Ohr für Menschen, die Verständnis für ihre soziale Lage brauchen, ob es sich nun um ein privates Problem handelt oder um das einer größeren Gruppe. Sie wissen zwar, daß Sie allein wenig ausrichten können, aber Ihre und die Bemühungen derer, die Ihre Besorgnis teilen, können vereint zu einer starken Kraft gegen die soziale Ungerechtigkeit werden. In gemeinsamer Arbeit können Sie Ordnung und Freiheit wiederherstellen, wo zuvor Chaos und Mangel herrschten.

Uranus-Konjunktion-Pluto

Die Konjunktion von Uranus und Pluto deutet darauf hin, daß Sie nötigenfalls bis zum Äußersten gehen, um sich Ihre Freiheit zu bewahren. Freisein hat die verschiedensten Bedeutungen für Sie. Es bedeutet, frei zu sein von Umweltverschmutzung, Krankheit, Arbeitslosigkeit und wirtschaftlicher Manipulation durch das Industrie-Establishment. Sie pochen auf Ihr Recht, Ihren Vorstellungen getreu vorzugehen, insbesondere auf das Recht, mit andern, ähnlich motivierten Leuten zusammen einen wesentlichen Beitrag für die Menschheit zu leisten. So unterstützen Sie lokale und nationale Programme zur Verbesserung der Lebensqualität und machen vielleicht sogar aktiv mit, um dafür zu sorgen, daß die Arbeit auch voranschreitet. Ihnen ist klar, daß harte Arbeit von allen Betroffenen der einzige Weg ist, der fortwährenden Ausbeutung der natürlichen Ressourcen entgegenzuwirken, die nur zerstörte Landschaft übrigläßt. Sie empfinden tiefe Achtung für alles Lebendige, für Menschen, Tiere und Pflanzen. Wenn Sie sehen, wie die Erde so unverblümt für Privatinteressen geschändet wird, ohne Rücksicht auf die, die einmal unser Erbe antreten müssen, fühlen Sie sich genötigt, Ihre Kraft für die Erhaltung der Lebensgrundlagen einzusetzen.

Diese Konjunktion bestand von 1963 bis 1968. Rachel Carsons Buch *Stummer Frühling* war eine grausige Mahnung, wie ernstlich wir das Gleichgewicht der Natur bereits gestört haben. Die Regierung der Vereinigten Staaten brachte eine Studie über *Rauchen und Gesundheit* heraus, die darlegte, daß Krebs- und Herzerkrankungen bei Rauchern viel häufiger auftreten als bei Nichtrauchern. Gleichzeitig mit diesen beunruhigenden

Veröffentlichungen stieg der Gebrauch bewußtseinsverändernder Drogen wie LSD, Marihuana und »harter« Drogen wie Heroin und Kokain. In Europa nahmen schwangere Frauen das Medikament *Contergan* ein, das bei ihren Kindern schwere Mißbildungen hervorrief, bis man endlich über die Nebenwirkungen dieses Arzneimittels Bescheid wußte.

Sie haben zwei Möglichkeiten: Entweder Sie verschließen Ihre Augen vor der schwindenden Lebensqualität, oder Sie unternehmen etwas, um wieder Ordnung in das Durcheinander zu bringen, das der Mensch in seiner Unempfindlichkeit angerichtet hat.

Uranus-Konjunktion-Aszendent

Uranus in Konjunktion zum Aszendenten weist darauf hin, daß Sie die Individualität in Person sind. Sie haben eine persönliche Art, die Ihnen stets alle Leute freundlich gewogen macht. Die meisten bewundern Sie, aber manche fürchten Sie auch, besonders diejenigen, die sich von Ihrem totalen Selbstbewußtsein erdrückt fühlen. Ihre Mitmenschen empfinden sich in Ihrer Gegenwart leicht als unbedeutend, obgleich Sie diesen Eindruck gewiß nicht erwecken wollen. Niemand sollte sich mit Ihnen zusammen unbehaglich fühlen, denn Sie geben sich unbeschwert und aufrichtig.

Sie finden leicht Kontakt zu allen Arten von Leuten und sind zu jedermann freundlich, völlig ungeachtet seines gesellschaftlichen Rangs. Sie bewerten niemanden nach seinem Äußeren, seiner Bildung oder seinem Bekanntheitsgrad, denn Sie sind sich der ungerechten Schranken, die gesellschaftliche Normen und Traditionen schaffen, deutlich bewußt. Wen immer Sie kennenlernen, betrachten Sie als einzigartigen, individuellen Menschen, den man unmöglich einordnen kann, außer als Mitglied der menschlichen Gemeinschaft. Sie spüren intuitiv, daß der Fortschritt des Menschen und der Gesellschaft, die er sich vorstellt und aufbauen will, von der Besonderheit jedes einzelnen geprägt wird. Deshalb verteidigen Sie energisch das Recht eines jeden Menschen auf seine Individualität. Nach Ihrer Ansicht erteilen vergangene Zeiten und ihre Bräuche lediglich eine Lektion, die gelernt sein will, und Zukunft hat nur, wer sich endlich von der Vergangenheit löst.

Ihnen geht es in erster Linie um die Zukunft, und darum sind Sie bestrebt, an der Entwicklung eines höheren Bewußtseins teilzuhaben, das im Menschen den Kern für weiterführende Erkenntnisse legt. Eine Wirklichkeit, die nur nach physikalischen Dimensionen bemessen wird, lehnen Sie als unzureichend ab. Ihr größter Nutzen für andere besteht darin, daß Sie ihnen Zugang zu neuen Bereichen der Freiheit verschaffen, einer Freiheit, die man verliert, wenn man sich von ihr abwendet.

Neptun-Konjunktion-Aszendent

Die Konjunktion von Neptun zum Aszendenten zeigt auf, daß Sie sehr feinfühlig, vielleicht sogar medial veranlagt sind. Die Wirklichkeit entgleitet Ihnen leicht, es sei denn, Sie greifen fester zu. Oft flüchten Sie sich vor der harten Realität, die gerade Sie besonders quält, weit weg in Ihre eigene Welt. Sie reagieren so empfindlich auf Ungerechtigkeiten, die Sie in der Gesellschaft beobachten, daß Sie davon leicht krank werden. Da Ihre Umgebung Sie derartig stark beeinflußt, sollten Sie versuchen, Ihre Ängste wenigstens teilweise abzubauen, indem Sie einen gewissen Beitrag zur Beseitigung übler Zustände leisten. Ein besonders feines Gespür haben Sie für die bedrückenden sozialen, wirtschaftlichen und menschlichen Verhältnisse, von denen weite Teile der Weltbevölkerung betroffen sind. Sie fühlen mit den Unterdrückten, haben Verständnis für die seelisch Gestörten und vergeben jenen, die im Grunde keine Schuld an ihren Verstößen gegen die Gesellschaft trifft.

Wenn sich jemand Ihnen gegenüber falsch verhält, lassen Sie fünf gerade sein und zeigen Ihre Enttäuschung nicht nach außen. Verhältnisse, an denen Sie aus eigener Kraft nichts ändern können, wühlen Sie innerlich auf und wecken solche Gefühle der Schuld und Ohnmacht bei Ihnen, daß Sie sich womöglich in eine Welt zurückziehen, in der Sie vor Verantwortung sicher sind. Geraten Sie in eine ernstliche Auseinandersetzung, die Ihnen schwer zu schaffen macht, nehmen Sie unter Umständen Ihre Zuflucht zu künstlichen Mitteln, um von der qualvollen Wirklichkeit erlöst zu werden. Sie sollten jedoch um jeden Preis Drogen und Alkohol vermeiden, weil sonst Ihre Verwundbarkeit noch zunimmt. Sie ziehen merkwürdige Vögel an und sind überdies leichte Beute für Menschen, die stark sind und Kontrolle über Sie gewinnen können. Verkehren Sie lieber mit Menschen, die mit beiden Füßen auf der Erde stehen und Ihrem ziellosen Herumirren entgegenwirken. Sie müssen sich an die Wirklichkeit halten, wo Sie eine Menge Gutes tun können. Ihr teilnahmvolles Verständnis wird gebraucht, und Sie haben kein Recht, jemanden abzuweisen, der hilfesuchend die Hand ausstreckt.

Pluto-Konjunktion-Aszendent

Die Konjunktion zwischen Pluto und dem Aszendenten bedeutet, daß Sie die Kraft haben, die Welt so zu formen, wie es unter den gegebenen Umständen als machbar erscheint. Sie wissen, wie schwer es ist, seinen Weg zu gehen und sich unter dem Druck der Umgebung und der wirtschaftlichen Zwänge weiterzuentwickeln, mit denen Sie an jeder Wegbiegung zu kämpfen haben, aber Sie haben auch die Gabe, den Leuten klarzumachen, wie sie ihre Rechte gegenüber Behörden und Beamten geltend machen können. Sie können die Öffentlichkeit mit Nachdruck dazu bewegen, sich von den parasitären Existenzen freizumachen, die für den Verfall menschlicher Werte und die daraus folgende Zerrüttung der sozialen Verhältnisse verantwortlich sind. In Ihrer Haltung und Ihren Worten liegt Autorität, so daß niemand sich traut, Sie als lästigen Kritiker abzutun. Sie lassen sich nicht gerade schnell dazu anstacheln, in Aktion zu treten, es sei denn, die Situation ist ernst. Und wenn sie das ist, greifen Sie zu jedem nur erdenklichen Mittel, um die Verantwortlichen zu zwingen, die zur Wiederherstellung der Ordnung notwendigen Maßnahmen zu veranlassen. Sie geben sich erst zufrieden, wenn alles wieder reibungslos funktioniert.

Auch im Privatleben lassen Sie nicht mit sich Schlitten fahren. Sie wissen ziemlich genau, was Sie vom Leben wollen, und sind bereit, Ihre Ziele unter Einsatz all Ihrer Kräfte und Fähigkeiten zu verwirklichen. Wer Ihnen anvertraut ist, kann mit Ihrer Fürsorge rechnen, und wen Sie lieben, der weiß, daß Sie um jeden Preis für seine Interessen eintreten. Passen Sie auf, daß Sie Ihre Anforderungen an sich selbst und andere nicht ins Maßlose steigern. Seien Sie vorsichtig bei der Wahl Ihrer Gegner, sonst könnten Sie sich jemanden zum Feind machen, der auch vor Gewalt nicht zurückschreckt. Sie neigen dazu, bei andern die schlechtesten Seiten zum Vorschein zu bringen.

KAPITEL 2
SEXTILE

Sextile

Im Sextil-Aspekt vereinen sich die dynamischen Kräfte von Planeten, die durch einen Winkel von 60° voneinander getrennt sind. Die Zeichen, in denen die Planeten stehen, sind einander sowohl in ihrer positiven als auch negativen Wirkung wesensverwandt, und diese Gleichgestimmtheit teilt sich den Planeten mit. Die einzige Ausnahme besteht dann, wenn die Planeten mehr als 60° auseinander liegen und der eine Planet am Ende des einen Zeichens, der andere dagegen am Anfang des anderen Zeichens steht. Diese Beziehung wird *dissoziiertes Sextil* genannt und ist in ihrer Wirkung etwas abgeschwächt.

Im Sextil-Aspekt können die Planeten ihren Einfluß meist nur auf der intellektuellen, begrifflichen Ebene geltend machen. Dieser Aspekt zeigt auf, wie ein Mensch denkt und was für ihn vorrangig von Interesse ist; er deutet auf einen regen Geist hin. Der betreffende Mensch ist lebhaft, wißbegierig, erfinderisch und klug, er versteht sich klar auszudrücken und ist kommunikativ. Es fällt ihm ziemlich leicht, Kenntnisse anzusammeln und sie geschickt nutzbringend anzuwenden. Das Sextil hat viele der Eigenschaften, die normalerweise den Zeichen Zwillinge und Wassermann sowie den sie regierenden Planeten Merkur und Uranus zugeordnet werden. Es weist auf die Fähigkeit hin, komplizierte Sachverhalte zu durchschauen und andern verständlich machen zu können. Ein Mensch mit diesem Aspekt sucht das Gespräch, aus sozialem Interesse, aus einem schöpferischen Bedürfnis heraus oder zu seiner Information. Das Sextil kommt der Kreativität zugute, denn es verhilft zu sprachlichen oder schriftstellerischen Ausdrucksmöglichkeiten. Der betreffende Mensch zeigt Flexibilität in seinen Auffassungen und ist in der Lage, sich stets an neuen oder hinzukommenden Fakten zu orientieren.

Das Sextil veranlagt einen Menschen dazu, vielerlei soziale Kontakte zu pflegen, die sein Leben bereichern. Dabei wird er mit seinen Bekannten nicht wählerisch sein und auch niemanden überfordern, der sich geistig nicht mit ihm messen kann.

Sonne-Sextil-Mond

Die Sonne im Sextil zum Mond sagt aus, daß Ihr Leben im großen und ganzen recht glücklich und weitgehend ruhig verläuft. Sie kommen im allgemeinen gut mit Leuten zurecht und haben Ihr Leben lang ein gutes Verhältnis zu Ihren Eltern und anderen Familienmitgliedern. Sie haben einen ausgewogenen Sinn für Vergangenheit und Gegenwart. Da Sie aus Ihren Erfahrungen lernen, haben Sie bei zukünftigen Unternehmungen auch Erfolg. Sie verfügen über genügend Willenskraft, um sich nötigenfalls durchzusetzen, geben dabei jedoch acht, niemandem zu nahe zu treten, der vielleicht empfindlich ist. Sie versuchen, andere so zu behandeln, wie Sie selbst behandelt werden möchten, und sind wegen Ihrer Rücksichtnahme allseits beliebt. Sie haben Verständnis für Ihre Mitmenschen und drücken ein Auge zu, wenn Sie einmal schlechte Eigenschaften an ihnen entdecken, denn für Sie zählen die guten Seiten.

Als ausgesprochen kreativer Mensch verfügen Sie über einen wahren Schatz an Ideen, aus dem Sie schöpfen können. Kommunikation fällt Ihnen verhältnismäßig leicht, und Sie versuchen grundsätzlich, sich mit den Leuten, mit denen Sie es zu tun haben, zu verständigen. Sie scheuen sich nicht, Zugeständnisse zu machen, wenn sich dadurch Ihr Verhältnis zu den andern verbessert. Da Sie wissen, was Sie erreichen wollen und können, fühlen Sie sich eigentlich nie überfordert. Sie sind davon überzeugt, ruhig einmal zurückstecken zu können und dabei letztendlich doch noch zu gewinnen. Mit Sicherheit spielt Ihr Ego eine wichtige Rolle, aber das geht nicht so weit, daß Sie sich erst bestätigt fühlen, wenn andere sich Ihnen unterordnen. Lieber achten Sie andere Menschen als gleichberechtigte Partner, wo immer auch ihr Platz im Leben sein mag.

Alles deutet darauf hin, daß Sie erfolgreich sind. Sie können praktisch in jedem Beruf Ihrer Wahl Erfüllung finden und brauchen einfach nur Gelegenheit, Ihre schöpferischen Fähigkeiten zum Ausdruck zu bringen. Mit Ihren Vorgesetzten und Kollegen stehen Sie auf gutem Fuß, und Sie sind das in Sie gesetzte Vertrauen wert. Da Sie sowohl gut zuhören als auch gut reden können, lernen Sie rasch und können auch mit dem Gelernten etwas anfangen.

Sie ziehen Lehren aus Vergangenem, hegen aber nicht den Wunsch, es wieder aufleben zu lassen. Die Gegenwart genügt Ihnen vollauf, denn Ihrer Ansicht nach gibt sie Ihnen alles, was Sie brauchen, um mutig in die Zukunft zu blicken, und dafür sind Sie dankbar.

Sie fühlen sich in weiblicher und männlicher Gesellschaft gleich wohl. Ihr frühkindliches Verhältnis zu Ihren Eltern hat Ihnen eine gesunde Einstellung zu Ihren Mitmenschen vermittelt und keine größeren inneren Konflikte heraufbeschworen. Wahrscheinlich können Sie sich immer an Ihre Eltern wenden, wenn Sie Hilfe brauchen. Ihre Kinder werden von Ihnen lernen, das Leben ebenso unkompliziert zu betrachten wie Sie selbst, und auch genausoviel davon haben. Wenn Sie von zu Hause aus agieren können, ist Ihren beruflichen Interessen bestens gedient. Wo immer Ihr Schicksal Sie hinverschlägt, werden Sie sich heimisch machen, und sei es auch nur für kurze Zeit.

Sonne-Sextil-Mars

Die Sonne im Sextil zu Mars lädt Sie mit unglaublichen Energiereserven auf, so daß Sie mehr Arbeit bewältigen können als zwei Leute zusammen. Sie sind mit einer reichen schöpferischen Phantasie begabt und dauernd bestrebt, sich auch entsprechend zu verwirklichen. Um Ihre besonderen Talente bestmöglichst einzusetzen, gebrauchen Sie Ihren Verstand. Sie haben zwar feste Ansichten, die Sie mit Bestimmtheit darlegen, sind jedoch trotzdem für anderer Leute Vorschläge offen, wenn Sie meinen, daß deren Ideen womöglich genausoviel wert sind wie Ihre. Normalerweise treten Sie erst in Aktion, nachdem Sie die möglichen Folgen bedacht haben, stehen dann aber auch voll und ganz hinter Ihrer Handlungsweise. Auch wenn Sie es nicht gerade gerne tun, geben Sie doch zu, wenn Ihnen Fehler unterlaufen sind.

Die Kommunikation ist Ihre größte Stärke. Sie dürften Erfolg haben auf dem Gebiet der Berichterstattung, Schriftstellerei und des Unterrichts, im Mediensektor, als Berater oder Sprecher für Führungskräfte oder als Detektiv. In diesen Bereichen könnten Sie in führende Stellung aufrücken und Anerkennung für Ihre Leistungen und Ihr unermüdliches Streben nach Perfektion finden.

Ihre beruflichen Interessen sind also breit gefächert. Sehr befriedigend müßte für Sie die Jugenderziehung oder die Arbeit mit Jugendlichen sein, die Sie für die Zukunft vorbereiten. Sie sind ein begeisterter Leser, denn Sie wissen, daß Sie Ihre Stellung nur behaupten können, wenn Sie auf dem laufenden bleiben. Außerdem wollen Sie eine Gelegenheit, die sich vielleicht bietet, beim Schopf ergreifen können. Nach Ihrer Meinung hat jemand, der nicht liest, einem Menschen, der nicht lesen *kann,* nichts voraus. Dabei sind Sie nicht aus reiner Begeisterung so lesewütig, sondern wollen nur Ihre Kenntnisse für Ihre derzeitige oder auch zukünftige Position erweitern. Sie sind eben lieber da, wo »action« ist.

In Ihrem Drang, sich zu verwirklichen, sind Sie manchmal allzu energisch, aber mit anderen Menschen gehen Sie im allgemeinen doch höflich um und treten niemandem zu nahe. Da Sie sich Ihrer Kenntnisse sicher sind, nehmen Sie eher eine Kampf- als eine Verteidigungshaltung ein. Sie suchen die Gesellschaft sanfterer Menschen, die Ihre Aggressivität ausgleichen. Sie achten auch diejenigen, die sich nicht so geschliffen ausdrücken können wie Sie, und bewundern sie für andere Begabungen, die ihnen vielleicht eigen sind.

Ihre physischen Begierden sind recht stark, aber ehe Sie sich auf eine Liebesbeziehung einlassen, wollen Sie Ihren Partner erst gründlich kennenlernen.

Sonne-Sextil-Jupiter

Die Sonne im Sextil zu Jupiter zeigt an, daß Sie ein philosophisch veranlagter, wißbegieriger, einfühlsamer Mensch sind und mit Begeisterung an die Verwirklichung Ihrer Ziele gehen. Sie kennen Ihre Fähigkeiten und haben großes Vertrauen in Ihr Leistungsvermögen. Schon in früher Kindheit sind Sie darauf vorbereitet worden, für das zu kämpfen, was Sie sich in den Kopf gesetzt hatten. Pessimistischen Gedanken geben Sie sich höchst selten hin. Wenn über Sie ein Witz gemacht wird, lachen Sie mit, denn Sie haben Sinn für Humor. Sie geben Ihrem Leben zwar eine bestimmte Richtung, versteifen sich aber nicht darauf. Gelegenheiten, die sich bieten, ergreifen Sie manchmal übereilt. Obgleich Sie Ihre Grenzen ziemlich gut einschätzen können, setzen Sie gelegentlich alles aufs Spiel.

Der Kommunikationssektor ist Ihre besondere Stärke. Aus diesem Grund sind Erziehungs- und Rechtswesen, Berichterstattung, Philosophie, Theater, Public Relations und geistliche oder weltliche Ämter ausgezeichnete Gebiete für Ihren Schaffensdrang. Sie verstehen es, gekonnt zu debattieren und schlagend zu argumentieren, denn Sie sind bestens informiert. Dank Ihrer dramatischen Ader ist Ihr Vortrag immer eindringlich und klar. Ihre Zuhörer glauben Ihnen, denn Sie wirken überzeugend, ohne zu dick aufzutragen. Sie spielen Ihre Rolle geschickt und schlagfertig und kosten Ihre Wirkung auch genüßlich aus. Sie unterhalten sich leidenschaftlich gern und finden immer ein interessantes Gesprächsthema.

Sie stecken voller Ideen und brauchen ständig Gelegenheit, Ihre schöpferischen Vorstellungen auch in die Tat umzusetzen. Werden Ihnen tagtäglich die gleichen Pflichten abverlangt, sind Sie intellektuell frustriert und kreativ lahmgelegt. Sie leisten mehr, wenn Sie selbst entscheiden können, was Sie mit Ihren Begabungen anfangen wollen. Eine strenge Arbeitseinteilung ist Ihnen besonders lästig, weil Sie dadurch gelegentlich gezwungen sind, sich einer Tätigkeit zu unterziehen, die unter Ihrem Niveau ist.

Da Sie ein mitteilsamer, geselliger Mensch sind, haben Sie wahrscheinlich einen großen Freundeskreis, in dem Ihre forsche Art Anklang findet. Normalerweise unterhalten Sie freundschaftliche Beziehungen zu Menschen, die optimistisch und beherzt sind und nichts für Routine übrig haben. Sie genießen gern die guten Seiten des Lebens und helfen großherzig andern weiter, die ähnlich geartet sind. Um sich von den Anforderungen Ihres Berufslebens zu erholen, entspannen Sie sich durch sportliche Aktivitäten, Reisen und andere Freizeitbeschäftigungen. Im großen und ganzen machen Sie eine Menge aus Ihrem Leben, wie Sie auch eine Menge hineinstecken.

Sonne-Sextil-Saturn

Das Sextil von Sonne und Saturn deutet darauf hin, daß Sie einen durchdringenden Verstand haben und dazu fähig sind, Ihre Kenntnisse an andere weiterzugeben. Sie sind maßvoll in Ihrer Selbsteinschätzung und kennen Ihre Grenzen, verstehen es aber auch, Ihre Möglichkeiten voll auszuschöpfen. Sie respektieren Autorität und Kompetenz. Da Sie nur selten ungefragt Ihre Meinung äußern, werden Ihre Ansichten für maßgeblich und aufrichtig gehalten. Sie bleiben normalerweise lieber im Hintergrund und überlassen es anderen, die es nötiger haben, auf sich aufmerksam zu machen. An Ihrer Handlungsweise gibt es nichts auszusetzen, denn Sie halten sich im allgemeinen an die Regeln der Höflichkeit.

Sie sind zwar ein stark erfolgsmotivierter Mensch, planen aber lieber ruhig und systematisch jeden Schritt auf Ihre Ziele hin, ohne viel Aufhebens darum zu machen. Zwischen Ihnen und Ihren Vorgesetzten bestehen klare Verhältnisse, denn Sie vermeiden sorgfältig, allzuviel Ehrgeiz zu zeigen, der diesen Zustand beeinträchtigen könnte. Sie lernen aus Ihren Erfahrungen.

Sie eignen sich für eine berufliche Tätigkeit im Bereich des Lehrens, der Forschung und Entwicklung, des Industrie-Managements, der Politik oder des Rechtswesens. In all diesen Berufssparten könnten Sie wahrscheinlich in eine Führungsposition aufsteigen. Sie nehmen Ihre Arbeit ernst und sind stets bestrebt, Ihre Stellung auch zu halten, indem Sie über Neuentwicklungen auf Ihrem Fachgebiet auf dem laufenden bleiben. Andern dürfte es schwerfallen, Sie von Ihrem Platz zu vertreiben, denn Sie haben Ihre Position auf Grund Ihrer Sachkenntnisse, Leistungen, Integrität und Aufrichtigkeit inne. Mit anderen Worten: Sie haben sich alles redlich verdient.

Sie kommen gut mit jedem aus, der ebenfalls die oben genannten Tugenden hochhält. Ihr Partner teilt wahrscheinlich Ihre Wertschätzung von Tradition und Ordnung. Gemeinsam schmieden Sie Pläne für eine Zukunft, die Sie durch persönlichen Einsatz sichern.

Sonne-Sextil-Uranus

Mit der Sonne im Sextil zu Uranus ist es Ihnen wichtig, zu allen Zeiten mit andern Menschen in Kontakt zu stehen. Sie wollen unbedingt Ihre Erfahrungen mit andern austauschen und sind ungehalten, wenn Ihre Bekannten nicht gewillt sind, Sie an den ihren teilnehmen zu lassen. Ihre Ansichten bekunden Sie eigenwillig und unverblümt, verstehen sie allerdings stets so zu rechtfertigen, daß sie auch akzeptiert werden. Sie sind ein ziemlicher Freigeist und fühlen sich nicht an Traditionen gebunden. Das Leben finden Sie aufregend und kosten jede Minute davon aus. Langeweile kennen Sie gar nicht, weil Sie geistig überaus rege sind. Nach Ihrer Lebensphilosophie hat alles seinen Sinn. Selbst negative Ereignisse bewerten Sie noch positiv, so daß Sie so gut wie nie am Boden zerstört sind.

Mit Ihrem rastlosen Geist und Ihrer Willensstärke eignen Sie sich gut für eine Tätigkeit im Bereich von Politik, Wissenschaft oder Erziehung. Sie können jeden Beruf ergreifen, dessen Hauptanliegen es ist, die Lage der Massen zu verbessern. Ihre Vorstellungen und Auffassungen verstehen Sie klar darzulegen, ohne deshalb zu erwarten, daß andere sie fraglos hinnehmen. Nur haben Sie für Leute nichts übrig, die herumtrödeln und Entscheidungen ständig vor sich her schieben. Ihr Wachsen und Werden ist nicht zu bremsen. Dank Ihrer fein entwickelten Eingebungsgabe können Sie einen Sachverhalt sofort richtig einschätzen und ein Urteil abgeben.

Lehren wäre wahrscheinlich die beste Möglichkeit für Sie, sich zu verwirklichen. Sie können Ihre Kenntnisse so überaus interessant weitergeben, daß Ihren Schülern das Lernen leichtfallen dürfte. Aufrichtigkeit geht Ihnen über alles, und wenn andere Ihnen unredlich begegnen, kennen Sie kein Pardon.

Ihr reger Geist und Ihre Lebhaftigkeit sind auch für Ihre Liebesbeziehungen von Bedeutung. Sie sind liberal gesonnen und haben Verständnis für das Allzumenschliche. Ein Versäumnis werden Sie ohne weiteres tolerieren, aber Unehrlichkeit von seiten eines Menschen, mit dem Sie eine emotionale Beziehung eingegangen sind, lassen Sie nicht durchgehen. Sie können sich so leicht von einem unaufrichtigen oder unehrlichen Partner lossagen, als hätten Sie nie Gefühle für ihn gehabt.

Sonne-Sextil-Neptun

Die Sonne im Sextil zu Neptun zeigt, daß Sie sich Ihrer schöpferischen Möglichkeiten voll bewußt sind. Ihnen schlägt das soziale Gewissen, und Sie wissen, daß Sie dazu beitragen können, manches Leid in Ihrer Umgebung zu lindern. Trotzdem überlassen Sie die Bürde, soziale Mißstände zu ändern, lieber anderen, die mehr Kraft haben und sich dazu berufen fühlen. Ihre Aufgabe sehen Sie darin, denen beizustehen, die betroffen sind, und die Folgeerscheinungen solcher Verhältnisse zu beheben. Sie sind überaus feinfühlig, und wenn Ihre bereitwillig angebotenen Dienste abgelehnt werden, sind Sie zutiefst verletzt. Das kann einige Schwierigkeiten verursachen, da es für Sie ungemein wichtig ist, persönlichen Kontakt zu andern Menschen zu unterhalten.

Ihre beruflichen Möglichkeiten sind recht vielseitig. Sie sind so anpassungsfähig wie ein Chamäleon und können sich an alle etwaigen Erfordernisse Ihres Berufes angleichen. Sie fügen sich sozusagen nahtlos ein, und das ganz unabhängig von Ihren persönlichen Vorlieben. Ideal wäre eine Tätigkeit, mit der Sie an die Öffentlichkeit treten können. Von Ihrer Vorstellungs- und Schaffenskraft könnten Sie als Schriftsteller wie überhaupt im gesamten Bereich der Kommunikation Gebrauch machen. Auch die Arbeit in einer Reiseagentur, auf Schiffen und Flugzeugen oder auf dem Gebiet der Freizeitgestaltung wäre ein reiches Betätigungsfeld für Sie. Wenn Sie lieber für sich alleine arbeiten, sollten Sie auf jeden Fall irgendwie Kontakt zur Öffentlichkeit halten. In Kunst und Kunsthandwerk, als Schriftsteller oder am Theater leisten Sie Ihr Bestes. Ihr Sinn für Dramatik ist ein Plus, denn dadurch finden Ihre Vorhaben Beachtung. Wenden Sie all Ihre Energien auf Ihren Erfindungsgeist und Ihre Einbildungskraft, das macht sie lebendig!

Ihr Privatleben ist so vielgestaltig wie Ihre beruflichen Interessen. Sie unterhalten unbekümmert Beziehungen zu den unterschiedlichsten Leuten und lassen sich auch durch etliche seltsame Charaktere darunter nicht so leicht erschüttern. Sie bewundern Erfolgsmenschen und haben Mitgefühl für die weniger Begünstigten, sind dabei aber weder intolerant noch anspruchsvoll. Im allgemeinen lassen Sie Ihre Mitmenschen selbst entscheiden, welchen Status sie für sich selbst gutheißen. Am stärksten fühlen Sie sich zu selbstsicheren Menschen hingezogen.

Sie nehmen Gelegenheiten wahr, die andere lieber verstreichen lassen, nur um sich zu beweisen, daß Sie trotz aller Schwierigkeiten zum Erfolg kommen. Sie sind so etwas wie ein Hellseher und können sich schon vorher ein Bild davon machen, wie die Sache für Sie ausgehen wird.

Sonne-Sextil-Pluto

Das Sextil zwischen Ihrer Sonne und Pluto weist darauf hin, daß Sie sich durchaus Ihrer geballten Willenskraft bewußt sind. Tief innerlich wissen Sie, daß Sie so ziemlich alles fertigbringen, was Sie nur wollen, wobei Ihnen kaum jemand Widerstand entgegensetzt. Ihnen ist jedoch auch klar, daß Sie ohne Kenntnisse nicht ans Ziel kommen.

Sie können außerordentlich gut Ihre Gedanken übermitteln und schlagen damit alle Zuhörer in Ihren Bann. Diese Leichtigkeit der Kommunikation ist Ihre größte Stärke. Darüber hinaus haben Sie einen guten Riecher für anderer Leute Begabungen, schaffen es aber auch leicht, andern die Augen für Ihre Fähigkeiten zu öffnen und Vertrauen zu gewinnen. Da Sie mit so reichen Talenten ausgestattet sind, sind Sie es der Welt und sich selbst schuldig, davon auch zum Wohle aller Gebrauch zu machen.

Für soziale Verhältnisse, die ungerecht, ungeregelt oder gar chaotisch sind, haben Sie ständig Lösungen parat. Sie gehen mutig frontal gegen Umweltprobleme an und bleiben dann standhaft dabei, bis sie behoben sind. Unermüdlich sind Sie bestrebt, mit Ihren Forderungen an die

Öffentlichkeit zu dringen, damit auf die betreffenden Behörden Druck ausgeübt wird, die notwendigen Veränderungsmaßnahmen durchzuführen. Ihr Sinn für Dramatik kommt Ihnen bei Ihrer Parteinahme für Kurskorrekturen und sozialen Wandel ideal zustatten.

Auch Ihren näheren Bekannten stärken Sie den Rücken, wenn etwas schiefgeht, und verhelfen ihnen bei Rückschlägen zu neuem Selbstvertrauen. Wer es nötig hat, dem leisten Sie Schützenhilfe.

Sie fühlen sich zu mystischen Dingen und Yoga wie zum Okkulten überhaupt hingezogen und verstehen schnell, worum es geht. Ihr ausgeprägter »sechster Sinn« nützt Ihnen selbst dann etwas, wenn Sie sich seiner gar nicht bewußt sind. Wahrscheinlich liegt es an dieser Veranlagung, daß Sie eine Situation sofort richtig erfassen. Sie brauchen nicht erst logisch oder deduktiv zu analysieren, um zur Lösung eines Problems zu kommen. Manch einer wird Sie sogar für einen Mystiker halten, weil Sie anscheinend stets die richtige Antwort auf ein Problem haben.

Sonne-Sextil-Aszendent

Die Sonne im Sextil zum Aszendenten zeigt auf, wie leicht es Ihnen fällt, sich zu verwirklichen. Sie bringen sich mit Raffinesse und ausgesprochener Geschicklichkeit zur Geltung, und wenn Sie reden, hört man Ihnen meist aufmerksam zu. Sie haben eine respekteinflößende Art, und was Sie sagen, klingt glaubwürdig. Da Sie generell ein Menschenfreund sind, erwarten Sie, daß man sich in Ihrer Gesellschaft wohlfühlt. Auf Grund Ihrer unverbrauchten Einstellung machen Sie bei Ihren Bekanntschaften keinerlei Altersunterschied, und jeder kommt gut mit Ihnen zurecht. Ihr berückender Charme bringt die Menschen in Ihrer Umgebung dazu, Ihnen gefällig zu sein, weil sie merken, daß Sie es nicht darauf anlegen. Sie sind immer »gut drauf«, und Ihr Humor wirkt direkt ansteckend. Darüber hinaus unterhalten Sie sich gern und haben auch stets Gesprächsstoff, so daß Sie jede Zusammenkunft beleben.

Sie neigen dazu, in Ihrem Berufsleben zuviel des Guten zu tun in dem Gefühl, Sie hätten noch keine Gelegenheit gehabt zu zeigen, was in Ihnen steckt. Ohne es selbst zu merken, treten Sie manchmal so selbstsicher auf, daß Ihre Vorgesetzten um den eigenen Tätigkeitsbereich fürchten. Und die Tatsache, daß Sie über einen wahren Schatz an Ideen verfügen, vermehrt ihr Unbehagen noch. Sie hassen den Gedanken, zu anderer Leute Nutzen ausgebeutet zu werden, sollten sich aber davor hüten, das einmal unabsichtlich verlauten zu lassen.

Sie gehen charmant und nett mit anderen Menschen um. Beim Anknüpfen sozialer Kontakte, die nützlich sein können, übertreffen Sie sich förmlich selbst, verlangen aber von denen, die Ihnen nahestehen, meist nichts weiter als ehrliche Freundschaft. Sie behalten sich vor, in aller

Redlichkeit frank und frei mit Ihren Mitmenschen verkehren zu können. List und Tücke sind Ihnen ein Greuel. Kommt so etwas in Ihrem Bekanntenkreis vor, brechen Sie die Beziehungen zu den Betreffenden ab, und danach ist es diesen Leuten fast unmöglich, Ihr Vertrauen wieder zurückzugewinnen.

Mond-Sextil-Merkur

Der Mond im Sextil zu Merkur macht Sie zu einem feinfühligen, nachdenklichen Menschen. Sie sammeln geradezu gierig Wissen an, verfügen über eine bemerkenswerte Auffassungsgabe und haben ein überdurchschnittlich gutes Gedächtnis. In Ihrem Bestreben, andern von Nutzen zu sein, erweitern Sie Ihre Kenntnisse laufend. Da Sie kaum je Gefühl und Verstand durcheinanderbringen, können Sie gut mit Ihren Problemen fertig werden, ohne sie noch zu verschärfen. Sie sind mit Menschen aller Art befreundet, denn Sie sind flexibel genug, ihnen einiges nachzusehen. Alles, was Ihre Neugier erregt, fesselt Sie, und Sie geben sich erst zufrieden, wenn Sie die Sache genauestens erforscht haben. Sie sind auf vielen Gebieten gut belesen. Als Gesprächspartner sind Sie eine reine Freude, denn Sie würzen jede Unterhaltung mit Charme und Humor und schlagen auch stets die Zuhörer in Ihren Bann. Sie haben ein so feines Gespür dafür, was Menschen in Ihrer Nähe denken, daß Sie sofort merken, wer unaufrichtig oder unredlich ist. Ihre optimistische Frohnatur scheint sich allen Menschen in Ihrer Umgebung mitzuteilen.

Ihr Kommunikationsgeschick kann Ihnen bei vielen beruflichen Tätigkeiten dienlich sein. Public Relations wäre ideal für Sie, aber auch jedes andere Vorhaben dürfte erfolgversprechend sein, sofern Sie damit an die Öffentlichkeit treten. Ihre ehrliche Anteilnahme tut Ihren Mitmenschen wohl und gibt ihnen das Gefühl, von Ihnen wichtiggenommen zu werden. Sie sind so taktvoll und diplomatisch, daß sogar Ihre Konkurrenten nicht umhin kommen, Sie deswegen zu bewundern. Sie finden immer noch Zeit, sich um tausenderlei Kleinigkeiten zu kümmern, die den meisten andern Leuten verhaßt sind.

Emotional fühlen Sie sich zu Menschen hingezogen, die gebildet, klug und heiter sind, und kommen am besten mit jemandem aus, der ein bestimmtes Ziel vor Augen sieht und sich bereits ausgemalt hat, wie er es erreichen kann. Für Sie ist eine totale Verständigung absolutes Muß, und Schweigen ist Ihrer Meinung nach eher Blech als Gold. Sie wollen an den Zukunftsplänen Ihres Partners teilhaben und sich später einmal gemeinsame Erinnerungen ins Gedächtnis zurückrufen können.

Sie gehen wahrscheinlich vielerlei Interessen nach, die Ihr Leben bereichern. Auch wenn Sie im Grunde gern in den eigenen vier Wänden einem Hobby frönen, haben Sie doch auch Sinn für die sozialen Vorteile, die auswärtige Aktivitäten mit sich bringen. Vielleicht sind Sie ein Vereinsmensch und verbringen einen Teil Ihrer Zeit damit, sich als aktiver Bürger zu engagieren, oder aber Sie ziehen Veranstaltungen vor, bei denen Ihre ganze Familie mitwirken kann. Jedenfalls profitieren Ihre Lieben und Ihre Umgebung von Ihnen.

Mond-Sextil-Venus

Das Sextil von Mond und Venus beinhaltet sowohl den Wunsch nach einer glücklichen, fruchtbaren Partnerschaft als auch die Veranlagung dazu. Da Sie ziemlich genau wissen, was Sie sich vom Leben erwarten, lassen Sie Ihren künftigen Lebenspartner ruhig in Ihre Karten blicken. Schließlich haben Sie persönlich eine Menge zu bieten und sind sich darüber im klaren, daß Sie mit Ihren Talenten immer einen Weg finden, eine Familie zu unterhalten. Um Ihre Beziehung zu vertiefen und das gegenseitige Interesse wachzuhalten, versuchen Sie, alle Erfahrungen mit Ihrem Partner zu teilen. Sie sind kreativ, einfühlsam, liebevoll und zärtlich und lassen zur Sicherung eines bestehenden Verhältnisses nichts unversucht. Gegebenenfalls gehen Sie Kompromisse ein, und das gleiche erwarten Sie von Ihrem Lebensgefährten. Echte Gemeinschaft ist das Rückgrat Ihrer Beziehung zueinander. Turbulente Ereignisse, die Ihnen eigentlich Angst machen, können Sie gut überstehen, weil Sie sich gefühlsmäßig Ihres Partners sicher sind, und das ist ein Bindeglied zwischen Ihnen.

Sie sind ein außerordentlich geselliger Mensch und haben für jeden ein freundliches Wort. Auch in den schwierigsten Situationen bewahren Sie sich Ihren Optimismus, daß sich alles schon wieder einrenkt, geben sich also keinen müßigen Grübeleien hin. Für Sie gibt es kein Problem, das nicht durch ein offenes Gespräch erleichtert werden könnte.

Ihre Freizeit ist ausgefüllt mit sozialen Aktivitäten für Wohlfahrtsorganisationen, in der Jugendarbeit, mit Lehrtätigkeit oder auch mit der eigenen Weiterbildung. Sie verstehen sich recht gut darauf, Ihre Finanzen zu regeln, und sorgen einfallsreich dafür, daß Sie immer genügend Geld haben. Allerdings ärgern Sie sich, wenn jemand – beispielsweise ein Verwandter Ihres Partners – finanzielle Forderungen an Sie stellt. Sie sind immerhin so konservativ, daß Sie die Sicherheit Ihrer eigenen Familie nicht aufs Spiel setzen, um die Not eines Außenstehenden zu lindern. Wenn Sie wirkliche Bedürftigkeit anzutreffen glauben, bleiben Sie jedoch nicht ungerührt, aber Sie können es nicht leiden, wenn Ihnen gesagt wird, wann und wieviel Sie geben sollen.

Im großen und ganzen dürften Ihnen Ihre Vorhaben keine längerfristigen Schwierigkeiten bereiten. Sie haben ein gutes Urteilsvermögen, lassen sich auf Kompromisse ein, wenn Ihnen das geraten erscheint, und versuchen Probleme, die auf Grund eines Mißverständnisses zwischen Ihnen und andern auftauchen, meist durch ein Gespräch zu klären. Sie halten nichts davon, Stillschweigen zu bewahren, wenn Ihnen dadurch jemand entfremdet wird, dessen Differenzen mit Ihnen andernfalls behoben werden könnten.

Ihre Kinder werden gut mit Ihnen auskommen und davon profitieren, einen Elternteil zu haben, der mit ihnen redet und ihren »schwerwiegenden« Problemen und Krisen Verständnis entgegenbringt. Der Generationskonflikt macht sich zwischen Ihnen und Ihren Kindern kaum bemerkbar, weil Sie Ihr ehrliches Interesse bekunden und stets zu einem ernstgemeinten Gespräch bereit sind.

Mond-Sextil-Mars

Das Sextil zwischen Mond und Mars zeigt, daß Sie zu emotionalen Reaktionen neigen, wenn Sie gereizt werden. Dessen sind Sie sich jedoch bewußt und versuchen darum, Ihre Gefühle unter Kontrolle zu halten und erst einmal zu einem vernünftigen Urteil zu kommen, ehe Sie impulsiv hochfahren. Trotzdem brausen Sie bei Gelegenheit auf, meistens dann, wenn Sie streitlustig sind und sich Luft machen müssen. Aber die Folgen Ihrer Wutausbrüche dürften nicht allzu ernst sein. Im allgemeinen hegen Sie nicht allzulange Groll, denn eigentlich bereinigen Sie Unklarheiten zwischen sich und andern lieber, indem Sie sich über etwaige Differenzen aussprechen. Und man schätzt an Ihnen, daß Sie nach Ihren Gefühlsausbrüchen keine zugeknöpfte, arrogante Haltung an den Tag legen. Sie wollen sich bei Ihren Bekannten nicht alle Türen zuschlagen und halten deshalb nach Möglichkeit immer noch einen Spalt offen, damit Sie auch in Zukunft weiter mit den Betreffenden im Gespräch bleiben. Das ist ein Anzeichen für zunehmende Reife.

Sie sind ein vitaler, energischer, interessanter Mensch und berücken Ihre Mitmenschen durch Ihre ansteckende, angenehme Art. Sie gehen lebhaft auf andere ein, so daß diese von Ihrer Begeisterung mitgerissen werden und Ihnen gleichfalls entgegenkommen. Mit denen, die Ihnen nahestehen, halten Sie gute Kameradschaft, und Sie stehen mit den meisten, wenn nicht gar mit allen Freunden und Bekannten auf gutem Fuß.

Da Sie wissen, wie leicht Sie sich andern gegenüber von Ihrem Gefühl leiten lassen und voreingenommen sind, entscheiden Sie im Zweifelsfall bei einer Konfrontation lieber zu deren Gunsten. Ihre emotionale Verwundbarkeit beweist, daß Sie sehr human sind und Ihnen die Gefühle anderer nicht gleichgültig bleiben. Sie lernen aus Ihren Erfahrungen, und dadurch blicken Sie hoffnungsvoll in eine freundliche Zukunft und entwickeln sich kontinuierlich weiter.

Ihre Veranlagung, erst gründlich zu überlegen, bevor Sie handeln, trägt dazu bei, daß Sie im Umgang mit andern viele unnötige Komplikationen von vornherein vermeiden. Sie tun das, weil Sie sich darüber klar sind, daß Ihre erste Reaktion meist rein gefühlsmäßig und daher fragwürdig ist. Sie dürften in jedem Beruf erfolgreich sein, der Sie in engen Kontakt zur Öffentlichkeit oder zu Kollegen bringt. Sie gehen auch auf Herausforderungen ein, sind aber trotzdem nicht völlig am Boden zerstört, wenn nichts dabei herauskommt.

Welche Rolle Sie auch immer im Leben spielen mögen, Sie haben Freude daran und wissen sie zu würdigen. Sie kennen Ihre Rechte gut genug, um sich dafür einzusetzen, wenn Sie das Gefühl haben, darin bedroht zu werden. Ihre Privatangelegenheiten bereiten Ihnen Vergnügen und gewähren Ihnen Befriedigung. Wenn Sie beruflich unter Wettbewerbsstreß stehen, finden Sie in Ihrem Zuhause eine Zufluchtsstätte.

Sie sollten möglichst nicht essen, wenn Sie verärgert sind, und auch Ihre beruflichen Sorgen nicht mit nach Hause tragen. Psychisch sind Sie recht stabil; Gefühle und Aggressionslust stehen bei Ihnen in keinem ernsten Mißverhältnis zueinander. Sie dürften allezeit angenehme Beziehungen zu Ihren Mitmenschen unterhalten.

Mond-Sextil-Jupiter

Das Sextil zwischen Mond und Jupiter verleiht Ihnen beträchtliche intellektuelle Fähigkeiten und zugleich Feingefühl. Sie sind eine vielseitige, interessante Persönlichkeit, denn bei Ihnen kommen Herz und Verstand zusammen. Sie können ziemlich gut mit anderen Menschen umgehen, weil Sie großes Verständnis für deren Handlungsweisen in bezug auf materielle Dinge und persönliche Beziehungen haben. Höchst wenig entgeht Ihrer Aufmerksamkeit, und Sie können ungeheure Mengen Information verarbeiten. In Gesellschaft stehen Sie gut Ihren Mann, denn Sie können mit Ihrer überdurchschnittlich raschen Auffassungsgabe viele Themen mitdiskutieren. Ihre Freunde und Bekannten sind Ihnen wohlgesonnen, weil Sie nie jemanden vergessen, der Ihnen einmal beigestanden hat.

Aus jeder Erfahrung ziehen Sie den größten Nutzen, und Sie sind imstande, von diesen für Sie vorteilhaften Erkenntnissen auch bei zukünftigen Unternehmungen Gebrauch zu machen. Sie können in vielen Berufen erfolgreich sein, die intellektuelle Weiterbildung und die Fähigkeit erfordern, täglich anfallende Aufgaben sachverständig zu meistern. Medizin, Erziehungswesen, Public Relations, Rechts- und Finanzwesen, das Effektengeschäft, die Arbeit zur Rehabilitation von Behinderten oder im Bereich der öffentlichen Wohlfahrt sind nur einige der Gebiete, auf denen Sie Ihre Begabungen mit Erfolg einsetzen könnten. Ihr ausgezeichnetes

Gedächtnis kommt Ihnen bei Ihrer Erwerbstätigkeit sehr zugute. Sie haben Mitgefühl für weniger vom Glück begünstigte Menschen und helfen ihnen, Probleme hoffnungsvoller und optimistischer anzugehen.

Ein Tagebuch, in dem Sie Ihr Leben, Ihre Bekanntschaften, Ihre Probleme und deren Lösung wie auch Ihre Lebensphilosophie beschreiben, wäre sicher ein recht eindrucksvolles Werk. Als Schriftsteller könnten Sie immer auf Ihren Erfahrungsschatz zurückgreifen und hätten damit Stoff, der sowohl spannend als auch wahr ist.

In Ihren Privatbeziehungen sind Sie warmherzig, und Sie sind offen und ehrlich bestrebt, bei andern Anklang zu finden. Sie setzen große Hoffnungen darauf, mit dem Lebenspartner Ihrer Wahl zu einer echten Gemeinschaft zu finden. Sie wollen die kleinen wie die großen Dinge des Lebens mit Ihrem Partner gemeinsam angehen und legen Wert darauf, daß die Beziehung beiden etwas bringt. In Ihrem unbesiegbaren Optimismus sind Sie stolz und zuweilen sogar eitel, aber dennoch stets von Herzen bemüht, jedem, der bei Ihnen Rat und Schutz sucht, Ihre Hilfe anzubieten.

Wer in Ihr Leben tritt, ist nie über Ihre Absichten im Zweifel. Sofern es Ihnen möglich ist, stehen Sie ihm beratend zur Seite oder empfehlen ihn gegebenenfalls an andere weiter. Im allgemeinen beurteilen Sie Ihre Mitmenschen nicht nach ihren Schwächen. Selbst wenn jemand einen schlechten Start hatte, sehen Sie bei ihm immer die guten Seiten.

Mond-Sextil-Saturn

Ihr Mond im Sextil zu Saturn weist darauf hin, daß Sie ernst und zurückhaltend sind und bei Ihren Gefühlen für andere Vorsicht walten lassen. Auf Grund Ihrer frühkindlichen Erziehung versuchen Sie immer, Menschen, die Ihnen etwas bedeuten, auch zu verstehen. Vielleicht mußten Sie früher Ihren Geschwistern zuhören und helfen, wenn sie mit Problemen zu Ihnen kamen. Jetzt sind sie daher stets bereit, jede Mißhelligkeit, die zwischen Ihnen und jemand anderem aufkommt, auszudiskutieren. Ihnen ist bewußt, daß man sich erst über die Gefühle klar werden muß, ehe ein Problem gelöst werden kann. Diese realistische Einstellung wirkt bei emotionalen Konflikten im allgemeinen konstruktiv.

Ihre angeborene Klugheit und Rechtschaffenheit und Ihr gesunder Menschenverstand dürften Ihnen in Ihrem Beruf zum Erfolg verhelfen. Das Rechtswesen, die Medizin, das Industrie-Management, Politik, Erziehungswesen oder Public Relations sind besonders geeignete Betätigungsfelder für Ihre Begabungen. Sie gehen mit Geduld und praktischem Verstand an Alltagsprobleme heran, weil Sie sehr wohl wissen, daß Sie auf diese Weise die besten Ergebnisse erzielen. Ihr Denken verläuft in geordneten Bahnen, und Sie geben sich keinen phantastischen, gemütsbewegenden Tagträumen hin. Sie sind maßvoll ehrgeizig und durchaus gewillt, in dem Bereich, in dem Sie weiterkommen wollen, dazuzulernen. Aber Sie würden Ihrer Karriere niemals Ihren guten Ruf opfern.

Was Ihnen an Begeisterungsfähigkeit abgeht, machen Sie durch Entschlossenheit wett. Sie können sich gut mitteilen und würden wahrscheinlich im Lehrberuf Bestätigung finden. Sie üben Selbstdisziplin und haben nichts für Leute übrig, die herumtrödeln und dabei Ihre und die eigene Zeit verschwenden. Wer bei Ihnen lernt, profitiert mit Sicherheit von Ihnen, denn Sie übermitteln Ihre Kenntnisse klar und kompetent.

Sie pflegen Umgang mit ausgesuchten Freunden, denen Sie vertrauen. Höchstwahrscheinlich fühlen Sie sich unter Menschen wohl, die ähnlich wahrheitsliebend sind wie Sie. Ihr Partner muß ernst und besinnlich sein. Sie akzeptieren es auch, wenn er noch keinen Erfolg im Berufsleben hatte, aber Pläne schmiedet, wie man Ziele verwirklichen könnte, und darin ehrlich ist. Sie werden dazu beitragen wollen, daß Ihr Lebensgefährte erfolgreich ist, und sich nicht vernachlässigt fühlen, wenn er aus beruflichen Gründen abwesend sein muß. Eine rein sexuelle Beziehung kommt für Sie nicht in Frage. Sie mögen gefühlsstabile Menschen mit guten Geistesgaben und Gemüt.

In Ihrer Freizeit lesen Sie viel und bilden sich weiter, weil Sie wissen, daß Ihr Werdegang davon abhängt, daß Sie Ihre Kenntnisse ständig erweitern. Sie wollen immer gerüstet sein, falls sich Ihnen eine Gelegenheit bietet, die sich auf lange Sicht als vorteilhaft für Sie erweisen könnte.

Mond-Sextil-Uranus

Mit dem Mond im Sextil zu Uranus haben Sie schon früh im Leben gemerkt, daß Sie anders als Ihre Mitmenschen sind. Mit einzigartigem Durchblick konnten Sie besser als andere Menschen erkennen, welche Bedeutung Sie Ihren Erfahrungen beimessen sollten. Sie haben aus jeder Situation und jedem Ereignis, die Sie auf irgendeine Weise berührten, etwas gelernt. Vielleicht haben Ihre Eltern Sie gefragt, warum Sie nicht so wären wie andere Kinder. Sie sind emotional und intellektuell schnell gereift, und das in erster Linie, weil Sie nicht blindlings vergangenen Zeiten nachhängen. Sie ziehen zwar Lehren aus der Vergangenheit, richten aber Ihr Augenmerk lieber auf künftige Aufgaben.

Die beste Ausdrucksmöglichkeit für Sie ist das Lehren, denn Sie gehen mit einem Interesse an Wissenschaft und Forschung heran, das sich sofort auf andere überträgt. Wenn Sie das Thema Geschichte behandeln und Zusammenhänge herausarbeiten und ausdeuten, wird die Vergangenheit lebendig. Sie können sehr wirkungsvoll die Auswirkungen der Geschichte dramatisieren, wovon andere nur profitieren. Ihr besonderes Anliegen ist die Aufklärung im Dienste des Fortschritts. Sie ermutigen Ihre Mitmenschen dazu, emotionale Abhängigkeiten aufzugeben, die eine persönliche Entwicklung hemmen.

Welchen Beruf Sie auch ergreifen mögen, Sie haben auf jeden Fall enorme Möglichkeiten, andere zu beeinflussen. Sie wären ein fähiger Schriftsteller, Redakteur, Politiker oder Forschungsmediziner. In der Wissenschaft würden Sie mit Sicherheit gut vorankommen. Nur sind Sie zu ungeduldig, was die mühevolle Kleinarbeit betrifft, die Forschung und Entwicklung oft mit sich bringen, und leisten wahrscheinlich mehr, wenn Sie selbst das Tempo bestimmen können. Dank Ihrer intuitiven Erkenntnisfähigkeit können Sie viele Probleme erstaunlich leicht lösen. Aus diesem Grund ging es Ihnen bei Ihrer raschen Auffassungsgabe in der Schule vermutlich zu langsam voran.

Sie lassen sich auf Beziehungen ein, in denen auch Ihr Verstand gefragt ist, weil Sie sich darüber klar sind, daß eine rein gefühlsmäßige Bindung nicht ausreicht, um Sie auf Dauer an jemanden zu fesseln.

Mond-Sextil-Neptun

Der Mond im Sextil zu Neptun deutet darauf hin, daß Sie über eine blühende Phantasie verfügen. Sie haben ein empfindsames Gemüt und sind intellektuell in der Lage, sich schöpferisch zu verwirklichen. Ihre starken Gefühle treiben Sie dazu an, Ihren gesellschaftlichen Verpflichtungen nachzukommen. Zerrüttete oder sonstwie unhaltbare soziale Verhältnisse erregen Ihr Mitgefühl und machen Ihnen Angst. Sie verstehen es aber recht gut, Ihren Protest zu artikulieren und an die Öffentlichkeit zu tragen, um für die sozial oder wirtschaftlich Betroffenen Abhilfe zu schaffen.

Ihr Engagement für die Mitwelt eröffnet Ihnen verschiedene ausgezeichnete Berufsmöglichkeiten. Eine schriftstellerische Tätigkeit wäre besonders zu empfehlen wie überhaupt jede Art von Betätigung, bei der es auf Faktensammeln und Wahrheitsverbreitung ankommt. Für Sie ist maßgeblich, daß Sie als Mittler für das öffentliche Wohl eintreten können. Eine andere Möglichkeit wäre die, als »Sonderberichterstatter« für eine Zeitung zu arbeiten und die Aktivitäten von Beamten des öffentlichen Lebens aufs Korn zu nehmen, die wahrscheinlich ihr eigenes Wohl mehr im Auge haben als das Gemeinwohl. Sie haben die Gabe, andern Menschen ihr Los zu erleichtern. Als Arzt könnten Sie gut Beschwerden diagnostizieren, als Künstler leicht Impulse geben und Empfindungen mitteilen, und als Ernährungswissenschaftler könnten Sie den Massen dienen, indem Sie bessere Eßgewohnheiten propagieren.

Im Privatbereich zeigen Sie Feingefühl, und Sie geraten selten aus der Fassung, wenn Ihre Mitmenschen Schwächen erkennen lassen. Durch Ihr

Verständnis und Ihre Toleranz sind Sie in der Lage, menschliches Verhalten in all seinen Ausdrucksformen zu akzeptieren. Passen Sie jedoch auf, daß Sie sich nicht zu sehr ins Zeug legen für Menschen, die womöglich vorsätzlich Ihre angeborene Hilfsbereitschaft ausnutzen.

Sie dürften sich eines reichen, lohnenswerten Lebens erfreuen. Sie sind dazu fähig, all Ihren häuslichen Anforderungen nachzukommen und darüber hinaus bei Bedarf noch in Ihrer Gemeinde aktiv zu werden. Gönnen Sie sich ab und zu Ruhepausen, die Sie ganz für sich allein genießen können, damit Sie wieder zu Kräften kommen und Ihre psychischen Reserven auftanken.

Mond-Sextil-Pluto

Mit dem Mond im Sextil zu Pluto gehen bei Ihnen Herz und Verstand zusammen. Sie versuchen stets, die Beweggründe anderer und besonders derer zu verstehen, denen Sie sich emotional verbunden fühlen. Liebe ist Ihnen wichtig, und Sie sind sehr gefühlsstark. Sie demonstrieren Ihre Empfindungen auch und erwarten von andern ebensolche Liebesbeweise.

In Ihrem Gemütsleben gibt es gewisse Prioritäten. Ihren Kindern und engen Freunden begegnen Sie mit der nötigen Wärme und Freundlichkeit, während Sie Ihre leidenschaftliche Natur bei Intimitäten mit Ihrem Liebespartner hervorkehren.

Sie sind der Not anderer gegenüber aufgeschlossen und bieten bereitwillig Ihre Hilfe an. Ihren täglichen Pflichten kommen Sie findig und einfallsreich nach und sind auch stets neuen Ideen zugänglich, die das Leben leichter machen. Sie befassen sich mit Ihrer Umgebung und fühlen sich als Bürger mitverantwortlich.

Ihre besondere Stärke ist die Gabe, verständnisvoll mit jungen Leuten reden zu können. Jugendliche vertrauen Ihnen und fühlen sich durch Ihre Anteilnahme bestätigt. Ihre Autorität wirkt nicht bedrohlich und wird deshalb akzeptiert und respektiert. Sie strahlen Wärme und Güte aus und bestärken so die Heranwachsenden in ihrer eigenen Unabhängigkeit.

Sie verfügen über einen guten Geschäftssinn und sind tüchtig im Management. Diese Eigenschaften werden Ihnen zu finanzieller Sicherheit verhelfen. Sie sind ordentlich und verstehen es, sich Ihr Leben übersichtlich einzurichten, indem Sie überflüssige Dinge, die dem Fortschritt hinderlich sind, beiseite lassen. Mit Ihrer Kontaktfreudigkeit eignen Sie sich für jedes Berufsfeld, das Sie mit der Öffentlichkeit in Verbindung bringt, wie beispielsweise Public Relations, Versicherungs- und Finanzwesen, Resozialisierung oder Physiotherapie.

Mond-Sextil-Aszendent

Der Mond im Sextil zum Aszendenten zeigt an, daß Sie verstehen möchten, warum Sie so empfindlich auf das reagieren, was andere zu Ihnen sagen. Außerdem wollen Sie sich von Ihrem Leben in allen Einzelheiten einen Begriff machen, damit Sie es harmonisch gestalten können. Das war nicht immer so. Bis Sie erwachsen waren, hatten Sie beständig die Sorge, man würde Sie kritisieren oder Sie wären manchen Situationen nicht so gewachsen, wie Sie eigentlich sollten. Selbst jetzt gibt es noch manchmal Zeiten, wo es Ihnen schwerfällt, Realität und Fiktion auseinanderzuhalten, aber Sie lernen dauernd dazu. Nicht, daß Sie dann weniger empfindsam wären – Sie begreifen einfach mehr. Sie neigen dazu, zuviel Gefühl in Ihre mitmenschlichen Beziehungen einzubringen und Ihre Fähigkeit unterzubewerten, mit bestimmten Sachverhalten fertig zu werden. In Wirklichkeit halten die meisten Leute Sie für ziemlich kompetent, also hören Sie auf, sich darum Sorgen zu machen.

Sie verfügen über einen wahren Schatz an Ideen, aus dem Sie Kapital schlagen sollten. Vielleicht können Sie bei Ihrer Tätigkeit einmal ein paar bedeutende Vorschläge machen, die Ihre Vorgesetzten dann aufgreifen. Ihre Arbeit ist Ihnen sehr wichtig. Sie übernehmen Ihre Aufgaben voller Eifer und führen sie auch gut durch, weil Sie Ihre Sachverständigkeit unter Beweis stellen wollen. Bei der Verwirklichung der Ziele, die Sie sich gesteckt haben, streben Sie beständig nach Perfektion. Sobald Sie einmal Ihre Minderwertigkeitskomplexe überwunden haben, müßten Sie aus jedem Konkurrenzkampf als Sieger hervorgehen.

In einer persönlichen Beziehung hoffen Sie stets, in dem Maße Anerkennung zu finden, wie Sie dazu beitragen, das Verhältnis zu festigen. Sie können außerordentlich gut dem beiderseitigen Interesse gerecht werden, ohne sich dabei vor Ihren Verpflichtungen zu drücken. Die meisten Menschen erkennen das, und einige wenige werden womöglich versuchen, Vorteil aus Ihrer nachgiebigen Art zu schlagen. Sie haben einen großen Freundeskreis, mit dem Sie oft und gern zusammenkommen. Mit Vergnügen folgen Sie Einladungen zu Geselligkeiten, wo Sie sich über die verschiedensten Themen unterhalten können. Sie sind recht gut belesen und können auf vielen Gebieten mitreden.

Merkur-Sextil-Venus

Das Sextil von Merkur und Venus zeigt an, daß Sie sehr umgänglich und liebenswürdig sind. Sie kommen mit den meisten Menschen gut zurecht, weil Sie wissen, wann Sie zugunsten der Harmonie Kompromisse eingehen sollten. Das heißt aber nicht, daß Sie zurückstecken, wenn Ihr Gesprächspartner offensichtlich im Irrtum ist. Im allgemeinen versuchen

Sie, ein faires Urteil abzugeben, um niemanden grundlos zu kränken. Sie verstehen Ihre Auffassungen so darzulegen, daß keiner sich durch Sie bedroht oder eingeschüchtert fühlt, und sind unerschöpflich im Zusammentragen von Fakten, mit denen Sie Ihre Ausführungen belegen können. Normalerweise sind Sie weder feindselig noch streitlustig und lassen bei einer Meinungsverschiedenheit im Zweifelsfall auch die Meinung Ihres Widerparts gelten. Als kultivierter Mensch geben Sie erst andern Gelegenheit, ihren Standpunkt klarzumachen, ehe Sie selbst in Aktion treten.

Ihr heiteres, unbeschwertes Wesen wird Ihnen bei vielen Berufen zugute kommen, nur fällt es Ihnen möglicherweise schwer, in einen aufreibenden, direkten Wettbewerb mit jemandem zu treten. Es dürfte für Sie besser sein, allein oder nur mit wenigen Leuten zusammen zu arbeiten, damit Sie sich nicht mit lästigen Konkurrenten herumplagen müssen.

Sie haben wahrscheinlich Freude daran, Reden in der Öffentlichkeit zu halten oder am Theater aufzutreten. Auch die Schriftstellerei dürfte Ihnen Befriedigung gewähren, denn Sie haben die natürliche Gabe, sich gut auszudrücken. Ihr Stil zeugt von Einbildungskraft und übt in seiner Ursprünglichkeit einen Reiz auf Leute aus, die sowohl unterhalten als auch informiert sein wollen. Am liebsten befassen Sie sich mit Themen, die nicht zu schwer und anspruchsvoll sind.

Sie haben recht klare Vorstellungen davon, wie Sie Ihre finanziellen Verhältnisse verbessern können. Da Sie von Ihren Talenten vorteilhaft Gebrauch machen, können Sie Ihre Ideen meist auch in klingende Münze umsetzen. Ihre Partner unterstützen Sie bei Ihren Unternehmungen, weil Ihr ausgewogenes Urteil ihnen die Gewähr bietet, daß Sie sich wohl kaum auf dem Holzweg befinden. Sie können die andern im allgemeinen von Ihrem Erfolg überzeugen und sie zu der notwendigen Zusammenarbeit bewegen. Aber Sie verlangen auch nicht von ihnen, Risiken einzugehen, die Sie selbst nicht zu tragen bereit wären. Und da Sie sich vorsichtshalber gewissenhaft auf jede Aktion vorbereiten, besteht ohnehin kaum eine Gefahr. Außerdem scheuen Sie vor schwierigen Projekten zurück, die anhaltenden Einsatz erfordern, bis sie etwas abwerfen.

Merkur-Sextil-Mars

Mit Merkur im Sextil zu Mars verfügen Sie über einen Geist, der beständig durch Ihren unstillbaren Wissensdurst geschärft wird und nicht zur Ruhe kommt, ehe Sie nicht alle Kenntnisse gesammelt haben, über die Sie verfügen wollen. Diesen Punkt werden Sie natürlich nie erreichen und deshalb auch nie aufhören zu lernen. Sie achten darauf, erst einigermaßen gut informiert zu sein, bevor Sie zu etwas Stellung nehmen, denn Sie wollen die Zustimmung Ihrer Gesprächspartner. Ihre Art, sich auszudrücken, zeugt von Einfallsreichtum, und Sie verstehen sich darauf, höchst eindrucksvoll zu dramatisieren. Selbst Leute, die eine andere Auffassung vertreten als Sie, lassen sich durch Ihre Argumente überzeugen und ändern ihre Meinung. Sie wissen, wie weit Sie in Ihren Ausführungen gehen dürfen, bis der Punkt erreicht ist, wo Ihre Zuhörer nicht mehr folgen können. Doch meist haben sie Ihnen schon längst vor diesem Zeitpunkt zugestimmt. Sie ziehen keine voreiligen Schlüsse, die sich nicht durch Fakten belegen lassen.

Sie sind ein aufrichtig freundlicher Mensch und warten nie darauf, jemandem formell vorgestellt zu werden, weil Sie keinen Grund für eine solche Zeitverschwendung sehen. Es macht Ihnen Freude, sich mit Bekannten zu treffen und zu unterhalten. Sie sind nicht nur ein guter Redner, sondern auch ein guter Zuhörer; nicht zuletzt deshalb haben Sie so viel gelernt. Und wenn Sie eine Frage haben, scheuen Sie sich nicht, sie an jemanden zu richten, der mehr davon versteht.

Ihre Freundlichkeit und geistige Beweglichkeit kann Ihnen bei vielen Vorhaben zum Erfolg verhelfen. Wahrscheinlich liegen Ihnen Tätigkeitsbereiche wie das Rechtswesen, Lehren, Schreiben, Public Relations und dergleichen Berufe, für die man blitzgescheit und geistig rege sein muß. Auch als Reporter hätten Sie mit Ihren Geistesgaben gute Chancen und obendrein noch Freude an der Mobilität, die dieser Beruf von Ihnen verlangen würde. Überdies würde diese Arbeit Ihr tiefes Interesse für alles Neue wachhalten, und Sie könnten spannend schreiben und selbst dem trübsinnigsten Stoff noch Leben einhauchen. Die Kommunikation ist Ihre große Begabung, und Sie sollten alles daransetzen, von diesem Talent auch Gebrauch zu machen. Die Politik käme ebenfalls für Sie in Frage. Sie kämpfen gern und hätten da bestens Gelegenheit, Ihre Ansichten denen zu unterbreiten, die informiert sein wollen.

Sie sind zwar zu jedermann freundlich, aber wehe dem Menschen, der Sie zu täuschen versucht. Dann ist Ihre Reaktion so scharf und schneidend wie das Skalpell eines Chirurgen, und der Betreffende wird sich hüten, Sie noch einmal zu reizen. Sie bleiben bei der Wahrheit, auch wenn es weh tut, und gestehen freimütig einen dummen Fehler ein, der Ihnen unterlaufen ist, um dann über sich selbst zu lachen.

Merkur-Sextil-Jupiter

Ihr Merkur im Sextil zu Jupiter deutet darauf hin, daß Ihr Geist nie zur Ruhe kommt. Sie haben einen unstillbaren Wissensdurst und ein direkt furchteinflößendes Fassungsvermögen, was Informationen betrifft. Aber Sie geben sich nicht damit zufrieden, einfach nur kenntnisreich zu sein. Für Sie ist ebenso wichtig wie das anfängliche Lernen, Ihre Kenntnisse auch konstruktiv anzuwenden. Sie können ausgezeichnet folgern und haben ein feines Unterscheidungsvermögen. Auf Grund Ihrer meisterhaften Sprachbeherrschung können Sie überzeugend reden und schreiben. Sie sind sehr wahrheitsliebend und sagen jedem den Kampf an, der eine Feststellung trifft, die Ihnen verdächtig klingt. Dabei überlassen Sie nichts dem Zufall, sondern bohren lieber selbst, bis Sie herausgefunden haben, ob die Feststellung zutrifft. Es quält Sie richtig, wenn Redner in aller Öffentlichkeit unverantwortliche Äußerungen zu einem Thema abgeben, über das sie vollkommen fehlinformiert sind.

Wissen kann in falschen Händen gefährlich sein. Sie reagieren schnell, wenn Sie beobachten, wie jemand seine Kenntnisse dazu mißbraucht, seine Mitmenschen geistig unter Kontrolle zu bringen. Adolf Hitler zum Beispiel hatte diese Planetenkonstellation, und die Geschichte dokumentiert deutlich, wie er die Rhetorik mißbrauchte. Sie können solche Übergriffe Ihrer Veranlagung nach absolut nicht vertragen und werden einem jeden das Recht bestreiten, sich der Öffentlichkeit gegenüber derlei Freiheiten herauszunehmen.

Das Bildungswesen, Public Relations, der Journalismus und die Romanschriftstellerei über historische und aktuelle Themen – das sind nur einige der Möglichkeiten, die Ihrem Schaffensdrang und Ihrer Inspiration entgegenkämen. Aber selbst in anderen Berufen könnten Sie erfolgreich sein, wenn Ihre Arbeit im wesentlichen darin bestünde, humanistische Bildung oder auch aktuelle Informationen zur praktischen Anwendung weiterzugeben.

Sie werden nie aufhören, wißbegierig zu sein und der Wahrheit auf den Grund zu gehen. Als Lehrender würden Sie Ihre Schüler oder Studenten dazu anregen, nach der eigenen Vervollkommnung zu trachten.

Auf Reisen könnten Sie Ihren Horizont erweitern und nationale und ethnische Differenzen besser verstehen lernen. Und dann sollten Sie Ihre aufschlußreichen Gedanken und Beobachtungen niederschreiben und Lesern zugänglich machen.

Wahrscheinlich sind Sie kein glühender Anhänger irgendeiner religiösen Organisation, erkennen jedoch an, daß es wichtig ist, an etwas zu glauben. Sie gestehen jedem die Freiheit zu, seinen eigenen Anschauungen zu folgen, und würden mit Gewißheit nie andern Menschen Ihre Ideologie aufzuzwingen versuchen.

Merkur-Sextil-Saturn

Ihr Merkur im Sextil zu Saturn zeigt auf, daß Sie Verstand haben und findig, nachdenklich und umsichtig sind. Sie glauben an sich und sind gewillt, Ihre Fähigkeiten unter Beweis zu stellen. Zu Themen, die Sie interessieren, sagen Sie beherzt Ihre Meinung, weil Sie wissen, daß Sie gut informiert sind. Meist können Sie Ihre Ausführungen auch durch

Statistiken und sonstiges Material belegen, auf das sich Ihr Urteil gründet. Sie suchen nach Wahrheit und werden sich folglich im Umgang mit andern Menschen immer treu bleiben.

Schon beizeiten ist Ihnen in Ihrem Leben klar geworden, daß Sie es sich schuldig waren, Kapital aus Ihren Begabungen zu schlagen. Sie haben diszipliniert an sich gearbeitet, um immer auf dem höchsten Wissensstand zu sein, weil Sie wußten, damit im Wettbewerb mit andern bestehen zu können. Sie haben stets die Antworten parat, die Ihnen in Ihrem Arbeitsbereich weiterhelfen. Ihnen stehen buchstäblich Hunderte von Berufen offen, da Sie sich einarbeiten können, wo immer Sie wollen. Geeignete Betätigungsfelder wären unter anderm das Bildungswesen, Politik, Wissenschaft, Forschung, Industriemanagement, Bergbau, Naturschutz, Verwaltung und Architektur. Sie verstehen es, vorauszuplanen und bleiben mit Entschlossenheit beharrlich am Ball, bis Sie am Ziel Ihrer Wünsche sind. Erfolg ist bei Ihnen weder Zufall noch Glückssache.

In Ihrer Jugend waren Sie womöglich einsam, weil Sie mit andern Kindern Ihres Alters nicht viel anfangen konnten. Vielleicht waren Sie frühreif und fühlten sich in Gesellschaft von Älteren wohler, mit denen Sie ernste Gespräche führen konnten. Sie haben ein gutes Gedächtnis und eine überdurchschnittlich rasche Auffassungsgabe. Wahrscheinlich war Ihnen die Schule langweilig, weil Sie sich mit dem normalen Pensum Ihrer Klassenkameraden zufriedengeben mußten.

Sie sind ein ewig Lernender, der methodisch oder auch auf andere Weise beständig mehr Wissen anhäuft. Ihre Wißbegierde kennt keine Grenzen. Das ist mit der Grund für Ihre Höflichkeit im Umgang mit anderen. Sie zeigen guten Geschmack und werden von Ihren Vorgesetzten und Untergebenen gleichermaßen bewundert.

Sobald Sie auf Ihrem Fachgebiet Erfolg hatten, werden Sie vielleicht über Ihre Leistungen schreiben wollen, um im Privatleben eine befriedigende Nebenbeschäftigung zu haben. Sollten Sie beruflich als Schriftsteller tätig werden, dann arbeiten Sie wahrscheinlich an einem Geschichtswerk oder halten Ereignisse der Gegenwart für die Nachwelt fest. Sie könnten unendlich viel in Ihre Arbeit einbringen und vermutlich großartiges Quellenmaterial zusammentragen.

Reife Menschen, die offen und aufrichtig sind, ziehen Sie besonders an, und Ihre Beziehung wird sich fest auf Verständnis und gegenseitige Achtung gründen. Ihre Ehe mag platonisch sein und wird doch genausoviel Bestand haben wie eine sexuell orientierte Beziehung. Ein Verhältnis, das auf rein körperlicher Anziehung beruht, wäre Ihnen nicht genug. Im späteren Leben gehen Sie möglicherweise eine Partnerschaft mit einem sehr viel jüngeren Menschen ein, sofern genügend intellektuelle Gemeinsamkeiten existieren.

Merkur-Sextil-Uranus

Das Sextil zwischen Merkur und Uranus deutet an, daß Ihre intellektuellen Fähigkeiten überdurchschnittlich sind. Unwissenheit fällt Ihnen auf die Nerven, aber Sie sind doch immerhin einigermaßen tolerant gegenüber Menschen, die nicht mit Ihrem Lerntempo Schritt halten können. Sie sind hellwach, wißbegierig und gut belesen. Ihre Sprachgewandtheit schlägt Ihre Zuhörer stets in Ihren Bann. Sie geizen nicht mit Ihren Kenntnissen, sondern teilen sich gerne mit, sofern jemand ehrliches Interesse bekundet. Ihre Eltern waren wahrscheinlich erstaunt über Ihre geistige Entwicklung, die über dem Durchschnitt anderer Kinder lag. Und auch später kamen sie nicht aus dem Staunen heraus, wenn sie mit anhörten, mit welcher Einsicht Sie mit Erwachsenen die schwierigsten Themen durchdiskutierten.

Ihre beruflichen Ziele müßten im Bildungsbereich oder auf ähnlichen Gebieten liegen, wo Ihrem Denkvermögen keine Grenzen gesetzt sind. Sie brauchen die Freiheit, Ihre Kenntnisse auf ganz ureigene, zupackende Art anwenden zu können und dadurch beste Ergebnisse zu erzielen. Sie haben nichts für althergebrachte Methoden übrig, es sei denn, sie hätten sich wirklich bewährt. Sie denken fortschrittlich und geben der Vergangenheit nur insofern Raum, als sie Lektionen erteilt, die gelernt werden müssen. Mit Ihrem Einfallsreichtum finden Sie stets Wege, den Funken Ihrer eigenen Begeisterung auch auf andere überspringen zu lassen, so daß sie die in ihnen schlummernden Möglichkeiten erkennen können.

Um erfolgreich zu sein, müssen Sie sich diszipliniert in Ausdauer üben. Stellen Sie sich ganz bestimmte Aufgaben und entwerfen Sie einen festen Plan für deren Durchführung. Treten Sie nicht erst ins Rampenlicht, wenn Sie alle offenen Fragen geklärt haben, sonst bleibt Ihnen die Selbstbestätigung versagt. Sie haben die Pflicht, Ihre Mitmenschen an Ihren Entdeckungen teilnehmen zu lassen. Ihr ganzes Leben lang werden sich Ihnen neue Erkenntnisse enthüllen.

Es fällt Ihnen nicht gerade leicht, sich zu entspannen, weil Ihr Verstand ständig auf Hochtouren arbeitet. Lernen Sie, abzuschalten und sich zu lockern – morgen ist auch noch ein Tag. Ihre Ungeduld und Reizbarkeit können zu nervösen Erschöpfungszuständen führen.

Merkur-Sextil-Neptun

Das Sextil von Merkur zu Neptun weist darauf hin, daß Sie eine reiche Einbildungskraft haben, die Ihnen im täglichen Leben zugute kommt. Ihre intuitiven Einsichten befähigen Sie dazu, ziemlich leicht mit schwierigen Problemen fertig zu werden. Im Privatbereich sind Sie besinnlich und denken über Ihre verschiedenen Erfahrungen nach. Sie sind wißbegierig und wollen die Chance haben, von Ihren Kenntnissen auch zum eigenen und zu anderer Menschen Wohl Gebrauch zu machen. Ihnen ist bewußt, daß man nicht nach dem äußeren Schein gehen sollte, und deshalb tragen Sie meist so viele Fakten wie möglich zusammen, um hinter die Wahrheit zu kommen. Ihre Neugier ist nie befriedigt, und da Sie die Fähigkeit haben, Geschehnisse richtig auszudeuten, lernen Sie mehr aus Erfahrungen als andere.

Dank Ihres schöpferischen Potentials können Sie unter einer ganzen Reihe von Berufen Ihre Wahl treffen. Journalismus, Bildungswesen, Medizin, Kunst, Musik, Graphik-Design und öffentliche Wohlfahrt sind nur einige der Bereiche, in denen Sie zu Erfolg kommen könnten. Ihre Mitmenschen schätzen Ihre Begabungen, denn Sie strahlen mitfühlendes Verständnis und Wärme aus. Deshalb sollte auf jeden Fall die Kontaktpflege in irgendeiner Form zu Ihren beruflichen Pflichten gehören. Man kommt leicht mit Ihnen ins Gespräch, weil man sich in Ihrer Gegenwart wohl fühlt und aus sich herausgeht.

Um von Ihrer Vorstellungskraft angemessen Gebrauch machen zu können, sollten Sie sich jedoch unbedingt weiterbilden. Sie sind außerordentlich empfänglich für Impulse von außen und hätten bei entsprechender Ausbildung unbegrenzte Möglichkeiten. Sie müssen sich unter allen Umständen beizeiten im Leben Ziele stecken und realistisch vorausplanen, wie Sie sie verwirklichen können. Lassen Sie sich von niemandem ablenken, denn wenn Sie erst einmal von der vorgezeichneten Bahn abgeschweift sind, wird es nicht so einfach sein, mit der gleichen Begeisterung wieder von vorn anzufangen.

Ihre Privatbeziehungen sind meist herzlich und bedeuten Ihnen etwas. Sie fühlen sich besonders zu philosophisch veranlagten Menschen hingezogen, die sich nicht ausschließlich mit materiellen oder körperlichen Belangen beschäftigen. Obgleich Sie Idealvorstellungen haben, erwarten Sie nicht unbedingt, daß andere Ihrem Ideal entsprechen. Sie sind spirituell aufgeschlossen und lassen sich bei Ihren moralischen und sozialen Verpflichtungen von Ihrer Einsicht leiten.

Merkur-Sextil-Pluto

Das Sextil zwischen Merkur und Pluto zeigt auf, daß Sie einen analytischen Verstand haben und selbst schwierigste, undefinierbare Probleme erfassen. Sie haben tiefen Einblick, eine rasche Auffassungsgabe und lernen mehr als andere aus Ihren Erfahrungen. Von Ihrem ausgeprägten »sechsten Sinn« machen Sie weit häufiger Gebrauch, als Ihnen gegenwärtig ist. Nach und nach werden Sie sich dieser Gabe bewußt werden und lernen, Nutzen daraus zu ziehen. Es fällt Ihnen leicht, für angeblich mysteriöse Vorfälle eine logische Erklärung zu finden.

Sie können Ihre Anlagen in vielen Berufen unter Beweis stellen. Die Verbrechensaufklärung, Forschung, Psychologie und Psychoanalyse, Medizin, Chemie und Lehrberufe sind einige der Gebiete, die Ihren Geistesgaben angemessen wären. Als Lehrender würden Sie andern helfen, der Wahrheit nachzugehen und die eigene Wahrnehmungsfähigkeit zu entwickeln. Als Forscher könnten Sie Probleme schnell lösen, weil Sie in Ihrem Innern schon längst die Antwort wissen, ehe Sie auf mechanischem Wege die Lösung herbeiführen. Sie können Wesentliches leisten, wenn Sie einzelne Menschen oder auch Gruppen bei ihrer Suche nach Antwort auf ihre Fragen leiten.

Sie stürzen sich mit Vehemenz auf neue Ideen und tragen zu jedem Thema, das Sie interessiert, Berge von Informationen zusammen. Sie sind recht diszipliniert und schöpfen Ihre Möglichkeiten voll aus. Es dürfte Ihnen nicht schwerfallen, finanzielle Unterstützung zur Entwicklung Ihrer Projekte zu bekommen, denn Sie tragen Ihre Ideen offen und ehrlich vor.

Ihre reiche Phantasie ist besonders für Menschen in Ihrer direkten Umgebung von Wert. Soziale Fragen, die sich allem Anschein nach jeder Lösungsmöglichkeit widersetzen, sind plötzlich überhaupt kein Problem mehr, wenn Sie sich in die Untersuchung einschalten und Vorschläge machen.

Im Privatleben erwarten Sie von anderen die gleiche Aufrichtigkeit wie von sich selbst. Wenn Sie merken, daß jemand Sie täuscht oder Tatsachen falsch darstellt, machen Sie ihn sofort darauf aufmerksam. Solche Vorfälle vergessen Sie niemals. Sie sind zwar sehr erpicht darauf, Bekanntschaften zu schließen, können eine Beziehung jedoch auch, ohne mit der Wimper zu zucken, für immer abbrechen, wenn Ihr Vertrauen mißbraucht wurde.

Sie werden nach einem Partner Ausschau halten, der wie Sie gegenseitiges Vertrauen und Aufrichtigkeit schätzt und jedes auftretende Problem offen auszudiskutieren bereit ist. Ihr Partner muß Selbstvertrauen und den Ehrgeiz haben, erfolgreich zu sein. Finanzielle Interessen gemeinsam wahrzunehmen ist nicht weiter schwierig für Sie, denn Sie kennen den Wert des Geldes und verstehen auch mit einem mittleren Einkommen zurechtzukommen.

Merkur-Sextil-Aszendent

Merkur im Sextil zum Aszendenten bedeutet, daß Sie helle, geistreich, ausdrucksstark und ungemein neugierig sind. Sie kennen sich, Ihre Fähigkeiten und Unzulänglichkeiten genau. Im Umgang mit anderen Menschen versuchen Sie, sich von der besten Seite zu zeigen, damit eine entspannte Atmosphäre entsteht. Sie drücken sich klar und präzise aus, so daß niemand über Ihre Auffassungen im Zweifel bleibt. Sie scheuen sich nicht, Ihre Meinung zu sagen, denn Sie informieren sich erst in allen Einzelheiten, ehe Sie Ihre Ansicht äußern. Da Sie bestrebt sind, auf möglichst vielen Gebieten Bescheid zu wissen, geht Ihnen nie der Gesprächsstoff aus. Kommunikation liegt Ihnen, wahrscheinlich machen Sie in Ihrem Berufsleben häufig Gebrauch von dieser Begabung. Sie können meisterhaft schreiben und bestimmt bei einer Debatte Ihre Stellung behaupten. Obgleich Sie eine fruchtbare Diskussion als erfreuliche Gelegenheit betrachten, sich geistig fit zu halten, sind Sie nicht eigentlich streitlustig. Sie finden die Auseinandersetzung im Gespräch einfach spannend.

Sie arbeiten an der Entwicklung Ihrer schöpferischen Vorstellungen, weil Sie hoffen, daß sich das eines Tages in klingender Münze auszahlt. Ihre Freunde bestärken Sie in dem Glauben, daß Ihre Ideen Wert haben, und machen Ihnen vielleicht Komplimente über Ihre Genialität und Klugheit. Genau diese Qualitäten bringen Sie in Ihr Berufsleben ein, in dem Sie wegen Ihrer trefflichen Vorschläge so hoch geschätzt sind, daß Sie oftmals selber die notwendigen Details für die Durchführung ausarbeiten. Aber Sie müssen aufpassen, daß Ihnen Ihre Ideen nicht gestohlen werden von Ihren Vorgesetzten, die sich verunsichert fühlen durch die Anerkennung, die Ihnen auf Grund Ihrer Kompetenz zuteil wird.

Sie begreifen, warum Leute in einer bestimmten Weise handeln, auch wenn sie andere Gründe vorschieben. Da Sie von Natur aus alles genau auswerten, wissen Sie intuitiv, was von Ihnen erwartet wird. Am besten üben Sie eine Tätigkeit aus, in der Sie mit der Öffentlichkeit in Kontakt kommen, denn Sie mögen Ihre Mitmenschen. Sie verständigen sich mit andern stets gütlich, und man fühlt sich in Ihrer Gegenwart wohl. Es gibt nur wenige Menschen, mit denen Sie nicht klarkommen.

Venus-Sextil-Mars

Venus im Sextil zu Mars verleiht Ihnen Herzenswärme und Güte. Ihre physischen Bedürfnisse sind beträchtlich, aber Sie beherrschen sich, bis Sie jemanden kennenlernen, mit dem die Beziehung angenehm zu werden verspricht. Sie zeigen Ihre Gefühle erst, wenn Sie den andern Menschen gut kennen und abschätzen können, daß sowohl menschlich und intellektuell als auch physisch eine Anziehung besteht. Ihnen ist klar, daß Sie Kompromisse eingehen müssen, wenn Ihnen an einer dauerhaften Freundschaft gelegen ist. Durch Ihre Einstellung ermutigt, machen Ihnen Ihre Mitmenschen ebenfalls Zugeständnisse. Sie verletzen niemanden in seinem Selbstwertgefühl, indem Sie auf seine Fehler aufmerksam machen. Aber obgleich Sie menschliche Schwächen tolerieren, rechnen Sie doch damit, daß bessere Seiten zum Vorschein kommen.

Sie genießen lieber die schönen Dinge des Lebens, statt sich mit den Schattenseiten abzugeben. Dank Ihres Kunstsinns haben Sie Freude an klassischer Musik, erlesenen Kunstwerken, guter Literatur, an interessanten Begegnungen und an der Freundschaft mit geistesverwandten Menschen. Berufliche Interessen werden durch diese Planetenkombination zwar nicht näher spezifiziert, aber Sie dürften sich für jede Tätigkeit eignen, die Kontaktfreudigkeit von Ihnen verlangt. Mit Leuten, die Sie noch nicht kennen, knüpfen Sie gern ein Gespräch über irgendein unbedeutendes Thema an, um sich bekannt zu machen und eine vertrauliche Atmosphäre zu schaffen. Sie sind optimistisch eingestellt und tragen meist ein Lächeln auf den Lippen, das aller Welt zeigt, was für ein sympathischer Mensch Sie sind.

Public Relations wäre genau das richtige für Sie; andere treten gern in Geschäftsbeziehungen mit Ihnen, denn Sie nehmen ihnen sofort jede Befangenheit.

Wahrscheinlich sind Sie noch immer mit Menschen befreundet, die Sie vor langer Zeit kennengelernt haben, auch wenn Sie nicht mehr direkt mit ihnen in Kontakt stehen. Sie erinnern sich gern an die gemeinsamen Zeiten und sehen über schmerzliche Ereignisse, die vielleicht einmal vorkamen, versöhnlich hinweg.

Sie heiraten vermutlich jemanden, der mit Ihnen zusammen darauf hinarbeitet, das Leben angenehm zu gestalten. Auf jeden Fall wird die Beziehung segensreich sein, ob Sie sich nun aus einem Sicherheitsbedürfnis heraus oder aus rein gefühlsmäßigen Gründen binden.

Sie neigen zu einer gewissen Sorglosigkeit in finanziellen Angelegenheiten und leben über Ihre Verhältnisse. In Ihrer Vorliebe für die angenehmen Seiten des Lebens und die schönen Dinge, die man käuflich erwerben kann, gehen Sie unbekümmert über wirtschaftliche Erwägungen hinweg. Wer mit ansieht, wie Sie Ihren Marotten frönen, könnte auf den Gedanken kommen, Sie wären steinreich. Sie müssen lernen, sich in dieser Hinsicht etwas einzuschränken.

Venus-Sextil-Jupiter

Das Sextil von Venus und Jupiter deutet an, daß Sie ein Mensch sind, der aus sich herausgeht. Die Unbeschwertheit, mit der Sie sich geben, gewinnt Ihnen schnell die Zuneigung Ihrer Mitmenschen. Sie verstehen es, zur rechten Zeit das Rechte zu sagen, um den gewünschten Erfolg zu erzielen. Sie spenden großzügig Lob, wenn es angebracht ist, manchmal aber auch unverdientes. Andere halten Sie für einen freundlichen, netten, verständnisvollen Menschen, der immer Zeit für den hat, der Beistand braucht. Selbst eingefleischte Pessimisten schöpfen wieder Hoffnung, denn Sie haben stets eine Lösung für Probleme parat. Im allgemeinen mischen Sie sich zwar nicht in anderer Leute Angelegenheiten, aber bei Bedarf kann man immer auf Sie zählen. Sie sind einfach da, wenn Sie gebraucht werden. Da Sie keine allzu großen Ansprüche an andere stellen und deren Schwächen tolerieren, sind Sie allseits beliebt.

Sie können Ihren Begabungen auf den unterschiedlichsten Gebieten gerecht werden. Diese Planetenkonstellation verleiht Ihnen kein spezielles Talent, verhilft Ihnen aber immerhin zu persönlichen Eigenschaften, die Ihnen in manchen Tätigkeits- und Berufsbereichen zugute kommen. Bei Ihrer Veranlagung fällt Ihnen jeder Beruf besonders leicht, der Kontaktfreudigkeit von Ihnen verlangt. Für Sie wie für Ihre Mitmenschen wäre es von Vorteil, wenn Sie auf irgendeine Weise mit Öffentlichkeitsarbeit zu tun hätten, sei es als Personaldirektor einer großen Firma, als Lehrer oder auch als Reiseführer. Als Schriftsteller hätten Sie ebenfalls breitgefächerte Möglichkeiten, Ihre schöpferischen Fähigkeiten zum Ausdruck zu bringen. Sie haben wahrscheinlich nicht genügend Geduld, um sich der strengen Disziplin zu unterwerfen, die das Schreiben langer Romane erfordert, wären jedoch durchaus in der Lage, Essays oder Zeitschriftenartikel zu veröffentlichen.

Was Ihnen vorschwebt, ist ein behagliches Leben in schöner Umgebung, in einem verschwenderisch ausgestatteten Heim, mit guten Freunden und vielen gesellschaftlichen Aktivitäten. Ein Leben in strenger Einfachheit, das sich auf absolut Notwendiges beschränken würde, könnten Sie kaum ertragen.

Sie runden Ihren Alltag durch vielerlei Zerstreuungen ab. Zu den vielen Interessen, die Ihr Leben bereichern und Ihnen Freude machen, gehören unter anderm Lesen, Reisen, Geselligkeiten, Musik, Kunst und Theater. Daran haben Sie nicht nur als Zuhörer oder Zuschauer Vergnügen, sondern Sie machen nach Möglichkeit sogar aktiv mit.

Sie erwarten von jedem, zu dem Sie mehr als nur eine flüchtige Beziehung unterhalten, Offenheit und Ehrlichkeit. Doch auch von weniger guten Bekannten fühlen Sie sich regelrecht abgestoßen, wenn Sie bei ihnen Hinterlist, Gleichgültigkeit, Gefühlsroheit oder Gemeinheit entdecken müssen. Sie identifizieren sich mit Menschen, die sich höherentwickeln wollen und immer bestrebt sind, an sich zu arbeiten.

Venus-Sextil-Saturn

Das Sextil zwischen Venus und Saturn weist darauf hin, daß Sie wissen, was Sie wollen, und auch bereit sind, für die Erfüllung Ihrer Wünsche Entbehrungen auf sich zu nehmen. Kein Opfer ist Ihnen zu groß, wenn Sie sicher sind, dadurch ans Ziel zu kommen. Ihnen ist klar, daß wenig zu gewinnen ist, wenn man nach den Sternen greift, und deshalb betrachten Sie Ihre geschäftlichen Verpflichtungen als Investition für die Zukunft. Sie kommen ihnen in aller Ruhe nach, weil Sie wissen, daß der Gewinn, den sie abwerfen, eine anfängliche Anpassung Ihrerseits und Zugeständnisse wert ist.

Ihre frühkindliche Erziehung hat Sie darauf vorbereitet, willig öffentlich und privat Verantwortung zu tragen. In Ihrem Freundeskreis kann man sich darauf verlassen, daß Sie zu jeder Verpflichtung stehen, die Sie einmal auf sich genommen haben. Auf Grund Ihrer Verläßlichkeit, Offenheit, Ehrlichkeit und Anständigkeit sind Sie sowohl bei flüchtigen Bekannten als auch bei Ihren engsten Freunden hoch angesehen. Sie wollen sich alles redlich selbst verdienen und möchten sich niemandem verpflichten, nur weil er Ihnen einen Gefallen getan hat. Da Sie sich in punkto Erfolg auf Ihre Leistungsfähigkeit verlassen können, verfolgen Sie Ihre Ziele selbständig und nötigenfalls im Alleingang. Sie kommen andern freiwillig auf halbem Wege entgegen, aber keinen Schritt weiter. Sie schätzen geordnete Verhältnisse und planen Ihre Vorhaben sehr sorgfältig, um nichts dem Zufall zu überlassen.

Sie haben ein außerordentlich gutes Urteilsvermögen und besitzen Durchblick. Wenn Sie Ihre Vorstellungen darlegen, verstehen andere genau, was Sie meinen. Sie sind auch ein guter Zuhörer und stets willens, von Menschen mit mehr Erfahrung zu lernen. Diese Charaktereigenschaften kommen Ihnen sehr bei einer Tätigkeit im Finanz- und Bankwesen, im Bau- und Versicherungsgeschäft, im Rechtswesen, im Immobiliengeschäft, bei Handel und Planung zugute. Mit Ihnen ist recht leicht auszukommen, weil Sie Geduld haben und entgegenkommend sind.

Was Sie für jemanden empfinden, zeigen Sie erst, wenn Sie ziemlich sicher sind, daß Ihre Gefühle erwidert werden. Womöglich werden Sie deshalb für schüchtern und in sich gekehrt gehalten, dabei machen Sie eben nur Annäherungsversuche, wenn Ihnen wirklich etwas daran liegt. Sie haben feine Lebensart, sind höflich und kultiviert und geben sich geschmackvoll. Gewöhnlichkeit verabscheuen Sie. Sie wenden sich lieber gepflegteren, kulturellen Interessen zu.

Ihre Geschwister suchen wahrscheinlich bei Ihnen Rat für ihre Probleme, weil Sie reifere Lebensanschauungen haben und verläßlich urteilen.

Sie blicken recht optimistisch in die Zukunft und sind davon überzeugt, den richtigen Partner schon zu finden, mit dem Sie ein erfülltes, befriedigendes Leben teilen können. Die vielen guten Anlagen, die Sie mitbringen, helfen sicher, eine solche Beziehung auf lange Sicht hin zu festigen.

Venus-Sextil-Uranus

Das Sextil zwischen Venus und Uranus verweist darauf, daß Sie geschickt sind im Umgang mit andern Menschen, genügend Sachverstand besitzen, um sich an schwierige Aufgaben zu wagen, und in Liebesdingen charmant sind. Sie bringen Ihren Mitmenschen die nötige Achtung entgegen, nehmen auf ihre Wünsche Rücksicht und gehen gegebenenfalls Kompromisse ein. Ihre Kontakte sind entsprechend erfreulich und interessant. Sie wirken sympathisch und verständnisvoll, weil Sie auf die Hoffnungen und Wünsche, die Ziele und Probleme anderer eingehen.

Sie selbst hegen große Erwartungen, die Sie aber keinesfalls auf dem Rücken anderer erfüllt sehen wollen. Sie sind intellektuell dazu in der Lage, Ihre Mitmenschen von Ihrer ehrlichen Betroffenheit zu überzeugen, und werden für grundehrlich und aufrichtig gehalten. Es liegt Ihnen fern, jemanden einzuschüchtern oder zu Abwehrreaktionen herauszufordern. In aller Freiheit leben und leben lassen, ist Ihre Devise. Natürlich haben Sie einen großen Freundeskreis, und die meisten Ihrer Bekannten bleiben Ihnen lange Zeit verbunden.

Schöpferisch sind Sie hochbegabt und könnten sich gut in publikumsorientierten Aktivitäten oder künstlerischen Vorhaben verwirklichen. Berufe, in denen Sie mit Kindern arbeiten oder lehren könnten, wären für beide Seiten gewinnbringend. Mit Ihrem Sinn für Dramatik gestalten Sie den Lehrstoff interessant und erleichtern andern das Lernen.

Sie kommen gut mit Gruppen wie auch mit einzelnen zurecht. Sie haben genügend Abstand, um objektiv zu bleiben, lassen sich jedoch zugleich auch von Ihren Empfindungen leiten und sind entsprechend feinfühlig. Mit diesen persönlichen Eigenschaften könnten Sie in der Politik erfolgreich sein. Sie würden danach trachten, das in Sie gesetzte Vertrauen auch zu verdienen.

Zwischen Ihnen und Ihrem Liebespartner dürfte eine herzliche, tiefe Verbindung bestehen. Sie sind generell bereit, alles in Ihren Kräften Stehende zu tun, damit die Beziehung immer ihren Reiz behält.

Geld spielt für Sie keine überragende Rolle. Sie betrachten es lediglich als Mittel, mit dem Sie die Ziele und Projekte in Angriff nehmen können, die Ihnen aufrichtig am Herzen liegen.

Venus-Sextil-Neptun

Mit dem Sextil zwischen Venus und Neptun haben Sie eine lebhafte Phantasie und die Fähigkeit, davon auch nützlichen Gebrauch zu machen. Sie besitzen die Gabe, Ihre Sinneseindrücke so umzusetzen, daß andere sie leicht begreifen können. Immer finden Sie Mittel und Wege, schöpferisch aktiv zu werden, und bereichern damit Ihr Leben. Sie sind mitfühlend und versuchen, sich in andere hineinzudenken, die bemüht sind, mit ihren Schwierigkeiten fertig zu werden.

Sie können in den verschiedensten Berufszweigen etwas leisten. Es fällt Ihnen leicht, Probleme zu lösen, insbesondere dann, wenn es um Menschen geht. Sie strahlen eine Ruhe aus, die auf bekümmerte Menschen wohltuend wirkt, und wären deshalb bestens geeignet für eine Tätigkeit im weiteren Bereich der Medizin oder Physiotherapie. Bei Konflikten könnten Sie trotz gespannter Verhältnisse wenigstens wieder annähernd geordnete Zustände herbeiführen. Ihrem Temperament und Ihrer Veranlagung nach würden Ihnen Sozialorganisationen sehr liegen. Sollten Sie lieber ganz oder zumindest weitgehend selbständig arbeiten wollen, können Sie mit Ihren Fähigkeiten auch auf den Gebieten Musik, Kunst und Literatur etwas anfangen.

Sie sind ein Romantiker und gefühlsmäßig Menschen mit ähnlichen Idealen zugeneigt. Besonders hingezogen fühlen Sie sich zu feinsinnigen Menschen, die ebenso wenig wie Sie für die häßlichen Seiten des Lebens übrig haben. Sie wollen unbedingt alle Höhen der Liebe erleben und sind bereit, sich ganz dafür hinzugeben. Schrauben Sie Ihre Erwartungen lieber nicht zu hoch, sonst erleiden Sie eine Enttäuschung.

Generell sind Sie gewillt, sich nötigenfalls anzupassen, um mit jemandem Kontakt anzuknüpfen, und wissen, daß Sie möglicherweise weitere Kompromisse eingehen müssen, wenn Sie die Beziehung aufrechterhalten und festigen wollen.

Es mag Zeiten geben, zu denen Sie sich durch vorübergehende Schwierigkeiten bedrückt fühlen. Sollte das der Fall sein, dann hüten Sie sich davor, einem Hang zu Lethargie oder gar Apathie nachzugeben. Sie sind von Natur aus empfindsam und reagieren stärker als andere auf gewisse Situationen.

Venus-Sextil-Pluto

Durch das Sextil von Venus und Pluto haben Sie einen ausgeprägten Sinn für die Macht der Liebe. Sie sehen ein, daß eine emotionale Beziehung von beiden Partnern verlangt, sich in gewisser Weise anzupassen, wenn sie Bestand haben soll. Harmonie halten Sie für sehr wesentlich, weil dadurch die körperliche Erlebnisfähigkeit intensiviert wird und anhält. Aus dem nämlichen Grunde sind Sie bemüht, mit Ihrem Liebespartner erst zu einer klaren Verständigung zu finden, ehe Sie irgendwelche Zugeständnisse machen. Manche Menschen wirken auf Sie rein äußerlich anziehend, aber wenn Sie sie schließlich näher kennengelernt haben, sind Sie von ihrer Oberflächlichkeit abgestoßen.

Im allgemeinen sind Sie in der Lage, die Absichten anderer im Umgang mit Ihnen genau zu durchschauen und klar abzuschätzen. Sie klammern sich weiter an die Vorstellung von Liebe, die Sie sich schon sehr früh in Ihrem Leben gemacht haben. Eine oberflächliche Beziehung halten Sie wahrscheinlich für nicht der Mühe wert und Zeitverschwendung, so daß Sie eine dauerhafte Verbindung lieber hinauszögern. Erst wollen Sie sicher sein, daß Ihr Verhältnis auch auf gegenseitigem Interesse beruht.

Mit andern Worten: Sie sind wählerisch und akzeptieren nicht den ersten besten.

Ihnen liegen Menschen, die ihre Möglichkeiten ausschöpfen und sich weiter vervollkommnen wollen. Am besten kommen Sie mit Leuten aus, die mehr als nur physische Vorzüge anzubieten haben und gewillt sind, sich den Wünschen anderer anzupassen und Kompromisse einzugehen.

Was gesellschaftliche Belange betrifft, so haben Sie nichts für Beamte des öffentlichen Dienstes übrig, die keinerlei Empfindung für die menschlichen Grundbedürfnisse zeigen. Ihrem Naturell nach sind Sie sogar durchaus dazu fähig, aufs äußerste zu gehen, um die Schuldigen bloßzustellen. Sie starten womöglich ganz allein eine Kampagne zur Aufdekkung der übelsten Mißstände und tragen die Sache dann mit Unterstützung der Medien an die Öffentlichkeit. Besonders scharf gehen Sie gegen den Mißbrauch öffentlicher Mittel vor. Für Sie ist derlei gleichbedeutend mit Diebstahl, und Sie weigern sich, darüber hinwegzusehen.

Sie wären für eine Stellung als Firmenschatzmeister, Finanzberater, Versicherungsagent, als Notar und Treuhänder geeignet. In jedem dieser Berufe hätten Sie die Möglichkeit, voll und ganz Bestätigung zu finden, und darüber hinaus Gelegenheit, andern von Nutzen zu sein.

Venus-Sextil-Aszendent

Das Sextil von Venus und Aszendent ist ein Anzeichen dafür, daß Sie bestrebt sind, mit jedermann, zu dem Sie Kontakt anknüpfen, auch harmonische Beziehungen zu unterhalten. Sie neigen dazu, beträchtliche Zugeständnisse zu machen, wenn das die einzige Möglichkeit zu sein scheint, eine Situation noch zu retten. Als geborener Friedensstifter versuchen Sie oft, die zwischenmenschlichen Differenzen zu beheben, die einem freundschaftlichen Verhältnis im Wege sind. Wenn Sie mit jemandem eine Meinungsverschiedenheit haben, geben Sie lieber nach. Ihrer Ansicht nach wird er irgendwann von selber merken, daß er Unrecht hat. Sie zwingen niemandem Ihre Auffassung auf, sondern suchen stets nach einer gemeinsamen Verständigungsbasis.

Sie wissen, was Sie sich vom Leben erhoffen, und machen auch keinen Hehl aus Ihren Wünschen. Von Heimlichkeiten halten Sie nichts. Sie finden es besser, offen auszusprechen, daß Sie alles tun werden, um Ihre Ziele zu verwirklichen. Da Sie aber ein wenig schüchtern sind, rechnet man nicht wirklich damit, daß Sie sich allen Ernstes über längere Zeit durchsetzen, um sich Ihre Wünsche zu erfüllen. Außerdem wollen Sie sich für spätere Jahre absichern und stellen sich in Ihren Plänen ganz darauf ein.

In Ihrem Berufsleben bemühen Sie sich, alle in Sie gesetzten Erwartungen zu erfüllen. Sie sollten jedoch aufpassen, daß Sie sich nicht zu vertraut mit Kollegen und Vorgesetzten einlassen. Mit Ihrer Unbeschwertheit und Nachsichtigkeit ermutigen Sie nur zu leicht andere, Sie zu Ihrem Nachteil auszunutzen.

Sie sind ein durch und durch ehrenwerter Mensch und halten sich zu allen Zeiten an Recht und Gesetz. Der Gedanke, Sie könnten mit dem Gesetz in Konflikt geraten und dadurch einen Mißklang in Ihren alles in allem recht harmonischen Lebensablauf bringen, macht Ihnen regelrecht Angst. Hüten Sie sich aber auch davor, in die Rechtsangelegenheiten von Bekannten mit hineingezogen zu werden, denn das könnte Sie teuer zu stehen kommen. Manchmal erweist es sich als drückende Verpflichtung, im Zweifelsfalle zugunsten anderer entscheiden zu müssen. Im großen und ganzen sind Sie sich jedoch mit Ihren Mitmenschen einig, und sollten doch einmal Probleme auftauchen, können sie zur beiderseitigen Zufriedenheit durch einen Kompromiß gelöst werden.

Mars-Sextil-Jupiter

Mars im Sextil zu Jupiter deutet an, daß Sie vorteilhaft von Ihren geistigen und körperlichen Fähigkeiten Gebrauch machen können, um Ihre Vorstellungen zu verwirklichen. Sie stecken sich ehrgeizige, anspruchsvolle Ziele, sind aber auch darauf eingestellt, alle nötigen Schritte zu tun, um Ihre Ideen konstruktiv auszuführen. Schon in jungen Jahren haben Sie Ihren Verstand gebraucht, wann immer sich die Gelegenheit bot. Vermutlich haben Sie dank Ihrer schöpferischen Talente Spiele erfunden oder sich daheim mit Aufgaben beschäftigt, bei denen Sie Ihr Können unter Beweis stellen konnten. Sie haben Körper und Geist hart trainiert und sind dadurch für künftige Konfrontationen mit ernstzunehmenden Gegnern gerüstet.

Sie wissen, wie Sie sich auch unter Druck behaupten können, und haben die Gabe, sich wortgewaltig und präzise mitzuteilen. In einer Debatte geben Sie so schnell nicht auf, und was Sie zu sagen haben, belegen Sie auch mit schlagenden Beweisen. Sie sind gleich dabei, jemanden zu verteidigen, der nicht selbst dazu in der Lage ist, weil er schlecht informiert ist oder sich nicht auf die Kunst des überzeugenden Argumentierens versteht.

Ihre Fähigkeiten erschließen Ihnen leicht die verschiedensten Berufe und Tätigkeiten. Wahrscheinlich liegen Ihnen intellektuelle Aufgabenbereiche mehr, in denen Sie Ihr Licht leuchten lassen können, wie beispielsweise das Rechts- und Bildungswesen, die Schriftstellerei, die Schauspielkunst, Verwaltung, Werbung und Kommunikation. Auf all diesen Gebieten könnten Sie sich hervortun und Anerkennung finden. Anerkennung ist Ihnen allerdings nicht so wichtig wie die Möglichkeit, Ihre Begabungen voll auszuschöpfen.

Sie setzen sich erstaunlich gut ins rechte Licht, und Ihre überschwengliche Art ist allseits geschätzt. Besonders junge Leute sind von Ihnen beeindruckt und nehmen Sie oft zum nachahmenswerten Vorbild. Sie können schonungslos Ihre Meinung sagen und bleiben meist bei dem, was Sie als wahr und richtig erkannt haben.

Sie fühlen sich zu Menschen hingezogen, die eine ziemlich klare Vorstellung davon haben, welche Richtung sie einschlagen und was sie erreichen wollen. Wer seiner Überzeugung gemäß handelt, hat Ihre ganze Hochachtung, auch wenn Sie selbst anders denken. Für Sie ist es einfach selbstverständlich, daß man offen und ehrlich seine Ziele verfolgt.

Sie sind sehr gefühlsbetont und brauchen einen Partner, der Sie liebt und alle Erfahrungen mit Ihnen teilt. Ihre sexuellen Bedürfnisse sind ebenfalls stark ausgeprägt, aber befriedigend ist eine Beziehung letztlich wohl nur dann, wenn Sie auch intellektuell mit Ihrem Partner harmonieren. Diese Planetenkonstellation verschmilzt geistig-seelische und physische Bedürfnisse auf intellektueller Ebene.

Mars-Sextil-Saturn

Das Sextil zwischen Mars und Saturn weist auf eine harmonische Verbindung von Kopf und Körper hin. Sie gehen stets mit Verstand an eine Sache, so daß Sie nichts zu wiederholen brauchen. Sie handeln erst nach Überlegung, was sich in guten Ergebnissen für Sie auszahlt. Der Weg zu Ihnen führt über Logik und Intellekt, und Sie sind stets für Vorschläge empfänglich, die einigermaßen annehmbar erscheinen. Ihre Selbstdisziplin und Geduld befähigen Sie dazu, mehr zu leisten als Ihre Konkurrenten, denn Sie nehmen sich die Zeit, ein Problem erst von allen Seiten zu beleuchten, ehe Sie Lösungsmöglichkeiten ausarbeiten.

Obgleich Sie gern körperlich arbeiten, geben Sie doch Tätigkeiten den Vorzug, bei denen Sie auch geistig gefordert werden. Deshalb neigen Sie wahrscheinlich zu Berufen, die Ihnen sowohl geistig als auch körperlich etwas abverlangen wie zum Beispiel die Archäologie, der Arten- und Naturschutz, Industrieforschung und -entwicklung oder vielleicht auch der Sportunterricht.

Ihre Freizeitinteressen dürften ebenfalls breit gefächert sein. Ökologieprojekte, Betätigung im sozialen Bereich, die Arbeit mit Alten und Kranken, Sammelaktionen (z. B. für Körperbehinderte) und ähnliches mehr wäre sicherlich eine Bereicherung für Ihr Privatleben. Vielleicht steht Ihnen der Sinn auch nach vielseitiger handwerklicher Betätigung. Mit der Zeit könnte ein Handwerk sogar Ihre Haupteinkommensquelle werden.

Sie haben Freude an Diskussionsrunden und sind sehr sprachgewandt. In einer Debatte können Sie gut Ihre Stellung behaupten, weil Sie selten eine Feststellung treffen, die Sie nicht auch sehr eindrucksvoll belegen können. Das Debattieren liegt Ihnen und könnte Ihnen den Weg in die Politik bahnen, wo Sie zumindest auf organisatorischer Ebene für Ortsgruppen und Vereine tätig werden könnten.

Was Ihr Gefühlsleben betrifft, so suchen Sie nach einem Partner, der sowohl geistige als auch physische Ansprüche stellt. Sie brauchen jemanden, der vielschichtig ist, mit dem Sie vieles gemeinsam haben und der Sie in vieler Hinsicht ergänzt. Auf diese Weise würden Sie beide von Ihrer Gemeinschaft profitieren.

Sie respektieren die Amtsgewalt und befürworten schützende Gesetze. Da Sie durchaus in der Lage sind, nahezu alles durchzuführen, was Sie sich einmal in den Kopf gesetzt haben, geben Sie sich auch nicht so leicht geschlagen. Diese Einstellung überträgt sich auch auf Ihre Kinder, die in einer ihrer Entwicklung sehr förderlichen Atmosphäre aufwachsen. Sie werden sich immer die Zeit nehmen, ihnen zuzuhören, wenn sie Probleme haben, und Ihre Erfahrungen an sie weitergeben. Wenn Ihre Kinder einmal etwas erreicht haben, sind Sie sicher begeistert, zeigen aber Ihre Gefühle nicht allzu offen.

Mars-Sextil-Uranus

Das Sextil zwischen Mars und Uranus zeigt an, daß Sie innerlich ruhelos und ungeduldig sind und Ihren Energien beständig freien Lauf lassen wollen. Ihr Wissensdurst ist unstillbar. Sie haben festgefaßte Meinungen und scheuen sich auch nicht, sie auszusprechen. Wenn Sie sich einmal zu etwas entschlossen haben, handeln Sie sofort. Bummelei ist Ihnen ebenso verhaßt wie Leute, die sich nicht entscheiden können. Sie haben eine Strategie, und Ihre Pläne gehen in Erfüllung; dennoch haben Sie immer das Gefühl, Ihre augenblickliche Aufgabe könnte später einmal besser bewältigt werden. Trotz Ihrer enormen Kraftreserven sollten Sie aufpassen, daß Sie sich nicht nervlich überanstrengen, indem Sie zu ungeduldig auf die Verwirklichung Ihrer Ziele drängen.

Sie zeichnen sich in Berufen aus, die Originalität, Intelligenz und Aufgewecktheit erfordern. Da Sie sowohl gegenwartsbezogen als auch zukunftsgläubig sind, eignen Sie sich besonders gut für eine Tätigkeit im Bereich der Forschung und Entwicklung. Es reizt Sie, einen konstruktiven Beitrag für eine bessere Zukunft zu jedermanns Wohl zu leisten. Als Lehrer hätten Sie die Genugtuung, unter bedeutendem persönlichen Einsatz andern etwas mitzugeben.

Sie haben vielseitige Interessen und versuchen, auf möglichst vielen Gebieten aktiv zu werden. Was immer Sie in Angriff nehmen, dürfte Ihnen gelingen, denn Sie legen sich gehörig ins Zeug, um die Chancen für den Erfolg zu erhöhen. Nie geben Sie klein bei. Mit Ihrer Schlagfertigkeit und Überredungskunst können Sie mit Leichtigkeit die Position eines Widersachers erschüttern.

Als Mensch mit Widerspruchsgeist fegen Sie veraltete Vorstellungen und Lehrmeinungen rasch vom Tisch. Ihren Sinn für gesellschaftliche Belange bekunden Sie dadurch, daß Sie sich im sozialen Bereich engagieren oder zu Protestaktionen aufrufen, um notwendige Veränderungen herbeizuführen.

Für Ihr Gefühlsleben brauchen Sie einen Menschen mit ähnlichen Auffassungen, der Ihnen das gleiche Interesse entgegenbringt wie Sie ihm, damit Sie von seiten Ihres Partners keine Einschränkungen befürchten müssen.

Mars-Sextil-Neptun

Das Sextil von Mars zu Neptun zeigt an, daß Sie nicht nur leidenschaftlich veranlagt sind, sondern auch Verständnis und Mitleid für andere haben. Ihnen ist sehr bewußt, daß Sie nicht immer nur Ihren Willen durchsetzen und Ihre Wünsche befriedigen können, sondern sich auch einmal dem Willen der andern beugen müssen. Sie fühlen sich intellektuell dazu verpflichtet, Menschen beizustehen, die sich nicht selbst helfen können. Einfallsreich suchen Sie Mittel und Wege, Ihre schöpferischen Qualitäten unter Beweis zu stellen.

Es gibt zahllose Möglichkeiten, wie Sie Ihre Begabungen ausschöpfen können. Ihnen liegen solche Berufe besonders, die wichtige gesellschaftliche Anforderungen erfüllen. Die Medizin und angrenzende Bereiche dürften für Sie lohnende Betätigungsfelder sein, auf denen Sie reiche Erfahrungen sammeln könnten. Sie üben eine heilsame Wirkung auf andere aus, die vielleicht durch Ihre Zuversicht und Aufrichtigkeit ausgelöst wird. Ihr ausgeprägter Sinn für Rhythmus wiederum käme Ihnen bei künstlerischen Tätigkeiten wie Tanz, Körperkultur und Schauspielkunst zugute, wo es vor allem auf körperliche Anmut ankommt. Sie könnten auch für geheime Missionen eingesetzt werden. Ihr sechster Sinn würde Ihnen selbst in bedrohlichen Situationen einigen Schutz gewähren.

Sie hegen die romantische Idealvorstellung, daß bei jedermann Ehrlichkeit und Kultiviertheit zu finden sein muß. Was die Schwächen Ihrer Mitmenschen betrifft, drücken Sie ein Auge zu, erwarten aber auch, daß man Ihren Fehlern mit Nachsicht begegnet. In einer Liebesbeziehung haben Sie nur Augen für die guten Eigenschaften Ihres Partners, selbst wenn gewisse Charakterzüge Ihnen gegen den Strich gehen. Auf jeden Fall bestehen Sie auf gegenseitiger Offenheit und Aufrichtigkeit. Untreue spüren Sie auch dann noch, wenn sie geschickt vertuscht wurde. Sie wollen zwar Ihre starken emotionalen und physischen Bedürfnisse befriedigt sehen, opfern aber trotzdem nicht so leicht einem ungehobelten, gewöhnlichen Individuum Ihre Ideale.

Ihre bewundernswerten Eigenschaften sind heutzutage sehr gefragt. Sie haben ein Gespür für gesellschaftliche Verpflichtungen und die nötige Entschlossenheit, ihnen auch gerecht zu werden. Wer mit Ihnen in Berührung kommt, sei es beruflich oder privat, blickt dank Ihrer Einflußnahme idealistischer in die Welt.

Mars-Sextil-Pluto

Mit Mars im Sextil zu Pluto wollen Sie der Wahrheit unbedingt auf den Grund gehen, weil Sie erkannt haben, daß Wahrheit mehr Macht hat als Dichtung. Auf Ihrer Suche nach Fakten sind Sie ebenso beharrlich wie ein Detektiv beim Zusammentragen von unwiderlegbaren Beweisen. Im Gespräch drücken Sie sich eindringlich und präzise aus, und man hört Ihnen aufmerksam zu. Sie haben Sinn für Dramatik und verstehen sich darauf, Ihren Standpunkt sowohl einem größeren Zuhörerkreis als auch einzelnen klarzumachen. Mit Erfolg setzen Sie Aktionen in Gang, um soziale Ungerechtigkeiten zu beheben, und wer seine Untätigkeit mit Schwäche bemäntelt, hat bei Ihnen verspielt.

Da Sie die Absichten anderer Leute durchschauen, wird es selten jemandem gelingen, Sie zu überrumpeln. Im persönlichen Umgang mit andern lassen Sie meist gleich Ihre Einstellung durchblicken, damit niemand an Ihren Intentionen herumrätseln muß. Umgekehrt erwarten Sie von Ihren Partnern wie auch von der Konkurrenz ebenfalls Offenheit. Spitzfindigkeit mißbilligen Sie als unnötig und unhaltbar.

Sie haben starke physische Begierden, geben sich jedoch andererseits nicht mit einer rein körperlichen Beziehung zufrieden. Für Sie ist das Verhältnis erst annehmbar, wenn auch auf andern Gebieten Gemeinsamkeiten da sind.

Sie sollten ab und zu den Ansichten Ihrer Mitmenschen mehr Beachtung schenken, denn sie haben genausoviel Geltung wie die Ihren. Sie neigen dazu, ganz bestimmte Erwartungen in andere zu setzen, und halten es vermutlich nicht für nötig, zu einer gemeinsamen Verständigung zu kommen.

Es ist außerordentlich wichtig, daß Sie nicht nur von Ihren Projekten sprechen, sondern sie auch wirklich in Angriff nehmen. Oft klingt es so, als wären Sie aktiv mit einer Sache beschäftigt, obwohl Sie in Wahrheit nur immer davon reden.

Mars-Sextil-Aszendent

Mit Mars im Sextil zum Aszendenten finden Sie meist mit Beharrlichkeit und Bestimmtheit Ausdrucksmöglichkeiten für sich. Sie scheuen sich nicht, frei von der Leber weg auszusprechen, was Ihnen gerade in den Sinn kommt, und das oft genug unbedacht. Sie bringen sich mit Begeisterung zur Geltung, sind aber leider zu impulsiv. Die ungestüme Art, mit der Sie Ihre Ansichten äußern, löst bei andern häufig Abwehrreaktionen aus. Da Sie ein wahres Energiebündel sind, ist man bei Ihnen auf alles gefaßt. Bei Ihrer Nervosität fällt es Ihnen schwer, längere Zeit stillzusitzen, und wenn Sie doch endlich einmal zur Ruhe gekommen sind, läuft Ihr Mundwerk wie ein Mühlrad, und damit fangen meistens Ihre Schwierigkeiten im Bekanntenkreis an. Sie wollen zwar gut mit Ihren Mitmenschen auskommen, handeln aber nicht danach. Wenn Sie lernen, vorher zu überlegen und dann erst den Mund aufzumachen, entschlüpft Ihnen auch nicht mehr die falsche Bemerkung zum falschen Zeitpunkt. Sie wollen Ihren Freunden beweisen, daß Sie Köpfchen haben und mutig Ihre Stimme erheben, wenn Sie das für richtig halten. Letztendlich brauchen Sie die Bestätigung von seiten Ihrer Bekannten, denn Sie sind gar nicht so selbstsicher.

In Ihrem Berufsleben leisten Sie ganze Arbeit. Sind Sie angestellt, tun Sie vermutlich sogar mehr, als überhaupt von Ihnen erwartet wird, und als Selbständiger verlangen Sie sich noch mehr ab. Es besteht die Gefahr, daß Sie wirklich zuviel des Guten tun, denn ein Großteil Ihrer Leistungen geht auf Kosten Ihres Nervenkostüms. Sie fühlen sich durch Konkurrenten herausgefordert und wollen beweisen, daß Sie kompetenter sind. Da Sie stets bestens informiert sind, nehmen Sie bereitwillig Verantwortung auf sich, wenn sich die Gelegenheit dazu bietet.

Sie müssen sich in mehr Selbstdisziplin üben, um Ihre schöpferischen Fähigkeiten voll ausnutzen zu können. Wenn Sie sich jeweils nur auf eine bestimmte Aufgabe konzentrieren, werden Sie auch erfolgreich sein. Ihre Lebensfreude zeigt sich überschwenglich in der unerschöpflichen Begeisterung, mit der Sie alles angehen. Verschwenden Sie sie nicht an unproduktive Vorhaben oder in der nutzlosen Zurschaustellung Ihrer Überlegenheit.

Jupiter-Sextil-Saturn

Das Sextil von Jupiter zu Saturn weist darauf hin, daß Ihre größte Stärke Ihr unglaublicher Kenntnisreichtum ist. Sie sind sehr gut informiert und haben eine ausgezeichnete Auffassungsgabe. Immer finden Sie Möglichkeiten, wie Sie Ihr Wissen praktisch anwenden können, ob das andern auch noch so fruchtlos erscheinen mag. Sie halten sich an die klassische

These, daß *alle* Kenntnisse etwas einbringen, und sei es auch nur die Erweiterung des eigenen Horizontes.

Da Sie ein findiger Planer sind, können Sie durchaus damit rechnen, daß Sie Ihre schöpferischen Vorstellungen auch erfolgreich verwirklichen. Sie sind begeisterungsfähig und optimistisch, sind sich aber bei allem Selbstvertrauen sehr wohl darüber im klaren, daß auch die besten Entwürfe nur durch harte Arbeit zu realisieren sind. Beständig suchen Sie neue Ausdrucksmöglichkeiten für sich, denn Sie sind fest entschlossen, über sich selbst hinauszuwachsen. Bei allem, was Sie tun, halten Sie sich an Recht und Gesetz. Sie legen Wert darauf, Ihre Ziele zu erreichen, ohne zu moralisch fragwürdigen Praktiken zu greifen. Zweifellos hat Ihr Interesse für die Philosophie Sie in der Überzeugung bestärkt, daß Offenheit und Ehrlichkeit sich auf die Dauer bezahlt machen.

Für Ihre besonderen Begabungen kommen viele Tätigkeitsbereiche in Betracht, darunter das Rechts- und Bildungswesen, die Schriftstellerei, Journalismus, Politik und Verwaltung. Es würde Sie voll und ganz befriedigen, wenn sie sich für die Verbesserung der eigenen wie der gesellschaftlichen Lebensqualität einsetzen könnten. Besonders betroffen sind Sie über Mißstände im öffentlichen Dienst, und Sie wären mit Leichtigkeit dazu in der Lage, durch Schrift und Wort die Öffentlichkeit gegen derlei Verwaltungsübergriffe aufzubringen. Sie achten stets darauf, daß Sie erst Beweismittel in der Hand haben, ehe Sie Ihre Informationen an die maßgeblichen Stellen weiterleiten. Sie übernehmen voll und ganz die Verantwortung für Ihre Handlungsweise und lassen sich ohne weiteres mit jedermann auf eine Diskussion über die betreffende Sache ein.

Sie wären ein idealer Lehrer, denn Sie können die Geschichte und die Lektionen, die sie erteilt, lebendig und anschaulich darstellen. Jungen Leuten bringen Sie vertrauensvolles Verständnis entgegen, das ihnen bei ihrer Suche nach dem Sinn des Lebens weiterhilft. Von Ihrer Kenntnis und Wertschätzung der heutigen Gesellschaftsstruktur profitieren alle, die zu ihrem eigenen Besten lernen wollen.

Auf ganz persönliche Art tun Sie etwas für diese Gesellschaft, indem Sie Anteil nehmen an den Problemen Ihrer Mitbürger. Ihre tiefe Einsicht mag vielleicht zur Grundlage einer wichtigen Veröffentlichung werden, die unter anderm eine Verwaltungsreform im Sozialbereich zum Thema hat. Was immer Ihr Interesse erregt, ist Ihnen auch so bedeutend, daß Sie sich verpflichtet fühlen, es an andere weiterzugeben. Auf diese Weise sind Sie ein Wegbereiter für alle Kräfte, die soziale Ungerechtigkeiten aufs Korn nehmen.

Jupiter-Sextil-Uranus

Ihr Jupiter im Sextil zu Uranus zeigt an, daß Sie voller Optimismus und Hoffnung in die Zukunft blicken. In weiser Voraussicht planen Sie Ihre Lebensziele, weil Sie das für notwendig halten. Ungezählte Wege stehen Ihnen offen, Ihre Projekte auszuführen. Sie sind außerordentlich wißbegierig und begeisterungsfähig. Was Ihre Bildung betrifft, sind Sie geradezu ein Nimmersatt, und Sie lernen leicht und gut. Höchst selten schauen Sie zurück, denn das, was vor Ihnen liegt, finden Sie viel interessanter. Sie sind ein Mensch voller Ideen, die nur entwickelt werden müssen. Sie sollten Ihre Ungeduld zügeln, dann können Sie so weit vorankommen, wie Sie es wünschen.

Beruflich haben Sie das beste Rüstzeug zum Lehren, aber das sollte Sie nicht davon abhalten, sich auf andere Gebiete zu verlegen. Politik, Schriftstellerei, Rechtswesen, Philosophie, Religion und Okkultes sind im weitesten Sinne Bereiche, in denen Sie sich hervortun könnten. Die Naturwissenschaften würden ebenfalls von Ihren Begabungen profitieren, denn Sie sind so gespannt auf neue Erkenntnisse, daß Ihr Verstand dauernd messerscharf arbeitet. In Ihrer fortschrittlichen Denkungsart passen Sie sich schnell an veränderte Verhältnisse an und brauchen keine Angst zu haben, Sie könnten in ausgetretene Geleise geraten. Unaufhörlich erforschen Sie sich selbst, ohne dessen je müde zu werden. Mit Verstand und Einfallsreichtum erschließen Sie sich ständig neue schöpferische Potentiale, aus denen sich Ihre ganze Lust am Leben speist. Sie haben jedoch das Bedürfnis, die Erfahrungen, die Sie dabei machen, mit Ihren Mitmenschen zu teilen.

Ehrlichkeit ist Ihnen so wichtig, daß Sie sich sofort von jemandem zurückziehen, der unaufrichtig ist. Das gleiche gilt auch für alle, denen Sie sich emotional verbunden fühlen. Sie bleiben auf dem Boden der Tatsachen und widersetzen sich offen einem jeden, der Ausflüchte gebraucht. In Ihrem Bekanntenkreis sehen Sie zwar über manches hinweg, können sich aber auch rasch von jemandem lossagen, wenn Ihr Vertrauen mißbraucht wird. Sie interessieren sich hauptsächlich für Menschen, die der Vergangenheit in aller Offenheit den Rücken kehren, weil sie dem künftigen Fortschritt hinderlich ist.

Legen Sie möglichst kein autoritäres Gebaren Menschen gegenüber an den Tag, die sich ganz offensichtlich ihrer selbst nicht sicher sind. Ihr Fortkommen im Leben hängt davon ab, daß Sie maßzuhalten verstehen.

Jupiter-Sextil-Neptun

Das Sextil zwischen Jupiter und Neptun weist darauf hin, daß Sie Phantasie haben, sich präzise ausdrücken können und große Hoffnungen in die Zukunft setzen. Sie sind bemüht, die menschliche Natur zu begreifen, und ziehen aus der Vergangenheit Lehren, die Ihnen eine Richtschnur bei der Lösung künftiger Probleme sind. Da Sie weitgehend Theoretiker sind, werden manche Ihrer Erkenntnisse nicht praktisch anwendbar sein. Ihre sozialen Verpflichtungen sind Ihnen zwar bewußt, aber Sie denken oft nur darüber nach, statt tatkräftig etwas zu unternehmen. Trotzdem werden Sie mithelfen, große soziale Probleme ans Tageslicht zu bringen, damit die Öffentlichkeit entsprechend reagiert.

Besonders betroffen sind Sie über schlechte politische Verhältnisse, und Sie werden den Wahlkandidaten unterstützen, der Abhilfe verspricht. Ähnlich empfindsam reagieren Sie auf religiöse und gesellschaftliche Ideologien, die augenscheinlich nicht dem öffentlichen Interesse dienen. Sie sind Idealist und kämpfen in vorderster Front für Leute, die zu schüchtern sind, um sich selbst zur Wehr zu setzen.

Sie eignen sich hervorragend für eine Tätigkeit im religiösen, sozialen oder politischen Bereich, weil Sie keine Angst haben, aufzustehen und sich für eine Minderheit einzusetzen. Bei Ihrer Vorstellungskraft und Ihrer Einsicht können Ihre Anstrengungen sehr wohl ein Ansporn zur Wiederherstellung der Ordnung im sozialen Gefüge sein. Sie würden auch mit Artikeln für die Informationsmagazine großer Organisationen Erfolg haben. Sie haben den nötigen Durchblick und können sich vergegenwärtigen, wie ein Mensch wider besseres Wissen von gesellschaftlichen, religiösen oder politischen Strömungen mitgerissen wird. Ihre feinfühligen Kommentare könnten dazu beitragen, eine solche totalitäre Einflußnahme zu verhüten.

Sie erkennen zwar die Gefahren, die dem Gesellschaftsgefüge innewohnen, sind aber in Ihrem Privatleben weniger urteilssicher. Zum Beispiel dichten Sie den Menschen, zu denen Sie sich gefühlsmäßig hingezogen fühlen, gern Eigenschaften an, die gar nicht der Wirklichkeit entsprechen. Da Sie sich unbedingt in dem Glauben wiegen wollen, gut gewählt zu haben, treffen Täuschung und Ernüchterung Sie oft unvorbereitet. Wenn Sie wirklich wissen wollen, wie jemand emotional zu Ihnen steht, dann fragen Sie doch einfach! Erklären Sie Ihre Liebe nur mit vorsichtiger Zurückhaltung, damit Sie sich nicht in eine peinliche Lage bringen. Am weitesten kommen Sie durch Selbstdisziplin und praktisches Tun.

Jupiter-Sextil-Pluto

Das Sextil von Jupiter zu Pluto befähigt Sie dazu, Wahrheiten zu enthüllen, die der äußere Schein verbirgt. In Ihrer Wißbegier führen Sie oft eine eingehende Untersuchung durch, um den Tatsachen auf den Grund zu gehen. Da Sie hohe moralische Maßstäbe anlegen, schließen Sie sich nur Unternehmungen an, die der Verbesserung der sozialen Verhältnisse in Ihrer Umgebung dienen.

Sie fühlen sich mit betroffen durch Ungerechtigkeiten und geben Beobachtungen, die Sie in dieser Hinsicht machen, an die maßgeblichen Behörden weiter, damit rechtliche Schritte eingeleitet werden. Recht und Rechtspflege liegen Ihnen bei Ihrem aufrichtigen Charakter besonders gut. Sie könnten für alle die eintreten, die sich nicht selbst verteidigen können oder die moralische Unterstützung brauchen.

Mit Ihrer Qualifikation können Sie auch größere finanzielle Unternehmungen erfolgreich verwalten oder als Mittler bei Schiedsverfahren fungieren. Die Betriebswirtschaft wäre ebenfalls ein Bereich, in dem Sie sich hervortun könnten, ganz unabhängig von Ihrem speziellen Fachgebiet. Ferner kämen als befriedigende Arbeitsmöglichkeiten noch Medizin oder Psychologie für Sie in Frage, wo Sie zum Nutzen der andern wirken könnten. In buchstäblich Dutzenden von Berufen dürften Sie Bestätigung finden. Sie sind eine Wohltat für alle, mit denen Sie beruflich in Kontakt kommen. Es macht Ihnen Freude, Ihre Begabungen in den Dienst Ihrer Mitmenschen zu stellen, denn Sie fühlen sich innerlich mitverantwortlich.

Ihr Partner muß Ihre Passion für soziales Engagement teilen und bereit sein, immer und überall zu Diensten zu stehen. Er wird ebenfalls eine Mission zu erfüllen haben, und beide zusammen hätten Sie eine gewaltige Wirkungskraft und könnten der Gesellschaft ihre Lasten tragen helfen. Sie sind Menschen gegenüber besonders aufgeschlossen, die die Zukunftschancen anderer verbessern wollen. Ihr Optimismus wirkt so ansteckend, daß Ihre Mitmenschen motiviert werden, mit Ihnen nach den Sternen zu greifen.

Ihre religiöse Einstellung veranlaßt Sie dazu, sich dafür einzusetzen, daß auch andere ihre geistige Verpflichtung der Menschheit gegenüber wahrnehmen und anerkennen. Auf diese Weise bezeigen Sie sich dankbar und der reichen Begabungen würdig, die Ihnen in den Schoß gefallen sind.

Jupiter-Sextil-Aszendent

Das Sextil von Jupiter zum Aszendenten weist darauf hin, daß Sie an alles mit Begeisterung herangehen und voller Optimismus an Ihren Erfolg glauben. Sie sind gern unter Leuten und wegen Ihrer heiteren Einstellung zum Leben bei Ihren vielen Bekannten sehr beliebt. Wer mit Ihnen zu tun hat, ist schnell geneigt, Ihre Bemühungen zu unterstützen und mit Ihnen zusammenzuarbeiten, wann immer es möglich ist. Sie gehen großzügig um mit dem, was Sie besitzen, und sind stets zu Hilfeleistungen bereit, wenn jemand Beistand braucht. Über viele Themen können Sie sachverständig reden, weil Sie meist genausogut unterrichtet sind wie die betreffenden Fachleute. Sie streben immerfort nach Perfektion, und eben das schätzen Sie auch an anderen Menschen.

Ihre Mitmenschen sind im allgemeinen von Ihrem Kenntnisreichtum beeindruckt. Mit Ihrem Durchblick sind Sie gut dazu in der Lage, andere bei ihren Angelegenheiten zu beraten, wofür man Ihnen normalerweise dankbar ist. Sie können sich gut verbal verständigen und lassen sich lebhaft über alles aus, was für Sie von großem Interesse ist. Der Kommunikationssektor dürfte Ihnen sehr liegen. Ausgezeichnete Wirkungsfelder für Ihre schöpferischen Begabungen wären das Schreiben, Reden halten in der Öffentlichkeit oder Arbeit im Bildungsbereich. Sie sind aber auch ein guter Zuhörer, weil Ihnen klar ist, daß kontinuierliche Weiterbildung davon abhängt, soviel wie nur möglich dazuzulernen. Natürlich ist Ihnen bewußt, daß Sie nicht alles wissen können, aber Sie wollen wenigstens immer auf dem höchsten Ihnen erreichbaren Wissensstand sein.

Es fällt Ihnen schwer, nein zu sagen, wenn jemand Sie um Hilfe bittet. Aber manchmal tun Sie auch einfach zuviel des Guten. Versuchen Sie deshalb, sich öfters zu entspannen. Eine Ruhepause ist allerdings das letzte, woran Sie bei all den vielen Interessen, die Ihre Aufmerksamkeit fesseln, denken. In Ihrem Eifer, andern zu Diensten zu sein, neigen Sie dazu, sich zu übernehmen.

Sie werden stets mit einem Partnerschaftsunternehmen Glück haben, da Sie unglaublich viel hineinstecken, um den Erfolg zu gewährleisten. Sie drücken sich niemals vor Verantwortung und springen gelegentlich sogar für jemanden ein, der nicht dazu fähig ist, seinen Beitrag zu leisten.

Saturn-Sextil-Uranus

Das Sextil zwischen Saturn und Uranus repräsentiert die Hochachtung vor Kenntnissen und die Begabung, vom angehäuften Wissen auch Gebrauch zu machen. Sie kennen Ihren Wert und wissen genau, wie Sie aus Ihren inneren und äußeren Möglichkeiten Kapital schlagen können. Instinktiv suchen Sie hinter allem nach der Wahrheit und bleiben beharrlich, bis Sie endlich darauf gestoßen sind. Da Ihnen klar ist, daß man sich durch Unwissenheit seiner wahren Freiheit beraubt, wollen Sie sich um keinen Preis durch Wissenslücken lahmlegen lassen. Sie haben einen scharfen Verstand und eine rasche Auffassungsgabe.

Wenn Sie auf bestimmte Ziele hinarbeiten, sind Sie leistungsfähiger und disziplinierter als andere. Deshalb können Sie viele Aufgaben leichter durchführen. Sie verschwenden keine Zeit an fruchtlose Bemühungen, denn dazu ist sie Ihnen zu kostbar. Das Lehren liegt Ihnen wahrscheinlich am besten, aber es kommen auch eine ganze Reihe anderer Möglichkeiten in Betracht, wie Naturwissenschaft, Mathematik, Forschung, okkulte Wissenschaften, Astrologie, Politik oder Personalberatung. In welchem Bereich Sie auch tätig werden, Sie bleiben wohl kaum für längere Zeit auf Ihrem anfänglichen Niveau stehen. Sie müssen beruflich unbedingt aufsteigen, wenn Sie zu Höchstleistungen kommen wollen.

Obwohl Sie relativ selbstsicher sind (Sie kennen Ihren Wert, nicht wahr?), werden Sie doch im täglichen Umgang mit Leuten, die weniger begabt sind oder nicht so klar urteilen können wie Sie, immer zurückstekken müssen. Was Ihnen vollkommen einleuchtend erscheint, ist Ihren Kollegen vielleicht gänzlich unklar. Es wäre ratsam, wenn Sie gelegentlich Ihr Licht unter den Scheffel stellen würden, damit Sie die andern nicht gegen sich aufbringen und als Besserwisser verschrien sind. Aus nämlichem Grunde wären Sie im Bildungsbereich gut aufgehoben, denn dort wird von Ihnen erwartet, daß Sie mehr wissen als andere, und Sie könnten nicht deswegen kritisiert werden.

Sie kommen leichter mit Menschen zurecht, die wie Sie durch ihre geistige Entwicklung an Glaubwürdigkeit gewonnen haben. Unwissenheit ist oft genug der Grund für Sie, andern mit Ihrem Wissen weiterzuhelfen, und dennoch haben Sie nur Verachtung dafür. Um sich rundum wohlzufühlen, sollten Sie sich mit Menschen zusammentun, die sich hohe Ziele gesteckt haben.

Saturn-Sextil-Neptun

Das Sextil zwischen Saturn und Neptun deutet an, daß Sie ein scharfes Wahrnehmungsvermögen haben. Ihre Eingebungskraft setzen Sie geschickt zum Wohle anderer und Ihrer selbst ein. Sie haben ein feines Gespür für Ihre sozialen Verpflichtungen und sind sich ihrer zutiefst bewußt. Obgleich Sie nicht unbedingt das Rüstzeug dazu haben, diesen Verpflichtungen aktiv nachzukommen, können Sie doch andern behilflich sein, sie zu erfüllen. Sie könnten zum Beispiel eine Aktionsbasis begründen, von der aus geplant und sichergestellt wird, daß man die wohlwollende Zustimmung von Leuten in wichtigen Positionen für sein Vorhaben gewinnt. Ihre realistischen, konstruktiven Vorstellungen sind ein Bollwerk gegen die Wogen der sozialen Ungerechtigkeit.

Ihre Beurteilung der Verhältnisse in Ihrer Umgebung ist durchdacht und wohlbegründet. Sie erkennen klar, was falsch und was richtig ist. Zu Ihrem Bedauern liegen menschliche Fähigkeiten brach, deshalb setzen Sie sich beständig für bessere Sozialleistungen in Ihrer Gemeinde ein. Diese Art von Betätigung liegt Ihnen besonders gut. Sie sind sogar willens, eine niedrigere Stellung zu bekleiden, wenn dadurch den angestrebten Projekten besser gedient ist.

Eine Geheimtätigkeit wäre auch etwas für Sie. Sie haben die nötige Ausdauer und Zielstrebigkeit, unerkannt alle möglichen Fakten zusammenzutragen. Bei vertraulicher Information kann man sich darauf verlassen, daß Sie Stillschweigen bewahren. Selbst unter Streß bleiben Sie bewundernswert diszipliniert und gelassen. Sie könnten sich außerordentlich nützlich machen als Berater für Menschen in Machtpositionen.

Durch den persönlichen Einsatz, den Sie leistungsmäßig und organisatorisch bringen, werden dauerhafte emotionale Bindungen wahrscheinlich hintangestellt, denn Sie sind vollauf mit gesellschaftlichen Belangen beschäftigt und bestrebt, mit Ihren Geistesgaben das Ihre beizusteuern. Ihre Liebesbedürfnisse stillen Sie auf dem weiten Gebiet der Mitmenschlichkeit. Ihr Partner muß ebenso fühlen wie Sie, wenn er Ihre Achtung gewinnen und behalten will. Sie werfen Ihre Ideale nicht hin, nur um Anklang bei jemandem zu finden. Vor allen Dingen können Sie absolut nicht begreifen, wie man es mit seinem Gewissen vereinbaren kann, angesichts unhaltbarer sozialer Mißstände passiv zu bleiben.

Saturn-Sextil-Pluto

Mit dem Sextil von Saturn zu Pluto sehen Sie ein, daß Sie sorgfältig vorausplanen müssen, wenn Sie erfolgreich sein wollen. Da Sie mit Bedacht nichts dem Zufall überlassen, gehen Sie mit Ihren Gaben so um, daß Sie auch wirklich davon profitieren. Sie kennen sowohl Ihre Vorzüge als auch Ihre Fehler und richten sich bei Ihren Zielen und Projekten danach. Sie sind gerüstet, jede Art von Verantwortung zu übernehmen, durch die Sie in eine wichtige Position hineinwachsen können. Ihr Erfolg ist keine Überraschung, da Sie mit allen Kräften darauf hingearbeitet haben. Sie haben keine Sorge, daß Sie scheitern könnten, und fühlen sich durch niemanden in Ihrer Stellung bedroht, weil Sie fest im Sattel sitzen.

Sie wissen, daß Erfahrung der beste Lehrer ist, schätzen aber auch Weiterbildung und Schulung als Mittel, den Spielraum Ihrer Möglichkeiten zu erweitern. Dank dieser Einstellung können Sie alle möglichen Positionen einnehmen. Ihnen ist klar, daß Erfolg vom persönlichen Einsatz abhängt, und das merken Ihre Vorgesetzten. Die guten Beziehungen zur Chefetage eröffnen Ihnen weitere Wege zur Beförderung. Immerhin sind Sie so bescheiden, daß Sie Menschen mit mehr Erfahrung um Rat fragen.

Obwohl Sie durchaus Verständnis für die Beweggründe anderer haben, lassen Sie bei negativer Einstellung oder Inkompetenz nicht immer Nachsicht walten. Sie stellen hohe Ansprüche an Ihre Untergebenen und können sehr unangenehm werden, wenn ein unqualifizierter Kollege eine hohe Position anstrebt. Trotzdem sprechen Sie sich über gegenseitige Differenzen lieber aus, damit das Verhältnis nicht durch ein Mißverständnis unerträglich wird.

Sicherheit ist Ihnen sehr wichtig und vielleicht der Grund für Ihr Erfolgsstreben. Sie sind sich allerdings auch bewußt, wie gefährlich der Gedanke ist, Geld heile alle Wunden. Sie respektieren die Macht des Geldes, werden aber nicht dem unwiderstehlichen Drang unterliegen, Reichtum anzuhäufen.

Saturn-Sextil-Aszendent

Saturn im Sextil zum Aszendenten deutet darauf hin, daß Sie sich alle Mühe geben, sich klar und durchdacht auszudrücken. Sie wissen, daß Sie für sich selbst geradezustehen haben, und handeln entsprechend diszipliniert, denn Sie wissen auch, daß man Sie für jeden Fehler zur Rechenschaft ziehen wird. Sie nehmen Ihre Aufgaben ernst. Manche Leute halten Sie wegen Ihrer Aufrichtigkeit, Verläßlichkeit und Rechtschaffenheit und wegen Ihrer festen moralischen Grundsätze für selbstgerecht, respektieren Sie jedoch trotzdem. Sie sind recht tüchtig und planen alles systematisch voraus, damit beim ersten Mal nichts schiefgeht. Daß andere so viel Mühe an unproduktive Aktivitäten wenden, können Sie nicht verstehen.

Sie können Ihre Ziele genau umreißen und Prioritäten setzen. Im Gespräch sagen Sie wenig, das Wenige aber in wohlgesetzten Worten. Wer unüberlegt drauflosredet, wirkt auf Sie sehr oberflächlich. Durch Ihre zurückhaltende Art kommen andere leicht auf den Gedanken, Sie seien uninteressiert und wunderlich. Dabei versuchen Sie in Wirklichkeit angestrengt, sich auf Grund Ihrer Beobachtungen eine Meinung zu bilden, und das können Sie nur mit der nötigen Ruhe und Sammlung. Sobald Sie sich einmal zu einer Ansicht durchgerungen haben, ist es kaum noch jemandem möglich, Sie wieder davon abzubringen, es sei denn, er führt einen sehr triftigen Grund an. Im Umgang mit andern Menschen stellen Sie hohe Ansprüche und verlangen, daß gemeinsame Abmachungen eingehalten werden. Ihr Blickwinkel mag kleiner sein als der anderer Leute, aber dafür ist Ihr Verständnis für die Motivationen und einschneidenden Probleme Ihrer Mitmenschen um so tiefer. Da Sie andere so gut verstehen, eignen Sie sich gut für Führungspositionen, denn Sie können ihnen so sicher den richtigen Platz zuweisen wie ein Schachspieler seinen Figuren.

Sie machen sich ziemliche Sorgen über Ihre Absicherung in späteren Lebensjahren und schmieden deshalb Pläne, wie Sie aus all Ihren Begabungen möglichst viel Kapital schlagen können. Sie sind eifrig bemüht, das Beste aus sich herauszuholen und sich zu vervollkommnen.

Uranus-Sextil-Neptun

Uranus im Sextil zu Neptun läßt erkennen, daß Sie bewußtseinsmäßig auf einer Stufe stehen, auf der Sie nicht ertragen können, wenn jemand die Wahrheit verzerrt oder zurückhält. Besonders verdächtig sind Ihnen große etablierte Organisationen mit guten Beziehungen zur Regierung, aber auch die strenge Kontrolle, die institutionalisierte Religionen über ihre Anhänger ausüben, empfinden Sie als direkten Affront. Sie ziehen es vor, selbst zu entscheiden, was Sie glauben wollen und welche Leitlinien Sie aus dem Glauben Ihrer Wahl für sich herausziehen. Als geistig revoltierender Mensch widersetzen Sie sich dem Faktum, daß von Ihnen erwartet wird, sich der Denkweise und den Anschauungen von Leuten anzupassen, denen Sie mißtrauen. Das »Establishment« stellt in Ihren Augen eine Bedrohung für Ihre persönliche Freiheit dar. Ihrer Meinung nach muß jedes Engagement auf Freiwilligkeit beruhen, und es dürfen keinerlei Druckmittel angewandt werden. Sie fürchten, daß die persönlichen Rechte untergraben werden; deshalb reden Sie frei über diese mutmaßliche Gefahr, wann immer Sie dazu Gelegenheit haben. Ihnen ist klar, daß Menschen, die anderen blindlings folgen, ihr Recht auf Selbstbestimmung gefährden.

In Ihrer Generation geht die Saat auf, die zwischen 1965 und 1968 im Keimen begriffen war, als Unruhen und Aufstände an vielen Universitäten der Welt an der Tagesordnung waren. Sie werden auf Mitsprache im sozialen, politischen und Bildungsbereich bestehen, um sicherzustellen, daß Ihnen nicht das Recht auf freie Äußerung Ihrer Persönlichkeit beschnitten oder streitig gemacht wird. In allem, was mit Ihrer und der Zukunft Ihrer Gemeinschaft in Zusammenhang steht, suchen Sie nach Wahrheit. Sie scheuen sich nicht, laut Ihre Meinung zu sagen, denn sie ist durch eine ganze Reihe von Fakten gut untermauert. Ihrer bleibenden Überzeugung nach hat jeder Mensch eine geistige Verpflichtung gegenüber seiner Gesellschaft, der »Gemeinschaft mündiger Menschen«, wie Sie sie nennen.

Ein Gesellschaftsgefüge auf materialistischer Grundlage betrachten Sie als einen Affront gegen die Würde jedes einzelnen. Sie setzen sich dafür ein, daß jeder, ganz unabhängig von seinen finanziellen Verhältnissen, die Möglichkeit hat, seine schöpferischen Vorstellungen voll und ganz zu verwirklichen.

Uranus-Sextil-Pluto

Das Sextil von Uranus zu Pluto zeigt, daß Sie erschüttert sind, wenn Sie Unrecht mit ansehen, und sofort laut Ihren Unwillen bekunden. Sie ärgern sich darüber, daß mächtige Institutionen, wie staatliche oder private Industrien, wirtschaftlichen Druck ausüben können, um für ihre Ziele die Unterstützung der Öffentlichkeit zu gewinnen. Ganz entschieden haben Sie etwas gegen alle, die sich durch rechtliche Tricks oder politische Begünstigung gewählte Regierungsvertreter gefügig machen, und das besonders, wenn die Gesetzgebung den einzelnen Bürger zwingt, Entbehrungen und Opfer auf sich zu nehmen, indem sie einen Gewinn verspricht, der sich nie realisiert. Die Verschwendungssucht in Regierungskreisen finden Sie entsetzlich, und Sie bestehen darauf, daß die Verantwortlichen dazu herangezogen werden, Rechenschaft über die schlechte Verwaltung öffentlicher Mittel abzulegen. Sie haben ein fabelhaftes Gespür für unredliche Handlungen und fühlen sich erst dann wieder wohl in Ihrer Haut, wenn erwiesen ist, daß die Staatsausgaben unbedingt erforderlich waren und belegt werden können.

Uranus stand von 1942 bis 1946 im Sextil zu Pluto, das heißt also während des Zweiten Weltkriegs. Damals wurden unverhältnismäßig hohe Opfer mit der Begründung gerechtfertigt, in erster Linie gelte es, den Krieg zu gewinnen, »koste es was es wolle«. Im privatwirtschaftlichen Bereich wurden enorme Gewinne eingestrichen; überall tauchten plötzlich Schwindler auf und sahnten ab.

Da Sie in einer Zeit großer internationaler Unruhen geboren wurden, sind Sie sich sehr wohl der Gefahr bewußt, daß Ihnen Ihre Freiheit von eigennützigen Beamten oder von gewählten Regierungsvertretern beschnitten wird, die durch ihre Gesetzgebung bestimmte Interessen begünstigen. Glücklicherweise haben Sie die Courage und Entschlossenheit, solche Entwicklungen beharrlich ins Licht der Öffentlichkeit zu rücken. Sie fordern, daß Beamte entweder wirklich dem Gemeinwohl dienen oder aber ihres Amtes enthoben werden sollen. Sie ermutigen Ihre Mitmenschen dazu, Gemeinderats- oder Parlamentssitzungen, auf denen wichtige Beschlüsse zur Debatte stehen, aufmerksam zu verfolgen. Ihnen ist die Freiheit so kostbar, daß Sie aktiv daran mitarbeiten, sie zu erhalten.

Uranus-Sextil-Aszendent

Uranus im Sextil zum Aszendenten zeigt auf, daß Sie aufrührerische Gedanken hegen, ob Sie nun auch so handeln oder nicht. Sie haben nichts für traditionelle Vorstellungen übrig, außer es zahlt sich für Sie aus, wenn Sie sich daran halten. Neuheiten faszinieren Sie ungemein, und bei einer genialen Idee surrt Ihnen nur so der Kopf vor hochgesteckten Erwartungen. Obgleich Sie voller Unrast und immer in Bewegung sind, ist Ihnen doch klar, daß Sie nur dann für Ihre schöpferischen Vorstellungen Unterstützung finden, wenn Sie einflußreiche Leute davon überzeugen können, wie beständig und verläßlich Sie im Grunde sind. Ihr größtes Plus ist Ihre ursprüngliche, vorwärtsgerichtete Kreativität. Sie verstehen sich gut darauf, Ihre Kenntnisse weiterzugeben, und unterbreiten Ihre Ideen freimütig jedem, der Ihnen zuhört. Zeit bedeutet Ihnen wenig; Sie halten nichts von derlei Einschränkungen. Bei Ihnen zählt die Intuition, auf die Sie sich auch meistens hundertprozentig verlassen können. Ihre Voraussagen sind oft sogar prophetisch zu nennen.

Da Ihnen unendlich viel an Ihrer Freiheit liegt, muß Ihr Berufsleben Ihnen ein gewisses Maß an Unabhängigkeit und Selbstbestimmung lassen. Tagtägliche Arbeitsroutine ist Ihnen langweilig und wirkt sich nachteilig auf Ihre Kreativität aus. Sie beweisen zwar bei jeder Tätigkeit Erfindungsgeist, aber Forschung und Entwicklung liegen Ihnen am besten. Wenn überhaupt eine Möglichkeit besteht, neue Einnahmequellen für den Arbeitgeber zu ersinnen, dann sind Sie es, der sie auftun kann.

Sie haben eine Menge Freunde aus den unterschiedlichsten Bevölkerungsschichten. Ihre besondere Vorliebe aber gilt Leuten, die selbständig denken und die wie Sie selbst Interesse an allem Neuartigen haben.

Unter den Kollegen sind Sie der Star. Sie messen sich gern mit ihnen, blasen sich aber nicht auf, wenn Sie den Sieg davontragen. Nach Ihrer Auffassung hat Ihr Opponent genausoviel Anteil an Ihrem Erfolg wie Sie, weil er Sie dazu angestachelt hat. Es kann sein, daß Sie von manchen Mitarbeitern beneidet oder gar abgelehnt werden, die nicht soviel Durchblick haben, um Sie wirklich verstehen zu können.

Höchstwahrscheinlich werden Sie nie richtig zur Ruhe kommen. Jeder Tag bringt etwas Neues mit sich, das Ihr Interesse erregt und wachhält.

Neptun-Sextil-Pluto (1942–1957)

Der einzige Aspekt von Neptun zu Pluto in diesem und dem nächsten Jahrhundert ist das Sextil. Die gegenseitige Einflußnahme begann 1942, als Neptun in der Waage und Pluto im Löwen stand. Obwohl ihre Position im Tierkreis wechselt, werden sie auch während der kommenden hundert Jahre eine Sextil-Beziehung aufrechterhalten. Deshalb wird jeder, der in diesem Zeitraum geboren wird, diese Planetenkonstellation haben. Allerdings verursachen die Zeichen und Häuser, in denen die Planeten jeweils stehen, einige Wirkungsunterschiede.

Die Einflüsse dieser Planeten machen sich weltweit bemerkbar und repräsentieren den evolutionären Prozeß, durch den der Mensch beständig nach höchster Vollendung strebt. Sie lassen den Menschen nach anderen Erlebnisdimensionen streben, während er gleichzeitig versucht, in der stofflichen Welt, an die er physisch gebunden ist, die Ordnung zu wahren. Uns Menschen kommt immer mehr ins Bewußtsein, daß wahrscheinlich noch andere Welten existieren, und wir setzen alles daran, sie mit allen zu Gebote stehenden wissenschaftlichen Mitteln zu erschließen. Genauso vehement trachten wir danach, unsere innere Welt zu erforschen.

Beide Welten sind in Wirklichkeit unendlich groß, und wenn der Mensch Ziele in beiden, einander scheinbar entgegengesetzten Richtungen verfolgt, bedeutet das noch längst nicht, daß eins das andere ausschließt. Vermutlich werden sich die Ergebnisse letztendlich decken, ganz gleich, welcher Weg eingeschlagen wurde. Entweder sucht man die Antwort in der natürlichen Welt, oder aber man sucht sie in den Tiefen des eigenen Geistes. Da der Mensch mit der stofflichen Welt so vertraut ist, forscht er zunächst in diesem sicheren Bereich nach einer gültigen Antwort auf die Frage, warum er überhaupt existiert. Aber während die einen auf diese Weise weiterzukommen versuchen, sind auf der anderen Seite ebenso starke Bestrebungen im Gange, die Antwort im Esoterischen zu suchen. Immer eingehender werden Phänomene erforscht wie die außersinnliche Wahrnehmung, Alphawellen, Psychokinese, Telepathie usw., ein Zeichen für die Ahnung des Menschen, daß die Antworten nicht in der sichtbaren Außenwelt, sondern in seinem Innern begründet liegen könnten. Beide Erkundungswege stehen keineswegs im Widerspruch zueinander; eher sind sie sich wahrscheinlich gegenseitig von Nutzen und einer dem andern eine hilfreiche Kontrollmöglichkeit.

Zwischen 1942 und 1956 bildeten Neptun und Pluto ein Sextil von der Waage zum Löwen. Die Erde mußte gerade die schreckliche Zerreißprobe eines Weltkriegs durchstehen. Pluto im Löwen sah den Aufstieg und Sturz mächtiger Regierungen mit an, die auf Weltherrschaft drängten. Könige und Königinnen wurden vom Thron gestoßen, und eine Jugend (Löwe) wuchs heran, die ein Stachel im Fleisch der Nachkriegsgesellschaften in aller Welt werden sollte. Gleichzeitig mit dieser menschlichen Entwicklung kam der wissenschaftliche Durchbruch zur Nutzung der unglaublichen Kräfte der Atomenergie. Neptun in der Waage begünstigte Fortschritte in der Luftfahrt, die das Machtgleichgewicht veränderten, und in der Folge wurde mit dem Abwurf der ersten Atombombe der Weltkrieg beendet. Dieses Ereignis löste eine Kontroverse (Sextil) aus, die viele Jahre andauerte. Eine unsichere Friedenszeit folgte auf den Zweiten Weltkrieg; das Sextil zwischen Neptun und Pluto symbolisiert die endlosen Treffen und Konferenzen zwischen den Siegermächten, die zwar groß das Wort FRIEDEN auf ihre Fahnen geschrieben haben, worunter sich aber alle Anzeichen für KRIEG verbergen.

Sie werden immer Ihrer politischen Führung mißtrauen. Ihnen ist an einer Regierung gelegen, die wirklich im Dienste der Öffentlichkeit steht und zu der Sie vollstes Zutrauen haben können. Ihr beständiger Argwohn wird zu mehr Ehrlichkeit auf der Regierungsebene anregen, nur dürfte – mit Neptun in der Waage – schwer herauszubekommen sein, ob diese Aufrichtigkeit auch wirklich Einzug gehalten hat.

Neptun-Sextil-Pluto (1957–1970)

Das Sextil zwischen Neptun im Skorpion und Pluto in der Jungfrau bewirkte bedeutende Fortschritte in der medizinischen Forschung. Neue Medikamente trugen im Westen dazu bei, die Bevölkerungsexplosion nach dem Krieg einzudämmen, aber eine Begleiterscheinung dieser positiven Entwicklung war der steigende Konsum illegaler Drogen durch die Jugend, der zu vielen Todesfällen führte. Sie sind in einer Zeit des »Paradigmenwechsels« geboren. Der Sexualbereich war verlockendes Neuland, und der Begriff »Jungfräulichkeit« geriet so in Vergessenheit, daß man ihn in Geschichtsbüchern oder Lexika nachschlagen mußte.

Sie haben sich frühzeitig dagegen aufgelehnt, daß institutionalisierte Religionen andern einen Glauben aufoktroyieren, habe gegen den Machtzuwachs von Industriegiganten protestiert und sich in die Auseinandersetzung um die Selbstverwaltung der Universitäten und Schulen eingeschaltet. Sie gehören zu denen, die meinen, daß die Welt zu materialistisch geworden ist und daß die Gesellschaft über den einzelnen und seine Träume eiskalt hinweggeht.

Sie haben das Gefühl, der Gesellschaft dienen zu müssen. Die jetzige Lebensqualität finden Sie beklagenswert, denn Sie halten das Leben für äußerst kostbar. In Ihrem Entsetzen über die Zerstörung der Natur durch die Industrie unterstützen Sie eine Gesetzgebung, die für die Erhaltung der bestehenden natürlichen Ressourcen eintritt, damit Ihre Kinder eine Zukunft haben. Darüber hinaus werden Sie Ihr Scherflein dazu beitragen, die medizinische Forschung voranzutreiben, so daß Heilmethoden für tödliche Krankheiten wie Krebs, Herzleiden usw. entwickelt werden. Und ferner befürworten Sie die weitere Forschungsarbeit zur Entwicklung wirksamer Methoden der Geburtenkontrolle.

Neptun-Sextil-Pluto (1971–1983)

Das Sextil zwischen Neptun im Schützen und Pluto in der Waage deutet an, daß alle, die bis 1983 geboren sind, eine völlig andere Auffassung von Religion, Philosophie, Bildung und zwischenmenschlichen Beziehungen haben. Die Religion wird im Leben der in diesem Zeitraum Geborenen wieder eine Rolle spielen. Sie wird allerdings kaum noch Ähnlichkeit mit der Religion ihrer Vorfahren aufweisen; vielmehr wird sie ein sehr lebendiges Element in Ihrem Leben sein. Sie glauben nicht einfach etwas, weil Ihre Ahnen das auch taten, sondern weil es Ihrem Leben Sinn gibt und Sie zu verantwortlichem Handeln gegenüber Ihren Mitmenschen bewegt. Ihr Glaube bestärkt Sie in Ihrem Streben nach Vollkommenheit, und Sie tun das Ihre, um auch der Gesellschaft in dieser Richtung weiterzuhelfen. Sie sind von Herzen um Ihre Mitmenschen bemüht und stecken Ihre eigenen Wünsche zurück, wenn andern damit am Ende besser gedient ist.

Von Ihren gewählten Regierungsvertretern verlangen Sie absolute Integrität und aufrichtiges Engagement im Sinne der Wählerschaft. Sie hätten es gern, wenn in den Bildungsinstitutionen humanistische Werte wieder mehr im Vordergrund stünden und Schüler und Studenten Gelegenheit bekämen, sich auf Berufe zum Wohle der Menschheit vorzubereiten, statt dem von der Industrie propagierten einengenden Trend nach Spezialisierung zu folgen.

Sie werden sich in zunehmendem Maße den okkulten Wissenschaften zuwenden und maßgeblich an bedeutenden Entwicklungen auf dem Gebiet der außersinnlichen Wahrnehmung und der Alphawellenforschung beteiligt sein. Sie erschließen dem Geist neue Dimensionen und erforschen ihn auf seine unerschöpflichen Möglichkeiten hin, die Menschen mit einer materialistischeren Einstellung für gewöhnlich ableugnen.

Neptun-Sextil-Aszendent

Neptun im Sextil zum Aszendenten zeigt an, daß Sie Schwierigkeiten haben, sich richtig darzustellen und daß Sie bei andern oft einen falschen Eindruck hinterlassen. Sie besitzen eine blühende Phantasie und schmükken Ihre Ausführungen meist derart aus, daß Ihre Zuhörer in Verwirrung geraten, weil nicht klar wird, was Sie eigentlich meinen. Deshalb sind Ihre Mitmenschen zurückhaltend im Umgang mit Ihnen. In dem eifrigen Bestreben, sich zu unterhalten und beachtet zu werden, greifen Sie unbewußt dauernd Sachen aus der Luft und lassen sich über Ereignisse aus, die nie stattgefunden haben. Sie können besseren Gebrauch von Ihrer Einbildungskraft machen, wenn Sie damit etwas Konstruktives anfangen, also beispielsweise schriftstellerisch tätig werden, öffentlich Reden halten oder Theater spielen.

Obgleich Sie Ihre Fähigkeiten herunterspielen, erkennen Ihre Freunde doch Ihre überschäumende schöpferische Art und finden Sie ausgesprochen nett, halten Sie aber auch für ziemlich naiv und hilflos. Sie bekunden Interesse für die Verhältnisse in Ihrer unmittelbaren Umgebung und haben Schuldgefühle, wenn Sie nichts unternehmen, um Mißstände zu beheben. Statt aktiv zu werden, führen Sie womöglich endlose Entschuldigungen an, warum Sie etwas unterlassen haben. Ihre Begründung ist unter Umständen die, daß andere Leute ja anscheinend auch nicht gewillt sind, einzugreifen, und Sie sich folglich Ihrer Tatenlosigkeit nicht zu schämen brauchen.

Sie kommen mit den meisten Menschen gut aus, denn Sie legen sich kaum jemals offen mit jemandem an. Ihre freundliche, ein wenig unterwürfige Art verleitet andere zu der irrigen Auffassung, Sie wären kein ernstzunehmender Gegner.

Entscheidungen zu treffen fällt Ihnen nicht gerade leicht. Sie finden es schwierig, die Argumente zu ordnen und sich dann ein Urteil zu bilden. Wenn Ihnen einmal ein Fehler unterläuft, bemitleiden Sie sich wahrscheinlich selbst wegen Ihrer Inkompetenz. Sie sollten Ihre Leistungen keinesfalls mit denen anderer vergleichen, denn sonst werden Sie unweigerlich wähnen, die- oder derjenige sei Ihnen überlegen. Ihr Selbstvertrauen können Sie nur stärken, indem Sie an Aufgaben gehen, denen Sie auch wirklich gewachsen sind. Sie können eine Menge ausrichten, wenn Sie innerhalb Ihrer Grenzen bleiben. Mit zunehmendem Selbstvertrauen können Sie dann auch schwerere Pflichten übernehmen. Wichtig ist, daß Sie zu Ihrer Leistung stehen.

Pluto-Sextil-Aszendent

Pluto im Sextil zum Aszendenten weist darauf hin, daß Sie ein deutliches Gespür dafür haben, was für eine wichtige Rolle Sie im Leben derer spielen, mit denen Sie zu tun haben. Sie wissen, daß Sie Ihre Mitmenschen nach Ihrer Pfeife tanzen lassen können. Auf Grund dieser Macht, die Sie über andere haben, sind manche Leute bei Ihnen auf der Hut. Sie lassen sich bereitwillig auf scharfe Konkurrenz ein, und das besonders gern, wenn die Gegenspieler ihr Können unter Beweis stellen. Sie äußern sich geradeheraus und ungeschminkt, und wenn Sie recht haben, werden Sie von vielen für Ihren Mut bewundert. Aber auch wenn Sie im Unrecht sind, verteidigen Sie Ihren Standpunkt mit allen Mitteln. Sie sind gar nicht so selbstsicher, wie es scheint. Da Ihnen klar ist, daß Ihre Konkurrenten Sie überflügeln können, wenn sie erst einmal Ihre Schwächen kennen, handeln Sie lieber nach der Devise »Angriff ist die beste Verteidigung«.

Sie haben großartige Vorstellungen von Ihrem zukünftigen Werdegang und sind willens, hart zu arbeiten, um sich Ihre Wünsche zu erfüllen. In Ihrer großen Besorgnis über mögliche gesellschaftliche, religiöse oder politische Unruhen, die Ihre Pläne durchkreuzen könnten, setzen Sie sich engagiert für kompetente Führungskräfte auf all diesen Gebieten ein. Dank Ihrer überlegten Ansichten finden Sie unter Umständen in der Öffentlichkeit Gehör und helfen mit, daß vernünftige Sozialmaßnahmen getroffen werden und für eine fähige politische Führung gesorgt wird.

Jedenfalls sehen Sie nicht untätig zu, wie eigennützige Beamte Ihre Zukunftsträume in den Staub treten.

In Krisensituationen kann man sich auf Sie verlassen, und wer Beistand braucht, dem helfen Sie auch. Sie empfinden Hochachtung vor jedem, der den Mut hat, fest zu seinen Überzeugungen zu stehen, und ärgern sich über Leute, die zu träge sind, um sich gegen Tyrannei zur Wehr zu setzen. Sie sind förmlich besessen von der Vorstellung, Sie müßten unbedingt allen Anfängen des Amtsmißbrauchs wehren, sonst würden Sie in Ihren persönlichen Rechten beschnitten und Ihre Freiheit verlieren. Jeden solcherart verdächtigen Beamten oder Angestellten des öffentlichen Dienstes betrachten Sie als Parasiten, den man zum Schutz der Öffentlichkeit ausrotten müßte.

KAPITEL 3
QUADRATE

Quadrate

Der nach der Konjunktion machtvollste Aspekt zwischen Planeten ist das Quadrat. Sein dynamischer Einfluß ist weitaus stärker als der aller anderen Aspekte, und in seiner Wirkung auf das menschliche Verhalten übertrifft es die Konjunktion sogar noch. Das Quadrat kennzeichnet Aktion und Reaktion in höchster Steigerung. Die beteiligten Planeten stehen fast immer in Zeichen, zwischen denen feindselige Spannungen bestehen. Deshalb ist es um die Harmonie schlecht bestellt, es sei denn, der betreffende Mensch stimmt sich harmonisch auf diese Kräfteverquikkung ein. Nur wenn er positiv reagiert, kann sich überhaupt eine konstruktive Wirkung geltend machen.

Das Wirken der Elemente im Quadrat ist dem von Feuer und Wasser vergleichbar. Diese beiden können ja nicht zusammen auftreten, ohne einander zu beeinflussen. Wasser kann ein Feuer löschen, und Feuer kann Wasser zum Verdampfen bringen. Geht man aber mit den beiden Elementen klug um, kommt auch etwas Vernünftiges dabei heraus. Wasser hält Feuer unter Kontrolle, und Feuer verwandelt Wasser in Dampfenergie. Ähnliches geschieht, wenn zwei Planeten durch einen Winkel von 90° voneinander getrennt sind.

Ein Quadrat verursacht zunächst einmal Frustrationsgefühle, wenn die den beiden Planeten jeweils entsprechenden psychologischen Faktoren mitwirken. Bevor nun diese Kräfte positiv genutzt werden können, muß erst ein Ausgleich stattfinden. Am Quadrat-Aspekt zeigt sich, daß es gelernt sein will, wie aus den Energien konstruktiv Nutzen gezogen werden kann; andernfalls treten mit Gewißheit negative Wirkungen auf. Er stellt sozusagen eine Prüfung dar, die man bestehen muß, wenn man seinen Charakter festigen und weiter vervollkommnen will.

Dergestalt bescheren uns die Quadrat-Aspekte die größten Prüfungen im Leben, und das heißt meistens, sein Kreuz zu tragen und die unbewußten Triebkräfte zu meistern. Sie zeigen die tiefen Krisen auf, mit denen man fertig werden muß, damit sich die Seele läutert und zu größerer, in sich selbst ruhender Klarheit aufschwingt.

Sonne-Quadrat-Mond

Das Quadrat von der Sonne zum Mond deutet an, daß Sie Schwierigkeiten haben, Ihre Möglichkeiten auszuschöpfen und sich Ihre Wünsche zu erfüllen. Sie nehmen es bitter übel, daß Sie enorme Zugeständnisse machen müssen, um im Leben das zu erreichen, was Ihnen vorschwebt. Anscheinend fehlt Ihnen immer die nötige Ausbildung für eine bestimmte Arbeit, die Sie ins Auge gefaßt haben, aber andererseits strengen Sie sich auch nicht besonders an, sich so weiterzubilden, daß Sie schließlich erfolgreich sind. Sie wollen zwar gut leben, sind jedoch nicht gewillt, sich zusammenzunehmen und etwas dafür zu tun. Mit einflußreichen Leuten liegen Sie im Streit, weil man Sie nicht akzeptiert, wenn Sie nicht Ihre Arbeitswilligkeit unter Beweis stellen und sich so bewähren. Auf Grund Ihrer negativen Einstellung fassen Sie vieles falsch auf und können deshalb kaum aus Ihren Erfahrungen lernen. Auf Anregungen reagieren Sie im allgemeinen in einer Art und Weise, die Ihnen die ersehnte Anerkennung versagt. Sie fühlen sich konstant frustriert, und dadurch sind Sie in Ihrer charakterlichen Entwicklung gehemmt und haben auch noch andere Schwierigkeiten, zum Beispiel in Ihren Privatangelegenheiten, im Umgang mit anderen Menschen, in Ihren emotionalen Beziehungen und im Berufsleben. Daß Sie in all diesen Bereichen so wenig Erfolg haben, zeigt deutlich, wieviel Sie erst lernen müssen, ehe Sie auf gerechten Lohn hoffen können.

Sie müssen an sich arbeiten, um Ihre Empfindungen mit Ihrem Willen unter einen Hut zu bringen und durch Vernunft und Systematik zu zügeln. Offenbar glauben Sie, jede Reaktion Ihrerseits sei dazu angetan, Ihnen die gewünschte Bestätigung zu verschaffen, aber Sie werden einsehen müssen, daß Sie nur mit harter Arbeit und Selbstbeherrschung erreichen, was Sie wollen. Auf Ihre gewohnte Art kommen Sie offensichtlich nicht in befriedigendem Maße weiter. Erstens einmal sind Sie nicht von einer unbedeutenden Position in eine verantwortliche Stellung aufgerückt. Und ferner haben Sie nicht vermocht, sich Leute in leitenden Positionen gewogen zu machen, und wenn doch, dann durch Zugeständnisse. Ohne Ihren Egoismus könnten Sie eine Menge erreichen.

Sie werden wohl auch einige Probleme im Umgang mit dem andern Geschlecht haben. Ihr Privatleben wird kaum angenehm verlaufen, wenn Sie nicht Dampf ablassen. Sie sind ein Streithahn und stets in Abwehrbereitschaft, wahrscheinlich aus emotionaler Unsicherheit heraus. Das wird sich ändern, sobald Sie endlich Ihre Kampfhaltung aufgeben und kompromißbereiter werden. Bei Ihnen besteht eine tiefe Kluft zwischen Wunschdenken und Einsatzbereitschaft. Inwieweit sich Ihre Träume realisieren, hängt direkt von Ihrem persönlichen Leistungswillen ab.

Sonne-Quadrat-Mars

Das Quadrat von der Sonne zum Mars stattet Sie mit Begeisterungsfähigkeit und der nötigen Energie aus, Ihre Vorhaben auch durchzuführen, nur sollten Sie sich bei länger anhaltendem Streß des öfteren Ruhe gönnen und Ihrer Arbeit den Rücken kehren. Versuchen Sie, sich nicht zu sehr zu verausgaben bei der Verfolgung Ihrer ehrgeizigen Ziele. Wenn Ihre Anstrengungen nicht die gewünschten Ergebnisse zeitigen, ärgern Sie sich schwarz. Wahrscheinlich werden Sie durch Erfahrung klüger und merken, daß Sie Ihr Vorgehen nicht sorgfältig genug vorausgeplant und deshalb unter den gegebenen Umständen genau das bekommen haben, was Sie auch verdient haben. Mit der Zeit werden Sie schon lernen, Hindernisse vorherzusehen und rechtzeitig aus dem Weg zu räumen; dann stoßen Sie auch nicht mehr auf Widerstand und erleben keine Enttäuschung. Überlegen Sie erst, bevor Sie handeln, denn damit ersparen Sie sich kostbare Zeit und Mühe. Sie brauchen mehr Geduld, um mit Ihren Schwierigkeiten fertig zu werden, und sollten Ihre Energien für konstruktivere Dinge zurückhalten. Auf Konkurrenzsituationen reagieren Sie mit Entrüstung, weil Sie meinen, Ihre Kompetenz würde in Frage gestellt. Sie wären besser beraten, wenn Sie andere beobachten und lernen würden, wie sie sich unter Streß verhalten. Das bringt entschieden mehr als sinnloses Argumentieren oder zur Schau getragene Erbitterung.

Mit Ihren Begabungen können Sie auf vielen Gebieten zu Erfolg kommen, beispielsweise als Lehrer oder Schriftsteller, im Sport, beim Militär, in der Medizin, im Rechtswesen oder bei der Polizei. Sie müßten jedoch die Grenzen beachten, die diese Berufe Ihnen ziehen. Da Sie Ihre Freiheit hochschätzen, sollten Sie erst die Prioritäten setzen, ehe Sie sich auf irgendein vielversprechendes Vorhaben stürzen. Dazu müssen Sie sich unbedingt bereitfinden, wenn Sie zu Rang und Namen kommen wollen.

Sie sind recht auskömmlich und gerne in Gesellschaft Ihrer vielen Freunde, die Sie wegen Ihrer Fertigkeiten bewundern. Allerdings können Sie auch lästig werden mit Ihrer Art, Aufmerksamkeit für sich zu beanspruchen und Gespräche auf Themen hinzulenken, in denen Sie sich besonders gut auskennen. Sie sollten auch einmal zuhören können.

Sie haben zwar starke sexuelle Bedürfnisse, aber keine glückliche Art, mit diesbezüglichen Enttäuschungen fertig zu werden. Entweder wollen Sie haben, was Ihnen nicht zusteht, oder Ihr Interesse an dem, was Sie haben, läßt nach. Sie müssen unbedingt einen Ausgleich schaffen, indem Sie Ihre Energien auf befriedigende, erfreuliche Aktivitäten richten. Sie halten nach einem Partner Ausschau, der physisch Ihren Ansprüchen gerecht wird, aber auch andere Interessen mit Ihnen gemeinsam hat.

Für Sicherheitsvorkehrungen haben Sie nicht gerade viel übrig und beschwören deshalb Unfälle herauf. Behandeln Sie auch kleine Verletzungen sofort, damit die Entzündungsgefahr gemindert wird.

Sonne-Quadrat-Jupiter

Das Quadrat von der Sonne zu Jupiter weist darauf hin, daß Sie in Ihrem Tun und Lassen kein Maß halten. Sie sind sich dieser Tendenz bewußt und ärgern sich darüber. Setzen Sie erst einmal Prioritäten, ehe Sie handeln, sonst verschwenden Sie eine Menge Zeit und Mühe. Ihre Augen sind meist größer als Ihr Mund, und dann versuchen Sie verzweifelt, so gut wie möglich Herr der Lage zu werden. Sie planen Ihre Vorhaben nicht besonders gut, sind aber pikiert, wenn Ihnen jemand einen entsprechenden Vorschlag macht, selbst dann, wenn Sie selbst um Rat gebeten haben. Es zeugt von Aufgeblasenheit und Arroganz, wenn Sie glauben, ohne Selbstdisziplin etwas zustande zu bringen. Nur die Erfahrung wird Ihnen diese Überheblichkeit austreiben, und dann werden Sie merken, daß jeder in seinem Ringen um Bedeutung und Anerkennung mehr oder weniger auch von andern abhängig ist.

Wenn Sie endlich die Realität akzeptieren und sich in etwas mehr Selbstbeherrschung üben, können Sie sich getrost alles vornehmen, wonach Ihnen der Sinn steht. Sie könnten sich im Bereich des Bildungs- und Erziehungswesens, der Medizin, am Theater, in der Juristerei, der Philosophie wie auch in der Öffentlichkeitsarbeit auszeichnen. Es genügt allerdings nicht, daß Sie bestrebt sind, Ihre kreativen Fähigkeiten voll auszuschöpfen, sondern Sie müssen darüber hinaus auch die damit verbundenen Verpflichtungen akzeptieren. Sie müssen Gutes und Schlechtes, Erfolg und Mißerfolg, Fortschritt und Rückschritt hinnehmen können, denn damit ist der Weg zum Erfolg nun einmal gepflastert. Durch die Schwierigkeiten, die Ihnen begegnen, machen Sie die größten Fortschritte, wenn Sie nur gewillt sind, aus Ihren Fehlern zu lernen. Sie sind so sehr auf Erfolg aus, daß er Ihnen wohl auch wie ein reifer Apfel in den Schoß fallen wird, doch wenn Sie Ihre Schritte nicht sorgfältig planen, ist womöglich der Wurm darin.

Sie sind ein Hansdampf in allen Gassen und mischen sich gern in die persönlichen Angelegenheiten Ihrer Mitmenschen ein. Einem ehrlichen Kampf gehen Sie nicht aus dem Wege, wenn Sie dabei Ihre Souveränität auf dem Jahrmarkt menschlicher Schwächen beweisen können. Sie lassen sich gern auf einen scharfen Wettstreit ein, scheitern aber vermutlich erst einmal, ehe Sie dann langsam Oberwasser bekommen. Ihre besondere Stärke ist die Kommunikation, aber Sie sollten Ihre Ideen nur darlegen, wenn Sie auch entsprechend informiert sind. Bei der Verfolgung Ihrer Ziele bleiben Sie nicht immer bei der Wahrheit, was sich später übel auswirken kann. Sie versuchen törichterweise, Ihr Glück zu erzwingen; es ist nur zu hoffen, daß Sie mit zunehmender Erfahrung besonnener werden.

Sie stellen hohe Ansprüche an den Menschen, den Sie lieben. Sie erwarten von ihm Ergebenheit, Anerkennung und möglichst noch Bewunderung für Ihre Leistungen. Ihr Partner soll allen Ihren Wünschen willig nachkommen und außerdem durch alle Höhen und Tiefen hindurch zu Ihnen stehen. Sie machen Versprechungen, die Sie nicht einhalten können, auch wenn Sie das ursprünglich aufrichtig vorhatten.

Ihre Genußsucht ist die Hauptursache für Ihre Gesundheitsprobleme. Sie sollten beim Essen und Trinken sowie bei Vergnügungen Maß halten und sich genügend ausruhen. Tun Sie nichts aus einem Impuls heraus, denn diese Planetenkonstellation erhöht Ihr Unfallrisiko; passen Sie besonders bei sportlichen Aktivitäten in Ihrer Freizeit auf.

Sonne-Quadrat-Saturn

Wegen des Quadrates von der Sonne zu Saturn mußten Sie sicher in jungen Jahren, aber auch noch als Erwachsener, etliche Konflikte um Ihr Selbstwertgefühl bestehen. Sie sind von Natur aus in steter Abwehrbereitschaft und fürchten, bei Menschen, die Sie für überlegen halten, auf Ablehnung zu treffen. Erfolg wird Ihnen nicht leicht gemacht, denn Sie unterschätzen Ihre Fähigkeiten und setzen sich nicht gebührend durch. Auch wenn es schmerzlich ist, müssen Sie mit Zurückweisungen rechnen und darauf gefaßt sein, daß Sie Ihre Ziele nicht erreichen. Diese Erfahrungen werden Ihnen eine Lehre sein und Ihr Urteilsvermögen schärfen, so daß Sie entschiedener auf den Erfolg hin planen können. Sie müssen einfach etwas einstecken, um weiterzukommen.

Dank Ihrer Qualifikationen können Sie sich im Bereich der Bildung und der Philosophie, des Industrie-Managements, des Naturschutzes und in ähnlichen Berufsfeldern bewähren, in denen es auf Sachkenntnis, Systematik und Erfahrung ankommt. Sie müssen allerdings damit rechnen, ganz unten anzufangen und sich dann Schrittchen für Schrittchen in Ihrem Fachgebiet hochzuarbeiten. Außerdem müssen Sie mehr Zutrauen zu sich selbst haben, damit Sie sich auf Ihrem Weg behaupten können.

Ihr gegenwärtiger Mangel an Selbstvertrauen kann sich mit der Zeit verlieren, so daß Sie selbstsicher werden. Das dürfte sich auch auf Ihr Privatleben auswirken. Als junger Mensch hatten Sie oft das Gefühl, Ihre Gegenwart sei nicht gefragt, vielleicht, weil Sie nicht so draufgängerisch und bestimmt aufgetreten sind wie andere. Aber irgendwann haben Sie dann gemerkt, daß keineswegs immer die bewundert werden, die sich stark machen, und daß Sie sehr wohl mit vielen Leuten gut zurechtkamen. Sie werden zweifellos einen Partner wählen, der Sie so akzeptiert, wie Sie sind. Ihr Gefährte wird einen Blick dafür haben, daß viel mehr in Ihnen steckt, als Sie wahrhaben wollen, und fest an Sie glauben.

Versuchen Sie, zuversichtlicher ins Leben zu schauen. Im Gespräch mit Menschen, die Sie bewundern, werden Sie merken, daß auch die andern Sorgen und Ängste haben, Sie also nicht allein sind.

Sonne-Quadrat-Uranus

Das Quadrat von der Sonne zu Uranus zeigt auf, daß Sie überspannt sind und sich manchmal gehen lassen. Sie wollen alles tun können, wozu Sie Lust haben, auch wenn Sie sich damit wissentlich ins Unrecht setzen. Sie haben starke Machtgelüste und bleiben darin hartnäckig, auch wenn noch so gewiß ist, daß andere sich Ihnen entgegenstellen. Als rechter Parvenü nehmen Sie grundsätzlich einen konträren Standpunkt ein, und sei es auch nur, um Zwietracht zu säen. Lernen Sie lieber, sich auf den Boden vernünftiger, realistischer Werte zu stellen, damit Sie nicht zu Unrecht mit der Mehrheit in Konflikt geraten.

Wenn Sie weiterkommen wollen, müssen Sie erst einmal Ihre Einstellung zu Autorität im weitesten Sinne überprüfen. Schlagen Sie sich den Gedanken aus dem Kopf, man wolle Ihnen absichtlich einen Dämpfer versetzen oder Sie schlechter behandeln als andere. Ihre Überheblichkeit und die Widerborstigkeit, mit der Sie sich bestehenden Regelungen widersetzen, sind Ihrer Entwicklung nicht gerade förderlich. Bescheiden Sie sich, wenn nötig, und gehen Sie Schritt für Schritt voran. Die Achtung Ihrer Mitmenschen gewinnen Sie nur, wenn Sie nicht bedrohlich auf sie wirken. Sie zweifeln an Ihren eigenen Fähigkeiten und markieren trotzdem andern gegenüber den starken Mann.

Sobald Sie einmal eingesehen haben, daß andere genauso empfindsame Wesen sind wie Sie, haben Sie eine solide Grundlage, von der aus Sie Ihre Projekte verwirklichen können. Kompromißbereitschaft kommt allen Beteiligten zugute. Sie haben Führungsqualitäten, von denen Sie hervorragend im Umgang mit größeren Menschengruppen Gebrauch machen können. Auf den verschiedensten Ebenen im Bereich des Lehrens, der Naturwissenschaften, der Politik und Verwaltung könnten Sie sich schöpferisch so entfalten, wie Sie es wollen und brauchen.

In Gesellschaft legen Sie sich mit jedem an, der Ihnen in die Quere kommt, weswegen Sie möglicherweise als Störenfried verschrien sind. Sie haben zwar viele Freunde, aber das sind in der Hauptsache Menschen, die sich Ihnen bereitwillig unterordnen. Diese Facette Ihrer Persönlichkeit färbt auch auf Ihre Liebesaffären ab. Sie fordern zwar Unterwürfigkeit, verlieren aber alle Achtung vor jedem, der sich wirklich ergibt. Sie müssen an Ihren Auffassungen einiges ändern, wenn Sie emotional Bestätigung finden wollen. Die Gefühlstiefe, derer Sie fähig sind, wird bisweilen durch Ihren übermächtigen Willen verdeckt.

Sonne-Quadrat-Neptun

Das Quadrat zwischen der Sonne und Neptun ist ein Anzeichen dafür, daß Sie womöglich unter Minderwertigkeitskomplexen leiden. Ihr Selbstvertrauen ist durch die Erziehungsmethoden Ihrer Eltern seit frühester Kindheit ernstlich gestört. Man hat Sie vollkommen mißverstanden und nicht gemerkt, daß Sie nur Ihre persönlichen Eigenarten entwickeln wollten. Die Folge davon war, daß Sie sich zu Ihrem Schutz in Neurosen flüchteten, um sich gegen die dauernden emotionalen Quälereien zu verteidigen. Mit zunehmender Reife haben Sie sich weiterhin gegen Leute abgeschirmt, die Sie angeblich zugrunde richten wollten. Dabei sind Sie kreativ, phantasievoll und lechzen danach, sich schöpferisch zu betätigen. Aber da Sie der Wirklichkeit so ablehnend gegenüberstehen, fällt es Ihnen außerordentlich schwer, Ausdrucksmöglichkeiten für sich zu finden. Sie malen sich Fehlschläge aus und träumen Unmögliches zusammen, um Ihre glücklose Hand zu rechtfertigen.

Sie müssen mit Ihren ehrgeizigen Zielen im Rahmen des Möglichen bleiben. Ihre empfindsame Natur hindert Sie daran, es mit Konkurrenten aufzunehmen, und zwar aus zwei Gründen. Erstens unterschätzen Sie Ihre Erfolgschancen, und zweitens wollen Sie niemanden verletzen. Sie brauchen unbedingt Rat und Hilfe, um über Ihren Schatten springen zu können, die Realität so zu nehmen, wie sie nun einmal ist, und sich auch dann durchzusetzen, wenn Ihnen der Mißerfolg sicher vor Augen steht. Ihre größte Schwäche ist die, sich vor Pflichten zu drücken. Und dann verursachen Ihnen diese Unterlassungssünden Gewissensbisse; aber ehe Sie nicht bereit sind, auch auf die Gefahr des Scheiterns hin etwas zu unternehmen, werden Sie nie Ihr Ziel erreichen. Sie müssen mehr Eigenliebe entwickeln, damit Sie nicht am Katzentisch sitzen bleiben.

Widmen Sie sich einer beruflichen Tätigkeit, die Ihnen zu Anfang nur minimale Verantwortung auferlegt. Durch diese erste Erfahrung werden Sie lernen, daß Sie Verpflichtungen durchaus gewachsen sind. Mit der Zeit kommen Ihnen auch Ihre Fähigkeiten immer mehr zu Bewußtsein, so daß Sie sich höhere, ehrgeizigere Ziele stecken können. Das ist der beste Weg zu Unabhängigkeit, Selbstbestätigung und Zufriedenheit.

Sie sind emotional besonders anfällig und sollten sich von Leuten fernhalten, die Sie ausnutzen könnten. Ziehen Sie sich rechtzeitig zurück, wenn Sie bei andern solche Absichten vermuten.

Sonne-Quadrat-Pluto

Mit der Sonne im Quadrat zu Pluto neigen Sie zu extremer Halsstarrigkeit, die Ihnen zwar manchmal zugute kommt, meist jedoch verderblich wird. Auf niemandem lasten Enttäuschungen so schwer wie auf Ihnen, und wenn die Bürde unerträglich wird, explodieren Sie. Es fällt Ihnen schwer, im Umgang mit andern Menschen Maß zu halten.

Irgendwann in Ihrer Vergangenheit sind Sie auf die Devise vom »Recht des Stärkeren« gekommen und meinen nun, daß Sie zuerst zuschlagen müssen, um den Sieg davonzutragen. Anscheinend sind Sie dauernd »geladen«, liegen auf der Lauer und halten Ausschau nach Widersachern. Sie fördern die schlechtesten Eigenschaften zutage bei Ihren Mitmenschen, die sich damit gegen Ihren offensichtlichen Autoritätsmißbrauch zu wehren versuchen. Dadurch sind Sie selbst Ihr ärgster Feind.

Selbst denen, die Ihnen nahestehen, sind Sie ein Rätsel. Bisweilen zeigen Sie erstaunliche Selbstbeherrschung, um ein andermal schon beim leisesten Anstoß hochzugehen. Das ist wahrscheinlich der Grund dafür, warum Ihre Freunde und Bekannten bei Ihnen lieber auf Distanz bleiben. Enge emotionale Bindungen lösen bei Ihnen Abwehrmechanismen aus, und ähnliche Reaktionen zeigen Sie auch bei der Verfolgung Ihrer Ziele.

Sie haben zwar Geschäftssinn und die Gabe, ehrgeizige Unternehmungen zu managen. Aber Sie müssen einsehen, daß andere in irgendeiner Weise mit zu Ihrem Erfolg beitragen. Lernen Sie, den Rat von Menschen anzunehmen, die ihrer Veranlagung nach Entscheidungen auf Grund von Fakten treffen, statt aus einem persönlichen Gefühl heraus. Geben Sie acht, daß Sie sich nicht total verhärten und kalt über die Empfindungen der Menschen, mit denen Sie zu tun haben, hinwegsehen.

Versuchen Sie, entgegenkommend zu sein. Denken Sie daran, daß Sie nicht einerseits ein offenes Ohr für annehmbare Vorschläge haben und andererseits verlangen können, daß man Ihren Anordnungen widerspruchslos Folge leistet.

Berufliche und private Krisen dürften Ihnen die Augen dafür öffnen, daß Sie hart arbeiten müssen, um Ihren krassen Egoismus und Ihre charakterlichen Schwächen in den Griff zu bekommen. Sich in allem, was Sie tun, zu zügeln, bringt Ihnen mehr Vorteile, als Sie sich vorstellen können.

Sonne-Quadrat-Aszendent

Die Sonne im Quadrat zum Aszendenten deutet an, daß Sie, wie Sie sich auch geben mögen, bei andern immer negative Reaktionen auslösen. Irgendwie fangen Sie alles falsch an, denn Sie haben Mühe, Ihre Mitmenschen von Ihrer Ehrlichkeit und Aufrichtigkeit zu überzeugen. Sie tragen ein wenig zu dick auf, was bei andern nicht gerade gut ankommt, sondern auf Ablehnung stößt. All Ihre Freundschaftsbezeigungen machen den Mangel an Aufrichtigkeit, der bei Ihnen vermutet wird, nicht wett. Befragen Sie Ihren besten Freund einmal zu dem hier Gesagten, denn Sie selbst werden es kaum für möglich halten und sich dagegen sträuben.

Kompromisse gehen Sie nur ein, wenn sich keinerlei andere Alternative bietet. Wie es wirklich um Sie bestellt ist, dafür haben Sie überhaupt keinen Blick, während andere davon ganz offensichtlich peinlich berührt sind. Sie wollen bei jedermann Anklang finden; das schaffen Sie aber nur, wenn Sie bescheidenere Seiten aufziehen und sich Ihren Mitmenschen nicht aufdrängen. Dasselbe gilt auch für Ihr Verhältnis zu Kollegen, mit denen Sie über längere Zeit in engem Kontakt stehen. Die Leute werden Sie mehr schätzen, wenn es ihnen offensteht, Ihnen freiwillig entgegenzukommen. Dann haben sie das Gefühl, selbst auf Sie zugegangen zu sein.

Es ist besser, andere für sich einzunehmen, als Unterwürfigkeit zu fordern.

Trotz alledem sind Sie an Widerstand gewöhnt, wenn Sie etwas durchzusetzen versuchen. Da Sie wissen, daß ohne Fleiß kein Preis zu erringen ist, sind Sie durchaus bereit, gelegentlich Rückschläge hinzunehmen und als charakterbildend zu bewerten. In Ihren prägenden Jahren hatten Sie wohl Schwierigkeiten mit Älteren zu bestehen, und seitdem sind Sie ein Hitzkopf. Sie sind sich auch darüber im klaren, daß Sie selbst Ihres Glückes Schmied sind. Probleme entstehen Ihnen beim Umgang mit Leuten in leitender Position, die von Ihnen erwarten, sich Ihrer untergeordneten Stellung gemäß zu verhalten. Wenn Sie endlich merken, daß Sie nicht mit Ihren schöpferischen Fähigkeiten, sondern mit Ihrer Einstellung andere vor den Kopf stoßen, werden Sie auch weiterkommen und auf Grund Ihrer Sachkenntnisse vollste Zustimmung erhalten.

Mond-Quadrat-Merkur

Der Mond im Quadrat zu Merkur weist darauf hin, daß Sie Schwierigkeiten haben, sich ein vernünftiges Urteil zu bilden, weil meist Ihre Gefühle mit hineinspielen. Wie peinlich, wenn Sie später herausfinden, daß Sie mit Ihrer Handlungsweise eine unglaubliche Unreife bewiesen haben! Es fällt Ihnen nicht gerade leicht, rational und objektiv zu sein, denn Sie sind übersensibel und können bei Ihrem Tun und Lassen einfach nicht unparteiisch sein. Manchmal gelingt es Ihnen kaum, Einbildung und Wirklichkeit auseinanderzuhalten, so daß Sie unter Umständen fälschlicherweise annehmen, Sie würden kritisiert, obwohl das gar nicht der Fall ist. Deshalb kommt es zwischen Ihnen und Ihren Mitmenschen häufig zu ernsten Mißverständnissen, durch die Sie sich wahrscheinlich höchst unbeliebt machen.

Sie sind sehr gefühlvoll im Umgang mit denen, die Ihnen nahestehen, und legen großen Wert auf alles, was Sie besitzen. Sie sind so stark von Banalitäten in Anspruch genommen, daß Sie daran viel Mühe und Energie nutzlos verschwenden. Ihr Problem ist, daß Sie sich zuviel mit sich selbst beschäftigen, weil Sie unsicher sind und fürchten, nicht anzukommen, egal, was Sie machen. In gewissem Sinne sind Sie also recht egoistisch – Sie sollten andern Menschen genausoviel Zeit und Mitgefühl widmen wie sich selbst. Versuchen Sie, Ihre Interessen nach außen zu verlagern. Schon der Versuch allein wird Ihnen helfen, Ihre fast neurotische Einstellung zu Ihrem Privatleben zu verändern. Das wäre nicht nur Ihrer Gesundheit zuträglich, sondern würde Ihnen auch die Augen dafür öffnen, daß andere ähnliche Probleme haben wie Sie.

Sobald Sie sich Ihrer Fehler erst einmal bewußt sind und leichter mit andern Menschen in Kontakt kommen, können Sie auch optimistisch in die Zukunft blicken. Sie dürften gern mit jungen Menschen und Kindern arbeiten. Bleiben Sie Ihren Altersgenossen jedoch lieber fern, bis Sie gelernt haben, ihrer Kritik standzuhalten, die Sie bislang als niederschmetternd empfinden. Erst wenn Sie sich wirklich darüber klar sind, was Sie wissen und können, sollten Sie sich mit Ihresgleichen messen. Geben Sie acht, daß Sie niemanden schlechtmachen, der mit Ihnen konkurriert. Überprüfen Sie lieber die Fakten auf ihre Richtigkeit hin, ehe Sie sich auf ein Wortgefecht einlassen.

Mit Ihren engsten Freunden kommen Sie gut zurecht, weil Sie sich durch sie nicht verunsichert fühlen. Ganz anders steht es jedoch mit Fremden, die Sie meist einschüchtern. Deshalb werden Sie nicht so leicht warm mit anderen Menschen. Sie wollen sich nicht anpassen oder Zugeständnisse machen, sondern ziehen es vor, daß die andern sich auf Ihre zartbesaitete, verletzliche Natur einstellen. Sie klammern sich an Ihre Überzeugungen und reagieren trotzig, wenn Ihnen jemand einen Irrtum nachweisen will. Werden Sie ein wenig lockerer – das erleichtert Ihnen das Leben und ermutigt Ihre Mitmenschen dazu, Ihnen mehr Sympathie und Verständnis entgegenzubringen.

Mond-Quadrat-Venus

Das Quadrat vom Mond zur Venus ist ein Anzeichen dafür, daß Sie vor engen emotionalen Bindungen zurückschrecken, weil Sie die damit verbundene Verantwortung nicht tragen wollen. Sie zeigen Ihre Gefühle nicht offen, denn Sie befürchten, daß dann Forderungen an Sie gestellt werden. Ihre tiefe Verwurzelung mit der Vergangenheit ist wahrscheinlich durch Ihre Eltern bewirkt worden. Zweifellos mußten Sie ihnen unverbrüchlich die Treue halten, und niemand durfte von außen in dieses Verhältnis einbrechen. Es ist wirklich zu Ihrem Schaden, wenn Sie nur unter Schuldgefühlen den Versuch wagen, Ihre innersten Empfindungen mit jemandem zu teilen. Schuld daran tragen auch Ihre Eltern, die Sie gar nicht so fest an sich hätten binden dürfen. Sie haben überhaupt keine klare Vorstellung mehr von Ihren eigenen Wünschen und Zielen, und deshalb tut eine Einstellungsänderung dringend not; andernfalls liegen die Gefahren für Sie auf der Hand.

Ihre Aufsässigkeit kann allerdings zu Problemen im Privatbereich führen. In dem Bestreben, sich von den Einschränkungen freizumachen, die Sie als drückend empfinden, lassen Sie sich möglicherweise in eine Affäre ein, die alles andere als wünschenswert ist. Dann könnte es durchaus passieren, daß Sie nur als Kippe für Seelenmüll mißbraucht werden und dabei noch irrtümlich glauben, die Gefühle für Sie seien echt.

Sie wären gut beraten, wenn Sie sich selbständig machen, sobald Sie Ihren Lebensunterhalt verdienen und selbst für sich sorgen können. Sie brauchen Menschen um sich, die von Ihnen nichts als Freundschaft erwarten. Dann werden sich Ihnen neue Perspektiven eröffnen, so daß Sie andern mit mehr Verständnis und in gegenseitigem Vertrauen begegnen. Sollten Sie Ihre übermächtigen Gefühle nicht mehr zügeln können, zögern Sie wenigstens bindende Zusagen hinaus. Eine Heirat kann Sie glatt ins Unglück stürzen, solange Sie noch nicht über die Nachwirkungen der Fehlerziehung Ihrer Kindheit hinweg sind. Sie würden womöglich Ihrem Partner die Schäden »heimzahlen«, die andere bei Ihnen angerichtet haben, also den Falschen bestrafen. Sie sind sehr leicht zu beeinflussen, denn Ihr Drang, Ihren emotionalen Hunger endlich zu stillen, macht Sie blind. In der Annahme, jedermann sei ehrlich und aufrichtig, sitzen Sie vielleicht gerade dann auf dem Trockenen, wenn Sie am nötigsten Beistand brauchen.

Die Zeit arbeitet für Sie, denn mit der Zeit werden Sie reifer und urteilsfähiger. Nehmen Sie aber keine Abkürzung und unterziehen sich dem mühevollen Lernprozeß, Ihre Mitmenschen und deren Motivationen verstehen zu wollen. Machen Sie bei Gruppenunternehmungen mit, wo Sie eng mit Menschen in Berührung kommen und beobachten können, wie diese sich verhalten und was sie bewegt. Dabei werden Sie auch menschliches Versagen begreifen lernen und jeden, für den Sie Zuneigung empfinden, klarer einschätzen können.

Mond-Quadrat-Mars

Der Mond im Quadrat zum Mars deutet an, daß der Weg zu guten zwischenmenschlichen Beziehungen noch dornenreich ist. Sie wollen sich in keiner Weise an andere anpassen, weil Sie fürchten, bei einem Entgegenkommen Ihrerseits ausgenutzt zu werden. Ihre Gefühle sind leicht zu verletzen, denn Sie sind äußerst zartbesaitet. Sie verteidigen sich ständig gegen Bedrohungen, die gar nicht existieren. Um Ihre unangebrachten Gefühlsausbrüche zu rechtfertigen, pochen Sie auf Ihr Recht, sich mit allen Mitteln schützen zu dürfen. Mit Ihrer Unbeherrschtheit schaffen Sie Probleme, wo keine sind, und schon bestehende verschärfen Sie noch. Bisweilen nehmen Sie im Gespräch mit andern Menschen einfach einen konträren Standpunkt ein. Sie sind erst zufrieden, wenn die andern Ihrer Unreife wegen nachgeben, damit Sie sich in dem Gefühl wiegen können, Sie hätten sich siegreich geschlagen.

Irgendwann müssen Sie sich doch wie ein erwachsener Mensch benehmen, sonst werden Sie immer unter Problemen zu leiden haben, die Ihre Zügellosigkeit im Umgang mit Ihren Mitmenschen heraufbeschwört. Wenn Sie das begreifen, werden Sie sich auch zu Kompromissen bereitfinden und andern zu Ihrem eigenen Vorteil auf halbem Wege entgegenkommen. Bis Sie soweit sind, werden Sie es schwer haben, Ihre Ziele zu verwirklichen, weil Sie Ihre Energien an endlose Erörterungen mit Rivalen verschwenden. Eine Auffassung, die sich von der Ihren unterscheidet, betrachten Sie als Affront gegen Ihre Intelligenz und Kompetenz; und wer eine von der Ihren abweichende Meinung laut werden läßt, setzt sich Ihren überheblichen, beleidigenden Gefühlsausbrüchen aus. Wenn Sie wirklich qualifiziert sind, was haben Sie dann zu befürchten? Brauchen Sie denn fortwährend Bestätigung, um Ihr angeknackstes Selbstwertgefühl wieder zu heben? Wenn Ihnen die nötige Sachkenntnis fehlt, bilden Sie sich lieber weiter, damit Sie Ihren Konkurrenten gewachsen sind. Ihre mangelnde Selbstbeherrschung ist Ihnen von größtem Nachteil.

Ihre beruflichen Sorgen spielen auch in Ihr Privatleben hinein und lassen Mißhelligkeiten zwischen Ihnen und Ihrem Partner aufkommen. Wenn Sie keine Schritte unternehmen, einen Ausweg aus dieser Zwangslage zu finden, werden die Wunden kaum jemals heilen. Sie sollten unbedingt Berufs- und Privatleben auseinanderhalten, damit nicht beide in Mitleidenschaft gezogen werden.

Sie stellen sehr hohe Ansprüche an andere, sind selber jedoch weit davon entfernt, die in Sie gesetzten Erwartungen zu erfüllen. Diese doppelte Moral ärgert Ihre Kollegen, die eng mit Ihnen zusammenarbeiten müssen.

Der Streß ständiger Auseinandersetzungen lastet natürlich auf Ihnen und hat mit Sicherheit Einfluß auf Ihre Gesundheit. Durch die alltäglichen nervenaufreibenden Spannungen und Sorgen können bei Ihnen leicht Magen- und Darmstörungen auftreten.

Mond-Quadrat-Jupiter

Der Mond im Quadrat zu Jupiter veranlagt Sie dazu, Ihre Erfahrungen rein gefühlsmäßig zu bewerten und kein vernunftbegründetes Urteil fällen zu können. Die Folge davon ist, daß Sie falsche Schlüsse ziehen und dann Schwierigkeiten haben, Ihre Probleme zu lösen. Ihr Urteil steht auf tönernen Füßen, so daß Sie eine darauf basierende Behauptung oft zurücknehmen müssen. Fest steht, daß Sie emotional zu labil sind, um Untersuchungen anzustellen und wirkliche Fakten zusammenzutragen. Sie sind zu nachsichtig gegen sich, nicht allzu ehrgeizig, manchmal verantwortungslos und halten lieber Abstand von Menschen und bestimmten Situationen, in die Sie verwickelt werden könnten. Ihr Wankelmut gewinnt Ihnen nicht gerade die Zuneigung derer, die Ihnen Beistand leisten, denn Ihnen scheint es gleichgültig zu sein, ob Sie unterstützt werden oder nicht. Wenn aber diese Leute sich wegen Ihrer Gleichgültigkeit von Ihnen abkehren, reagieren Sie mit Bitterkeit und haben das Gefühl, einsam auf der Strecke gelassen zu werden. Da es Ihnen an innerer

Reife mangelt, werden Sie bei manchen Gelegenheiten übergangen, insbesondere dann, wenn es sich um ernste Dinge handelt.

Sie sind großzügig bis zur Verschwendung und merken vielleicht, daß Ihnen immer dann die Mittel fehlen, wenn Sie sie am nötigsten brauchen. Ein Kursus in Finanzwirtschaft würde Sie lehren, sich nicht bis über beide Ohren zu verschulden, ohne sich Möglichkeiten der Tilgung zu überlegen. Diese Planetenkonstellation sagt aus, daß Sie Ihre Wünsche gern auf die bequemste Weise befriedigen. Wahrscheinlich denken Sie gar nicht über den unmittelbaren Akt des Kaufens hinaus. Lassen Sie am besten ganz Ihre Finger von Kreditgeschäften und Ratenkäufen. Ihr Konsumtrieb ist so übermächtig, daß Ihnen das Geld sehr locker in der Tasche sitzt.

Sie schwanken zwischen Zeiten der Begeisterung für alles und Zeiten totaler Apathie hin und her. Obwohl Sie schöpferisch begabt sind, unternehmen Sie keinerlei Anstrengungen, Ihre Talente auch zu entwikkeln und anzuwenden. Statt sich ins Zeug zu legen, bemitleiden Sie sich selbst, weil Sie angeblich so wenig vom Leben haben.

Sie sollten sich ein Programm aufstellen, das Ihnen strikte Regeln für Ihre Finanzangelegenheiten auferlegt und Ihnen hilft, Verantwortung zu übernehmen und für die Zukunft vorauszuplanen. Das ist Ihre einzige Möglichkeit, Ihre Fähigkeiten gezielt einzusetzen. Sobald Sie das tun, brauchen Sie auch keine Routinetätigkeit mehr auszuführen, die unter Ihrem Niveau ist, Sie langweilt und noch teilnahmsloser macht. Sie könnten sich auf so interessante Bereiche einstellen wie das Rechtswesen, die Medizin, die Hauswirtschaftslehre, das Gaststättengewerbe oder den Bildungssektor. Ein noch besseres Betätigungsfeld wäre die Behindertenrehabilitation und die Heilgymnastik. Dabei könnten Sie einmal Ihre eigene Lage mit dem Leben von Menschen vergleichen, die wirklich benachteiligt sind. Das dürfte Ihnen ein Anlaß sein, einige Projekte durchzuführen und mit Ihren schöpferischen Fähigkeiten zu brillieren.

Ihre Gesundheitsprobleme sind fast ausschließlich auf den übermäßigen Genuß von Essen und Trinken zurückzuführen. Streichen Sie reichhaltige Speisen möglichst ganz von Ihrem Speiseplan; Sie werden sonst nur noch schwammiger und schwerfälliger, als Sie ohnehin schon sind. Wenn Sie laufen wollen, dann nur für Ihre Gesundheit und nicht auf der Flucht vor Verpflichtungen!

Mond-Quadrat-Saturn

Das Quadrat zwischen Ihrem Mond und Saturn zeigt an, daß es Ihnen schwerfällt, sich von der Vergangenheit und den Bekannten von früher zu lösen. Auf Grund Ihrer frühkindlichen Erziehung überkommen Sie schwere Schuldgefühle, wenn Sie jemandem, den Sie lange kennen, die

Treue brechen. Deshalb liegen Ihnen auch Familienangelegenheiten sehr am Herzen, und selten vergessen Sie Geburtstage und andere Gedenktage. Hieran zeigt sich deutlich, daß Sie emotional in der Falle sitzen. Sie haben Schwierigkeiten, auch außerhalb der festen Bande von Heim und Familie Ihre Selbständigkeit zu beweisen.

In erster Linie sind Ihre Eltern verantwortlich zu machen für Ihre Abhängigkeitsgefühle und Ihre Unfähigkeit, sich auf die eigenen Füße zu stellen. Leider merken Eltern oft gar nicht, wie schädlich es für Ihre Kinder ist, abhängig von ihnen zu sein. Ihrem schöpferischen Ausdrucksvermögen sind durch Ihre emotionalen Engpässe entsprechende Grenzen gesetzt.

Für Sie kommen am ehesten Tätigkeitsbereiche in Frage, in denen Sie sich älteren Menschen nützlich machen. Sie könnten sich entfalten in der Krankenpflege, Heilgymnastik, Fürsorge, der Geriatrie, der Diätetik und bei öffentlichen Hilfsprogrammen. Dabei hätten Sie ein relativ familiäres Umfeld oder könnten sich mit Menschen identifizieren, die Sie an Ihre Eltern erinnern. Sie würden hervorragende Arbeit leisten und für Ihren Einsatz reichlich belohnt werden; Sie wüßten auch selbst, daß Sie eine große Hilfe sind.

In der Liebe werden Sie kaum Erfüllung finden, ehe Sie sich nicht deutlich vor Augen geführt haben, wie dürftig es um den Gehalt Ihres Lebens bestellt ist. Erst wenn Ihnen zu Bewußtsein kommt, daß die Zeit vergeht und Ihnen immer weniger Partner zur Wahl stehen, werden Sie rege und machen Jagd auf einen Gefährten.

Sehen Sie zu, daß Sie an einer Freizeitaktivität Gefallen finden. Ihr Hang zu Schwermut und Depression wird sich in dem Maße verlieren, wie Sie kreativen Beschäftigungen nachgehen. Viel Freude dürften Sie an Kindern haben, die Ihnen mit ihrer Unbekümmertheit und unstillbaren Neugier die Zeit vertreiben. Vielleicht treten Sie einer Hilfsorganisation für Jugendliche bei, die jemanden brauchen, der ihnen Vater oder Mutter ersetzt.

Ernähren Sie sich gesund; essen Sie möglichst nicht hastig in einem jener Schnellrestaurants, die ein Symptom unserer hektischen Gesellschaft sind. Nehmen Sie keine kalten Speisen zu sich, und machen Sie es sich nach Möglichkeit zur Gewohnheit, mit anderen zusammen zu tafeln.

Mond-Quadrat-Uranus

Das Quadrat vom Mond zu Uranus zeigt auf, daß Sie von leidenschaftlichen Gefühlen beherrscht werden und sich exzentrisch benehmen. Wenn Ihnen jemand in die Quere kommt, begegnen Sie ihm schroff; selbst die Menschen, die Sie am meisten lieben, bekommen Ihre Übellaunigkeit zu spüren. Bei Ihrer Verfassung reicht der leiseste Anstoß, und Sie gehen hoch, besonders wenn Ihre Gefühle in Wallung sind. Sie müssen sich in mehr Selbstbeherrschung üben, um Ihrer Gefühlsausbrüche Herr zu werden, die meist aus heiterem Himmel kommen und ungerechtfertigt sind. Da Sie gewohnt sind, Ihren Willen durchzusetzen, können Sie es absolut nicht vertragen, wenn man Einwände gegen Sie vorbringt. Sie haben noch manche Lektion zu lernen, und die erste heißt Anpassung. Die Freiheit, die Sie für sich in Anspruch nehmen wollen, müssen Sie auch andern zugestehen, sonst werden Sie ständig Probleme mit Ihren Mitmenschen haben.

Sie sind ein heller Kopf und haben geniale Ideen. Wenn Sie sich besser unter Kontrolle hätten, wären Sie ein durchschlagender Erfolg. Ihre Begabungen eignen sich für das Lehren und Schreiben, für Forschung und Politik. Sie können gut mit Gruppen umgehen oder für Gruppenbelange eintreten. Als geborener Kämpfer für die Gleichberechtigung können Sie andern in lebhaften Farben die Freiheit ausmalen, die ihnen versagt wird.

Ihre Ungeduld und Impulsivität erhöht Ihr Unfallrisiko. Sie handeln oft unüberlegt und leisten dadurch Unglücksfällen Vorschub. Ihr Ungestüm ist vielleicht die Folge Ihrer frühkindlichen Erziehung, wo Sie sich nicht im gewünschten Maße behaupten durften. Daraufhin haben Sie sich trotzig gegen die Autorität aufgelehnt und sich geweigert, Verantwortung zu übernehmen. Wenn man an Ihre Gefühle appellierte, um Sie gefügig zu machen, haben Sie wahrscheinlich hochmütig reagiert.

Eine Ehe kann nur dann glücklich für Sie sein, wenn Sie kompromißbereit sind. Sie sind so sehr auf persönliche Freiheit aus und haben so wenig für Verpflichtungen übrig, daß Sie für eine solche Verbindung gar nicht gerüstet sind, höchstens aus Ihrer eigenen Sicht heraus. Ihrer Auffassung von Ehe entspricht das althergebrachte Rollenverhältnis, in dem nur ein Partner das Sagen hat. Diese Aufteilung hat aber heutzutage kaum noch Chancen. In Wirklichkeit haben Sie ja doch das verzweifelte Bedürfnis, mit Ihrem Partner eine gemeinsame Basis zu finden. Wenn Sie das schaffen, werden Sie voller Freude davon profitieren, statt über Einbußen zu jammern.

Mond-Quadrat-Neptun

Der Mond im Quadrat zu Neptun ist ein Hinweis darauf, daß Sie Schwierigkeiten haben, Dichtung und Wahrheit auseinanderzuhalten. Ihre blühende Phantasie stiftet einige Verwirrung, was Ihren Bezug zur Wirklichkeit angeht. Oft biegen Sie sich die Realität so zurecht, daß sie für Sie emotional erträglich ist. Klappt das nicht, schaffen Sie sich womöglich mit künstlichen Mitteln eine Umgebung, in die Sie sich flüchten können. Verpflichtungen empfinden Sie als lästig und lehnen sie deshalb ab. In Ihrer Abneigung gegen normales Sozialverhalten werden

Sie unter Umständen sogar zu einem Schmarotzer und lassen Ihre vielen Begabungen brachliegen. Wenn Sie statt dessen etwas damit anfangen würden, könnten Sie mit Ihrem feinen Einfühlungsvermögen Organisationen unterstützen, die drückende soziale Mißstände bekämpfen. Mehr als andere haben Sie das starke Bedürfnis, die menschliche Natur zu erforschen, und zu diesem Zweck müssen Sie sich unbedingt bilden.

In Ihrer Kindheit sind Sie nicht so erzogen worden, daß Sie den Anforderungen der rauhen Außenwelt die Stirn bieten. Ihrem Erfolg steht in erster Linie Ihre Furcht vor dem Unbekannten im Wege. Sie sollten sich beruflich auf handfeste Unternehmungen einstellen, bei denen ein anderer Ihre Entscheidungen überprüft. Passen Sie gut auf, daß Sie nicht in dunkle Machenschaften verwickelt werden. Wenn Ihnen bei einer Übereinkunft Zweifel kommen, ziehen Sie sich lieber sofort zurück. Sie sind leichte Beute für hinterlistige Mitmenschen, deren Mißerfolge Sie wahrscheinlich ausbaden müssen. Bleiben Sie realistisch und verfolgen Sie nur Ziele, die nicht zu hochgesteckt sind und sich in naher Zukunft verwirklichen lassen. Gehen Sie vorsichtig Schritt für Schritt vor und machen Sie sich dabei klar, daß es Ihnen freisteht, Ihre Ziele nach und nach höher zu stecken.

Sie sollten einen vertrauenswürdigen Freund oder auch einen Berufsberater bitten, Ihnen zu helfen, Ihre schöpferischen Energien in die richtigen Bahnen zu lenken. Verlassen Sie sich zu Beginn einer privaten oder beruflichen Beziehung nicht auf Ihr Glück. Glauben Sie nicht alles, was Sie sehen, und nichts von alledem, was Ihnen zu Ohren kommt.

Sie tragen Mitschuld daran, daß zwischen Ihnen und Ihrem Partner Mißverständnisse entstehen und weiterschwelen. Auch was Ihnen gar nicht zu Bewußtsein kommt, *kann* Ihnen schaden. Essen Sie gesunde Kost und machen Sie sich peinlichste Sauberkeit nicht nur zur gelegentlichen Pflicht, sondern zur Gewohnheit. Sie sind mehr als andere Menschen für Infektionen anfällig und müssen Vorsorge treffen, wenn Sie gesund bleiben wollen.

Mond-Quadrat-Pluto

Mit dem Mond im Quadrat zu Pluto sind Sie ein tiefempfindender Mensch, dem es schwerfällt, sich von der Vergangenheit zu lösen. Sie machen sich Sorgen um die Zukunft und ziehen sich oft schutzsuchend in sich selbst zurück. Die elterliche Erziehung in Ihrer frühen Kindheit mag dafür verantwortlich sein, daß Sie stets Gefahr wittern, wenn Sie sich mit den Problemen des Lebens konfrontiert sehen. Vielleicht war das Verhältnis zu Ihren Eltern gespannt, weil Sie die elterliche Strenge als lieblos empfanden und sich abgelehnt fühlten.

Sie sind im Grunde ein Einzelgänger, und wenn Sie endlich einmal mit andern Kontakt aufnehmen, werden Sie leicht lästig. Die Folge davon ist, daß man Ihre aufdringliche Art auf die Dauer unerträglich findet. Sie verlangen von Ihren Mitmenschen, daß sie sich auf Sie einstellen und Ihren Erwartungen entsprechen. Sie müssen noch eine Menge über die menschliche Wesensart lernen; bis dahin werden Sie wohl weiter unter dem Gefühl des Zurückgesetztseins und unter emotionalen Ängsten zu leiden haben. Versuchen Sie, die jeweilige Sachlage vernünftig zu überdenken und fair zu beurteilen.

Emotionale Verantwortlichkeit ist Ihnen eine Last. Sie wollen die Freuden der Liebe ohne Einschränkung genießen. Ihrer leidenschaftlichen Natur nach neigen Sie dazu, enge Beziehungen einzugehen, die aber nur von flüchtiger Dauer sind und auf körperlicher Anziehung beruhen.

In Ihren Bekanntschaften setzen Sie sich radikal durch; Sie sollten sich unbedingt in der Kunst üben, liebevoll und fürsorglich zu sein. Sie müssen den andern Gelegenheit geben, freiwillig ihre Zuneigung für Sie zu bekunden, statt derlei Liebesbeweise mit Gewalt erzwingen zu wollen. Wenn Sie Ihre doch recht negative Einstellung ändern würden, könnten sowohl Sie als auch Ihr Partner davon profitieren, und die Beziehung wäre für beide Seiten reizvoller.

Sie sollten sich einen Beruf mit Publikumsverkehr suchen, damit Sie beobachten können, wie andere Menschen miteinander umgehen. Seien Sie entgegenkommender, wenn Ihnen das hilft, Ihre Ziele zu erreichen. Empfehlenswerte Betätigungsfelder sind unter anderem Rehabilitation und Heilgymnastik, die öffentliche Wohlfahrt, das Sozialversicherungswesen wie auch andere Bereiche, in denen benachteiligten Menschen geholfen wird, ihr Leben trotz ernster Behinderungen wieder lebenswert zu machen. Indem Sie andern beistehen, werden Sie merken, was Sie aus reinem Mitgefühl Gutes leisten können. Wenn Sie sich um Ihre Mitmenschen kümmern, statt sich intensiv mit sich selbst zu beschäftigen, wird Ihr Leben reicher, als Sie für möglich halten.

Um gesund zu bleiben, müssen Sie gelegentlich alles stehen und liegen lassen und sich entspannen. Es könnten Probleme mit den Geschlechtsorganen auftreten, deshalb sollten Sie sich regelmäßig untersuchen lassen, und sei es auch nur, um sich nicht unnötig zu ängstigen.

Lassen Sie lieber die Finger vom Okkultismus. Ihre Erfahrungen auf diesem Gebiet können Sie womöglich nicht richtig verarbeiten, ohne in Verwirrung zu geraten.

Mond-Quadrat-Aszendent

Der Mond im Quadrat zum Aszendenten weist darauf hin, daß Sie emotional voreingenommen auf Vorfälle und Erfahrungen mit andern

Menschen reagieren. Sie lassen sich leicht beeindrucken und haben Schwierigkeiten, die jeweiligen Sachverhalte realistisch einzuschätzen und sich entsprechend zu verhalten. Vielleicht sind Sie sich dieser Tendenz bewußt und ärgern sich darüber, daß Sie nicht objektiver sein können. Sie sind ein Opfer Ihrer tief eingewurzelten Gewohnheiten, die nur schwer zu ändern sind. In Ihrer Gefühlslabilität liefern Sie sich leicht charakterstarken Menschen aus, die Sie nach ihrem Gutdünken zu formen versuchen, und Sie sind meist so machtlos, daß Ihnen nichts übrigbleibt, als sich zu fügen. Daß Sie mit der Wirklichkeit nicht zurechtkommen, vergrößert Ihre zwischenmenschlichen Probleme noch, weil niemand voraussagen kann, wie Ihre Reaktion ausfallen mag. Sie sind ein Gefühlsmensch mit starken Bindungen an Heim und Familie. Es fällt Ihnen ziemlich schwer, sich davon zu lösen und Zugang zu andern Menschen zu finden, mit denen Sie eine persönliche, gefühlvolle Beziehung eingehen können. Dabei ist es sehr wichtig für Sie, mit der Vergangenheit zu brechen und die Grenzen zu sprengen, die sie Ihrer Freiheit auferlegt. Dann erst werden Sie in der Lage sein, sich Ihrer Natur gemäß zu entwickeln, ohne sich darum zu kümmern, was andere dazu meinen.

Aufreibender, offener Wettbewerb wird Ihnen immer höchst unangenehm sein, wenn Sie sich nicht den nötigen Abstand verschaffen und lernen, mit Menschen und Situationen klarzukommen. Mit der Zeit werden Sie merken, daß jeder mit Konkurrenzängsten zu kämpfen hat, Sie also nicht allein dieses Problem haben. Wenn Sie einmal mit Ihren Freunden darüber sprechen, werden auch sie zugeben, derartige Ängste zu kennen. Muten Sie sich nicht zuviel zu, insbesondere nicht in Ihrem Berufsleben.

Sofern Sie noch keine Ausbildung haben, sollten Sie sich beruflich qualifizieren, denn dann bleiben Sie im Rennen. Hüten Sie sich vor Kollegen, die, wenn sie einer Aufgabe nicht gewachsen sind, Sie vorschieben und die Sache ausbaden lassen, falls sie nicht erwartungsgemäß ausgeht.

Vor allen Dingen aber behalten Sie Ihre Privatangelegenheiten für sich. Geben Sie sich vor Ihren Widersachern keine Blöße. Und ergehen Sie sich nicht in Selbstmitleid!

Merkur-Quadrat-Mars

Das Quadrat von Merkur zu Mars verleiht Ihnen enorme Geisteskräfte, um auch mit schwierigsten Aufgaben fertig zu werden, nur wird es Ihnen wahrscheinlich an der nötigen Beharrlichkeit fehlen, Ihre Vorhaben auch wirklich auszuführen. Sie sind außerordentlich eigensinnig und werden wütend, wenn Ihre Ansichten keinen Anklang finden. Ihre Mitmenschen werden einem Gespräch mit Ihnen lieber ausweichen, weil Sie schon beim geringsten Anlaß einen Streit vom Zaun brechen. Sie hören es gar nicht gern, wenn Auffassungen vertreten werden, die Ihnen nicht passen. An allem haben Sie etwas auszusetzen, und nichts ist zu unbedeutend, daß es Ihrer Aufmerksamkeit entgehen könnte. Ihre Grobheit andern Menschen gegenüber ist taktlos und beleidigend, aber das ist Ihnen nicht einmal bewußt. Sie sollten lernen, den Mund zu halten, wenn Sie über eine Sache nicht ausreichend informiert sind, denn sonst machen Sie sich lächerlich vor den Leuten, die wissen, wovon sie reden.

Sie haben ein gutes Vorstellungsvermögen, mit dem Sie aber etwas Konstruktives anfangen sollten. Sie werden eine Menge Zugeständnisse an andere machen müssen, ehe Sie in irgendeinem Beruf zu Erfolg kommen. Ihre Mitmenschen wollen sich genau wie Sie verwirklichen; bis Sie soweit sind, sich auch auf die Bedürfnisse anderer einzustellen, werden Sie noch auf viele Hindernisse stoßen, was Ihre eigenen Wünsche angeht. Bei der Verfolgung Ihrer Ziele werden Sie auf ziemlich viel Widerstand treffen, aber die meisten Leute finden sich doch zu Kompromissen bereit, sofern Sie ihnen Gelegenheit dazu geben. Wenn Sie im Irrtum sind, sollten Sie das auch zugeben. Haben Sie recht, dann gehen Sie diplomatisch vor. Auf diese Weise nehmen Sie alle im Nu für sich ein. Niemand mag einen Aufschneider, aber jeder bewundert einen Menschen, der die Charakterstärke besitzt, menschliches Versagen einzugestehen.

Sobald Sie eingesehen haben, daß Sie andern auch Rechte einräumen müssen, steht Ihrem Erfolg auf dem Gebiet des Rechtswesens, des Managements, der Lehre, des Schreibens, der Schauspielkunst, der Kontaktpflege wie überhaupt auf dem Kommunikationssektor nichts mehr im Wege. Auch im aktiven Sport und verwandten Betätigungsfeldern könnten Sie Bestätigung finden. Manchmal werden Sie den Sieg davontragen, aber Sie müssen lernen, auch ein guter Verlierer zu sein.

Vieles von dem, was über Ihre zwischenmenschlichen Kontakte ganz allgemein gesagt wurde, gilt auch für Ihr Liebesleben. Sie reagieren leicht bitter und sind nachtragend, wenn Ihre Annäherungsversuche nichts fruchten. Versuchen Sie, eine gute Miene zu bewahren und Enttäuschungen von sich abzuschütteln. Sie sind zwar in dem Glauben befangen, Ihr Partner müsse Ihnen ergeben sein, verlieren aber in diesem Fall doch alle Achtung vor ihm. Sie brauchen jemanden, der Ihnen ein Ansporn ist, Reife und Charakter zu beweisen.

Merkur-Quadrat-Jupiter

Das Quadrat von Merkur zu Jupiter zeigt auf, daß bei Ihnen Überzeugung und Wahrheit im Zwiespalt sind. Sie legen Feuereifer an den Tag und wollen soviel wie möglich lernen, um dann das Interesse zu verlieren, ehe Sie noch im Besitz der zur praktischen Anwendung nötigen Kenntnisse sind. Sie urteilen spontan und fällen oft schon Entscheidungen, ohne ausreichend informiert zu sein. Immer versuchen Sie, auf einfachste Weise aus einem Dilemma herauszukommen, weil Sie absolut nicht gewillt sind, die Verantwortung für Ihre Handlungen zu übernehmen. Ihr größtes Hindernis auf dem Weg zum Erfolg ist die Annahme, Sie könnten ganz oben anfangen. Es mangelt Ihnen an der nötigen Selbstdisziplin, sich auch wirklich für Ihre Ziele einzusetzen und jeden Schritt zu planen. Im Geiste sehen Sie sich schon als gebildeter Mensch auf dem Gipfel des Erfolgs, und dabei werden Sie faul und träge, sobald es Zeit wird, auf dieses Ziel hinzuarbeiten. Sie stellen zwar unaufhörlich Fragen, weil Sie Kenntnisse sammeln möchten, passen aber Antworten, die Ihnen nicht gefallen, einfach Ihren Vorstellungen an. Man könnte Sie einen notorischen Lügner nennen, denn Sie sind sich überhaupt nicht darüber im klaren, wie sehr Sie Tatsachen verfälschen.

Sie haben gar nichts Übles im Sinn, sondern sind nur falsch unterrichtet und ohne inneren Antrieb. Ihre Angelegenheiten regeln Sie nachlässig, und im Umgang mit andern Menschen sind Sie unverzeihlich naiv. Da Sie nur allzugern Ihrem Konsumtrieb nachgeben, sind Sie leichte Beute für gerissene Händler, die sogenannte Ringeltäubchen feilbieten.

Zu allererst einmal müssen Sie sich bilden, denn das ist Ihre einzige Chance, einem stumpfsinnigen Leben zu entgehen, das überall und nirgends hinführt. Wenn Sie die entsprechenden Kenntnisse besitzen, dann können Sie es in PR-Arbeit, im Bildungsbereich, auf dem Touristiksektor oder auch als Schriftsteller zu etwas bringen. Eine Ausbildung wird Ihr Urteilsvermögen schärfen und Sie lehren, Ihren Aufstieg zum Erfolg genau zu planen. Sie haben einfach keine andere Wahl. Vielleicht ist es jedoch ratsam, wenn Sie mit Ihrer Schulung warten, bis Sie Gelegenheit hatten, den aufreibenden Wettbewerb in der freien Marktwirtschaft einmal praktisch kennenzulernen. Das dürfte Ihnen die beste Lehre sein und Sie davon überzeugen, daß Sie ohne Qualifikation in der Masse untergehen.

Höchstwahrscheinlich leiden Sie unter nervösen Störungen, die von innerer Unruhe über Ihren Lebensablauf und von Konkurrenzängsten herrühren. Es empfiehlt sich für Sie, sich regelmäßig Ruhe zu gönnen und Freizeitbeschäftigungen nachzugehen. Sie können nicht gezwungen werhoffen.

Merkur-Quadrat-Saturn

Das Quadrat von Merkur zu Saturn sagt aus, daß Sie durch Ihre Erziehung in früher Kindheit davon abgehalten wurden, Ihre Vorstellungskraft zu gebrauchen und sich Ihren Begabungen entsprechend zu entfalten. Sie sind verhältnismäßig konservativ eingestellt und finden es schwierig, mit dem allgemeinen Trend zu gehen oder neue Ideen zu entwickeln. Wahrscheinlich vertreten Sie so engstirnige Auffassungen, weil Sie Veränderungen fürchten und als Unsicherheitsfaktor empfinden.

In der Schule haben Sie nur langsam und mit Mühe gelernt. Sie fühlten sich bestraft durch die in Sie gesetzten Erwartungen, mitzukommen. Sie sind nicht etwa dumm, sondern nur träge und denkfaul. Was Sie nicht mit minimalem persönlichen Einsatz schaffen können, ist Ihnen schnell eine drückende Last. Die Folge davon ist, daß Sie wenig Antrieb haben, Ihre schöpferischen Begabungen zu fördern. Ihre konservative Einstellung ist ebenfalls ein Nachteil, denn in der heutigen Gesellschaft braucht man Durchsetzungsvermögen, wenn man erfolgreich sein will. Ihre Konkurrenzangst zeigt, daß Sie sich nicht zutrauen, mit Wettbewerbssituationen fertig zu werden. Wenn Sie sich in Ihrem Denken nicht den rapiden Veränderungen anpassen, denen die Welt unterworfen ist, werden Sie nur schlecht vorankommen.

Sobald Sie einmal Ihre negative Grundeinstellung abgelegt haben, können Sie Pläne schmieden, wie Ihre Vorstellungen in die Tat umzusetzen sind. Statt sich bange zu machen, sollten Sie mutig das Nächstliegende ins Auge fassen. Machen Sie sich von negativen Gedanken frei, indem Sie sich Ihren Verpflichtungen voller Optimismus zuwenden. Ziehen Sie aus der Vergangenheit, an der Sie so hängen, die nötigen Lehren, damit Sie den Problemen der Gegenwart und Zukunft gewachsen sind. Sie haben wirklich keine andere Möglichkeit, wenn Sie Ihre Lebensziele verwirklichen wollen.

Sie könnten es in Erziehung und Lehre, in der Wissenschaft und Politik, im Naturschutz, öffentlichen Dienst, Industrie-Management oder in der Architektur zu etwas bringen. Wie Sie selbst sehen, wird in einigen dieser Berufsfelder Wandlungsfähigkeit von Ihnen verlangt. Wenn Sie auf einem dieser Gebiete Bedeutung erlangen wollen, müssen Sie einfach mit Entschlossenheit auf den Erfolg zusteuern und aus Ihren schöpferischen Talenten Kapital schlagen.

Geben Sie acht, daß Sie bei rechtsgültigen Verträgen und dergleichen auch das Kleingedruckte lesen, bevor Sie unterschreiben, und lassen Sie sich juristisch beraten. Sie können sehr nachtragend sein, im Falle, daß Sie jemand ausnutzen will. Im Berufsleben lehnen Sie sich gegen Autorität auf, beklagen sich jedoch bitterlich, wenn ein anderer als Sie befördert wird, obwohl Ihrer Meinung nach Sie an der Reihe gewesen wären. Wenn Sie auf sich aufmerksam machen wollen, müssen Sie schon Ihre Überlegenheit unter Beweis stellen. Sie müssen sich einfach mehr ins Zeug legen als andere, um erfolgreich zu sein und Anerkennung zu finden.

Versuchen Sie, sich an den Sonnenseiten des Lebens zu freuen, und wenn Sie einmal in Schwierigkeiten geraten, sollten Sie sich auch eingestehen, daß Sie sich nicht nach allen Kräften eingesetzt haben.

Merkur-Quadrat-Uranus

Mit Merkur im Quadrat zu Uranus sind Sie ein heller Kopf, geistig sehr rege und hochbegabt. In Ihrer Denkungsart sind Sie allerdings überspannt und vertreten normalerweise Auffassungen, die allen vorherrschenden Überzeugungen zuwiderlaufen. Ihrer rebellischen Natur gemäß kommen Sie mit Begründungen, die andere meist als unangebracht und aggressiv empfinden. Bei der Wahrheitsfindung gehen Sie oft unlogisch vor. Sie halten sich dabei nicht an Tatsachen, sondern legen sich alles so zurecht, daß Sie möglichst keinerlei Verpflichtungen auf sich zu nehmen brauchen. Sie weigern sich einfach, die Verantwortung für das zu tragen, was Sie sagen.

Durch Ihre überhebliche Besserwisser-Art haben Sie es schwer, in Berufen voranzukommen, in denen Sie sich gewissen Regeln fügen müssen. Sie haben nichts für Bestimmungen übrig und erheben offen Protest gegen denjenigen, der sie erlassen hat. Das erste, worin Sie sich also üben müssen, ist Bescheidenheit. Wenn Sie diese Lektion gelernt haben, werden Sie auch ohne weiteres akzeptiert und können Ihre reichen intellektuellen Fähigkeiten unter Beweis stellen. Sie können es auf vielen Gebieten zu etwas bringen, zum Beispiel in der Wissenschaft, in Erziehung und Bildung, im Sozialdienst oder auch in der Politik.

Allmählich werden Sie merken, daß es unklug ist, sich so unreif zu benehmen und sich damit womöglich in Mißkredit zu bringen. Die Erfahrung wird Ihre Urteilsfähigkeit verbessern und es Ihnen lohnen, wenn Sie Ihre Talente besonnen einsetzen.

Ihre Privatbeziehungen sind meist nicht von langer Dauer, weil Sie nicht kompromißfähig sind. Oft sagen Sie nicht das, was Sie wirklich meinen, so daß Sie jeden verunsichern, der Ihnen gefühlsmäßig verbunden ist. Die Schwierigkeiten zwischen Ihnen und dem Menschen, den Sie lieben, sind gar nicht leicht wieder auszuräumen. Sie wollen einfach nicht nachgeben, obwohl Ihre krampfhafte Beharrlichkeit vollkommen unrealistisch ist. Es ist bestimmt nie langweilig, Sie um sich zu haben, aber es wäre wohl doch ratsam, wenn Sie sich einen Lebensgefährten wählen würden, der charakterlich gefestigter ist als Sie.

Treten Sie nach Möglichkeit langsamer und behalten Sie ein gemäßigteres Tempo bei, damit Sie nervösen Störungen vorbeugen. Bleiben Sie nicht über längere Zeit »aufgedreht«.

Merkur-Quadrat-Neptun

Merkur im Quadrat zu Neptun ist ein Anzeichen dafür, daß Ihre Einbildungskraft oft Ihre Logik durchkreuzt. Ihre Angst vor Verantwortung verursacht Probleme, sowohl im Gefühlsleben als auch im materiellen

Bereich. Sie sind offenbar nicht in der Lage, das Leben realistisch zu betrachten, und führen angeblich vernünftige Argumente an, um sich selbst einzureden, daß es diese als unerträglich empfundene Wirklichkeit gar nicht gibt. Ihre verzerrte Sicht kompliziert die Sache nur und verhüllt die Wahrheit vollends. Sie versuchen, vor der Realität zu fliehen, was vermutlich auch etwas an Ihrer frühkindlichen Erziehung liegt.

Solange Sie sich nicht mit der rauhen Wirklichkeit abfinden, werden Sie auch nicht weiterkommen. Ihre übertriebene Empfindsamkeit vermehrt Ihre Probleme mit der Außenwelt noch. Sie haben die Gabe, sich artikulieren zu können, müssen jedoch auf gelegentliche Rückschläge gefaßt sein, wenn Sie sich Wettbewerbssituationen aussetzen. Ein scharfer Konkurrenzkampf kann Ihren Erfolg gefährden, es sei denn, Sie üben sich in Selbstbeherrschung und werden sicherer. Trainieren Sie Ihren Verstand, damit Sie Selbstvertrauen gewinnen. Seien Sie immer ehrlich mit sich, wenn Sie Ihre Fähigkeiten erweitern, so daß Sie Ihre Grenzen kennen.

Mit der Zeit könnten Sie im Bereich einer schriftstellerischen Tätigkeit, in der Schauspielkunst, in Bildung und Erziehung, in der Kunst oder auf dem sozialen Sektor zum Wohle anderer erfolgreich werden. Sie müssen sich über Ihre Ziele klar werden und dürfen sich jeweils nur auf eine Sache konzentrieren. Was Sie beherzigen sollten: Wenn Sie zu viele Eisen im Feuer haben, bringt der damit verbundene Streß Ihre Schwächen zum Vorschein und vereitelt Ihre Pläne.

Am besten widmen Sie sich dem Dienst an Ihren Mitmenschen. Die Auseinandersetzung mit den Problemen anderer wird Ihnen helfen, auch mit den eigenen besser fertig zu werden.

In Liebesdingen ist Vorsicht oder gar Zurückhaltung geboten, denn Ihre Einbildungskraft spielt Ihnen so manchen Streich. Wenn Sie flüchtiges Interesse bereits als Liebesbeweis auslegen, sind Sie nachher enttäuscht. Verpflichten Sie sich vor allen Dingen nicht, ehe Ihr Partner nicht seine Aufrichtigkeit bewiesen hat. Entfalten Sie Ihre schöpferischen Talente, damit Sie sich bei vorübergehendem Alleinsein nicht einsam fühlen.

Merkur-Quadrat-Pluto

Das Quadrat von Merkur zu Pluto weist darauf hin, daß Sie lernen müssen, sich geistig zu konzentrieren und zu disziplinieren. Langes Studieren finden Sie so mühsam und schwierig, daß Sie sich wahrscheinlich jedem widersetzen, der Sie zum Durchhalten zwingen will. Jedenfalls dürfte das in Ihrer Kindheit der Fall gewesen sein, wo Sie Schularbeiten sicherlich als äußerst mühselig empfunden haben. Dessen ungeachtet haben Sie doch genügend Willensstärke, um Verpflichtungen nachzukommen, wenn auch nicht unter Aufsicht.

Ihre Art zu reden ist hart und kompromißlos. Sie drücken sich so schroff aus, daß Sie gefühlskalt wirken. Ohne Zweifel sind Sie sehr geistreich und haben eine rasche Auffassungsgabe, aber das macht Sie kaum andern gegenüber verbindlicher. Sie neigen zu Pessimismus und fallen von einem Extrem ins andere; mal üben Sie mit brutaler Schonungslosigkeit Kritik, mal bewahren Sie auch unter Streß eine erstaunlich gelassene Haltung. Es fällt andern Leuten wirklich nicht leicht, Ihre Reaktionen vorauszuahnen, weshalb sie Ihnen wahrscheinlich lieber nicht zu nahe treten.

Sie sind von Natur aus furchtlos, beweisen jedoch in gefährlichen Situationen einen unglaublichen Mangel an gesundem Menschenverstand. Nur um andern zu demonstrieren, wie mutig Sie im Grunde sind, gehen Sie unnötige Risiken ein. Deshalb werden Sie Berufe bevorzugen, die relativ gefährlich sind. Sie sind geradezu prädestiniert für Unfälle an technischen Einrichtungen, die unter Druck stehen, wie Heizungsanlagen oder Boiler. Beachten Sie bei derartigen Arbeiten auf jeden Fall alle Sicherheitsvorkehrungen genau.

Bevor Sie sich für einen Beruf entscheiden, müssen Sie sich in Selbstbeherrschung üben und verantwortungsbereit sein. Sie neigen mehr als jeder Durchschnittsmensch dazu, falsch zu urteilen, und das besonders im Umgang mit großen Geldsummen. Verschulden Sie sich nach Möglichkeit nicht, es sei denn, Sie haben gar keine andere Wahl mehr.

Sie dürften an einer Tätigkeit im Bereich der Verbrechensaufklärung, Forschung und Entwicklung, Chemie, Pathologie und Medizin Interesse haben; nur sollten Sie sich darauf einstellen, auch wirklich auf Ihre Lehrer zu hören. Sie müssen sich unbedingt mit allen näheren Einzelheiten vertraut machen und hart arbeiten, um die nötige Sachkenntnis zu erlangen. Auch wenn Sie lieber vor der Realität Ihre Augen verschließen, müssen Sie doch mit ihr leben. Sobald Ihnen das bewußt ist, werden Sie wachsen und sich entfalten.

In Ihrer unmittelbaren Umgebung können Sie von ungeheurem Nutzen für sozial Benachteiligte sein. Sie scheuen sich nicht, den Mund aufzumachen und Beamten den Kampf anzusagen, wenn Sie merken, daß diese ihre Vertrauensstellung mißbrauchen. Gehen Sie nur erst sicher, daß Sie auch die nötigen Beweismittel in Händen haben, damit Sie sich nicht lächerlich machen. In dem Fall würden Sie nämlich üble Seiten aufziehen, und das könnte zu Gewalttätigkeiten führen.

Wider besseres Wissen sind Sie manchmal geradezu davon besessen, an anderer Leute Lebensgestaltung mitzuwirken und machen sich solche Menschen mit List und Tücke gefügig. Da Sie so intolerant sind, sollten Sie lieber menschliche Eigenarten zu verstehen suchen und lernen, wie Sie andere effektiv motivieren können.

Merkur-Quadrat-Aszendent

Merkur im Quadrat zum Aszendenten zeigt auf, daß Sie so, wie Sie sich geben, oft mißverstanden werden. Andere reagieren leicht negativ auf das, was Sie sagen, und ärgern sich, auch wenn sie es vielleicht nicht offen zeigen. Sie sind nicht dazu in der Lage, sich in vollem Selbstvertrauen zu behaupten, und diese Unsicherheit teilt sich unterschwellig Ihren Zuhörern mit, so daß sie Ihnen nicht so recht glauben. Die Überlegenheit, mit der Sie sich gürten, vermag Ihre Minderwertigkeitsgefühle nicht vollkommen zu verbergen. In der Hoffnung, bei allen, mit denen Sie in Kontakt stehen, Anklang zu finden, appellieren Sie an deren Gefühl, aber Ihre Schmeicheleien haben offensichtlich einen Beigeschmack von Unaufrichtigkeit. Ihre Mitmenschen wissen nie genau, was Sie eigentlich meinen, und fragen wahrscheinlich noch einmal nach, um festzustellen, ob sie beim ersten Mal recht gehört haben.

Sie wollen von Ihren Freunden gemocht werden und sind ihnen bereitwilligst zu Gefallen, weil Sie hoffen, ihren Beifall zu finden. Der Verwirklichung Ihrer Ziele sehen Sie mit gedämpftem Optimismus entgegen, denn Sie haben schon in früher Kindheit gelernt, nur solche Ziele anzustreben, die auch von den jeweiligen Autoritäten gutgeheißen wurden. Dieser Vorbehalt hat Ihre individuelle Entwicklung verzögert, sich im Gefühl von Unabhängigkeit und Selbständigkeit auf die eigenen Beine zu stellen. Sie vergleichen sich gern mit Älteren, die es schon in verhältnismäßig jungen Jahren zu etwas gebracht haben, und ärgern sich darüber, daß Sie nicht ebensolche Gelegenheiten hatten, zu Erfolg zu kommen.

Auch Ihre Ausbildung dürfte sich aus familiären Gründen hingezogen haben. Aber ein später Start bedeutet noch längst nicht den sicheren Mißerfolg; er besagt nur, daß Sie sich mehr ins Zeug legen müssen, um aufzuholen, wenn Ihnen soviel am Erfolg gelegen ist. Und er kann darüber hinaus Ursache dafür sein, daß Sie sich frustriert fühlen, wenn Sie sich mit kenntnisreichen, gut geschulten Konkurrenten messen müssen. Sie *können* sich jedoch im Wettbewerb behaupten, wenn Sie die nötige Ausbildung haben und hart arbeiten, um Erfahrungen zu sammeln. Bilden Sie sich weiter, und Sie können sich wirklich einen Namen machen. Wenn Sie mit positiver Einstellung an die Entwicklung Ihrer kreativen Fähigkeiten gehen, werden Sie anfangen, sich in Ihrer Haut wohl zu fühlen, weil Sie tatsächlich etwas leisten. Dann bleibt Ihnen auch die wohlverdiente Anerkennung nicht versagt.

Venus-Quadrat-Mars

Ihre Venus im Quadrat zum Mars deutet an, daß es Ihnen schwerfällt, harmonische Beziehungen zu andern Menschen zu unterhalten. Mit Ihnen ist nicht gerade leicht auszukommen; Sie erwarten von andern Zugeständnisse, gehen selber aber nur unter massivem Druck Kompromisse ein. Sie stecken voller Begierden und wenden alle möglichen listigen Taktiken an, um ans Ziel Ihrer Wünsche zu gelangen. Man wird Sie möglicherweise beschuldigen, andere auf Grund ihrer Gefühle für Sie auszunutzen, insbesondere dann, wenn Sie diese Gefühle nicht erwidern. Sie wollen gierig jede Gelegenheit beim Schopf ergreifen dürfen, ohne daß Ihnen jemand dazwischenredet.

Diese Planetenkonstellation zeigt auf, daß Sie mit sich selbst nicht ganz im reinen sind und deshalb Konflikte mit andern heraufbeschwören, um diesen die Schuld an der eigenen Unfähigkeit in die Schuhe zu schieben, mit Ihren Problemen fertig zu werden. Die Gefühle Ihrer Mitmenschen sind Ihnen gleichgültig, und Sie halten es nicht der Mühe wert, sich damit zu befassen. Bei Ihren Schwierigkeiten im Umgang mit andern sollten Sie sich aber doch einmal fragen, ob Sie es nicht ebensowenig verdienen, daß man sich mit Ihnen abgibt! Für alles gibt es eine Lösung, und es wäre sicher gut, wenn Sie Ihre eigenen Wünsche einmal zurückstellen und mehr Kompromißbereitschaft zeigen würden. Nehmen Sie es als gegeben hin, daß nur wenige Menschen alles erreichen, was sie erstreben, und sich andernfalls umstellen. Sie können sich nun einmal nicht aufdrängen, ohne Unwillen zu erregen.

Solange Sie diese Scharten nicht ausgewetzt haben, werden Sie immer Probleme mit Ihrer Familie, Ihren Freunden und Arbeitskollegen haben. Erst wenn Sie mehr Entgegenkommen zeigen, werden Sie in Ihrem Beruf erfolgreich sein, auch bei einer Tätigkeit, die Sie eng mit andern Menschen in Berührung bringt. Sie besitzen magische Anziehungskraft und wecken in andern den Wunsch, Ihnen näherzukommen. Mit Sicherheit sind Sie kein Langweiler, sondern sorgen überall für Aufregung. Geben Sie nur acht, daß die Aufregung nicht in Aufruhr umschlägt! Beklagen Sie sich nicht über anderer Leute schlechte Charaktereigenschaften – davon haben Sie selbst eine ganze Menge.

Strengen Sie sich an, um Ihren Horizont zu erweitern, und beschäftigen Sie sich mit Kunst, Literatur, Musik und den geselligen Annehmlichkeiten des Lebens. Unter dem Einfluß dieses Aspektes neigen Sie zur Grobheit, und die sollten Sie ausbügeln und feinere Manieren an den Tag legen.

Venus-Quadrat-Jupiter

Ihre Venus im Quadrat zu Jupiter ist ein Anzeichen dafür, daß Sie in der Erfüllung Ihrer Pflichten ein wenig nachlässig und liederlich sind. Wenn alles nach Ihrer Nase geht, übertreffen Sie sich selbst und machen einen angenehmen Eindruck, aber wenn Sie auf Widerspruch stoßen, ist mit Ihnen nicht gut Kirschen essen. Im Umgang mit andern Menschen geben Sie sich den Anschein, als wären Sie entgegenkommend, dabei ist das oft nichts als leeres Getue. Sie lassen sich keinesfalls zu etwas nötigen, und es wäre Ihnen lieb, wenn andere das rechtzeitig beherzigen würden, ehe sie versuchen, Sie zum Handeln zu bewegen. Sie glauben, eine feindselige Atmosphäre zwischen Ihnen und jemand anders wäre weitgehend darauf zurückzuführen, daß Ihr Gegenüber Sie nicht versteht. Hochherzig sind Sie eigentlich nur aus Berechnung, und es kommt vor, daß Sie Ihr Angebot zu helfen, später mit den Worten zurückziehen: »Man hätte es mir ja doch nicht gedankt.«

Ihren Anlagen nach sind Sie den unterschiedlichsten beruflichen Tätigkeiten gewachsen, wenn Sie nur auch lernen, Verantwortung zu übernehmen. Sie werden nicht die Freiheit haben, sich andern Aktivitäten zu widmen, die Ihnen lieber wären. Sie müssen eben realistisch sein und Prioritäten setzen. Nehmen Sie sich so weit zusammen, daß Sie vorrangig Ihren Lebensunterhalt verdienen und sich erst dann etwas gönnen, wenn Ihre Pflichten erfüllt sind. Beides auf einmal zu haben ist kaum möglich. Bei allen Ihren Angelegenheiten – in Ihren privaten Beziehungen und im Berufsleben – oder bei Rückschlägen neigen Sie hinsichtlich Ihrer Zukunftspläne zur Übertreibung. Sie geben vor, alle Leute würden sich um Ihre Aufmerksamkeit reißen, dabei ringen Sie in Wirklichkeit selbst verzweifelt um Beachtung und nehmen zu diesem Zweck Zuflucht zu allen möglichen Täuschungsmanövern. Sie müssen diese Probleme in den Griff bekommen, sonst ist es um Ihren Erfolg schlecht bestellt. Wenn Ihnen das gelungen ist, steht Ihrem Fortkommen auf solchen Gebieten wie dem Tourismus, Public Relations, Berufsberatung und dergleichen nichts mehr im Wege. Ihre Kommunikationsgabe ist Ihre größte Stärke, und wenn Sie davon geschickt Gebrauch machen, werden Sie Ihre Ziele auch erreichen. Gehen Sie nicht immer in Abwehrstellung; die meisten Menschen werden Ihnen bereitwillig auf halbem Wege entgegenkommen, sofern Sie ihnen nur dazu Gelegenheit geben. Sie haben das Gefühl, daß Ihnen von Leuten, die Vorteil aus Ihnen zu schlagen versuchen, mehr angetan wird, als Sie verkraften können.

Wenn Sie sich so geben, wie Sie sind, werden Sie Menschen anziehen, für die Sie auch etwas empfinden können. Seien Sie großzügig Ihren Mitmenschen gegenüber, auch wenn die Gewißheit schmerzlich ist, daß Ihre Hochherzigkeit vielleicht nie erwidert wird. Sie werden sich wundern, wie viele Menschen von Natur aus edelmütig sind. Sicherlich hassen Sie sich manchmal selbst für Ihre Giftigkeit zu Leuten, die ein solches Benehmen nicht verdient haben. Geben Sie den Bedürfnissen und Wünschen anderer auch einmal Raum, und es wird sich in wohlwollender Freundlichkeit für Sie auszahlen.

Was Sie unbedingt lernen müssen, ist zum einen, weniger mißtrauisch zu sein, wenn Ihnen jemand Gutes erweist, und zum andern, im Umgang mit Ihren Mitmenschen weniger fordernd zu sein.

Sie haben unter Umständen Probleme mit Ihrem Körpergewicht, weil Sie nicht von Ihren Gewohnheiten lassen können. Reichhaltige Speisen sind nichts für Sie; es empfiehlt sich vielmehr eine kohlehydratarme Kost. Gönnen Sie sich genügend Ruhe, und wenn Sie nicht ausschlafen können, legen Sie nach Möglichkeit des öfteren tagsüber eine Ruhepause ein.

Venus-Quadrat-Saturn

Das Quadrat von Venus zu Saturn weist darauf hin, daß Sie Kontaktschwierigkeiten haben. Deshalb fühlen Sie sich als Außenseiter im Gefüge zwischenmenschlicher Beziehungen. Sie sind im Grunde nicht gewillt, die Verantwortung auf sich zu nehmen, die eine festere Beziehung zwischen zwei Menschen mit sich bringt, als hätten Sie Angst, Ihr Partner könnte übertriebene Anforderungen an Sie stellen. Vielleicht haben Sie sich in Ihrer Kindheit von jemandem abgelehnt gefühlt, den Sie von Herzen gern hatten, möglicherweise sogar von einem Elternteil. Als Sie heranwuchsen, haben Sie sich dann aus Furcht vor Zurückweisung immer mehr abgekapselt. Das hat Sie so geprägt, daß Sie auch weiterhin meinen, einfach nicht für eine glückliche Verbindung geschaffen zu sein. Wenn Sie andere so nehmen, wie sie sind, und sich darüber klar werden, daß ein jeder Kompromisse eingehen und Zugeständnisse machen muß, werden Sie mit Sicherheit glücklich sein. Denken Sie daran, daß selbst Menschen, die einen zufriedenen Eindruck machen, vorübergehende Kontaktschwierigkeiten haben. Sie sind also nicht allein in dieser mißlichen Lage.

Die wesentlichsten Lektionen wird Ihnen wahrscheinlich der Umgang mit andern Menschen erteilen. Wenn Sie Ihren Mitmenschen auf halbem Wege entgegenkommen, werden Sie merken, daß die meisten das gleiche Ihnen gegenüber tun. Und wenn Sie sich zu jemandem hingezogen fühlen, den Sie bewundern und achten können, ist es dann nicht nur recht und billig, sich auch auf die Besonderheiten dieses Menschen einzustellen? Sie werden zu sich selbst finden, sobald Sie willens sind, sich auf der Grundlage gegenseitigen Verständnisses an andere anzuschließen.

Bevor Sie darauf hoffen können, es in irgendeinem Fach zu etwas zu bringen, müssen Sie erst Ihre Kontaktprobleme lösen. Sonst schaffen Sie eine Atmosphäre um sich, in der nicht gut zu arbeiten ist. Wer toleriert schon jemanden, der herumstänkert oder kaum zufriedenzustellen ist! Sie haben das nötige Rüstzeug, hohe und lohnende Ziele zu erreichen, aber Sie müssen entgegenkommender sein.

Bestätigung könnten Sie im Bank- und Finanzwesen, im Recht, im Versicherungsgeschäft, im Immobilienhandel, im Ein- und Verkauf oder in der Formgestaltung finden. Ihr Sinn für Ordnung und Ihr ausgewogenes Urteil werden Ihnen in jedem dieser Bereiche zugute kommen. Aber Sie müssen sich unbedingt Ihres Wertes bewußt sein, ehe Sie Ihre Talente spielen lassen. Mit Ihrer Ehrlichkeit, Ihrer Integrität und Ihrem guten Urteilsvermögen werden Sie bestimmt die Anerkennung Ihres Arbeitgebers erringen, denn das sind gute Eigenschaften, die Ihnen zum Erfolg verhelfen können.

Versuchen Sie optimistischer zu sein, und räumen Sie sich mehr Chancen ein, glücklich zu werden. Ihre Trübsinnigkeit und Ihr Selbstmitleid verursachen Ihnen Gesundheitsprobleme wie beispielsweise Bluthochdruck, der durch Anspannung und innere Unruhe gefördert wird. Lernen Sie, sich zu entspannen und zu lockern. Das Leben ist zu kurz, um es unnötig mit Nichtigkeiten zu belasten. Geben Sie Ihr Bestes, statt sich darüber zu beklagen, welche Ansprüche an Sie gestellt werden.

Venus-Quadrat-Uranus

Das Quadrat von Venus zu Uranus zeigt auf, daß Sie sich leicht von Menschen fesseln lassen, die ihre besonderen Eigentümlichkeiten haben. Sie bleiben so lange völlig vernarrt in den andern, bis der sich ernstlich für Sie zu interessieren beginnt. Dann aber finden Sie immer Wege, sich vor einer dauerhaften Bindung zu drücken, denn Sie erfreuen sich lieber Ihrer Ungebundenheit. Sie sind sich gar nicht sicher, ob Sie überhaupt jemals die Verpflichtung auf sich nehmen wollen, nur *einem* Menschen anzugehören. Ihre Furcht vor Verantwortung ist zwar unrealistisch, aber tief in Ihren auf Promiskuität eingestellten Erwartungen verwurzelt. Sie lehnen Konventionen ab und bekunden offen Ihre Verachtung für alle, die sich daran halten.

Sie wollen nichts mit Tradition und Sitte zu tun haben, weil Ihnen das mit der Aufgabe Ihrer Individualität gleichbedeutend schiene. In Ihrem Kopf herrscht eine ziemliche Verwirrung über Liebe und Freundschaft. Sie schließen schnell Bekanntschaft, halten aber nur oberflächlichen gesellschaftlichen Kontakt. Mit der Liebe ist es schon schwieriger, denn da werden Anforderungen gestellt und Ihrer Freiheit Einschränkungen auferlegt. Es ist äußerst verstiegen, von andern zu verlangen, daß sie sich anpassen, damit Sie Ihre Freiheit behalten, und selbst nichts dagegenzuhalten. Auch in einer reinen Freundschaft kommt man einander auf halbem Wege entgegen.

Sie können in einer echten Liebesbeziehung wirklich alle Höhen und Tiefen der Liebe erleben. Eine flüchtige Verbindung jedoch bringt nicht mehr ein, als Sie investieren.

Wenn Sie zu Ihren beruflichen Interessen die gleiche Einstellung haben, kann das verheerende Folgen haben. Eine Beförderung steht gar nicht zur Debatte, solange Sie nicht Ihre Flatterhaftigkeit drosseln und beweisen, daß Sie genügend Standfestigkeit haben, um auch größere Verantwortung zu tragen. Sie sollten mehr Diskretion über Ihre Privatangelegenheiten wahren, die Sie allzu sorglos ausplaudern.

Diese Planetenkonstellation begünstigt oft nervöse Reizbarkeit, besonders dann, wenn Sie nicht Maß halten und sich nicht genügend Ruhe gönnen.

Venus-Quadrat-Neptun

Das Quadrat von Venus zu Neptun ist ein Hinweis darauf, daß Ihre Einbildungskraft Ihnen einige Schwierigkeiten bereitet. Sie gehen im allgemeinen sofort in Abwehrstellung, sobald Sie sich herausgefordert fühlen. Selbst wenn die Situation gar nicht bedrohlich ist, reagieren Sie doch, als ginge es Ihnen ans Leder. Es fällt Ihnen nicht leicht, Sachverhalte klar zu durchschauen, deshalb ist Ihr Urteil häufig unbesonnen. Statt einer rosaroten Brille tragen Sie Scheuklappen, die alles ausblenden, was Ihnen unangenehm ist. Ihre Lebensanschauung muß sich von Grund auf verändern, wenn Sie die vielen Probleme vermeiden wollen, die mit Sicherheit aufkommen werden.

Sie machen sich am besten selbständig. Sie reagieren so sensibel auf andere Menschen, daß eine berufliche Zusammenarbeit für Sie nur in Beklemmung und Streß ausartet. Da Sie mit Enttäuschungen nicht gut fertig werden, ist zu bezweifeln, daß Sie sich in einer Wettbewerbssituation durchsetzen. Sie lassen sich leicht mit Kollegen in einen Disput ein oder bringen Beschuldigungen vor, die unhaltbar und ungerechtfertigt sind. Sie müssen Ihre Sinnesart dahingehend ändern, daß Toleranz eine Grundeinstellung und nicht reiner Zufall ist.

Finden Sie individuelle Möglichkeiten für Ihren enormen Schaffensdrang, damit nur Sie für auftretende Probleme verantwortlich sind. Auf diese Weise ist niemand mitbetroffen, so daß Sie nicht unter Schuldgefühlen oder Tadel zu leiden haben. Mit der Zeit werden Sie aus Ihrer Erfahrung lernen und wissen, wie Sie mit der Realität zurechtkommen, ohne ihr zu entfliehen. Gehen Sie allen Ernstes in sich, damit Sie geistig gerüstet sind, den aufreibenden Lebensalltag selbstbewußt und mit Würde zu bestehen.

Reißen Sie sich in Ihren Privat- und Liebesbeziehungen zusammen. Es ist nicht zuletzt Ihr Fehler, wenn andere sich ermutigt fühlen, Sie zu übervorteilen. Passen Sie auf, daß Sie sich nicht emotional festlegen, ehe Ihr Partner auch wirklich Ehrlichkeit und Aufrichtigkeit bewiesen hat.

Ihre Laxheit in finanzieller Hinsicht kann Sie teuer zu stehen kommen. Leben Sie nicht über Ihre Verhältnisse, sonst sitzen Sie finanziell in der Falle, und kaufen Sie nichts auf Kredit. Sie fallen schnell auf Äußerlichkeiten herein und ignorieren meist die bittere Tatsache, daß Sie für alles zahlen müssen, was Sie erstehen.

Venus-Quadrat-Pluto

Unter dem Einfluß von Venus im Quadrat zu Pluto werden Sie womöglich herausfinden, daß Ihr Gefühlsleben Ihnen mehr Probleme als Befriedigung beschert. Sie sind sich zutiefst dessen bewußt, daß alles, was Ihnen in den Schoß fällt, immer ein paar üble Nebenerscheinungen zeitigt. Was Sie für erstrebenswert halten, ist nicht unbedingt das, was Sie brauchen, so daß Sie bei dem Versuch, sich Ihre Wünsche zu erfüllen, auch stets auf irgendeine Weise zu leiden haben. Ihre Begierden verstricken Sie in Beziehungen, die Ihrem tiefen Verlangen nach einer dauerhaften, harmonischen Partnerschaft nicht gerecht werden.

Sie geben sich hin, um zu erreichen, wonach Ihnen der Sinn steht, und reden unter Umständen sogar von Liebe, wenn Sie im Grunde nur heiraten wollen. Sie könnten sich dahinein verrennen, Sex als Mittel zu gebrauchen, sich finanzielle Sicherheit oder materielle Vorteile zu verschaffen. Es kann aber auch sein, daß Sie einen Menschen von Herzen lieben, der schon gebunden ist, oder daß Ihr Partner sich aus Interesse für jemand anders von Ihnen trennt.

In Ihrem Leben wird es einen bedeutsamen Umschwung oder eine ernste Krise geben, die dazu angetan sein könnte, Sie von den rein körperlichen Beziehungen, in denen Sie so aufgehen, auf eine Form der Liebe hinzulenken, die auch spirituelle und intellektuelle Gemeinsamkeiten mit einbezieht.

Wenn Sie anhaltende Schwierigkeiten im Privat- und Berufsleben haben, sind Sie mit Ihren persönlichen Problemen nicht klargekommen. Um zu zeigen, was Sie wert sind, müssen Sie Ihre Pflichten erfüllen lernen. Legen Sie sich nicht erst ins Zeug, wenn Sie sicher sind, von einem bestimmten Vorhaben auch zu profitieren, sonst werden Sie nie ans Ziel kommen. Geben Sie acht, daß Ihre Verhaltensweise über jeden Zweifel erhaben ist, und Sie werden einen guten Eindruck machen. Das dürfte auch Ihre häuslichen und beruflichen Verhältnisse günstig beeinflussen.

Sie müssen Ihre Einstellung ändern, wenn Sie andere für sich einnehmen wollen. Sich gönnerhaft zu zeigen, ist nur ein billiger Ersatz für Ehrlichkeit im Umgang mit andern Menschen. Solcherart gewonnene

Freunde werden nie Achtung für Sie empfinden, und umgekehrt wird es genauso sein. Machen Sie keine Versprechungen, wenn Sie diese nicht auch zu halten bereit sind. Man wird Sie für einen schlechten Verlierer halten oder sagen, daß Sie nur dann Entgegenkommen zeigen, wenn Sie etwas wollen. Ihrer Veranlagung nach nehmen Sie, wenn Sie eigentlich geben sollten, bringen unüberlegt Anschuldigungen vor und sind beleidigt, wenn Ihre Aufrichtigkeit in Frage gestellt wird. All diese Charaktereigenschaften veranlassen Ihre Mitmenschen dazu, sich gegen Sie zur Wehr zu setzen. Versuchen Sie, ihnen mit mehr Wärme, Offenheit und Mitgefühl zu begegnen. Ihr neues Image wird Wunder wirken und wohltuend auf Ihre sämtlichen zwischenmenschlichen Beziehungen ausstrahlen.

Es ist möglich, daß Sie unter Funktionsstörungen im Genitalbereich zu leiden haben. Regelmäßige ärztliche Untersuchungen sind zu empfehlen.

Venus-Quadrat-Aszendent

Venus im Quadrat zum Aszendenten besagt, daß Sie ein Gefühlsmensch und Ihren Kindheitsjahren zu innig verbunden sind. Ihre noch immer lebendigen Erinnerungen an diese Zeit hindern Sie daran, unabhängig und sicher genug zu werden, um auf eigenen Füßen zu stehen. Ihrer Überzeugung nach werden Sie der Vergangenheit untreu, wenn Sie Ihre Freiheit verteidigen. Es liegt auf der Hand, daß Sie nie Ihre eigenen Ziele verwirklichen werden, solange Sie sich nicht der bindenden Verpflichtungen gegenüber Ihren Lieben entledigen. Um Ihre Schwierigkeiten bei der Wahrung Ihrer Rechte zu bemänteln, erfinden Sie alle möglichen Entschuldigungen, warum Sie weiterhin an alten Verpflichtungen festhalten.

Die nötige Sicherheit gewinnen Sie, wenn Sie aus Ihren schöpferischen Vorstellungen Kapital schlagen. Daß Sie keine ausreichenden finanziellen Reserven im Rücken haben, ist Ihnen besonders unangenehm. Sie wissen, wie Sie zu Geld kommen können, haben aber keine Lust, sich anzustrengen, um es zu verdienen. Sie lieben Ihre Bequemlichkeit und lassen sich ungern darin stören, es sei denn, das ist absolut notwendig. Wahrscheinlich ist es Ihnen lieber, wenn jemand anders finanziell für Sie aufkommt, und deshalb bleiben Sie wohl sicherheitshalber daheim unter den Fittichen Ihrer Eltern.

Bisweilen sind Sie wenig nett zu Freunden, die Sie um einen Gefallen bitten, weil Sie sich vermutlich nur dann zu einer Hilfeleistung bereitfinden, wenn sich das irgendwie für Sie auszahlt. Sie reden großspurig davon, was Sie alles machen würden, wenn Sie eine Menge Geld hätten, aber gesetzt den Fall, es wäre so, würden Sie wohl nichts dergleichen wahr machen. Sie bewundern Leute, die nach Kräften bei ihren Unternehmungen Geld scheffeln, ärgern sich jedoch, wenn Sie sie nicht dazu bewegen können, Ihnen Unterstützung zu gewähren.

Zu harter Arbeit lassen Sie sich nur herbei, wenn Ihre Absicherung für die Zukunft auf dem Spiel steht. Ihre Ziele sind verschwommen, denn würden Sie sie klar umreißen, hätten Sie auch die Last der Verantwortung zu tragen. Sie vermeiden es, für das einzustehen, was Sie zuwege bringen, außer Sie haben keine andere Wahl oder Ihre Finanzquelle versiegt plötzlich.

Mars-Quadrat-Jupiter

Ihr Mars im Quadrat zu Jupiter besagt, daß Sie sich unbedingt dazu erziehen müssen, von Ihren überreichen körperlichen und geistigen Fähigkeiten Gebrauch zu machen. Sie sollten jedes Vorhaben genau planen, denn sonst verschwenden Sie eine Menge Energie an unproduktive Unternehmungen. Aus Bewunderung für ihre beruflichen Erfolge wollen Sie andern nacheifern, sind jedoch kaum willens, die dazugehörige harte Arbeit zu leisten. Erst legen Sie sich mächtig ins Zeug und lernen eifrig, um dann schnell das Interesse zu verlieren, wenn es sich nicht sofort auszahlt. Sobald Sie einmal an Ihren Erfolg glauben, werden sich auch Ausdauer und Entschlossenheit einstellen. Sie sind allzu ungeduldig, aber mit ein paar Kontakten zwischen Saturn und Mars oder Saturn und Jupiter dürfte sich das legen.

Trotz Ihrer Schlampigkeit, die das Ergebnis Ihres unbedachten Umgangs mit Ihren Kräften ist, werden Sie doch noch Ihre Lektion lernen. Allerdings kann nur die Zeit Ihnen den nötigen Schliff geben. Sie müssen unbedingt Ihre Ziele klar abstecken und dann ein Programm aufstellen, wie Sie sie verwirklichen können, einen Zeitplan, an den Sie sich halten können. Mobilisieren Sie all Ihre inneren Kräfte und nehmen Sie das, was vor Ihnen liegt und Vorrang hat, gezielt in Angriff. Alles andere ist reine Energieverschwendung. Abwechslung ist eine feine Sache, wenn jeweils nur ein Projekt nach dem andern an die Reihe kommt, bringt aber absolut nichts ein, wenn Sie den verschiedensten Interessen gleichzeitig nachgehen.

Sie werden mit ziemlicher Sicherheit in private und berufliche Schwierigkeiten geraten, sobald Sie sich anschicken, Ihr eigenes Leben zu leben. Diese Planetenkonstellation macht Sie für Probleme im Umgang mit andern Menschen anfällig. In Ihrem Beruf fühlen Sie sich zum einen von Konkurrenten bedroht und zum andern von Ihren Vorgesetzten unfair behandelt. Kritik können Sie auch nicht gut vertragen. Und mit Ihrer häuslichen Ruhe wird es vorbei sein, weil Sie sich dauernd bitterlich über die Art und Weise beklagen, wie Sie behandelt werden, und Ihr Partner schließlich einmal die Nase voll hat.

Sie haben das Zeug dazu, sich auf dem Gebiet des Rechts, der Verwaltung, des Lehrens und Schreibens, der Vortragskunst, des Sports, der Schauspielerei wie überhaupt auf dem Kommunikationssektor hervorzutun. Dieser Aspekt verleiht Ihnen den nötigen Antrieb, auf Herausforderungen einzugehen und einzusehen, daß das die einzige Möglichkeit ist, Ihre Kompetenz unter Beweis zu stellen. Allerdings werden Sie es wahrscheinlich lieber nicht auf eine Konfrontation ankommen lassen, wenn Sie vorausahnen, daß Ihr Opponent ein Fachmann und Ihnen gegenüber im Vorteil ist. Mit zunehmender Erfahrung werden Sie es jedoch im Vollbewußtsein Ihres Erfolges mit jedem Widersacher aufnehmen. Und sollten Sie nicht die Oberhand behalten, können Sie sich zumindest in dem Bewußtsein wiegen, Ihr Bestes getan zu haben, und mehr kann niemand erwarten.

Unter dem Einfluß dieser Konstellation fordern Sie Unglücksfälle geradezu heraus, weil Sie Sicherheitsvorkehrungen rücksichtslos mißachten. Sie schreiten spontan zur Tat, ohne sich die Zeit zu nehmen, sich über mögliche Gefahren klarzuwerden. Da Sie sich in allem verausgaben, brauchen Sie häufige Ruhepausen, um Ihre physischen Reserven wieder aufzufrischen.

Mars-Quadrat-Saturn

Mit Mars im Quadrat zu Saturn wechseln sich bei Ihnen Perioden der Aggressivität mit Perioden der Zurückgezogenheit und Apathie ab. Sie liegen dauernd mit sich selbst im Streit, weil mit diesen Problemen gar nicht so leicht fertig zu werden ist, wie Sie aus Erfahrung wissen. Und wenn Sie einmal die nötige Willenskraft aufbringen und sich durchsetzen, machen Sie sich Sorgen darum, ob das auch der richtige Zeitpunkt war. Wenn jedoch Ihre Trägheit überwiegt, wird Ihnen zu spät klar, daß Sie eine Gelegenheit beim Schopf hätten ergreifen sollen. Mit der Zeit werden Sie eher in der Lage sein, richtig abzuschätzen, wann die Zeit zum Handeln gekommen ist.

Sie müssen sehr aufpassen, daß Sie nicht durch gelegentliche Rückschläge verbittert werden. Ziehen Sie daraus lieber eine Lehre, so daß Sie durch diese Erfahrung andern etwas voraus haben. Im Grunde können Sie eine Menge erreichen, wenn Sie einmal Ihre Grenzen kennen. Sie können sich in Berufen auszeichnen, die Ausdauer und Durchhaltevermögen erfordern wie der Militärdienst, die Landerschließung, der Sport oder die Heilgymnastik. Aber welcher Tätigkeit Sie auch nachgehen mögen, Sie müssen doch immer gewillt sein, ganz unten anzufangen und sich hochzuarbeiten. Der Aufstieg in eine Spitzenposition ist nicht leicht – er will verdient sein. Jede Abkürzung ist bestenfalls ein Wagnis und gefährdet Ihre Stellung.

Die wichtigsten Lektionen in Ihrem Leben lernen Sie vermutlich im Umgang mit andern Menschen. Nur sind Sie unsicher, inwieweit Sie sich in Ihrem Bekanntenkreis überhaupt durchsetzen können. Sie müssen sich unbedingt ein besseres Bild von sich selbst machen, indem Sie sich darin üben, Ihre Talente so geschickt auszunutzen, daß nichts und niemand Sie mehr einschüchtern kann. Mit gestärktem Selbstbewußtsein kommen Sie auch besser mit Wettbewerbssituationen und Konkurrenten zurecht. Wenn Sie NEIN! sagen, sollten Sie auch nein meinen, und wenn Sie JA! sagen, dann aus fester, wohlbegründeter Überzeugung heraus. Zeigen Sie sich nie wankelmütig und unschlüssig, denn das weckt Zweifel an Ihrer Glaubwürdigkeit.

Ihr Liebesleben ist durch Stimmungsschwankungen und Motivationsschwächen belastet. Sie leiden zutiefst darunter, wenn Ihre Annäherungsversuche auf Ablehnung stoßen. Unter Umständen sind Sie sehr nachtragend und werden sogar gewalttätig gegen Menschen, die Sie eigentlich gar nicht verletzen wollen. Sie kränken Ihren Lebenspartner, ohne es zu merken.

Bei allen sportlichen Aktivitäten ist Vorsicht geboten, denn diese Planetenkonstellation macht Sie für Unfälle und Knochenbrüche anfällig. Passen Sie ganz besonders in der Nähe von Maschinen auf. Wenn Sie Zweifel hegen, ob Sie für eine bestimmte Sache auch stark genug sind, lassen Sie lieber die Finger davon.

Mars-Quadrat-Uranus

Das Quadrat von Mars zu Uranus sagt aus, daß Sie einen starken Freiheitsdrang haben und sich gerne ungehemmt und bedenkenlos ausleben würden. Aber Ihre Angst vor emotionalen oder materiellen Einbußen läßt diesem Hang nur wenig Freiraum. Sie müssen sich in Selbstbeherrschung üben, um sich Ihre Möglichkeiten offenzuhalten, und sollten bei allem, was Sie vorsätzlich tun, auf Nummer Sicher gehen. Vielleicht beunruhigt es Sie zutiefst, daß Sie weniger leisten, als Sie eigentlich könnten, wenn Ihnen Ihre Sicherheit nicht so sehr am Herzen läge. An ein Vorhaben sollten Sie sich auf jeden Fall nur begeben, wenn Sie überzeugt sind, daß nicht alle Mühe umsonst ist.

Von vornherein lassen Sie bei all Ihren beruflichen Aktivitäten stets ein gewisses Maß an Vorsicht walten. Deshalb dauert es länger, bis Sie Ihre Ziele verwirklichen. Was Sie aber einmal erreicht haben, ist meist auch von langer Dauer, denn es steht auf sicheren Füßen. Trotzdem werden Sie manchmal ungeduldig, weil es Ihnen schließlich doch lästig ist, Projekte vor sich her zu schieben. Sie haben aber keine andere Möglichkeit, als weiterzumachen und es darauf ankommen zu lassen, daß sich Ihnen niemand in den Weg stellt und Ihre Pläne durchkreuzt.

Ihre emotionalen Bedürfnisse sind beträchtlich, denn Sie sind ausgesprochen begehrlich. Sie wollen sich aber nicht verpflichten, um Ihre Wünsche befriedigen zu können, und das wird Sie womöglich davon abhalten, jemals zu heiraten. Sollten Sie jedoch nicht vor der Verantwortung zurückschrecken, werden Sie vermutlich schon in jungen Jahren das Bedürfnis haben, sich zu verehelichen. Andernfalls müssen Sie sich mit jemandem liieren, der auch zu einer staatlich nicht sanktionierten Verbindung mit Ihnen bereit ist.

Bleiben Sie Maschinen fern, bis Sie gelernt haben, sich zu schützen. Sie müssen eine gesunde Einstellung zu Sicherheitsvorkehrungen entwickeln. Tun Sie nichts, was über Ihre Kräfte geht, sondern lassen Sie im Zweifelsfall die Hände davon.

Wenn Sie bei Ihrer Arbeit andere beaufsichtigen, sollten Sie Ihre Erwartungen herabschrauben. Ihre Mitarbeiter haben nämlich wahrscheinlich nicht den gleichen Schwung wie Sie. Überhaupt sollten Sie in allen Dingen maßhalten.

Mars-Quadrat-Neptun

Mit Mars im Quadrat zu Neptun fällt es Ihnen schwer, sich zur Geltung zu bringen, ohne gleich einen Aufstand zu verursachen. Sie schwanken hin und her zwischen überschwenglichem Tatendrang und vollkommener Apathie. Was Sie zum Handeln bewegt, ist unklar und verschwommen und steht damit im Gegensatz zu Ihrer Aggressivität. Darüber hinaus haben Sie noch tiefsitzende Ängste, was Ihr Liebesleben betrifft, die Ihnen ein stetes Ärgernis sind. Ihre Sinnlichkeit ist stark ausgeprägt, aber Sie finden kaum die gewünschte sexuelle Befriedigung, weil Sie unfähig sind, der Realität ins Gesicht zu blicken. Vielleicht sind Sie von jemandem angetan, der bereits gebunden ist, so daß Sie Schuldgefühle haben, wenn Sie Ihrem Begehren nachgeben. In Ihrer frühen Kindheit sind vermutlich Ihre Wünsche unterdrückt worden, und jetzt leiden Sie an den Folgen dieser Verdrängung.

Bei Ihrer Veranlagung sollten Sie mit möglichst wenigen Leuten zusammenarbeiten, um subversive Einflüsse von seiten Ihrer Kollegen gering zu halten, mit denen diese manchmal versuchen werden, Kontrolle über Sie zu gewinnen. Berufliche Selbständigkeit wäre noch besser für Sie. Sie würden gute Leistungen auf dem Gebiet der Medizin erbringen, sich damit in den Dienst Ihrer Mitmenschen stellen und wären trotzdem Ihr eigener Herr. Sie sollten sich darin üben, Ihre Vorhaben vorauszuplanen und den Überblick zu behalten, so daß Sie auch Ergebnisse erzielen, die Ihren Erwartungen entsprechen. Überlassen Sie nichts dem Zufall. Wenn nicht alles erwartungsgemäß verläuft, geben Sie gern andern die Schuld daran, um Kritik von sich abzuwehren. Sie verteidigen sich gegen eingebildete Übergriffe, als suchten Sie nach Mitteln und Wegen, sich selbst zu drangsalieren.

Da Sie zu Unfällen neigen, sollten Sie sich von Maschinen und technischen Einrichtungen lieber fernhalten. Zudem sind Sie für Infektionen anfälliger als andere Menschen und müssen sich bei der Essenszubereitung strikter Reinlichkeit befleißigen. Überhaupt wäre es ratsam, wenn Sie sich in allem an die Regeln der Hygiene halten würden.

Zu Krisen kommt es in Ihren Beziehungen, weil Ihnen der Leumund Ihres Partners ziemlich egal ist. Manchmal schrauben Sie Ihre Ansprüche stark herunter und lassen sich mit niveaulosen Menschen ein, die nur Sex im Sinn haben. Wenn Sie solche Enttäuschungen erleben, sind Sie meist erbittert und aufgebracht, dabei liegt die Schuld bei Ihnen selbst.

Mars-Quadrat-Pluto

Das Quadrat von Mars zu Pluto verleiht Ihnen eine ungestüme Natur. Sie neigen zu extremer Aggressivität, wenn Sie Ihre Absichten durchsetzen wollen, und legen oft ein unkluges, rücksichtsloses Benehmen an den Tag. Wenn Sie glauben, andern ungestraft Ihren Willen aufzwingen zu können, werden Sie womöglich später feststellen, daß Sie Schwierigkeiten heraufbeschworen haben, mit denen Sie nicht fertig werden. Das Peinliche an einer solchen Sache ärgert Sie unter Umständen so sehr, daß Sie zu einem Vergeltungsschlag ausholen, wobei Sie auch vor Gewalt nicht zurückschrecken.

Wenn Sie frustriert sind, werden Sie schnell beleidigend, was zu Problemen mit Ihren Mitmenschen führt. Die Folge davon sind möglicherweise private Schwierigkeiten wie auch Gegenreaktionen von seiten Ihrer Vorgesetzten, die Ihr Einkommen gefährden können. Sie müssen lernen, unter Streß Ihr Temperament zu zügeln, sonst bescheren Sie sich mehr Ärger, als das kurze Luftablassen überhaupt wert ist. Sobald Sie das eingesehen haben, werden Sie merken, daß Sie alles schaffen, was Sie nur wollen, weil Sie mit Mut, Bestimmtheit, Ausdauer und Ehrgeiz ans Werk gehen.

Ihre Sinnlichkeit ist stark, aber wenig verfeinert. Wenn Ihre Annäherungsversuche auf Ablehnung stoßen, bauschen Sie die Affäre auf und messen ihr viel zu viel Bedeutung bei. Ihr Geschlechtsleben hat sicher seinen Stellenwert, aber Sie müssen es auch in angemessene Relation zu der Gesamtzielsetzung Ihres Lebens bringen. Sehen Sie zu, daß auch noch andere Faktoren in Ihren zwischenmenschlichen Beziehungen eine Rolle spielen, damit Sie einen Ausgleich schaffen.

Gibt es in Ihrer Umgebung Mißstände, die Sie bedrücken, dann sollten Sie sie realistisch durchleuchten, ohne Ihre Gefühle hineinspielen zu lassen. Fragen Sie auch jemand anders um seine Meinung und unterbreiten Sie danach das Problem einem Menschen, der in einer Position ist, um etwas unternehmen zu können. Wenn Sie die Sache selbst in die Hand nehmen, verderben Sie nur alles.

Ein letztes Wort: Versuchen Sie einmal mit der gleichen Begeisterung, mit der Sie sich *gegen* etwas stellen, *dafür* zu sein. Liebe wirkt Wunder und spornt Ihre Mitmenschen dazu an, mit Ihnen zusammenzuarbeiten. Gehen Sie nicht bis zum Äußersten, wenn Sie auf Widerstand stoßen.

Mars-Quadrat-Aszendent

Mars im Quadrat zum Aszendenten sagt aus, daß Sie mit Ihrem Geltungsdrang über die Stränge schlagen. Wenn Sie sich genötigt fühlen, für irgend etwas Wichtiges in Aktion zu treten, tun Sie das meist auf grobe, ungeschliffene Art. Das erregt Ärgernis und wirkt aggressiv. Sie an Ihre Schwächen zu erinnern, empfinden Sie als Affront, weil Sie meinen, niemandem Rechenschaft schuldig zu sein für Ihr Tun und Lassen. Es ist geradezu unmöglich, Sie davon abzuhalten, Ihre Meinung zu sagen, gleich wo und gleich wer sie hört. Wer Sie provoziert, muß mit Ihrer sofortigen Reaktion rechnen, und die ist im allgemeinen negativ.

Offenbar sehen Sie gerne, wie sich Ihre Mitmenschen über Ihre schlechten Manieren aufregen. Es bereitet Ihnen größtes Vergnügen, andere in eine Verteidigungsposition zu drängen und zu beobachten, wie sie sich unter Ihren antagonistischen Tiraden winden. Da Sie nicht so ganz von Ihrer Überlegenheit überzeugt sind, steigern Sie sich förmlich in höchste Wut. Erst wenn Sie bei einer Kraftprobe den Sieg davontragen, sind Sie rundum zufrieden.

Ihre Eltern haben wahrscheinlich versucht, Sie auf Ziele hinzulenken, die sie selbst in ihrem Leben nicht erreichen konnten, und dieser Druck ging Ihnen auf die Nerven. Der Zank und Streit in Ihrer frühen Kindheit hat bewirkt, daß Sie verbittert sind und sich gegen jede Art von Autorität auflehnen. Sie wollen zwar, daß Ihre Talente Beachtung finden, werfen jedoch durch Ihre antiautoritäre Einstellung Probleme auf, die Ihre Karriere beeinträchtigen. Weitere Schwierigkeiten entstehen Ihnen dadurch, daß Ihre Eltern Ihnen keine Ausbildung ermöglicht haben. Wenn Sie Kenntnisse besitzen, dann durch eigene Anstrengung.

Sie bewundern Leute, die Ihre Fähigkeiten in klingende Münze umsetzen können. Wenn Sie nur willens wären, die erforderliche Selbstverleugnung und Opferbereitschaft aufzubringen, könnten Sie ebensoviel erreichen. Sie wissen, daß Ihre zukünftige Sicherheit davon abhängt, wie gut Sie Ihre Anlagen entwickeln. Sie sind zwar durchaus bereit, hart zu arbeiten, um Ihre Ziele zu verwirklichen, fragen sich aber manchmal, ob sich all die Mühen und Enttäuschungen, die Sie auszuhalten haben, überhaupt lohnen.

Jupiter-Quadrat-Saturn

Das Quadrat von Jupiter zu Saturn deutet auf mangelndes Selbstbewußtsein hin. Sie neigen dazu, Ihr Licht unter den Scheffel zu stellen, wenn Sie Ihre eigenen Fähigkeiten mit denen anderer Menschen vergleichen. Tatsache ist, daß Sie versuchen, um das herumzukommen, was Sie sich selbst und Ihren Angehörigen schuldig sind. Unter dem Einfluß Ihrer Eltern hat Ihre Selbstachtung schwer gelitten; schon in frühester Kindheit ist Ihnen die Überzeugung eingeprägt worden, Sie seien weniger tüchtig als andere und müßten auf die hören, die »offensichtlich« begabter seien. Jetzt zeigt sich an Ihrem Verhalten, daß Sie nicht den Mut haben, sich Risiken auszusetzen und durchzuhalten. Sie glauben, kein Recht zu haben, für sich etwas Gutes zu erwarten. Auf Ihren Erfolg setzen Sie keine großen Hoffnungen, aber das liegt nur an Ihrer Trägheit. Sie lassen sich zu sehr gehen, und dafür gibt es keine Entschuldigung.

Hören Sie auf, Vergleiche zu ziehen zwischen Ihrer eigenen Stellung im Leben und dem, was andere erreicht haben. Sie verfügen über reiche Kenntnisse, mit deren Hilfe Sie Ihre Projekte durchführen könnten, aber stecken müssen Sie sich Ihre Ziele schon selber. Sobald Sie das geschafft haben, sollten Sie ein Programm aufstellen, wie Sie vorgehen wollen, und sich auch daran halten. Fassen Sie jeweils nur eine Sache ins Auge und setzen Sie sich dann mit allen Kräften dafür ein. Suchen Sie nicht ständig nach Entschuldigungen, sondern werden Sie sich endlich darüber klar, daß Ihnen nur harte Arbeit etwas einbringt.

Sie könnten es auf dem Gebiet des Rechts, der Bildung und Erziehung, der Naturheilkunde oder auch in geistlichen Ämtern zu etwas bringen. Die Anforderungen, die Berufe aus diesen Bereichen an Sie stellen, werden vielleicht Ihr Durchhaltevermögen auf eine harte Probe stellen und Ihnen gelegentlich Rückschläge bescheren, aber Sie sollten wirklich beharrlich bleiben. Für Sie ist es wichtig, zufrieden auf den einen oder andern Erfolg zurückblicken zu können und zu merken, daß Sie noch viel mehr leisten können. Ihre Vorgesetzten werden Ihnen Steine in den Weg legen, und wahrscheinlich müssen Sie etliche Kränkungen hinnehmen, um sich Ihren Arbeitsplatz zu erhalten. Zeugnisse, die Ihnen Kompetenz attestieren, werden ein Markstein in Ihrem Werdegang sein.

Die rauhe Wirklichkeit wird Sie lehren, daß man nur unter Mühen und mit Selbstverleugnung etwas erreichen kann. Der Weg nach oben ist dornenreich. Treffen Sie keine Vereinbarungen, die Sie nicht einhalten können, und unterzeichnen Sie keine Verträge, die Ihnen über den Kopf wachsen. Geben Sie sich Gelegenheit, Ihre Ziele auch zu erreichen. Ihr Schicksalsweg ist kein reines Honiglecken, sondern voller Höhen und Tiefen, Fortschritten und Rückschlägen, und doch kommen Sie Ihrer Selbstverwirklichung immer näher und finden schließlich Erfüllung.

Ihr Glaube ist Ihr stärkster Verbündeter, wenn nichts sonst Ihnen weiterhilft. Er wird Sie durch Ihre schwierigsten Zeiten hindurchgeleiten und Ihnen, wenn Sie am Ziel sind, den sicheren Trost gewähren, gute Arbeit geleistet zu haben.

Jupiter-Quadrat-Uranus

Das Quadrat von Jupiter zu Uranus besagt, daß Sie in starke, sehr hinderliche Konflikte verwickelt werden, die Ihnen Grenzen setzen. Vielleicht nehmen Sie einfach den Mund zu voll und laden sich mehr auf, als Sie auf einmal bewältigen können. Was Sie sich in den Kopf setzen, können Sie durchaus schaffen, wenn Sie nicht alles zugleich angehen. Sie müssen Prioritäten setzen und sich in Selbstdisziplin üben, damit Sie eins nach dem andern bewerkstelligen. Es ist doch leicht einzusehen, daß Sie, wenn Sie sich aus allen Kräften für eine einzige Aufgabe einsetzen, Ergebnisse erzielen, die sonst nur schwer zustande gekommen oder gar ein Ding der Unmöglichkeit gewesen wären.

Bei Ihrer Begeisterungsfähigkeit könnten Sie in der Politik, in Bildung und Erziehung, im Recht, im religiösen Bereich oder in den okkulten Wissenschaften erfolgreich sein. Ihr größtes Problem ist allerdings, Ihr Erfolgsstreben zu motivieren. Wenn andere merken, daß Sie auf Ruhm und Anerkennung aus sind, könnte das mit Ihren Zielen kollidieren. Sie ernten nicht anders, als Sie gesät haben. Wenn Sie Ihre Mitmenschen nicht an den Früchten Ihrer Arbeit teilhaben lassen, wendet sich das Blatt möglicherweise so, daß Ihre Träume nie in Erfüllung gehen.

Sie wollen gern ganz oben anfangen, aber damit werden Sie kaum durchkommen, wenn Sie nicht bestens gerüstet sind und gute Empfehlungen haben. Ihr Wachsen und Werden hängt ganz und gar von Ihrer Bereitwilligkeit ab, sich eingehend vorzubereiten. Lassen Sie Ihre Talente erst spielen, wenn Sie eine solide Grundlage haben. Halten Sie inne und sperren Sie Augen und Ohren auf, ehe Sie etwas in Angriff nehmen, und Sie werden sich viele Enttäuschungen ersparen.

Ihre anmaßende Art führt auch zu Mißhelligkeiten in Ihrem Gefühlsleben. Ist Ihnen jemals zu Bewußtsein gekommen, daß noch längst nicht jeder Sie unwiderstehlich findet? Auf den einen oder andern wirken Sie natürlich so, aber seien Sie auf der Hut bei allen, die anders empfinden. Versuchen Sie, sich sowohl emotionale wie auch reale Ziele zu stecken, die im Bereich des Möglichen liegen und erfolgversprechend sind. Mäßigen Sie Ihren Enthusiasmus, damit Sie auf der Höhe Ihres Erfolges noch immer in Hochstimmung geraten. Sie sollten auch mit Fehlschlägen rechnen, denn das sind die besten Lektionen, die das Leben erteilt. Ihr Zukunftsglück können Sie vorausplanen; überlassen Sie nichts dem Zufall.

Jupiter-Quadrat-Neptun

Das Quadrat von Jupiter zu Neptun zeigt auf, daß Sie kreative Fähigkeiten haben, die Sie nur diszipliniert und kontrolliert aktivieren müssen. Sie sind so entsetzlich bequem, daß Ihre Träume nicht die geringste Chance haben, sich zu verwirklichen. Jede soziale Bürde weisen Sie lieber weit von sich mit der Begründung, dazu hätten Sie keine Zeit. Dabei vergeuden Sie Ihre Zeit nur zu oft auf andere Art und Weise und beteiligen sich an fragwürdigen Unternehmungen, die Sie selbst allerdings in einem andern Licht sehen. Sie sind sehr leichtgläubig und lassen sich schnell zu einer anderen Auffassung bekehren.

Ihr größtes Problem besteht darin, daß Sie über Ihre Verhältnisse leben. Sie haben keinerlei Entschuldigung dafür, warum Sie nicht Ihren Verstand gebrauchen und festlegen, wie weit Sie gehen können, ohne in Schwierigkeiten zu geraten. Um Ihre höheren geistigen Fähigkeiten ist es gut bestellt, aber Sie wollen weder mit der Realität noch mit Verantwortung konfrontiert werden. Sie haben ziemlich verdrehte Ansichten und keinen klaren Durchblick. Fallen Sie doch nicht auf verführerische Werbung herein – sie ist nur darauf angelegt, daß Sie und andere von Natur aus weichmütige Menschen ihr auf den Leim gehen.

Sie sind nett und freundlich im Umgang mit andern Menschen, machen jedoch vielleicht den Fehler, sich mit Leuten einzulassen, die aus Ihrer uneigennützigen Art Vorteil zu schlagen versuchen. Im Berufsleben sollten Sie besonders aufpassen und *absolut kein Risiko eingehen.* Wenn wirklich einmal etwas Unvorhergesehenes geschieht, sind bestimmt Sie der Betroffene. Diskutieren Sie offen aus, wer Zugang zu geheimen Informationen haben darf, und halten Sie sich strikt an die entsprechende Entscheidung. Sie sind nur allzuleicht der Dumme, wenn Bestimmungen mißachtet werden. Kümmern Sie sich um Ihre eigenen Angelegenheiten und reden Sie nicht mit jedem über Ihr Privatleben. Ohne daß Sie es merken, entschlüpfen Ihnen nämlich im Gespräch leicht Informationen, die Sie besser für sich behalten hätten. Sie wären auch gut beraten, sich in keinerlei Diskussion über Religion oder okkulte Dinge verwickeln zu lassen. So wie Sie angelegt sind, wären Sie einfach nicht dazu in der Lage, bei einer solchen Auseinandersetzung Ihre Stellung zu halten. Üben Sie in allem Vorsicht und Zurückhaltung, und wühlen Sie in Ihrem Liebesleben nach Möglichkeit nicht zu viele Emotionen auf. Sonst könnte leicht der Eindruck entstehen, daß Sie selbst zu einer Eskapade mit jemandem bereit wären, dessen geistige und moralische Wertvorstellungen untragbar sind.

Jupiter-Quadrat-Pluto

Das Quadrat von Jupiter zu Pluto verstärkt bei Ihnen die Neigung, sich gegen den bestehenden Moralkodex aufzulehnen. In Ihrem Bestreben, auf möglichst einfache Art und Weise ans Ziel zu kommen, laufen Sie gegen jedwede Autorität Sturm. Ihr größtes Problem besteht darin, daß Sie Riesenerwartungen haben, sich aber wenig oder überhaupt nicht entsprechend verhalten. Sie reden von Überlastung und kaschieren damit nur Ihre Abneigung dagegen, Verantwortung zu übernehmen. Oft lassen Sie sich dazu hinreißen, allzuviel in fragwürdige Unternehmungen zu investieren, und erleben danach bittere Enttäuschungen. Rechnen Sie nicht zu sehr mit der Unterstützung der anderen, wenn Sie in Schwierigkeiten geraten. Vor allen Dingen sollten Sie nicht über Ihre Verhältnisse leben in der Hoffnung, bei fälligen Raten schon das nötige Geld beisammen zu haben.

Ihnen liegen Berufe, bei denen es um großangelegte Unternehmungen geht, die viele Leute betreffen und höchstwahrscheinlich beträchtliche finanzielle Gewinne abwerfen. Mit andern Worten: Sie sind ein echter Geschäftemacher. Trotzdem wissen Sie genau, daß Sie bei derlei Aktivitäten nahe am Abgrund wandeln. Allem Anschein nach versuchen Sie Ihr Schicksal und schmieden Pläne, die riskant sind und unter Umständen mit dem Gesetz in Konflikt stehen. Geldverleih, politische Winkelzüge und professionelles Glücksspiel haben eine starke Anziehungskraft auf Sie. Sie kennen keine Skrupel, andere um Ihres Vorteils willen auszubeuten, wobei es umgekehrt Ihnen einmal genauso gehen kann.

Liebesbeziehungen werden Sie wohl auch im Geschäftsbereich anknüpfen. Ihre Eroberungen reichen von einem Extrem bis zum andern und umfassen alles nur Erdenkliche von roh und vulgär bis hin zu fein und kultiviert. Ihre Bewunderung gilt Leuten, die augenblicklichen Impulsen folgen und sich nicht um Sitte und Anstand scheren. Sie leben ganz und gar der Gegenwart und schauen ungern zurück.

Solange Sie sich nicht Ihrer Schwächen und Fehler bewußt sind, müssen Sie damit rechnen, ernstlich mit Ihren Zielen in Konflikt zu kommen. Sie sollten unbedingt einmal Einkehr halten, damit Sie wirklich merken, wie sehr Sie sich selbst schaden, wenn Sie alle Lebensregeln mißachten. Es dürfte Ihnen schwerfallen, durch Erfahrung klüger zu werden, aber wenn Sie das nicht schaffen, bleiben Ihre Erwartungen für die Zukunft nur reine Traumgebilde.

Jupiter-Quadrat-Aszendent

Jupiter im Quadrat zum Aszendenten deutet an, daß Sie in Ihrem Handeln kein Maß kennen und extrem zügellos sind. Da Sie nicht genügend

Selbstbeherrschung haben, gehen Sie in allem aufs Äußerste und merken erst später, wieviel Zeit und Mühe Sie verschwendet haben.

Sie haben großartige Vorstellungen, die Sie verwirklichen und in klingende Münze umsetzen wollen. Zwar haben Sie die stille Hoffnung, daß Ihre Eltern Ihnen die nötigen Mittel zur Verfügung stellen, damit Sie Ihre Ideen entwickeln können, sind aber auch gerüstet, notfalls andere Finanzierungsmöglichkeiten aufzutun. Ihnen ist klar, wie wichtig es ist, finanzielle Reserven in petto zu haben. Sie wissen aber auch, daß Sie immer Ihre schöpferischen Fähigkeiten konstruktiv nutzen und in klingende Münze verwandeln können.

Insgeheim sehnen Sie sich nach der Zeit, wo Sie sich alle Bequemlichkeiten gönnen können, die Sie sich bei der Verfolgung Ihrer Ziele versagen mußten. Diese Sehnsucht treibt Sie dazu an, möglichst viel Kapital aus Ihren Begabungen zu schlagen, damit Ihre Ruhestandsjahre frei von finanziellen Sorgen sind. Für dieses Ziel setzen Sie sich nach Kräften ein und nehmen auch härteste Arbeit in Kauf. In Ihrer Großherzigkeit merken Sie oft gar nicht, daß andere Sie übervorteilen.

Üben Sie sich in Selbstdisziplin, damit Sie nicht mehr Verpflichtungen auf sich nehmen, als Sie wahrnehmen können. Sie verstehen sich darauf, mit einflußreichen Leuten bekannt zu werden, die Ihnen zu Gefallen sein und Zugang zu wichtigen Positionen verschaffen können. Sie wollen so schnell wie möglich Karriere machen, haben aber keine klare Vorstellung davon, wie unsicher eine leitende Stellung sein kann. Denken Sie daran, daß Ihre Position nur dann gesichert ist, wenn Sie auch bereit sind, Opfer dafür zu bringen.

Sie sollten unbedingt mit andern zusammenarbeiten, so daß Ihre Anlagen und Talente komprimiert zum Tragen kommen. Allerdings müssen Sie Ihre eigenen Wünsche auf das jeweilige Gruppenziel abstimmen.

Saturn-Quadrat-Uranus

Das Quadrat zwischen Saturn und Uranus verweist auf Entscheidungsschwierigkeiten, die Sie besonders dann haben, wenn Sie eine konservative Einstellung einer neuen Entwicklung zuliebe aufgeben müssen. So dürfte es Ihnen zum Beispiel schwergefallen sein, nach jahrelangem Radfahren endlich den Führerschein zu machen. Dabei ist Ihre Furcht vor allem Ungewohnten wirklich das einzige, was Sie vom Erfolg abhält.

Vielleicht hat die elterliche Erziehung Sie so geprägt, daß Sie immer erst Zustimmung brauchen, ehe Sie Ihre schöpferischen Talente spielen lassen. Für Sie ist es wahrscheinlich viel härter als für andere Menschen, sich von der Vergangenheit zu lösen, aber das ist unumgänglich notwendig. Ihre Zukunft hängt davon ab, daß Sie alte Bande zerreißen, auch wenn Sie sich damit manche Menschen entfremden. Unter Umständen gibt man Ihnen zu verstehen, Sie könnten dieses oder jenes nicht tun, weil Sie angeblich noch zu jung sind und keine Erfahrung haben, doch sollten Sie sich davon nicht zurückhalten lassen. Sobald Sie nicht mehr aus lauter Angst manches unversucht lassen, können Sie so hoch aufsteigen, wie Sie nur wollen.

Sie eignen sich hervorragend für eine Tätigkeit in großen Unternehmen oder Organisationen, wo Ihnen nach oben keine Grenzen gesetzt sind. Sie besitzen genügend Selbstachtung, um nicht zu weit zu gehen, und wenn Sie sich erst einmal Ihres Eigenwertes bewußt geworden sind, ist Ihnen der Erfolg auch sicher. Die Lehren, die Sie aus der Vergangenheit ziehen, dürften Ihnen bei der Verfolgung ihrer Ziele sehr zugute kommen. In Politik, Industrie, Wissenschaft und Forschung, ja auch in den okkulten Wissenschaften könnten Sie Ihren Beitrag leisten.

Rechnen Sie immerhin mit gelegentlichen Rückschlägen, die im Grunde nur eine weitere Empfehlung für Sie sind und Sie noch mehr in der Achtung derer steigen lassen, die Ihre Begabung brauchen. Die Fehlschläge, die man auf dem Weg nach oben hinnehmen muß, führen manchmal zu einem noch größeren Erfolg.

Über Ihre zwischenmenschlichen Beziehungen sagt dieser Aspekt aus, daß Sie sich an Leute anschließen, bei denen Sie Anklang finden. Unterschätzen Sie Ihre Tugenden nicht, zu denen nicht zuletzt Ihr Verantwortungsgefühl und die Fähigkeit gehört, Ihren Ideen eine greifbare Gestalt zu geben.

Saturn-Quadrat-Neptun

Das Quadrat von Saturn zu Neptun ist ein Hinweis darauf, daß Sie gelegentlich irrealen Angstvorstellungen von Armut oder auch der eigenen Unfähigkeit ausgeliefert sind. Oft reagieren Sie überängstlich auf Situationen, die Sie gar nicht beeinflussen können und an denen Sie keinerlei Schuld treffen dürfte. Dann sind Sie innerlich zutiefst verstört, tun jedoch nichts, um Ihre Ängste loszuwerden. Sie fühlen sich üblen Verhältnissen in Ihrer Umgebung, die Sie wahrnehmen oder am eigenen Leib erfahren, nicht gewachsen und sind deshalb oft niedergeschlagen. Im Grunde fürchten Sie sich vor Verpflichtungen und bezweifeln, ob Sie damit überhaupt fertig werden.

Ihre negative Einstellung wird Ihnen unter Umständen Probleme im Berufsleben bescheren. Ihr größtes Manko ist mangelnde Eigenliebe, so daß Sie meist nicht weit kommen. Da Sie stets einen Bogen um Wettbewerbssituationen machen, glauben Sie wahrscheinlich, Sie könnten nichts zuwege bringen. Sie müssen unbedingt darauf gerüstet sein, ab und zu Schiffbruch zu erleiden, damit Sie herausfinden, wo und wie Sie zu Erfolg kommen. Mit Ihrer Gleichgültigkeit in bezug auf Pflichten und Verantwortlichkeiten ist nichts gewonnen. Und wenn Sie sich in sich selbst verkriechen, verstärkt sich nur das Gefühl Ihrer eigenen Inkompetenz. Sie müssen Konkurrenzsituationen ins Auge sehen können und so Ihre inneren Kräfte für die Zukunft mobilisieren. Denken Sie daran, daß Ihre Widersacher umgekehrt auch von Ihnen auf die Probe gestellt werden, denn sie kennen Ihre Fähigkeiten ja auch nicht.

Es wäre empfehlenswert, wenn Sie Ihre Furcht vor Zusammenstößen und Fehlschlägen als guten Anlaß nehmen würden, zu wachsen und sich zu entwickeln. Schrittweise Erfolge, die zunehmend an Bedeutung gewinnen, können Ihr Selbstvertrauen wiederherstellen. Sie werden wohl nicht gleich überheblich, sondern endlich merken, was Sie können und was nicht.

Sprechen Sie sich mit einem vertrauenswürdigen Freund aus, der Ihnen zeigen kann, was Sie aus sich herausholen und wie Sie daraus den größten Nutzen ziehen können. Seien Sie vorsichtig in der Wahl Ihrer Freunde, und lassen Sie sich möglichst nicht in aller Öffentlichkeit über Ihre Privatprobleme aus. Ihre Mitmenschen haben wahrscheinlich genug eigene Sorgen.

Saturn-Quadrat-Pluto

Das Quadrat von Saturn zu Pluto deutet darauf hin, daß Sie bereits in frühester Kindheit ein schlechter Verlierer waren. Wenn Sie meinten, ein Spiel nicht gewinnen zu können, haben Sie einfach nicht mitgespielt. Später haben Sie sich wahrscheinlich vorwiegend mit Kindern abgegeben, die entweder schwächer oder jünger waren als Sie, damit Sie auf jeden Fall der Überlegene blieben. Sie konnten nicht über Ihren Schatten springen und zugeben, daß andere vielleicht mehr Ahnung haben als Sie. Diese Haltung ist mit der Zeit in Ihrem Bekanntenkreis immer mehr auf Ablehnung gestoßen. Sie sind emotional unsicher, und Ihre Werturteile entsprechen nicht der Realität.

Sie neigen dazu, sich vor sozialer Verantwortung zu drücken, die Sie eher als Hemmnis betrachten denn als gute Chance. Die Erfüllung Ihrer Pflichten bauschen Sie so auf, als würden Sie dabei Ihrer persönlichen Freiheit ganz und gar verlustig gehen. Werden Sie aber zur Wahrnehmung Ihrer Verpflichtungen gezwungen, werden Sie unter Umständen bitter und versuchen mit allen Mitteln, sich ihrer zu entledigen.

In Ihrem Berufsleben werden Sie eine Menge Schwierigkeiten haben, sofern Sie nicht Ihre Einstellung ändern. Ihre Vorgesetzten werden Ihren Griff nach Macht nicht tolerieren. Erst wenn Sie so lange Diensteifer an den Tag legen, bis Sie wirklich Autorität beweisen, wird man Sie akzeptieren. Aber Sie sind sehr ungeduldig und haben nichts für die zeitraubenden Mühen übrig, die man durchstehen muß, wenn man mit normalen Methoden nach oben kommen will.

Sie brauchen Ratgeber, die Ihre Begabungen abschätzen und Ihnen helfen können, mögliche Ziele abzustecken. Ihre Wünsche stehen in keinem Verhältnis zu Ihren Möglichkeiten. Status und Sicherheit sind Prioritäten in Ihrem Leben. Aber wenn Sie sich in allem Ihren Vorgesetzten widersetzen, dürfte es Ihnen schwer werden, Ihr Ziel zu erreichen.

Sie beneiden Leute in Machtpositionen um ihren Reichtum und ihren gesellschaftlichen Status. Ihre Mißgunst bleibt nicht verborgen und wirkt auf Ihre Mitmenschen bedrohlich. Ändern Sie das und eignen Sie sich die nötigen Kenntnisse an. Dann werden Sie Ihren Kollegen auf gleicher Ebene begegnen können. Auch Ihre Ziele werden Sie dann genauer umreißen und systematisch darauf hinarbeiten können.

Saturn-Quadrat-Aszendent

Saturn im Quadrat zum Aszendenten ist ein Anzeichen dafür, daß Sie zu ängstlich sind, um sich durchzusetzen, weil Sie fürchten, laufend auf Widerstand zu stoßen. Sie unterschätzen Ihre Fähigkeiten. Im Wettbewerb mit andern halten Sie sich zu Anfang ziemlich zurück, um Selbstvertrauen zu gewinnen. Werden Sie stark unter Druck gesetzt, geben Sie lieber auf, anstatt zu kämpfen. Nach Möglichkeit meiden Sie Konkurrenzsituationen, und wenn Sie sich doch hineinbegeben, dann nur widerstrebend. Aber wenn Sie gezwungen sind, sich zu verteidigen, wenden Sie jeden nur erdenklichen Kniff an, um sich zu schützen.

Recht spät fangen Sie an, sich Ziele zu stecken, die Sie zu erreichen hoffen. Da Sie zu Ihrem eigenen Nachteil übervorsichtig und zu diszipliniert sind, verpassen Sie so manche Gelegenheit. Andere halten Sie oft für kalt und gefühllos, dabei sind Sie in Wirklichkeit ein ernsthafter, verantwortungsbewußter Mensch. Sie wissen aus Erfahrung, daß Sie sich alles redlich verdienen müssen, und deshalb erwarten Sie auch keinerlei Lohn ohne Mühe. Als Perfektionist sind Sie nur zufrieden, wenn Sie allezeit Ihr Bestes tun.

Ihre frühe Kindheit war vermutlich eine harte Erfahrung für Sie. Wahrscheinlich war das Verhältnis zwischen Ihnen und Ihren Eltern nicht sehr herzlich. Sie mußten wohl einfach, ohne zu murren, Ihre Pflichten erfüllen. Sie haben Ihre Eltern oder Erzieher zwar geachtet, aber kaum jemals zärtlich geliebt. Die Folge davon ist, daß Sie jetzt nur äußerst vorsichtig und zurückhaltend mit Leuten in maßgeblichen Positionen umgehen.

Sie sind voll und ganz damit beschäftigt, eine Stellung zu erreichen, die Sie finanziell ausreichend absichert. Sie sind viel begabter, als Sie denken, und das wird Ihnen zu Bewußtsein kommen, sobald Sie einmal erfolgreich und anerkannt sind. Entschlossen und beharrlich verwirklichen Sie trotz aller Rückschläge Ihre Ziele. Die so gewonnene materielle Sicherheit gleicht die emotionale Unsicherheit aus, die Sie bei der Wahl eines Lebensgefährten empfinden.

Uranus-Quadrat-Neptun

Uranus im Quadrat zu Neptun deutet an, daß Sie mit andern eine Ideologie teilen, auf Grund derer Sie ständig rebellieren, aber nicht genau wissen, warum. Sie haben zwar eine Ahnung davon, wie drückend Ignoranz ist, müssen aber noch ganz schön hart arbeiten, um herauszufinden, was genau Sie dagegen unternehmen können. Wenn Sie bewußt Ihre sozialen Verpflichtungen nicht wahrnehmen, gehen Sie vielleicht in Ihrer Ablehnung so weit, nicht einmal mehr Protest gegen politische Verfallserscheinungen zu äußern. Oder Ihre berufliche Stellung und Ihre persönliche Sicherheit bedeuten Ihnen zuviel, als daß Sie sie für die anonyme Masse Mensch aufs Spiel setzen, von der Sie sich abgesondert haben. Und sollten Sie doch opponieren, dann wahrscheinlich nur über einen Mittelsmann, weil Sie sich sagen: »Ich will mich nicht selbst in die Sache hineinhängen, denn ich habe zuviel zu verlieren, wenn ich entdeckt werde.« Das ist ein begreiflicher, aber unhaltbarer Standpunkt. Sie wären der erste, der wütend aufschreien würde, wenn ihm die Freiheit beschnitten werden sollte. In der Vergangenheit haben sich Millionen Menschen nicht getraut, aufzubegehren, aus Angst, die eigene Sicherheit zu gefährden. Viele von ihnen haben dann ein sicheres Dach über dem Kopf gefunden: in Gefängnissen und Arbeitslagern! Wenn Ihnen an Ihrer Freiheit wirklich etwas liegt, dann müssen Sie auch den Mut aufbringen, dafür zu kämpfen.

Ohne den Mut, der von Uranus kommt, erklären Sie sich mit einem Leben in Knechtschaft einverstanden und liefern sich Führern in die Hände, die nach Macht dürsten und Sie für austauschbar halten. Andererseits könnten Sie allen, die ihre Führungsposition mißbrauchen, den Kampf ansagen und fordern, daß sie für ihre Taten Rechenschaft ablegen müssen. Sie haben nämlich die Gabe, andere mitzureißen und auch dann noch, wenn Worte nichts mehr fruchten, zum Handeln anzuspornen. Wenn Sie nicht persönlich Protestaktionen gegen Amtsmißbrauch in die Wege leiten können, so können Sie doch wenigstens die entsprechenden Leute unterstützen.

Ihre Zukunftsprojekte stehen immer auf wackeligen Füßen, weil Sie sich zu wenig um die politische Motivation derzeitiger Regierungsbeamter kümmern. Dabei können Sie es sich gar nicht leisten, Ihre Augen vor den dort lauernden Gefahren zu verschließen.

Diese Konstellation trat zwischen 1952 und 1956 auf; jeder in diesem Zeitraum Geborene ist ihrem Einfluß ausgesetzt.

Uranus-Quadrat-Pluto

Das Quadrat von Uranus zu Pluto weist darauf hin, daß Sie zwar wissen, inwieweit Sie sich selbst für Ihre Freiheit einsetzen müssen, aber es lieber andere machen lassen. Sie gehen davon aus, daß es immer genug Leute gibt, die sich couragiert und verantwortungsvoll dafür engagieren, Sie also nichts beizusteuern brauchen. Wenn aber Entwicklungen in Ihrer unmittelbaren Umgebung Ihre Freiheit in irgendeiner Weise gefährden würden, wären Sie der erste, der aufbegehren würde. Diese Planetenkonstellation zeigt an, daß Sie von solchen Veränderungen direkt betroffen würden, und wenn Sie zu teilnahmslos sind, um rechtzeitig etwas dagegen zu unternehmen, ist das Ihre eigene Schuld. Wie diese Art von Gleichgültigkeit sich auswirken kann, zeigt sich zum Beispiel daran, daß viele Menschen nicht von ihrem Wahlrecht Gebrauch machen, sich nachher jedoch lauthals beklagen, wenn der falsche Kandidat die Wahl gewinnt. Sie könnten sich statt dessen besser in den Dienst Ihrer Mitmenschen stellen, indem Sie bei der Polizei, der Feuerwehr oder in der Verwaltung tätig werden. Dergestalt könnten Sie Gutes wirken und dem Gemeinwohl dienen.

Uranus und Pluto standen von 1931 bis 1934 in dieser Beziehung, und damals erschütterten dramatische Ereignisse die Welt. Als die Menschen während der Wirtschaftskrise vollauf damit beschäftigt waren, sich irgendwie Arbeit und Nahrung zu verschaffen, sah Hitler seine Stunde gekommen. Er brachte mit Erfolg wieder Ordnung in die chaotischen Zustände in Deutschland und sorgte für die Stabilisierung der Wirtschaft, aber dafür mußte die Bevölkerung einen extrem hohen Preis bezahlen. Er knechtete sie und gewann die Oberhand über alle, die sich bereitwillig in den Dienst seiner Wahnsinnswillkür stellten.

Behalten Sie stets im Sinn, wie sehr Sie bluten müssen, wenn Sie nicht rechtzeitig die unheilschwangeren Signale erkennen, die sich in Volksbewegungen oder politischen Entwicklungen abzeichnen. Es wird immer wieder einzelne geben, die an die Macht zu kommen versuchen, wenn die Öffentlichkeit nicht hellwach bleibt.

Wenn Ihr Selbsterhaltungstrieb stark genug ist, werden Sie sich gegen solche Tyrannen schützen und aktiv daran mitwirken, daß gesetzliche Sicherheitsvorkehrungen getroffen werden. Sie werden auch andere drängen, mit Ihnen zusammen gegen jegliche Willkür zu Felde zu ziehen und dafür zu sorgen, daß Menschen mit derartigen Intentionen aus ihren Ämtern entfernt werden.

Uranus-Quadrat-Aszendent

Uranus im Quadrat zum Aszendenten verrät, daß Sie im Grunde Ihres Herzens ein Rebell sind. Sobald Ihre Unabhängigkeit auch nur zeitweilig in Frage gestellt wird, leisten Sie beleidigt Widerstand. Sie glauben das Recht zu haben, alles tun zu dürfen, wozu Sie Lust haben, ohne irgendwelche Regeln und Bestimmungen zu beachten. Sie sind ziemlich verantwortungslos und haben Schwierigkeiten, aus Ihren Erfahrungen zu lernen. Als Heranwachsender lagen Sie ständig mit Ihrer Familie im Streit, und Sie werden immer einen oppositionellen Eindruck auf Ihre Mitmenschen machen. Sie haben nun einmal einen Dickkopf und bestehen darauf, selbst die besten Mittel und Wege zu finden, wie Sie aus Ihrem Ideenschatz Kapital schlagen können.

Da Ihnen an Geld nicht viel liegt, setzen Sie sich mit Vorliebe für Unternehmungen ein, die angeblich »zeitgemäß« oder »sinnvoll« sind, wie abgedroschen diese Begriffe auch sein mögen. *Was* Sie machen ist Ihnen viel wichtiger als was Sie damit verdienen. Als durch und durch moderner Mensch sind Sie gegen Traditionen eingestellt, und doch fügen Sie sich im Grunde nur einer neuen Tradition, die von den Wertvorstellungen Ihrer Generation geprägt wird.

Sie lassen sich um keinen Preis durch einen Beruf einengen, der Ihnen nicht ein gewisses Maß an Freiheit und Bewegungsraum läßt. Eine 8-Stunden-Routine wäre sicher tödlich für Sie mit Ihrer individuellen Lebensart. Der einzige Grund für Ihr Verlangen, sich zu bilden, ist die Gewißheit, dann der Gesellschaft besser dienen zu können. Hüten Sie sich vor Leuten, die Sie ausnutzen oder gar Ihrer Existenzgrundlage berauben wollen. Das letzte Hemd herzugeben ist zwar edel, aber sich ausplündern zu lassen ist die reine Dummheit. Sie werden nur dann eine bindende Partnerschaft eingehen, wenn diese durch Gemeinsamkeiten begründet ist und nicht durch ein amtliches Papier. Die Erinnerung an die strikten Beschränkungen Ihrer Jugend ist Ihnen noch zu lebendig vor Augen, und Sie haben nicht die Absicht, diese Erfahrungen noch einmal zu machen.

Sie sind zutiefst betroffen von sozialer Ungerechtigkeit und hoffen, eines Tages wesentlich dazu beizutragen, daß derlei Mißstände behoben werden. Sie müssen die Gewißheit haben, daß Ihr Lebenswerk im Dienste der Menschlichkeit steht. In Ihrer Verbundenheit mit der Jugend versuchen Sie, jungen Leuten zu helfen, ihre kreativen Fähigkeiten zu erschließen.

Neptun-Quadrat-Aszendent

Neptun im Quadrat zum Aszendenten besagt, daß Sie überempfindlich auf Kritik reagieren. Deshalb vermögen Sie sich oft nicht gebührend gegen Widersacher durchzusetzen. Sie sind sich nie ganz sicher, ob Sie sich in einer Konkurrenzsituation behaupten können, und weichen einer Konfrontation darum lieber aus, bis Sie sich kompetenter fühlen. Da das Verhältnis zwischen Ihnen und Ihren Eltern schlecht war, bekamen Sie nicht die nötige Unterstützung und Ermutigung für eine bestimmte Berufsbahn. Es wird lange dauern, bis Sie wirklich wissen, was Sie aus Ihrem Leben machen wollen, und deshalb wird Ihnen die Berufswahl schwerfallen. Sie geben sich gern Träumereien hin, statt aktiv Ihre schöpferischen Fähigkeiten zu entfalten. Sie haben hohe Ideale, die Sie sich auch wahren wollen.

Sie besitzen eine reiche Phantasie, aber nicht die nötige Entschlossenheit, daraus Nutzen zu ziehen. Sie halten sich für weit weniger begabt als Ihre Konkurrenten und geben sich freiwillig mit einer bescheidenen Nebenstellung zufrieden. Kenntnisse schätzen Sie zwar sehr, sind jedoch zu faul, um Mittel und Wege zu finden, sich selber Wissen anzueignen. Dabei müssen Sie sich ganz besonders ins Zeug legen, um all die verpaßten Gelegenheiten, Ihre Fähigkeiten zu entwickeln, wieder aufzuholen. Nur zu oft ist alle Mühe vergebens, weil Sie zu vielen Interessen gleichzeitig nachgehen. Sie sollten sich auf wenige spezielle Projekte konzentrieren, wenn Sie es wirklich zu etwas bringen wollen.

Sie fallen sehr leicht Leuten in Ihrer Umgebung zum Opfer, denn Sie sind allzu leichtgläubig und geben im Zweifel dem andern lieber eine zweite Chance. Sie interpretieren Ihre Vorgesetzten gern falsch, weil Sie Ihre Ohren lieber vor der Wahrheit verschließen, wenn Sie ahnen, daß diese schmerzlich für Sie sein könnte. Ebenso werden die Menschen, mit denen Sie in Kontakt stehen, ihrerseits Sie mißverstehen und an Ihren Beweggründen zweifeln.

Ergreifen Sie nach Möglichkeit einen Beruf, der irgendwie zu den Bedürfnissen der Masse paßt. Sie reagieren sehr empfindlich auf offensichtliche soziale Ungerechtigkeiten und können, wenn Sie dagegen angehen, die Wertschätzung Ihrer Mitmenschen gewinnen wie auch geistig-seelisch davon profitieren.

Pluto-Quadrat-Aszendent

Pluto im Quadrat zum Aszendenten weist darauf hin, daß Sie sich dazu berufen fühlen, eigenmächtig in das Leben all derer einzugreifen, mit denen Sie in Kontakt kommen. Sie sind so sehr von Ihrer Rechtschaffenheit durchdrungen, daß Sie glauben, nur Sie allein könnten die Angelegenheiten dieser Menschen richtig in den Griff bekommen. Nichts findet vor Ihren Augen Gnade, und deshalb wollen Sie nach Ihrem Gutdünken Änderungen vornehmen. Offenbar hat Ihre frühkindliche Erziehung Sie zu der irrigen Annahme gebracht, alle Welt warte nur darauf, daß Sie heranwachsen und für Ordnung sorgen. Mit dieser irrigen Überzeugung von Ihrer Allmacht werden Sie ganz bestimmt in ernste Schwierigkeiten mit der Obrigkeit geraten.

Ihre Hauptaufgabe im Leben wird die sein, althergebrachte hierarchische Strukturen akzeptieren zu lernen, insbesondere bei großen Firmen und Organisationen. Sie setzen sich ziemlich arrogant in Szene, wenn Sie mit Ihren ungerechtfertigten Führungsansprüchen kommen. Mit diesem Charakterzug fallen Sie Ihren Mitmenschen schwer auf die Nerven. Vermutlich steht Ihr jetziges Benehmen in kausalem Zusammenhang damit, daß Ihre Eltern oder Erzieher früher für Sie die absolute Oberhoheit verkörperten. Deshalb haben Sie nun keinerlei Gespür dafür, wie es auf Ihre Mitmenschen wirkt, wenn Sie sich derart zur Geltung bringen. Ihre Entscheidungen zeugen von schlechter Urteilsfähigkeit, aber da Sie der Überzeugung sind, niemand dürfe Ihre Handlungsweise in Frage stellen, bleiben Sie dabei, auch wenn Sie sich offensichtlich geirrt haben. Sie müssen lernen, wieviel Druck Sie ausüben können, ohne daß man sich gegen Sie wehrt.

Wenn Sie erst einmal besser zu urteilen verstehen, werden Sie auch dank Ihres hervorragenden Organisationstalentes Ihre Ziele verwirklichen können und zu Rang und Namen kommen. Sie bewahren selbst unter schwierigsten Bedingungen Ruhe und Gelassenheit und weichen keiner Herausforderung aus, auch dann nicht, wenn Ihre Opponenten absolute Fachleute sind.

Wahrscheinlich haben Sie im Privatleben einige Probleme, weil Sie gerne andere tyrannisieren. Was Sie auch anpacken, ist von Ihrer Gier nach Macht und Anerkennung durchdrungen, so daß Kompromisse wohl ausgeschlossen sind.

KAPITEL 4
TRIGONE

Trigone

Das Trigon entsteht, wenn zwei Planeten durch einen Winkel von 120° voneinander getrennt sind. Als positiver Aspekt vereint es die Natur von Sonne und Jupiter und die Eigenschaften von Löwe und Schütze in sich. Außerdem aktiviert es alles, was mit dem fünften und neunten Haus im Horoskop in Zusammenhang steht.

Obgleich das Trigon allgemein als günstiger Aspekt gilt, sehen wir uns aus Erfahrung genötigt, es doch mit gedämpftem Optimismus zu betrachten. Ernste psychologische Störungen, die anderswo im Horoskop auftretende Planetenaspekte heraufbeschwören, vermag das Trigon oft nicht durch konstruktive Alternativen aufzuwiegen. Es ist zu schwach, um dem intensiven Druck negativer Aspekte entgegenzuwirken, kann jedoch immerhin deren Wirkung abschwächen, sofern es mit Verständnis und reiflicher Überlegung interpretiert wird. In Notsituationen erweist sich das Trigon als schöpferischer, stützender Aspekt, der die Hoffnung auf eine Besserung der Verhältnisse weckt.

Wenn zwei Planeten einen Trigon-Aspekt bilden und ein dritter Planet ebenfalls 120° von diesen beiden entfernt ist, ergibt sich das Große Trigon. Es wird von altersher als schwierige Konstellation bewertet, weil es Apathie und Gleichgültigkeit gegenüber Verpflichtungen fördert. Ein Großes Trigon findet sich oft in den Horoskopen von Verbrechern. Zwei bekannte Mörder, Henri Landru und Albert DeSalvo, der als »Würger von Boston« traurige Berühmtheit erlangte, hatten beide ein Großes Trigon in ihren Horoskopen. An dem Großen Trigon in Landrus Horoskop waren bis auf drei alle Planeten beteiligt, und DeSalvos Großes Trigon schloß sechs Planeten mit ein. Das sind zwingende Beispiele, die Aufsehen erregten, uns jedoch eine Mahnung sein sollten, daß wir jeden einzelnen Faktor eines Horoskops auf seinen Einfluß hin untersuchen müssen. Manchmal sind es nur das prägende Umfeld und ähnliche Begleitumstände, die eine planetarische Wirkung auslösen, und der Einfluß, der sich geltend macht, kann je nachdem, wie die Beziehung zwischen den Planeten und den jeweiligen Gegebenheiten geartet ist, sowohl positiv als auch negativ sein.

Im allgemeinen ist das Trigon ein günstiger Aspekt, der die Wesensarten der beteiligten Planeten in sich vereinigt. Diese zusammenfassende Feststellung vereinfacht jedoch ein Problem zu stark, das in Wirklichkeit viel gravierender ist, als man gemeinhin gerne annimmt. Wie bei allen Aspekten bestimmt die Natur der beteiligten Planeten und nicht so sehr der Aspekt, wie leicht oder schwer sich die ihnen innewohnenden psychologischen Kräfte miteinander verbinden. Zum Beispiel ist es sehr schwierig, für Venus und Saturn eine Begegnungsgrundlage zu finden, die beiden Seiten gerecht wird. Das Planeten-Protokoll zwingt Venus dazu, sich Saturn zu unterwerfen, und selbst im Trigon-Aspekt muß sie gewaltige Konzessionen machen, weil die beiden Planeten nur wenig Verbindendes haben. Durch Saturns wache Disziplin und vorsichtige Zurückhaltung kühlt sich die gefühlvolle Venusnatur so ab, daß emotionale Erwartungen sich kaum mehr realisieren. Aber obgleich eine Begegnung unter diesen Bedingungen längst nicht so reizvoll und bezaubernd ist, wie sie eigentlich sein könnte, spinnen sich doch mit ziemlicher Sicherheit zarte Bande an.

Sonne-Trigon-Mond

Das Trigon von Sonne und Mond ist ein Anzeichen dafür, daß bei Ihnen Wille, Lebensart und Gefühl miteinander harmonieren. Sie sprechen auf äußere Reize so an, daß Ihr kontinuierliches Wachsen und Werden gesichert ist. Es besteht eine gute Wechselbeziehung zwischen Ihrer Fähigkeit, Lehren aus früheren Erlebnissen zu ziehen, und Ihrer Begabung, davon für Ihr weiteres Schicksal auch richtig Gebrauch zu machen. Das Verhältnis zwischen Ihnen und Ihren Eltern hat sich im großen und ganzen günstig auf Ihre Weiterentwicklung ausgewirkt. Ihre Eltern haben Sie vermutlich dazu ermutigt, sich individuell zu verwirklichen, so daß Sie ein eigenständiger Mensch werden konnten und nicht nur ein Spiegelbild elterlicher Projektionen. Sie dürften Ihr Leben lang angenehme Beziehungen zu den Eltern wie auch anderen Angehörigen unterhalten. Lediglich spannungsreiche Kontakte von Sonne und Mond zu andern Planeten in Ihrem Horoskop könnten darauf einen störenden Einfluß nehmen. Wenn das vorkommt, sehen Sie sich natürlich mit den auftretenden Schwierigkeiten konfrontiert; aber der günstige Einfluß würde weiter fortbestehen, wie Sie nach und nach merken dürften.

Ihr größtes Problem, wenn man es so nennen kann, ist Ihre Veranlagung, immer dann in Teilnahmslosigkeit zu verfallen, wenn Sie sich eigentlich durchsetzen sollten. Sie haben schöpferische Talente im Überfluß, die Sie zu gegebener Zeit beim Umgang mit andern Menschen nutzbringend anwenden können. Junge Leute und Kinder fühlen sich in Ihrer Gegenwart wohl und benehmen sich besonders gut, um bei Ihnen Anklang zu finden. Sie mögen Ihre freundliche, fürsorgliche Art und werden die Bekanntschaft mit Ihnen nie vergessen.

Ihnen stehen viele Möglichkeiten offen, sich aus eigener Kraft hochzuarbeiten. Das Glück ist Ihnen hold, und überdies fühlen Sie sich naturgemäß in leitenden Positionen wohl. Ehe Sie aber Ihren Willen durchsetzen, sollten Sie erst einmal überlegen, wie andere wohl darauf reagieren. Auf überzeugende und trotzdem unaufdringliche Art schaffen Sie es, Ihre Mitmenschen um den Finger zu wickeln, ohne einen herrischen Eindruck zu machen. Ihr Feingefühl ist für Ihr berufliches Fortkommen ein entschiedenes Plus.

Offen und aufrichtig, wie Sie sind, wirken Sie auf Menschen beiderlei Geschlechts anziehend. Sie zeigen sowohl im Umgang mit flüchtigen Bekannten als auch mit engen Freunden wohlwollende Herzlichkeit und hinterlassen überall einen bleibenden Eindruck.

Sie unterschätzen generell Ihre Aufstiegschancen. Suchen Sie sich einen Tätigkeitsbereich, der Ihnen die Möglichkeit bietet, sich weiter zu entwickeln. Im Immobiliengeschäft, in der Landerschließung und im Bauwesen hätten Sie reichlich Gelegenheit, sich eine rosige Zukunft aufzubauen. Empfehlenswert wäre auf jeden Fall, wenn Sie Kontakt zur Außenwelt hätten, denn Sie sind durch Ihr ruhiges Wesen jeder Situation gewachsen.

Sonne-Trigon-Mars

Das Trigon von der Sonne zum Mars deutet darauf hin, daß Sie Führungsqualitäten haben und genügend Selbstvertrauen besitzen, diese auch kreativ und fair zu entfalten. Ihr Mut und Ihre Ausdauer befähigen Sie dazu, selbst schwierigste Aufgaben durchzuführen. Sie glauben fest daran, daß Ihnen alles gelingt, ohne daß Sie Ihre Zuflucht zu betrügerischen, dunklen Machenschaften nehmen müßten. Sie handeln stets in aufrichtiger Überzeugung und rühmen sich, es getrost mit Leuten aufnehmen zu können, die nicht so ehrlich sind wie Sie. Zwar sind Sie manchmal impulsiv, aber im großen und ganzen überlegen Sie sich doch Ihre Vorgehensweise gründlich. Sie wenden Ihre Talente immer so an, daß Sie davon profitieren. Wenn irgend jemand es wagt, Ihre Moral in Frage zu stellen, begehren Sie wütend auf, wobei Ihnen meist Ihre Freunde, die Sie näher kennen, den Rücken stärken.

Da Sie Energien in Hülle und Fülle haben, um Ihre Ziele zu verwirklichen, können Sie Ihre Begabungen praktisch uneingeschränkt in das Lebenswerk Ihrer Wahl einbringen. Bei der Erfüllung Ihrer Pflichten bemühen Sie sich, niemanden anzugreifen oder einzuschüchtern. Sie mögen Ihre Mitmenschen, die umgekehrt auch große Stücke auf Sie halten. Wenn jemand Hilfe braucht, sind Sie gleich zur Stelle, denn Sie halten das Steuer Ihres eigenen Lebens fest in der Hand und lassen sich durch nichts schrecken. Ansonsten kümmern Sie sich um Ihre eigenen Angelegenheiten und bewahren über Ihr Privatleben Stillschweigen.

Sie könnten sich auf dem Gebiet des Rechts, des Managements, im Sport, im kreativen Bereich der Bühnenkunst oder der Kommunikationsmedien, als Lehrer oder Berufsberater für junge Leute hervortun. Mit Ihren Fähigkeiten eignen Sie sich besonders gut für die Jugendberatung. Sie gewinnen leicht die Zustimmung und Bewunderung Jugendlicher, weil Sie deren Entwicklungsstand im Auge behalten und nicht erwarten, daß sie sich wie Erwachsene benehmen.

In Ihrem Gefühlsleben stellen Sie nur durchschnittliche Ansprüche, können sich also in Ihren Wünschen anpassen und dadurch eine Partnerschaft ermöglichen, die Ihren Erwartungen entspricht. Sie nehmen Ihre Mitmenschen so, wie sie sind, und wollen ebenso behandelt werden.

Ihr Leben verläuft allem Anschein nach ohne größere Probleme, und wenn Schwierigkeiten auftreten, hängen Sie sie nicht an die große Glokke. Ihnen genügt es vollauf, wenn Leute mit glühendem Ehrgeiz den Spielraum haben, den sie brauchen, denn Sie selbst haben nichts für diese Hektik übrig, die Ihnen nur Ihr ruhiges Leben verderben würde. Das heißt aber nicht, daß Ihr Leben ereignislos dahinplätschert – schließlich arbeiten Sie fleißig und haben Freude an Spiel und Spaß. Nur hegen Sie keine hochgeschraubten Erwartungen und brauchen sich folglich auch nicht übermäßig anzustrengen.

Sonne-Trigon-Jupiter

Das Trigon zwischen Sonne und Jupiter verleiht Ihnen kreative Fähigkeiten im Überfluß, aber um davon zu profitieren, müssen Sie auch etwas damit anfangen. Sie neigen zu einer gewissen Teilnahmslosigkeit, so daß Sie keinen Nutzen aus Ihren Aktiva ziehen. Obgleich Sie intelligent, optimistisch und kontaktfreudig sind, wagen Sie sich nicht an schwierige Aufgaben. Allem Anschein nach liegt Ihnen nicht viel daran, sich zu einem bestimmten Ziel durchzubeißen. Sie genießen Ihr Leben lieber, statt sich im harten Streß scharfer Konkurrenzkämpfe aufzureiben. Sie spielen gern eine geruhsame Nebenrolle, die Ihnen Ihre Freiheit nicht allzusehr beschneidet, und stellen keine besonders hohen Ansprüche. Diese Planetenkonstellation macht faul, es sei denn, sie wird von einer starken Saturnbeziehung zur Sonne oder zu Jupiter vorteilhaft beeinflußt. In dem Fall hätten Sie Courage und Zutrauen genug, um sich wirklich etwas zuzumuten, und wüßten, daß Sie über die nötigen intellektuellen Fähigkeiten verfügen.

Sie könnten Ihre Talente in den verschiedensten Berufsbereichen anwenden, nur können Sie natürlich nicht dazu gezwungen werden. In Frage kämen unter anderm Medizin, Recht, Philosophie, Schriftstellerei, Erziehung und Bildung, Theater, Großtierzucht und ähnliches wie überhaupt Gebiete, auf denen Sie Ihren Wirkungskreis selber abstecken können. Unter dem Einfluß dieses Aspekts neigen Sie dazu, sich Berufe auszusuchen, die weniger hohe Anforderungen stellen, aber trotzdem können Sie in den oben erwähnten Bereichen Ihr Glück versuchen. Sie haben nun einmal keinen Pioniergeist und nicht den nötigen inneren Antrieb, um mühevolle Aufgaben zu übernehmen.

Sie gönnen sich gerne etwas und sind auch andern gegenüber entsprechend großzügig. Ihre selbstsichere Art wirkt in Streß- und andern schwierigen Situationen wohltuend auf Ihre Mitmenschen. Jugendliche und Kinder fühlen sich zu Ihnen hingezogen, denn Sie erwarten nicht zuviel von ihnen und mäkeln nicht herum. Ein Ansporn sind Sie gerade nicht, denn Sie verwöhnen die Kinder zu sehr.

Es fällt Ihnen verhältnismäßig leicht, Kontakte zu knüpfen, denn Sie sind nicht sehr wählerisch, was Ihren Bekanntenkreis angeht. Da Sie im Zweifelsfall immer etwas finden, was für den Betreffenden spricht, sind Sie leichte Beute für Leute, die Ihre Freundlichkeit nur ausnutzen wollen. Ihre besondere Vorliebe gilt Menschen, die unkompliziert sind und einfach leben.

Bei der Partnersuche sind Sie direkt und geradezu. Ihr Lebensgefährte muß einigermaßen kultiviert sein, moralisches Rückgrat besitzen und sich mit Anstand benehmen können. Der Bildungsstand des Partners ist Ihnen nicht so wichtig wie vernünftige Ansichten und Verständnis.

Sonne-Trigon-Saturn

Das Trigon zwischen Ihrer Sonne und Saturn ist ein Anzeichen dafür, daß Sie mit Ihrem Erfolgsstreben leichter ans Ziel kommen als andere, denn es macht Ihnen nichts aus, Verantwortung zu übernehmen. Sie brauchen sich nicht übermäßig anzustrengen, um Ihre Verhältnisse in den Griff zu bekommen, weil Sie ein Gespür dafür haben, wann Sie eine Gelegenheit beim Schopf ergreifen müssen. Wenn Sie ein Ziel vor Augen haben, entfalten Sie Ihre Schöpferkräfte ohne große Mühe. Sie wissen, daß Sie Anklang finden, und Sie wissen, daß Sie Talent haben. Da Sie ziemlich selbstbewußt sind, steht Ihrem Erfolg nichts entgegen.

Ihnen stehen jede Menge Berufe offen, in denen Sie sich schöpferisch verwirklichen und etwas auf die Beine stellen können. Natur- und Artenschutz, Recht, Politik, Industrie-Management, Architektur, Börsenspekulation, Landerschließung, Natur- und Freizeitpark-Verwaltung sind nur einige der Gebiete, auf denen Sie Ihren Begabungen freien Lauf lassen könnten. Sie sind zwar nicht allzu ehrgeizig, steigen aber unaufhaltsam auf, solange Sie das Gefühl haben, daß Ihre Fähigkeiten gebraucht werden.

Sie haben nicht unbedingt Glück in des Wortes reinster Bedeutung, tun jedoch instinktiv das Richtige zur rechten Zeit und erzielen damit die besten Ergebnisse. Ganz gleich, wen Sie sich zum Lebensgefährten wählen, Sie werden dafür sorgen, daß die Beziehung Bestand hat. Ihr Partner muß aufrichtig, diszipliniert und kreativ sein und sollte klar umrissene Ziele haben. Wenn er sich sehr anstrengen muß, um weiterzukommen, werden Sie mit Ihrer aufmerksamen Art und Ihrem Glauben an den guten Ausgang der Sache die treibende Kraft dahinter sein.

Diese Planetenkonstellation zeigt im allgemeinen ein gutes Gesamtbefinden an. Das liegt wahrscheinlich daran, daß Sie zu Ihrem eigenen Besten auf Ihre Gesundheit achten.

Sonne-Trigon-Uranus

Das Trigon von der Sonne zu Uranus ist ein Hinweis auf Führungsqualitäten, Kreativität und den nötigen Einfallsreichtum, davon auch nützlichen Gebrauch zu machen. Sie haben eine persönliche Ausstrahlung, die Ihre Mitmenschen bezaubert, so daß sie gern in Ihrer Nähe sind. Ihre liberalen Lebensanschauungen und Ihr Verständnis für andere werfen ein gutes Licht auf Sie. Sie finden immer Mittel und Wege, Ihre beträchtlichen kreativen Fähigkeiten auszuschöpfen. Glücklicherweise sind Sie nicht so sehr von Ihrem Erfolg durchdrungen, daß man Sie der Selbstsucht bezichtigen könnte. Sie sind sich sowohl Ihrer Fähigkeiten als auch Ihrer Schwächen bewußt, haben aber gelernt, Ihre positiven Qualitäten stärker hervorzuheben.

Im Grunde können Sie alles erreichen, wonach Ihnen der Sinn steht. Sie haben einen unerschöpflichen Vorrat an Ideen, die Sie gut entwickeln und umsetzen können. Das Glück ist Ihnen hold, es sei denn, irgendwelche andern Faktoren in Ihrem Horoskop wenden es. Tätigkeiten im Dienste Ihrer Mitmenschen wie beispielsweise in der Bildung und Erziehung oder in der Gruppentherapie sowie die Wahrnehmung sozialer Aufgaben aus echter Anteilnahme heraus würden Ihnen die gewünschte innere Befriedigung gewähren. Die Gewißheit, einen wesentlichen Beitrag zum Wohle Ihrer Mitmenschen geleistet zu haben, ist Ihnen oft Lohn genug für Ihre Mühe.

Sie wirken anziehend, und das aus dem einfachen Grund, weil Sie mehr Interesse an andern haben als an sich selbst. Oft sind Sie für Ihre Mitmenschen der nötige Ansporn und vermitteln ihnen neue Lebenslust, ohne es zu merken. Sie haben ein Gespür dafür, wann Sie gebraucht werden, und tun dann hochherzig alles, was in Ihren Kräften steht. Nie gehen Sie einfach über etwas hinweg, denn die Probleme anderer Menschen sind für Sie keine Banalitäten.

Mit Ihrem Enthusiasmus und Optimismus halten Sie das Interesse Ihres Liebespartners stets lebendig und sorgen dafür, daß die Beziehung ihren Reiz behält. Die Offenheit, mit der Sie Ihre Gefühle zeigen, wird warm aufgenommen und erleichtert das Zusammenleben.

Sonne-Trigon-Neptun

Das Trigon der Sonne zu Neptun bedeutet, daß Sie überragende Ausdrucksmöglichkeiten haben, aber nie die Kraft aufbringen, diese auch auszuschöpfen. Sie greifen mit Begeisterung Ideen auf, um sie dann gleich wieder fallenzulassen. Dank Ihrer guten Geistesgaben lernen Sie rasch und mit tiefem Verständnis. Was Sie sich aneignen, spricht Sie sowohl gefühls- als auch verstandesmäßig an. Sie besitzen eine Art von sechstem Sinn, und durch diese innere Wahrnehmungsfähigkeit haben Sie sich wohl auch die meisten Kenntnisse erworben. Das war womöglich auch der Grund dafür, warum Sie sich als Kind in der Schule gelangweilt haben, wenn die Lehrer Ihnen Dinge vermitteln wollten, die Sie intuitiv längst selber wußten. Da Ihnen das Lernen leichtfiel und Sie nicht mit den normalen Schwierigkeiten zu kämpfen hatten, nehmen Sie jetzt nicht so ohne weiteres Pflichten auf sich, wenn Sie nicht ein starkes Bedürfnis danach verspüren. Wahrscheinlich vermeiden Sie es, in öffentliche Angelegenheiten verwickelt zu werden, und es dürfte auch kaum jemandem gelingen, Sie dazu zu animieren, Ihre sozialen Verpflichtungen wahrzunehmen.

Im Berufsleben haben Sie freie Wahl. Vermutlich werden Sie nie in eine Konkurrenzsituation geraten, mit der Sie nicht fertig werden. Sie sind überaus kreativ und in der Lage, jede zugewiesene Aufgabe auszuführen. Problematisch ist nur, daß Sie herumtrödeln, wenn die Zeit drängt oder Termine eingehalten werden müssen. Deshalb ist es besser für Sie, selbständig zu arbeiten, so daß Sie Ihr eigenes Tempo vorlegen können und niemand darunter zu leiden hat. In der bildenden Kunst und der Schauspielkunst, auf dem Gebiet von Bildung und Erziehung, als Schriftsteller oder in der medizinischen Forschung hätten Sie reichlich Gelegenheit, sich schöpferisch zu verwirklichen. Auch wenn Sie nur verschwommene Zielvorstellungen haben, werden andere von Ihren Leistungen profitieren.

Im Privatleben herrscht zwischen Ihnen und Ihrem Partner Freizügigkeit, denn Sie gestehen sich in gegenseitigem Vertrauen Freiheiten zu. Ihre Liebesbeziehung ist glücklich und romantisch, und vielleicht erleben Sie sogar paradiesische Wonnen. Sie sind Ihrem Lebensgefährten wahrscheinlich treu ergeben und davon überzeugt, daß es zwischen Ihnen nie zu einem Vertrauensbruch kommt. Ihre Familie wird Ihnen von Herzen zugetan sein, und Sie werden am Heranwachsen Ihrer Kinder Ihre stete Freude haben.

Sonne-Trigon-Pluto

Mit der Sonne im Trigon zu Pluto haben Sie ein beherztes, festes Auftreten und die Gabe, Ihre inneren Kräfte zu mobilisieren, um Ihre Ziele zu erreichen. Die sozialen Verhältnisse in Ihrer Umgebung bewegen

Sie wahrscheinlich dazu, Ihre Begabungen dort sinnvoll einzusetzen und Verbesserungsmaßnahmen einzuleiten. Mit Ihrer natürlichen Lebhaftigkeit regen Sie Ihre Mitmenschen an, Sie zu unterstützen, und die Zielstrebigkeit und Hingabe, mit der Sie Ihre Vorhaben ausführen, begeistern allgemein. Meist setzen Sie Ihren Willen durch, weil Sie aus lauteren Motiven handeln.

Sie sind eine echte Führernatur, aber daran liegt Ihnen anscheinend nicht viel. Ihr Interesse gilt vielmehr der Lösung schwieriger Probleme in der Außenwelt. Sie geraten in gerechten Zorn, wenn jemand die Wahrheit verzerrt oder sich Freiheiten gegenüber Recht und Gesetz herausnimmt. Sie sind außergewöhnlich feinfühlig und auf Grund Ihres intuitiven Durchblicks Krisensituationen hervorragend gewachsen. Infolge dieser besonderen Gabe argwöhnen aber unter Umständen andere, Sie hätten Zugang zu vertraulichen Informationen.

Sie sind ein wahrer Meister darin, anderer Leute Finanzangelegenheiten zu regeln und könnten gut Finanzfachmann werden. Da Sie ausgezeichnet folgern können, wären Sie auch bestens für eine Tätigkeit im Bereich der Verbrechensaufklärung geeignet. Auch Forschungsberufe kämen für Sie in Frage, zum Beispiel auf dem Gebiet der Psychologie, der Medizin, der Kriminalpädagogik oder der Rehabilitation. Tatsache ist, daß Ihnen jeder Beruf liegt, bei dem es darum geht, im Chaos die Ordnung wiederherzustellen. Auf geradezu magische Weise vermögen Sie andere durch Ihre bloße Gegenwart umzuwandeln. Wahrscheinlich haben Sie sogar eine heilende Wirkung, ohne sich dessen bewußt zu sein. Das zeigt sich im Grunde darin, wie Sie anderer Leute Probleme lösen.

Wohin Sie auch gehen und was immer Sie auch tun, stets lacht Ihnen das Glück. Wenn andere Verluste zu beklagen haben, sind Sie der lachende Dritte und treten womöglich eine Erbschaft an. Ihr enormes Potential an Schöpferkräften wird aber vielleicht erst dann zum Tragen kommen, wenn Sie einige Enttäuschungen erlebt haben, denn in gewisser Weise bleiben Sie gern unbeteiligt. Es kann sogar sein, daß Sie wichtige Dinge in Ihrem Leben lieber umgehen. Das ist wirklich traurig und echte Verschwendung, denn Sie haben kolossale Energien, und es steht in Ihrer Macht, Ziele zu erreichen, von denen die meisten Menschen nur träumen können.

Sonne-Trigon-Aszendent

Die Sonne im Trigon zum Aszendenten zeigt auf, daß Sie eine großzügige Art und den festen Glauben haben, bei allem, was Sie tun, erfolgreich zu sein. Ihre sämtlichen Angelegenheiten sehen Sie grundsätzlich in einem rosigen Licht, und Sie nehmen Ihre Mitmenschen schnell für sich ein. Sie sind von Natur aus kreativ und lassen Ihre Talente so einfallsreich spielen, daß man Sie fast für ein Genie hält. Obschon Sie überaus vital sind, schöpfen Sie doch Ihre Möglichkeiten aus Unlust nicht richtig aus und bringen sich damit selbst um die Vorteile, in deren Genuß Sie kommen könnten. Bisweilen sind Sie sogar faul und meinen, Sie hätten noch reichlich Zeit, obwohl Sie sich eigentlich sofort ins Zeug legen müßten.

Sie haben gute Charakteranlagen von Ihren Eltern geerbt, sind aber trotzdem ein Dickkopf. Doch wenn Sie dafür auch einstehen, werden Sie schon Ihr Glück machen. Leider schenken Sie Ihren Schwächen und Fehlern zuviel Beachtung und können außerdem keine Kritik vertragen. Sie wiegen sich gern in der Überzeugung, Sie könnten alles ebensogut wie jeder andere, und damit haben Sie meistenteils auch recht.

Da Ihre Zukunft Ihnen sehr am Herzen liegt, möchten Sie zum einen im Berufsleben Ihre schöpferischen Vorstellungen verwirklichen und zum andern für Ihr Alter Vorsorge treffen. Sie gehen lieber einer Beschäftigung nach, bei der Ihre Talente zum Tragen kommen, und werden deshalb wahrscheinlich auf einem entsprechenden Gebiet freiberuflich tätig werden. Sie wollen bewundert werden, weil Sie Ihre Sache gut machen, und Sie erwarten eine gute Bezahlung. Sie brauchen den Wettbewerb, um in Ihrer Kunst immer vollendeter zu werden.

Sie sollten sich einen Partner wählen, der Ihre Freude an den Annehmlichkeiten des Lebens teilt. Dann würde es sich lohnen, auf Ziele hinzuarbeiten und sich abzusichern.

Mond-Trigon-Merkur

Das Trigon vom Mond zu Merkur besagt, daß Sie die Erfahrungen, die Sie machen, als Erweiterung Ihres Horizonts ansehen. Sie bilden sich sehr schnell ein Urteil über Menschen, Ereignisse und Verhältnisse. Da Sie stärker als andere Menschen auf äußere Reize reagieren und dabei auch mehr als andere für sich herausholen, haben Sie einen Riesenvorrat an Informationen zur Verfügung. Das ist die Grundlage, auf der Sie Ihre schöpferischen Vorstellungen entwickeln und verwirklichen. Bei Ihnen gehen Herz und Verstand Hand in Hand. Sie sind ein Menschenfreund und zeigen großes Verständnis im Umgang mit andern. Dank Ihres erstaunlich guten Gedächtnisses können Sie sich deutlich an weit zurückliegende Vorfälle erinnern. Sie ziehen Ihre Lehre aus der Vergangenheit, ohne Ihre jetzige Verhaltensweise sklavisch danach auszurichten. Sie sind mit Feuereifer dabei, aus Ihrem Leben etwas zu machen. Ständig suchen Sie nach neuen Möglichkeiten für Ihre Begabungen und finden meist auch entsprechende Mittel und Wege.

Sie haben einen großen Freundeskreis, denn Sie sind tolerant und drücken schon einmal ein Auge zu, wenn andere sich von ihrer schlechten Seite zeigen. Wer mit Ihnen in Kontakt steht, schwört auf Sie, weil Sie ein gefälliger Mensch und stets bereit sind, Ihre Zeit zu opfern, wenn jemand Hilfe braucht. Insbesondere junge Leute mögen Sie und fühlen sich in Ihrer Gegenwart wohl. Sie stellen keine zu hohen Erwartungen an sie, schüchtern also niemanden ein. Nie sind Sie so sehr mit Ihren Privatangelegenheiten beschäftigt, daß Sie keine Zeit mehr für die Jugend hätten.

Sie werden es beruflich mit Sicherheit zu etwas bringen, weil Sie wissen, wie Sie mit Ihren Kenntnissen am besten ans Ziel kommen. Treten Probleme auf, bleiben Sie objektiv, und wenn Ihnen alleine keine Lösung einfällt, bitten Sie andere um Rat. Ihnen ist durchaus bewußt, daß Sie nicht allwissend sind, und das geben Sie auch unumwunden zu.

Vielleicht haben Sie innere Ängste, sind sich jedoch in diesem Fall vollkommen darüber im klaren. Im allgemeinen lassen Sie sich nicht vor Fremden über Ihre Privatprobleme aus, höchstens vor Ihren engsten, vertrautesten Freunden. Da Sie kaum trüben Gedanken nachhängen, sind Sie mit Ihrem Mitgefühl und Ihrer ehrlichen Anteilnahme oft andern in ihrer Niedergeschlagenheit ein guter Trost.

Ihr Leben dürfte glücklich verlaufen in der Gesellschaft guter Freunde, mit Zerstreuungen aller Art und in angenehmen häuslichen Verhältnissen. Wahrscheinlich werden Sie Ziele realisieren, von denen Sie früher nur geträumt haben. Gelegentlich werden Sie mit Schwierigkeiten zu kämpfen haben, aber damit werden Sie dank Ihrer Fähigkeiten schon fertig, so daß sie nicht von langer Dauer sind.

Mond-Trigon-Venus

Das Trigon vom Mond zur Venus deutet an, daß Sie von sanfter, ausgeglichener Gemütsart sind. Sie sehen Ihre Bekanntschaften in einem rosigen Licht und sind ziemlich sicher, daß Ihr Vertrauen in Ihre Mitmenschen nicht enttäuscht wird. Wahrscheinlich wirken Sie entweder in Ihrer äußeren Erscheinung oder durch Ihre Ausstrahlung sehr attraktiv. Sie brauchen nicht um gute Vorsätze zu ringen, denn meist handeln Sie aus lauteren Motiven. Von Ihren schöpferischen Begabungen machen Sie auf einfallsreiche Weise hervorragend Gebrauch. Sie setzen bei andern den Erfolg ebenso voraus wie bei sich selbst und sind bestrebt, immer Ihr Bestes zu tun.

Sie könnten Bedeutendes leisten im Umgang mit andern Menschen und hätten in der Öffentlichkeitsarbeit das beste Wirkungsfeld für Ihre Kreativität. Sie sollten stets mit Publikum in Berührung kommen, denn Sie sind phantasievoll und haben eine herzliche, aufrichtige Art. In Gruppen und Vereinen sind Sie ein gern gesehenes Mitglied, weil Sie andere, deren Interesse bereits erloschen ist, wieder aktivieren. Wer Sorgen hat, auf den üben Sie einen beruhigenden Einfluß aus, denn Sie sind grundsätzlich positiv eingestellt. Ihre Heiterkeit wirkt ansteckend, und selbst ein trüber Tag wird gleich heller, wenn Sie in Erscheinung treten. Sie haben ein gutes Urteilsvermögen, setzen sich aber nie über anderer Leute Meinung einfach hinweg. Außerdem haben Sie klare Wertvorstellungen, und Ihre Rechtschaffenheit hält Sie davon ab, sich mit jemandem einzulassen, dessen Unbescholtenheit fraglich ist. Sie werden nie aggressiv oder grob, denn Gemeinheit können Sie absolut nicht vertragen. Wenn Sie irgend etwas abgeschmackt finden, gehen Sie einfach und kehren der betreffenden Sache den Rücken.

Ihre emotionalen Bedürfnisse werden durch Beziehungen befriedigt, die offen und ehrlich sind. Sie langweilen niemanden mit Einzelheiten über Ihr Privatleben und haben auch keinerlei Interesse daran, in anderer Leute Intimsphäre einzudringen. Ihr Lebensgefährte sollte kinderlieb sein, denn Sie haben Freude an Kindern. Ihnen fliegen die Herzen junger Menschen förmlich zu. Da Sie aufrichtiges Verständnis zeigen, fühlt sich die Jugend in Ihrer Gegenwart wohl.

Bestimmt würden Ihnen Freizeitbeschäftigungen wie Theaterspielen, die Gestaltung von Dekorationen, künstlerische Betätigungen oder die kunsthandwerkliche Arbeit mit Kindern und Jugendlichen Spaß machen. Sie könnten Ihre freie Zeit auch ebenso angenehm wie nützlich damit verbringen, Kinder in der Sonntagsschule anzuleiten; Ihre Mitwirkung wäre segensreich für alle Beteiligten, weil Sie lebendig vortragen können und mit aufrichtigem Interesse bei der Sache sind.

Mond-Trigon-Mars

Der Mond im Trigon zu Mars weist auf starke Emotionen hin, die sich in kreativen Aktivitäten Bahn brechen. Nach Möglichkeit tun Sie weit mehr, als von Ihnen verlangt wird. Wenn nötig, halten Sie mit Ihren eigenen Wünschen zurück und passen sich an. Sie kommen Ihren Mitmenschen auf halbem Wege entgegen und unterhalten gute Beziehungen zu einer Vielzahl von Freunden, Kollegen und Verwandten. Vielleicht sind Sie nicht in allen Punkten mit Ihrem Leben zufrieden, aber wer ist das schon? Im großen und ganzen dürften Sie besser mit andern Menschen zurechtkommen als die meisten von uns. Sie sind ein Meister in der Kunst, mit andern in Kontakt zu kommen, und wenn Sie einmal etwas auszusetzen haben, tun Sie das, ohne beleidigend oder heftig zu werden. Selbst wenn Sie in Wallung geraten oder für Ihre Rechte kämpfen, machen Sie noch keinen haßerfüllten Eindruck. Sie mischen sich im allgemeinen nicht in anderer Leute Angelegenheiten, möchten aber auch Ihre eigene Privatsphäre gewahrt wissen.

Ihrer Veranlagung nach fällt es Ihnen leicht, sich sowohl in der Außenwelt wie auch im Privatleben in die Umstände zu schicken. Sie haben genügend Selbstbewußtsein, um sich nicht von Kollegen oder Konkurrenten einschüchtern zu lassen. Sie glauben an sich und an alle, die Ihnen nahestehen. Wenn Sie gefordert werden, nehmen Sie das mit Ruhe auf und tun, was in Ihren Kräften steht, ohne sich im Falle des Mißerfolgs groß aufzuregen. Mit dem Sprichwort »wie gewonnen, so zerronnen« vor Augen sparen Sie Ihre Energien lieber für wichtigere Dinge. Sie haben ein gutes Vorstellungsvermögen und den nötigen Willen, davon in Beruf und Freizeit nützlichen Gebrauch zu machen. Auch Kinder finden schnell Zugang zu Ihnen, denn Sie stellen keine Anforderungen, die ihrem Alter unangemessen sind.

Sie scheuen sich nicht, Ihre Gefühle offen zu zeigen, wenn Sie jemanden mögen, denn Sie verkraften es auch, wenn Ihre Zuneigung nicht erwidert wird. Sie sind entgegenkommend, und man fühlt sich in Ihrer Gesellschaft einfach wohl. Nur mit Menschen, die unaufrichtig sind, werden Sie nicht warm, weil Sie das nicht der Mühe wert halten. Sie sind relativ unabhängig und fühlen sich niemandem verpflichtet. Umgekehrt verlangen Sie selbst aber auch keine übertriebene Rücksichtnahme. Im Zweifelsfall lassen sie fünf gerade sein, wenn Ihre Erwartungen nicht erfüllt werden. Sie lassen niemanden fallen, nur weil er einen Fehler gemacht hat. Sie finden an jedem ein gutes Haar, und es liegt Ihnen fern, Ihre Mitmenschen in bestimmte Kategorien einzuteilen.

Mond-Trigon-Jupiter

Wenn Ihr Mond im Trigon zu Jupiter steht, sind Sie eine schillernde Persönlichkeit, kommen leicht mit andern Menschen in Kontakt und haben eine hochherzige Art. Sie verfügen über eine lebhafte Phantasie und haben reiche schöpferische Begabungen. Selbst in trüber Lage sehen Sie noch die Sonnenseiten. Ihre optimistische Einstellung erhellt das Leben aller, die mit Ihnen in Berührung kommen, besonders das Ihrer Familie. Ihre Begeisterung wirkt ansteckend und hebt die Stimmung derer, mit denen Sie zusammen sind. Sie reagieren sehr empfindlich auf äußere Einflüsse, versuchen aber stets, diese ihrer wahren Bedeutung nach zu verstehen. Bei persönlichen Schwierigkeiten bemühen Sie sich um möglichst rasche Klärung, denn Sie können Verwicklungen in Ihrem Leben nicht über längere Zeit ertragen. Da Sie sich jedoch zutrauen, mit jeder auftretenden Situation fertig zu werden, machen Sie nicht schon vorher Aufhebens davon.

Sie sind auf vielen Gebieten belesen und können quasi in jedem Gespräch Ihre Stellung behaupten. Kommunalangelegenheiten interessieren Sie besonders, und es kann gut sein, daß Sie sich in Ihrer Gemeinde zur Wahl stellen. Sie werden sicher Programme zur Lösung sozialer Probleme unterstützen, denn solche Projekte liegen Ihnen sehr am Herzen. Trotzdem werden Sie sich wahrscheinlich nicht persönlich in die betreffende Angelegenheit einschalten, weil Ihr Alltag ohnehin schon reichlich mit Dingen angefüllt ist, die Ihre Aufmerksamkeit verlangen. Sie verstehen es, Prioritäten zu setzen, und gehen dann vollkommen in der Materie auf, die auf Ihrer Liste obenan steht.

Sie gehen in Ihrer Freizeit vielerlei Interessen nach, die Ihrem Leben Sinn und Ziel geben. Was Sie anpacken, ist zum Besten aller, die Ihnen nahestehen und die sich unter Ihrer Obhut kontinuierlich weiterentwikkeln können. Die Seelenstärke, die Sie ausstrahlen, tut Ihren Mitmenschen wohl. Das werden Sie wahrscheinlich daran merken, daß jedermann bei Ihnen Rat sucht, wenn er in Schwierigkeiten steckt. Allem Anschein nach können Sie die Lasten, die Ihnen aufgebürdet werden, gut verkraften. Ihre Meinung ist sehr gefragt, weil Sie enorme Erfahrung haben und gute Ratschläge geben.

Ihre Talente könnten Sie in der Öffentlichkeitsarbeit, auf dem Touristik-Sektor oder im Bereich von Heilverfahren zur Geltung bringen. Wenn Sie auf diesen oder ähnlichen Gebieten tätig würden, könnten Ihre Mitmenschen von Ihnen profitieren, und Sie selbst hätten das angenehme Gefühl, etwas erreicht zu haben. Allerdings neigen Sie dazu, sich zuviel zuzumuten, und sollten sich deshalb in Ihrem Schaffensdrang auf einige ausgewählte Projekte beschränken. Es wäre sicher unklug, wenn Sie Ihre physischen Reserven erschöpften, indem Sie sich mehr Aufgaben vornehmen, als Sie gut bewältigen können.

Gefühlsmäßig sind Sie an Menschen interessiert, die charakterfest, offen und ehrlich sind und aus innerer Überzeugung handeln. Als friedliebender Mensch sind Sie gern unter Leuten, deren Privatleben nicht von Streß und Spannungen überschattet ist. Sie sind Ihrem Lebensgefährten von Herzen zugetan, und Ihre Liebesbeziehung wird sich mit jedem Jahr vertiefen.

Mond-Trigon-Saturn

Obgleich das Trigon vom Mond zu Saturn Sie zurückhaltend und vorsichtig macht, sind Sie doch sehr kreativ und überwiegend optimistisch eingestellt. Ihre Eltern haben Ihnen eine solide Entwicklungsgrundlage geschaffen, so daß Sie mit einem gesunden Menschenverstand ausgestattet sind. Sie achten das Althergebrachte, erkennen aber auch den Wert des Wandels an, sofern er etwas zu fruchten verspricht. Sie sind innerlich gefestigt und begabt, und es ist Ihnen durchaus bewußt, daß Sie sich persönlich ins Zeug legen müssen, wenn Sie etwas erreichen wollen. Sie erwarten keinen Lohn ohne Mühe. Ihre Freunde wissen stets, woran sie bei Ihnen sind, und Sie mißbrauchen ihr Vertrauen auch nie wissentlich.

Mit ziemlicher Sicherheit könnten Sie es auf dem Gebiet des Ingenieurwesens, des Industrie-Managements, der Politik, der Bildung und Erziehung, des Rechts und der Öffentlichkeitsarbeit zu etwas bringen. In diesen Bereichen hätten Sie reichlich Gelegenheit, Ihr Können selbst unter sehr hohen Anforderungen und Verpflichtungen unter Beweis zu stellen. Ihr gutes Gedächtnis ist Ihnen dabei eine große Hilfe. Obwohl Ihnen im Grunde jede Art von Arbeit liegt, bei der Sie Ihren vielen Begabungen freien Lauf lassen können, werden Sie doch nicht abgeneigt sein, eine geeignete leitende Stellung anzunehmen. Es besteht auch die gute Chance, daß Sie auf Ihrem Fachgebiet zu einer Führungsposition kommen.

Ihr Freundeskreis ist vielleicht nicht besonders groß, aber dafür sind die freundschaftlichen Beziehungen von langer Dauer. Das vertrauens- und verständnisvolle Verhältnis ist für beide Seiten ein Gewinn. Sie achten nur den, der Selbstachtung besitzt, und dieser Charakterzug ist Ihnen auch bei Ihrem zukünftigen Ehepartner wichtig. Sie treffen keine vorschnellen Entscheidungen, schon gar nicht, wenn es um Gefühle geht. Da Sie sich immer an bestehende Regeln halten, ist es nicht sehr wahrscheinlich, daß Sie in eine Beziehung ohne irgendwelche bindenden Zusagen einwilligen. Andererseits lassen Sie sich nur dann auf eine Heirat ein, wenn Ihr Partner wirklich weiß, was er mit einer solchen Übereinkunft auf sich nimmt. Sie bringen jedoch so viel kreative Energie in die Beziehung ein, daß der Erfolg praktisch sicher ist. Ihr Partner muß sich natürlich auch an die mit Ihnen getroffenen Vereinbarungen halten und darüber hinaus bereit sein, die gegenseitigen Interessen vorrangig vor allen andern zu wahren.

Als Vater oder Mutter sind Sie zwar streng, aber doch auch gütig und liebevoll. Sie werden Ihre Kinder in ihrer persönlichen Eigenart bestärken und ermutigen, solange sich eine positive Entwicklung abzeichnet.

Mond-Trigon-Uranus

Der Mond im Trigon zu Uranus zeigt an, daß Sie überaus wissensdurstig sind und nach Möglichkeit über alles Bescheid wissen wollen. Sie sind geistig rege und lernen leicht. Sie haben tiefen Einblick in die Lebenszusammenhänge und geben sich selten mit Äußerlichkeiten ab. Ihre brillante Persönlichkeit schafft Ihnen einen großen Freundeskreis. Als guter Zuhörer lassen Sie jedem seinen Freiraum, können aber trotzdem in einem Streitgespräch Ihre Stellung behaupten, weil Sie Fakten anführen.

Dank Ihrer Erziehung bejahen Sie die Zukunft und wissen sich in jeder Lage zu helfen. Sie haben einen gesunden Respekt vor rechtmäßiger Autorität, werden jedoch einen jeden bekämpfen, der sich unverantwortlicherweise Macht anmaßt. Ihrer Gemütsart nach liegen Ihnen Berufe, bei denen Sie sich vielen nützlich machen können, nicht nur einzelnen. Aus diesem Grund eignen Sie sich gut für Erziehung und Lehre, die Politik und Sozialarbeit im weitesten Sinne. Wenn Sie einen Vortrag halten, reagieren Ihre Zuhörer auf Ihre höchst lebendigen, treffenden Ausführungen meist positiv.

Sie schauen nach vorn und können mit Leichtigkeit die richtige Basis für notwendige Zukunftsentwicklungen zum Wohle der Allgemeinheit schaffen. Ihre Mitmenschen werden förmlich danach lechzen, daß Sie ihnen behilflich sind, sich erstrebenswerte Lebensziele zu stecken. Ohne daß es in Ihrer Absicht läge, geben Sie treffende Wahrheiten von sich, die oft genug von echter Lebensweisheit zeugen.

In Ihrem Denken spielt die Vergangenheit harmonisch in Ihre Zukunftserwartungen hinein. Es gibt in Ihrem Leben keine Konflikte, mit denen Sie nicht fertig werden könnten. Ihre Probleme scheinen die Lösung bereits in sich zu tragen, und das liegt wohl an Ihrer inneren Bereitschaft, der Wahrheit ins Gesicht zu sehen. Das Studium der okkulten Wissenschaften würde Ihnen viele neue Möglichkeiten eröffnen. Ihre Erkenntnisse auf diesem Gebiet könnten Sie auch gut professionell auswerten.

Ihr Partner sollte Ihnen ganz und gar ebenbürtig sein, denn andernfalls wird sich die Beziehung auflösen, weil Sie tödlich gelangweilt sind.

Mond-Trigon-Neptun

Mit dem Mond im Trigon zu Neptun bricht sich Ihre Kreativität manchmal auf geradezu prophetische Weise Bahn. Innere und äußere Wirklichkeit sind bei Ihnen im Einklang. Mit andern Worten: Sie reagieren auf äußere Reize einfallsreich und kreativ. Sie sind auf erfinderische Art kunstsinnig und können Ihre ästhetischen Erfahrungen höchst lebendig weitergeben. Aus ganzer Seele sind Sie den schönen Dingen des Lebens zugetan, die Ihnen in vielerlei Hinsicht den Alltag versüßen.

Ihren beruflichen Pflichten gehen Sie mit warmer Anteilnahme und Originalität nach. Sie haben viel Sinn für schöpferische Leistungen und wissen sie auch zu würdigen. Sie haben sprituelle Interessen, ohne gleich fanatisch religiös zu sein. Ihren Verpflichtungen in Ihrer Kirche, in Vereinen, bei Kommunalangelegenheiten und ähnlichem kommen Sie verantwortungsbewußt nach. Aber Sie fühlen sich nicht unbedingt genötigt, Menschen beizustehen, die sich nicht selbst helfen. Ihre einzige Schwäche ist Ihr Hang zur Apathie.

Im häuslichen Bereich werden Sie mit besonderer Freude die kreative Entfaltung Ihrer Familie beobachten und fördern. Vielleicht nehmen Sie aber auch Abstand von einem Leben in Familie, um sich Ihre Mobilität und Freiheit zu bewahren. Sie wirken anziehend auf junge Leute, die von Ihrer teilnehmenden Art profitieren. Die Jugend fühlt sich in Ihrer Gesellschaft wohl und wird gern unter Ihrer Obhut ihre schlummernden Talente entwickeln.

Ihre Bekannten müssen vielseitig interessiert sein, um Ihren Anforderungen zu genügen. Wer Ihre Zuneigung gewinnt, dem haben Sie eine Menge zu bieten, und dazu sind Sie auch gern bereit, sofern Ihre Dienste genehm sind. Gebildete, kultivierte Menschen sprechen Sie besonders an. Mißstände in Ihrer Umgebung sind Ihnen zwar unangenehm, behindern Sie jedoch nicht weiter in Ihrer Handlungsfreiheit. Vielleicht leiten Sie sogar Maßnahmen zur Verbesserung der sozialen Verhältnisse ein. Die besten Entwicklungschancen haben Sie, wenn Sie Ihren reichen Schatz an Begabungen zum Wohle Ihrer Mitmenschen verwenden.

Mond-Trigon-Pluto

Das Trigon vom Mond zu Pluto sagt aus, daß Sie ein tiefempfindender Mensch sind, Ihre Gefühle jedoch im allgemeinen unter Kontrolle halten. Normalerweise verschwenden Sie Ihre Empfindungen nicht an flüchtige Bekanntschaften, sind aber trotzdem freundlich und gesellig. Wenn Sie sich ein Urteil bilden wollen, was Sie von jemandem zu halten haben, nehmen Sie seine guten Seiten schärfer aufs Korn. Ihre Freunde können auf Sie zählen, wenn sie Hilfe brauchen.

Ihre Zuneigung kommt aus tiefstem Herzen und ist nicht so leicht zu erringen. Sie mögen Ihre Mitmenschen um ihrer selbst willen und nicht auf Grund ihrer äußeren Erscheinung oder ihrer beruflichen Stellung. Sie haben die hohe Erwartung, den richtigen Partner schon zu finden, der in sich all die Tugenden vereint, die nach Ihrer Auffassung eine Gemeinschaft in wahrer Liebe erst ermöglichen.

Es macht Sie zufrieden und glücklich, mit Kindern und Jugendlichen zusammen zu sein. Sie hängen an Ihnen und sind in Ihrer Gegenwart ungehemmt. In Ihrer Obhut fühlen sie sich wohl, denn Sie haben das natürliche Bedürfnis, die Ihnen Anempfohlenen zu schützen. Mit der Jugend erleben Sie Ihre eigene Kreativität wieder neu.

Sie haben unerschöpfliche Energien, wenn es gilt, für andere Sorge zu tragen, und könnten sich gut für Menschen einsetzen, die körperbehindert oder sozial benachteiligt sind. Ihnen würden Betätigungsfelder wie Öffentlichkeitsarbeit, Heilgymnastik, Sozialarbeit, Finanzberatung und kreative Nebenbeschäftigungen sehr zusagen.

Sie wissen, wie Machtmechanismen funktionieren und wie man mit Geld umgeht. Sie durchschauen die Motivationen Ihrer Mitmenschen, und das ist ein wirksamer Schutz für Sie. In persönlichem Kontakt mit andern wären Sie ganz und gar in Ihrem Element.

Sie haben Schwung und sind voller Optimismus, daß sich Schwierigkeiten, die Ihnen begegnen, schon irgendwie beheben lassen. Daran zeigt sich, daß Sie sich wirklich Ihres Lebens freuen.

Mond-Trigon-Aszendent

Der Mond im Trigon zum Aszendenten verleiht Ihnen ein heiteres Wesen und ermöglicht es Ihnen, Ihre Kreativität voller Genuß auszuleben. Sie sind phantasievoll, einfühlsam, innerlich ausgewogen und können sich präzise ausdrücken. Sie halten sich an die Wertbegriffe, die Ihre Eltern Ihnen vermittelt haben, gebrauchen feinsinnig Ihren Verstand und entwickeln eigene Vorstellungen und Ideen. Da Sie einfallsreich sind, werden Sie auch Mittel und Wege finden, aus Ihren Begabungen Kapital zu schlagen, auch wenn es Ihnen schwerfallen sollte, die notwendigen Mittel aufzutreiben, um ans Ziel Ihrer Wünsche zu gelangen. Vielleicht sind Sie gezwungen, sich sehr einzuschränken, aber das ist Ihnen die Verwirklichung Ihrer Vorhaben wert. Wenn Sie nicht auf der Hut sind, werden manche Leute Sie allerdings zu übervorteilen versuchen. Sie sollten Ihre Freunde erst auf Herz und Nieren prüfen, ehe Sie sich vollkommen auf sie verlassen. Sie können es sich nicht leisten, Ihre eigenen Bedürfnisse im zwischenmenschlichen Bereich zu übergehen, weder bei flüchtigen noch bei intimen Bekanntschaften.

Sie sind begabt genug, um sich eine Karriere aufzubauen. Sie wissen, daß Sie persönliche Opfer bringen müssen, wenn Sie etwas erreichen wollen. Das kann unter Umständen bedeuten, daß Sie eine Heirat hinausschieben, bis Sie die richtige Ausbildung für Ihr berufliches Fortkommen haben. Sie wollen sich in dem Bewußtsein wiegen, Ihre kreativen Möglichkeiten voll ausgeschöpft zu haben und darin Erfüllung zu finden.

Ihr Ehepartner muß zugleich auch Ihr Geliebter sein und bleiben; dann tun Sie selbst alles, um den Reiz und die Faszination der ersten Stunde aufrechtzuerhalten.

Sie brauchen die Gewißheit, erwünscht zu sein, und sind am Boden zerstört, wenn Ihr persönlicher Einsatz auf Ablehnung stößt, und das verstärkt, wenn Sie von Menschen zurückgewiesen werden, gegen die Sie sich besonders großzügig gezeigt haben.

Merkur-Trigon-Mars

Ihr Merkur im Trigon zu Mars zeigt an, daß Sie eine Fülle an schöpferischer Energie und dazu den nötigen Einfallsreichtum haben, Ihren Vorstellungen auf vielerlei Weise Gestalt zu geben, nur daß es Ihnen manchmal an Schwung fehlt. Sie kennen Ihre Fähigkeiten wie auch Ihre Grenzen und haben enorme Erfolgschancen bei allem, was Sie in Angriff nehmen. Aber allem Anschein nach liegt Ihnen nicht so viel am Erfolg, daß Sie ganz davon durchdrungen wären. Nichts kann Sie dazu bewegen, etwas gegen Ihren Willen zu tun; andererseits kann auch niemand Sie davon abhalten, Ihre Ziele zu verfolgen.

Sie haben einen ziemlich guten Durchblick und können sich konzentrieren, wenn es darauf ankommt. Da Sie auf vielen Gebieten gut belesen sind, können Sie in jedem Gespräch Ihren eigenen Standpunkt behaupten. Sie sind ein friedfertiger Mensch und freundlich zu allen, die Sie kennenlernen. Ihnen können getrost Geheiminformationen anvertraut werden, denn Sie würden nie jemandes Geheimnisse ausplaudern.

Bei Ihrem Kommunikationstalent stehen Ihnen viele Möglichkeiten offen, darunter das Rechtswesen, die Politik, die Öffentlichkeitsarbeit, Bildung und Erziehung, das Schreiben, die Schauspielkunst und der Militärdienst. Lohnend wäre es für Sie auch, mit jungen Menschen oder Kindern zu arbeiten. Sie haben die nötige Geduld, sich den unerschöpflichen Energien der Jugend auszusetzen, und spornen sie lebhaft dazu an, aus eigener Kraft etwas zuwege zu bringen. Auf jeden Fall sollten Sie den Beruf ergreifen, der Sie am meisten befriedigt. Sie lassen sich weder von Ihren Zeitgenossen einschüchtern noch drücken Sie andere an die Wand, die weniger erfahren sind als Sie. Immer behalten Sie die Ruhe, ob Sie alleine arbeiten oder in einer größeren Gruppe. Aber die besten Leistungen erbringen Sie doch in Zusammenarbeit mit andern, denn dazu sind Sie wie geschaffen.

Wahrscheinlich haben Sie viele Freizeitinteressen, insbesondere handwerklicher Art. Sie könnten sogar in einem Handwerk eine solche Geschicklichkeit erwerben, daß Sie ihm hauptberuflich nachgehen. Ihnen liegen derartige Tätigkeiten, und mit Ihrem Erfindungsreichtum werden Sie auch erfolgreich sein.

Sie sind gern unter Menschen, die psychisch stabil sind. Sie mischen sich nicht in anderer Leute Angelegenheiten und verlangen für sich die gleiche Rücksichtnahme. Vermutlich fühlen Sie sich zu einem Partner hingezogen, der kreativen Schwung hat und mit dem Sie gemeinsame Ziele ansteuern können.

Merkur-Trigon-Jupiter

Merkur im Trigon zu Jupiter zeigt, daß Sie ein hervorragendes Begriffsvermögen haben und voller zündender Ideen stecken, wie sie Ihre schöpferischen Potentiale ausbeuten können. Sie schauen frisch und fröhlich ins Leben und glauben fest daran, es aus eigener Kraft zu etwas zu bringen. Dabei sind Sie bereits ein wandelndes Lexikon und müssen sich nur noch über die Richtung klar werden, die Sie einschlagen wollen. Sie schwelgen in Ihren Kenntnissen und protzen zuweilen sogar damit, aber Sie werden Kritik zu spüren bekommen, wenn Sie nichts damit anfangen. Sie könnten mit wenig Aufwand so viel erreichen, daß es wirklich traurig wäre, wenn Sie sich mit Ihrem Können nicht auf irgendeinem Gebiet auszeichnen würden.

Mit Ihren Begabungen eignen Sie sich bestens für den Bereich von Bildung und Erziehung, aber auch im Journalismus, als Auslandskorrespondent, im Rechtswesen oder in der Kinder- und Jugendbetreuung hätten Sie reichlich Gelegenheit, von Ihren Talenten Gebrauch zu machen. In all diesen Fachbereichen werden Sie schnell Bedeutung erlangen. Sie lernen rasch und haben ein gutes Gedächtnis, so daß sich jede Firma, die Sie einstellt, glücklich preisen kann.

Sie sind ein rechtschaffener Mensch mit höchst kultivierten Umgangsformen. Deshalb gewinnen Sie leicht die Achtung einflußreicher Menschen, die Ihnen getrost die Wahrnehmung ihrer Interessen übertragen könnten. Sie wären der Sache durchaus gewachsen, denn Sie haben gute Manieren und können sich in jede Gesellschaftsschicht einfügen. Aber trotz Ihrer feinen, distinguierten Art pflegen Sie auch mit gewöhnlichen Sterblichen ganz normal Umgang. Wahrscheinlich sucht man Ihre Gunst für lokale und staatliche Funktionen zu gewinnen, und Sie stehen sicher mit wichtigen Persönlichkeiten des politischen Lebens auf vertrautem Fuß.

Sie haben Schwung und sind dadurch in Ihrem Freundeskreis sehr beliebt. Angesichts der Schwächen anderer drücken Sie gern einmal ein Auge zu, denn Sie wissen, daß sich solche Dinge mit der Zeit oft von selber geben. Ihre Mitmenschen zeigen sich Ihnen gegenüber von ihrer besten Seite und sind von Ihrer freundlichen, umgänglichen Art tief beeindruckt.

Als Lebenspartner sind Sie eine reine Freude, denn Sie haben Sinn für Humor und sind vielseitig interessiert. Wenn Sie zugegen sind, kommt nie Langeweile auf, und jeder, der Sie kennt, ist gern in Ihrer Gesellschaft. Auch Kinder mögen Sie und fühlen sich in Ihrer Gegenwart wohl, weil sie merken, daß Sie nicht von ihnen erwarten, sich wie Erwachsene zu benehmen. Sie sind eher wie ein älterer Bruder oder eine große Schwester.

Diese Planetenkonstellation nimmt keinen schädlichen Einfluß auf Ihre Gesundheit. Ihr Optimismus sorgt dafür, daß Sie sich rundum wohl befinden. Sie grübeln nicht über mutmaßliche Probleme nach.

Merkur-Trigon-Saturn

Ihr Merkur im Trigon zu Saturn deutet darauf hin, daß Sie intelligent sind, alle fünf Sinne beisammen haben und klare Auffassungen vertreten. Sie verfügen über beträchtliche kreative Fähigkeiten, von denen Sie nach Wunsch Gebrauch machen können. Sie sind nie um Ausdrucksmöglichkeiten verlegen, und wenn sich Ihnen keine Gelegenheit bietet, verschaffen Sie sich selbst eine. Ihnen fällt es leicht, Probleme zu lösen, denn Sie werten auch die bruchstückhafteste Information noch aus. Auf Ihre zurückhaltende Art machen Sie große Fortschritte, ohne sich dabei groß anzustrengen. Sie sind überaus leistungsfähig und halten sich nicht mit Nebensächlichkeiten auf. Da Sie eine hohe Meinung von sich haben, können Sie ruhig Aufgaben übernehmen, die andern zu gewagt sind. Trotzdem sind Sie nicht etwa unbescheiden. Sie lernen immer dazu und haben ein gutes Gedächtnis. Selbst in Streßsituationen verhalten Sie sich geduldig und diszipliniert.

Ihnen stehen viele Berufe offen, in denen Sie gute Erfolgschancen hätten. Dabei dürfte die kreative Seite der betreffenden Tätigkeit für Sie den Ausschlag geben. Erziehung und Lehre stehen auf der Liste der in Frage kommenden Gebiete obenan; hinzu kommen das Bauwesen, die Architektur, technisches Zeichnen, Formgestaltung, Politik, Industrie-Management, öffentlicher Dienst, Wissenschaft und Forschung im weitesten Sinne oder auch die Schriftstellerei. Sie könnten gut Fremdsprachen studieren, Zeichen entziffern (z. B. bei archäologischen Ausgrabungen) oder Geschichte lehren. Welcher Fachrichtung Sie auch folgen mögen, immer werden Sie darin bedeutende, konkrete Erfolge erzielen. Meist sind Sie mit Ihrer Arbeit zufrieden, denn Sie lassen stets Ihrer Kreativität freien Lauf und sind zudem von Ihrem Erfolg überzeugt. Da Sie enorme Leistungen erbringen, zahlt sich Ihr Einsatz auch reichlich aus.

Sie geben sich keinen Tagträumen hin, weil Ihnen klar ist, daß Sie mehr erreichen, wenn Sie sich realistische Ziele stecken. Und da Sie Ihre Grenzen kennen, bleiben Sie auch mit Ihren Vorstellungen im Rahmen des Möglichen.

Sie sind beherzt und gehen für Ihre Ehre notfalls durchs Feuer. Als anständiger Mensch verlangen Sie auch von andern, Ihnen gegenüber ehrlich zu sein. Wer Sie täuscht oder Ihr Vertrauen mißbraucht, hat bei Ihnen ein für allemal verspielt. Nur lautere Menschen mit guten Charaktereigenschaften haben in Ihrem Leben Platz. Sie bestehen darauf, daß Vereinbarungen eingehalten werden, und machen davon nur dann eine Ausnahme, wenn jemand aus berechtigten Gründen sein Versprechen nicht halten kann.

Ihre Mitmenschen schütten Ihnen gerne ihr Herz aus, als wären Sie ein Beichtvater. Ihre verständnisvolle, weise Art ermutigt sie dazu, sich Ihnen zu offenbaren.

In Ihren Ruhestandsjahren werden Sie sich gern daran erinnern, was Sie in Ihrem tätigen Leben alles erreicht haben. Jetzt werden Sie vermutlich aus Neigung zur Feder greifen, denn es dürfte Ihnen sehr schwerfallen, sich wirklich zur Ruhe zu setzen, solange das Leben Ihnen noch so vieles zu bieten hat.

Merkur-Trigon-Uranus

Das Trigon von Merkur zu Uranus besagt, daß Ihr Geist rege und zu intuitiver Erkenntnis fähig ist, so daß Sie sich schöpferisch verwirklichen können. Ihre Ansichten sind stets gut fundiert, und Sie sprechen mit Überzeugungskraft. Sie geben selten unverbindliche Äußerungen von sich, denn Banalitäten sind Ihrem tiefschürfenden Geist fern. Sie suchen in allem nach der inneren Wahrheit, und nur das gibt Ihnen ein Gefühl des Freiseins. Die Freiheit liegt Ihnen sehr am Herzen.

Sie haben Sinn für Okkultes und widmen sich diesem Gebiet vielleicht Ihr Leben lang. Es ist erstaunlich, wie Sie intuitiv das Wesentliche erfassen. Sie könnten sich wirklich mit der Untersuchung übersinnlicher Phänomene einen Namen machen. Alles Rätselhafte fasziniert Sie, so daß Sie vielleicht auch Fachmann für Problemlösungen im wissenschaftlichen Bereich werden. Ebensosehr interessieren Sie sich für alles Menschliche und könnten deshalb gleichermaßen sowohl in der Psychologie und Philosophie als auch bei sozialen Aufgaben Bestätigung finden.

Sie haben zwar völlig freie Hand darin, was Sie mit Ihren Anlagen, mit Ihrem ungemein tiefen Menschenverständnis anfangen, aber das Lehren sollte doch an erster Stelle stehen. Ihnen offenbart sich die Wahrheit, und Sie sollten allen, die danach verlangen, die Möglichkeit geben, an Ihren Erkenntnissen und Erfolgen teilzunehmen. Sie besitzen Führungsqualitäten, können aber auch sehr gut andere anspornen zu zeigen, was in ihnen steckt. Sie sind Ihrer Zeit weit voraus und begreifen Zusammenhänge, die normalerweise erst nach einem langen mühevollen Studium erkennbar werden.

Sie haben hohe geistige Wertvorstellungen, an denen Sie sich auch bei Ihren materiellen Verpflichtungen orientieren. Bei Ihnen stimmen innere und äußere Wirklichkeit überein und tragen einander.

Für Leute, die Wissen nur um des Wissens willen anhäufen, haben Sie nicht viel übrig. Nach Ihrer Ansicht ist das Ansammeln von Kenntnissen nur dann gerechtfertigt, wenn es der Vervollkommnung des Menschen dient.

Merkur-Trigon-Neptun

Durch das Trigon von Merkur zu Neptun sind Sie mit enormen schöpferischen Fähigkeiten ausgestattet und verstehen es, nützlichen Gebrauch davon zu machen. Sie können sich gut mitteilen und haben die natürliche Gabe, sich dabei höchst wirkungsvoll in Szene zu setzen. Dank Ihrer hochentwickelten intuitiven Erkenntnisfähigkeit durchschauen Sie die Beweggründe der Menschen, mit denen Sie in Kontakt stehen. Sie haben künstlerische Vorstellungen, denen Sie gut Gestalt zu geben vermögen.

Sie sind feinfühlig und intelligent und nehmen Ihre gesellschaftlichen Verpflichtungen bereitwilligst wahr.

Auf Grund Ihrer Begabungen und Ihres Temperaments sind Sie sehr gefragt und können es in vielen Berufen zu etwas bringen. Da Sie sich leicht an die jeweiligen Verhältnisse anpassen, können Sie praktisch in jeder Umgebung kreativ arbeiten. Ihrer Natur gemäß tolerieren Sie menschliche Schwächen und stellen auch keine zu hohen Ansprüche an andere. Die optimistische Einstellung, die Sie auch angesichts von Schwierigkeiten noch bewahren, bewegt Ihre Mitmenschen dazu, ebenfalls hoffnungsvoller dreinzuschauen. Ihren Kunstsinn und Ihre kreativen Fähigkeiten können Sie unter anderm in der bildenden Kunst, der Musik, beim Schreiben, in der Formgestaltung oder bei gesellschaftlichen Funktionen unter Beweis stellen.

In geselliger Runde finden Sie die warme, freundliche Atmosphäre, nach der Sie sich sehnen. Als Redner schlagen Sie leicht Ihr Publikum in Ihren Bann. Sie haben Überzeugungskraft, denn Sie stellen sich auf die Wellenlänge Ihrer Zuhörer ein.

Banalitäten haben keinen Raum in Ihrem Leben. Sie fassen nur wichtige Aufgaben ins Auge, die gesellschaftlich von Bedeutung sind, und schieben alles andere gern beiseite. Nie verläßt Sie die Hoffnung, daß Ihren Mitmenschen bei Ungerechtigkeiten das Gewissen schlägt und sie etwas dagegen unternehmen.

Sie sind zwar gern mit kultivierten Menschen zusammen, brauchen aber nicht unbedingt persönliche Kontakte, um glücklich zu sein. Sie fühlen sich selten einsam, denn Sie haben ein reges Geistesleben und können auf vielerlei Weise Ihre kreativen Möglichkeiten ausschöpfen.

Merkur-Trigon-Pluto

Das Trigon von Merkur zu Pluto deutet darauf hin, daß Sie Konzentrationsvermögen besitzen, von allem Unbekannten fasziniert sowie kreativ und zu tiefen Erkenntnissen fähig sind. Diese guten Geistesgaben brauchen Sie nur realistisch zu entwickeln und effektiv zu nutzen. Dank Ihres Einblicks in das Prinzip von Ursache und Wirkung sind Sie andern gegenüber im Vorteil, wenn Sie Ihre Begabungen in den Beruf Ihrer Wahl einbringen. Ihr Ideenreichtum ist eine gewisse Erfolgsgarantie, sofern Sie davon auch Gebrauch machen.

Die Verbrechensaufklärung, Medizin, Forschung und Entwicklung, das Ingenieurwesen, die analytische Arbeit, Chemie, Pathologie und Chirurgie sind nur einige der Berufsbereiche, für die Sie begabt sind. Auch in der Finanzverwaltung zeigen Sie außerordentliches Geschick. Sie lassen sich ohne weiteres auf scharfe Konkurrenzkämpfe ein und können sich schwerste Verantwortung aufbürden, ohne sie als drückend zu empfinden, denn Sie gehen ganz in Ihrer jeweiligen Aufgabe auf. Sie nehmen sich immer etwas vor, das Sie vollkommen in Anspruch nimmt. Als Schriftsteller könnten Sie gut Bücher über technische Probleme oder Geschichten über rätselhafte Begebenheiten schreiben. Ihre Kenntnisse sind so breit gefächert, daß Sie sich ebenso sachkundig über Bank- und Finanzangelegenheiten wie über die Geheimnisse der okkulten Wissenschaften auslassen können.

Im Privatleben erwarten Sie eine Menge von Ihrem Partner, sind aber selbst auch willens, Ihr Bestes zu geben. Mit Ihrem inneren Auge durchschauen Sie den äußeren Schein und erkennen, was andere im Innersten bewegt. Sie haben ein Gespür für das, was in Ihren Mitmenschen steckt, und können ihnen ein Ansporn sein, ihre Begabungen besser auszuschöpfen. Wenn Sie einen Vortrag halten, reden Sie mit solcher Überzeugungskraft und Autorität, daß sowohl einfache als auch gebildete Zuhörer davon gefesselt sind. Sie stellen sich auf Ihr Publikum ein und sind für alle klar verständlich.

Geben Sie jedoch acht, daß Sie nicht den Anschein erwecken, als wüßten Sie alles besser, denn damit beschwören Sie Unmut herauf. Geben Sie andern die Gelegenheit, ihre Ansichten darzulegen.

Ihr größtes Problem ist Ihre Gleichgültigkeit und Interesselosigkeit gegenüber wichtigen umweltpolitischen und sozialen Belangen, für die Sie sich eigentlich mit Ihren Fähigkeiten stark machen müßten. Es würde Ihnen überaus gut gelingen, Gruppenunternehmungen zu organisieren. Damit wäre der Erfolg der vereinten Bemühungen gesichert, denn Sie verstehen es, jeden nach seiner Begabung einzusetzen, so daß auch den anspruchsvollsten Vorhaben im Interesse einer Gruppe bestens gedient wäre.

Sie verfolgen Ihre Ziele systematisch und halten sich dabei im allgemeinen ganz an Ihre Überzeugungen und Moralvorstellungen. Seien Sie versichert, daß Sie viel erreichen können und auf dem Weg zum Ziel andere zu ihrem eigenen Besten mitreißen.

Als Nebenbeschäftigung käme für Sie die Börsenspekulation in Frage. Andererseits könnten Sie sich in Ihrer Freizeit auch der Jugendarbeit widmen, etwa im Bildungsbereich, wo Sie die Grundlagen des Marketings und der Finanz- und Vermögenswirtschaft vermitteln könnten. Sie können sich ohne große Mühe in vieler Hinsicht nützlich betätigen und dabei bleibende Werte schaffen.

Merkur-Trigon-Aszendent

Merkur im Trigon zum Aszendenten weist darauf hin, daß Sie sich gut ausdrücken können. Sie werden selten mißverstanden, weil Sie sprachgewaltig sind und Ihre Zuhörer fesseln. Sie sind sich Ihrer eigenen Kreativität wohlbewußt, vielleicht, weil Ihre Eltern Sie dazu ermutigt haben, Ihre schöpferischen Begabungen zu entwickeln, und Ihnen vermutlich entsprechende Möglichkeiten eröffneten, als sie sahen, daß Sie damit auch etwas anzufangen wußten. Auf jeden Fall kennen Sie Ihre außerordentliche Befähigung und müssen nur zu einem Entschluß kommen, wie Sie daraus Kapital schlagen wollen. Sie wissen, was Sie erreichen können, aber auch, wo Ihre Grenzen liegen. Von Ihren Lebenszielen sprechen Sie voller Optimismus. Dank Ihrer Begeisterungsfähigkeit stehen die Chancen für Ihren Erfolg gut, und sollten Sie Rückschläge oder eine negative Entwicklung Ihrer Verhältnisse erleben, geben Sie sich nicht etwa geschlagen, sondern fangen einfach von vorne an. Sie lernen aus jeder Erfahrung, die Sie machen, und tun immer neue Mittel und Wege für Ihre Begabungen auf. Sie sind ein Erfolgsmensch und werden stets Leute finden, die Sie bei Ihren Vorhaben unterstützen.

Sie verstehen es, Ihre schöpferischen Vorstellungen in klingende Münze umzusetzen. Da Sie nicht besonders arbeitswütig sind, versuchen Sie immer Möglichkeiten zu finden, wie Sie mit möglichst geringem Aufwand Geld verdienen können. Sie riskieren allerdings auch ruhig einmal etwas, wenn Sie dadurch auf Ihre Ideen aufmerksam machen. Aber Sie verlassen sich nicht ausschließlich auf Ihr Glück, sondern gehen jede Sache in allen Einzelheiten durch und rechnen sich die Erfolgschancen aus.

Sie wissen, wie Sie Ihre schlechten Eigenschaften herunterspielen und die guten ins rechte Licht setzen können. Sie suchen den Beifall Ihrer Freunde und bekommen ihn meist auch wegen Ihrer Ansichten zu aktuellen Themen, die gerade zur Debatte stehen. Sie lassen andere in dem Glauben, Sie wären in erster Linie um ihr Wohlergehen und die Wahrnehmung ihrer Interessen bemüht. Bei Ihren Vorgesetzten gebrauchen Sie diese Taktik mit meisterhafter Geschicklichkeit. Obgleich Ihnen klar ist, daß eine Ausbildung ihren Wert hat, verlassen Sie sich lieber auf gute Beziehungen, um ans Ziel Ihrer Wünsche zu gelangen. Sie lassen sich ungern auf einen Konkurrenzkampf ein, wenn Sie schlecht unterrichtet sind und wissen, daß Sie unterliegen werden.

Venus-Trigon-Mars

Das Trigon von Venus zu Mars besagt, daß Sie ein warmherziger, gütiger und mitfühlender Mensch sind. Sie haben ein heiteres Wesen und achten bei den Menschen, mit denen Sie Umgang pflegen, auf die guten Seiten. Sie sind lebhaft bemüht, sich vor Ihren Mitmenschen ins rechte Licht zu setzen, und finden meist auch die erhoffte Resonanz. Die Ansprüche, die Sie an andere stellen, gehen nicht über das hinaus, was sie für die eigene Person für zumutbar halten. Sie sind recht sinnlich, lassen aber neben der

Sexualität auch noch andere Formen der zwischenmenschlichen Kontaktnahme gelten. Ihre Kompromißbereitschaft ermutigt Ihre Mitmenschen dazu, Ihnen ebenfalls entgegenzukommen, wenn das geboten erscheint.

Sie verstehen sich darauf, Ihre Besucher gut zu unterhalten, und sind ein gern gesehener Gast bei Geselligkeiten. Ihre Begabungen könnten Sie in den bildenden Künsten, im Schauspiel, in der Musik oder im Tanz fördern und entwickeln. Das alles wären lohnende Betätigungsfelder für Sie, ob haupt- oder nebenberuflich. Da Sie sprachbegabt sind, könnten Sie es darüber hinaus in Berufen zu etwas bringen, bei denen Sie in irgendeiner Weise mit Publikum zu tun hätten. Öffentlichkeitsarbeit wäre vielleicht das Geeignete. Mit Ihrer einfühlsamen Art würden Sie sicher auch mit den schwierigsten Menschen noch zurechtkommen, die Ihnen im Berufsalltag begegnen. Bei einer selbständigen Tätigkeit hätten Sie ebenfalls Erfolgschancen.

Kinder halten Sie für einen wunderbaren Gefährten. Sie fördern ihre individuellen Begabungen, an die Sie fest glauben. Sie können auch gut andere von Ihrer Auffassung überzeugen, indem Sie Ihren eigenen Standpunkt deutlich machen, ohne den des andern gleich ins Wanken zu bringen. Wer mit Ihnen zusammenkommt, hat im allgemeinen keinen Anlaß zu Kritik, denn Sie wirken nicht einschüchternd. Im Gegenteil, Sie bringen bei Ihren Mitmenschen die besten Saiten zum Klingen.

Sie hatten wahrscheinlich ein recht glückliches Zuhause, das Sie zu einem heiteren Menschen gemacht hat. Davon werden auch Ihre Kinder noch profitieren.

Ihr Selbstvertrauen erlaubt es Ihnen, im Zweifelsfall getrost zugunsten der Menschen zu entscheiden, mit denen Sie in Kontakt stehen. Sie haben tiefes Verständnis für das Allzumenschliche und sind normalerweise gern zu helfen bereit, wenn jemand Ihren Beistand braucht. Nur haben Sie Ihrer Meinung nach kein Recht, sich einzumischen, ohne darum gebeten worden zu sein.

Sie sind immer zu Scherzen aufgelegt und amüsieren sich gern. Unter Umständen haben Sie Probleme mit Liebespartnern, die womöglich denken, sie könnten sich bei Ihrem sonnigen Gemüt ruhig Freiheiten gegen Sie herausnehmen; meist sind sie darin aber im Irrtum.

Venus-Trigon-Jupiter

Das Trigon von Venus zu Ihrem Jupiter weist darauf hin, daß Sie dank Ihrer inneren Ausgeglichenheit Ihre Mitmenschen und Ihre Umwelt optimistisch betrachten. Negative Strömungen in der Gesellschaft beunruhigen Sie kaum, weil Sie davon überzeugt sind, daß sich alles einmal zum Guten wenden wird. Meistens sind Sie in vergnügter Stimmung, aber wenn die Umstände es erfordern, können Sie auch ernst sein. Ihre heitere Wesensart muntert niedergeschlagene Menschen auf und öffnet ihnen die Augen dafür, daß es ihnen gar nicht so schlecht geht, wie sie meinen. Sie kommen Ihren Mitmenschen sehr weit entgegen, denn Sie sind hochherzig, verständnisvoll und mitfühlend. Da Sie mit Ihren eigenen Problemen nicht hausieren gehen, merken andere meist überhaupt nicht, daß Sie nicht immer so unbeschwert sind, wie es den Anschein hat. Sie belasten mit Ihren Schwierigkeiten niemanden, der schon genug eigene Sorgen hat. Es liegt Ihnen auch fern, Ihre Angelegenheiten an die große Glocke zu hängen; Sie regeln derlei lieber im stillen, ohne viel Aufhebens darum zu machen. Vielleicht kommen Sie zu Rang und Namen, aber Sie legen es nicht darauf an.

Da Sie gut mit Leuten umgehen können, eignen Sie sich bestens für Öffentlichkeitsarbeit, eine Tätigkeit im Sozialbereich sowie für künstlerische und andere Berufe im Dienste der Öffentlichkeit. Sie haben viel Kunstsinn und könnten auf dem Gebiet der Kunst zu Ihrer vollsten Zufriedenheit tätig werden. Möglicherweise wären Dekoration, Formgestaltung oder Textil-Design sinnvolle Betätigungsfelder für Sie.

Sie haben einen ausgeprägten Sinn für Sitte und Anstand. Stets versuchen Sie, sich von Ihrer besten Seite zu zeigen und andern offen und ehrlich zu begegnen. Vulgäres und Obszönes verabscheuen Sie, und verdorbene Typen finden Sie abstoßend. Sie sind lieber mit kultivierten Leuten zusammen, die gute Umgangsformen haben. Musik, Kunst, Theater und Tanz machen Ihnen Freude und erhellen Ihren Alltag. Außerdem haben Sie eine Schwäche für gutes Essen, sind gern in Gesellschaft netter Menschen und genießen mit Vergnügen Zerstreuungen aller Art.

Sie fühlen sich zu Menschen hingezogen, die sich in ihrer Lebensführung am Althergebrachten orientieren. Eine Liebesbeziehung bahnen Sie mit besonderer Vorliebe mit Menschen an, die keine zu hochgestochenen Erwartungen in Sie setzen. Sie haben den Wunsch, daß zwischen Ihnen und Ihrem Partner Offenheit besteht, vor allem aber, daß aufrichtige Gefühle die Beziehungsgrundlage bilden. Sie wollen dafür geachtet und bewundert werden, daß Sie nichts für eine öffentliche Zurschaustellung Ihrer Liebe übrig haben und Intimitäten lieber den traulichen Stunden vorbehalten, in denen Sie mit Ihrem Partner allein sind.

Allem Anschein nach wissen Sie genau, was Sie sich in erster Linie vom Leben erwarten und dürften sich ehelicher und häuslicher Harmonie erfreuen. Da Sie sich gegebenenfalls anpassen können, werden Sie auch höchstwahrscheinlich ans Ziel Ihrer Wünsche gelangen.

Venus-Trigon-Saturn

Das Trigon von Venus zu Saturn ist ein Anzeichen dafür, daß Sie Menschenkenntnis besitzen und immer wissen, an wen Sie sich wenden müssen, wenn Sie Hilfe brauchen. Im Umgang mit anderen Menschen zeigen Sie Optimismus, Verständnis und Verantwortungsgefühl. Aber Sie knüpfen erst Kontakt an, wenn Sie merken, daß Sie auch wirklich willkommen sind. Ihnen ist klar, daß auch das beste Einvernehmen gegenseitiges Entgegenkommen verlangt.

Sie sind so erzogen worden, daß Sie Selbstdisziplin als notwendige Voraussetzung für den Erfolg betrachten. Deshalb haben Sie auch Augen für die Wünsche und Bedürfnisse anderer und gewähren auf Verlangen gern Ihren Beistand. Sie sind nicht übermäßig großzügig, tun jedoch mit Sicherheit das Ihre, wo es förderlich ist.

Sie haben künstlerische Begabungen, die Sie allerdings nicht unbedingt ausnutzen, und ein tiefes Interesse für alle Künste. Musik, Literatur im weitesten Sinne, Malerei, Bildhauerei und Graphik machen Ihnen das Leben schön und angenehm. Sie könnten in jedem Beruf vorankommen, in dem es auf Ausgewogenheit, Ordnung, Gestaltungssinn und Sachlichkeit ankommt. Im Bereich des Bankwesens, des Immobilienhandels, des Versicherungsgeschäfts, der Finanzen, des Ein- und Verkaufs sowie der Architektur hätten Sie adäquate Möglichkeiten, sich zu verwirklichen.

In Ihrer Freizeit werden Sie sich vielleicht Kindern und Jugendlichen widmen. Sie hätten bestimmt Freude daran, Kunst oder Kunsthandwerk zu unterrichten, und könnten auf diese Weise die innere Anspannung ausgleichen, die sich wahrscheinlich in Ihrem Berufsleben aufbaut. Sie könnten Ihrer Kreativität aber auch bei so angenehmen Beschäftigungen wie dem Tanzen oder anderen geselligen Zerstreuungen, zum Beispiel in irgendwelchen Vereinen, freien Lauf lassen.

In Gefühlsdingen sind Sie nicht übermäßig leidenschaftlich. Wenn Sie jemanden anziehend finden, schätzen Sie ihn erst vorsichtig ein, prüfen ihn auf seine guten Anlagen hin und nehmen auch die Schwächen zur Kenntnis, an die Sie sich möglicherweise gewöhnen müssen. Vor allen Dingen legen Sie Wert auf gegenseitige Hochachtung. Ihre Zuneigung ist echt und mit Ihrer Treue zusammen eine gute Gewähr dafür, daß die Beziehung von Dauer sein wird.

Sie sind sicher ein guter Vater oder eine gute Mutter, denn Ihrem Verständnis nach muß sich jeder Mensch frei entfalten können, aber trotzdem selbstbeherrscht sein und Achtung vor seinen Mitmenschen haben. Sie wollen wirklich nur das Beste für Ihre Kinder und verstehen es, sie in ihrer Entwicklung und in ihren individuellen Begabungen zu fördern. Ihre Ruhestandsjahre werden entsprechend angenehm sein, denn Ihre Kinder vergessen es Ihnen nicht, wie gut Sie ihnen durchs Leben geholfen haben.

Venus-Trigon-Uranus

Das Trigon von Venus zu Uranus zeigt auf, daß Sie überwiegend optimistisch und heiter gestimmt sind und Ihr Leben aus vollen Zügen genießen. Sie machen aus Ihrer Zuneigung für Ihre Mitmenschen kein Hehl, merken jedoch auch rasch, wenn jemand heuchelt. Gegebenenfalls passen Sie sich an und machen sich damit andere Menschen gewogen, spüren aber trotzdem sofort, wenn man Sie auf Grund Ihrer umgänglichen Art ausnutzt.

Da Sie Gerechtigkeitssinn besitzen, sind Sie bestrebt, Ihr Glück auch in anderer Leute Leben hineinzutragen und mit ihnen zu teilen. Sie sind Ihren Verpflichtungen immer bereitwillig nachgekommen und können deshalb jetzt den wohlverdienten Lohn entgegennehmen. Sie wissen, daß Sie tausendfach zurückbekommen, was Sie andern geben, und daß es für beide Seiten von Vorteil ist.

Sie haben ein klares Empfinden für Harmonie und Schönheit, das Sie in der Kunst, der Musik, in der Formgestaltung oder im Schauspiel schöpferisch unter Beweis stellen könnten. In all Ihrem Tun und Lassen kommt Ihre Warmherzigkeit zum Ausdruck, und Sie sind selten negativ im Umgang mit andern. Sie könnten gut in Berufen arbeiten, wo Sie mit Publikum verkehren müssen, denn jeder fühlt sich in Ihrer Gegenwart wohl.

Kinder halten besonders große Stücke auf Sie, denn Sie sind wahrhaft aufrichtig. Als Lehrer würden Sie Ihre Schüler sofort in Ihren Bann schlagen und ihre Phantasie anregen, weil Sie jeden Lehrstoff außerordentlich lebendig darlegen können. Aber auch im Finanzbereich könnten sich Ihre einmaligen Begabungen als sehr nützlich erweisen. Mit Ihrer Intuition wären Sie beispielsweise bei der Börsenspekulation fein heraus.

Auf Grund Ihrer angeborenen Selbstbeherrschung werden Sie sich wahrscheinlich gut verheiraten. Sie können einem erfüllten Gefühlsleben in gegenseitigem Vertrauen und Verständnis entgegensehen. Zwar stellen Sie hohe Ansprüche an Ihren Partner, sind jedoch auch Ihrerseits gewillt, alle in Sie gesetzten Erwartungen zu erfüllen. Sie hoffen inständig auf eine Zukunft, die Sie innerlich vollkommen befriedigt. Ihre Begeisterung und Lebensfreude ist der Schlüssel zu Ihrem Glück.

Venus-Trigon-Neptun

Das Trigon von Venus zu Neptun bedeutet, daß Sie von Ihren schöpferischen Vorstellungen auf erleuchtete Weise Gebrauch machen. Auf Grund Ihrer feinfühligen, romantischen Natur sprechen Sie auf die höchsten Ideale Ihrer Mitmenschen an, die Ihren Geist beflügeln. Sie haben künstlerische Begabungen und einen ausgeprägten Sinn für alles Schöne in

Kunst, Musik und Literatur. Da Sie in der Beurteilung anderer Menschen sehr nachsichtig sind, bleiben Sie auch dann noch freundlich, wenn Sie enttäuscht werden. Sie drücken schon einmal ein Auge zu, wenn jemand im Irrtum ist, solange er nur aufrichtig um Erfolg ringt. Wenn Ihnen in Ihrer Umgebung negative Entwicklungen auffallen, kehren Sie ihnen ungerührt den Rücken zu, weil Sie nichts damit zu tun haben wollen.

Ihnen stehen viele Möglichkeiten offen, Ihre kreativen Fähigkeiten zum Ausdruck zu bringen, aber künstlerische Projekte liegen Ihnen ganz besonders. Sie könnten in der Schauspielkunst, im Tanz oder in einem Chor zu Rang und Namen kommen. Vielleicht benutzen Sie auch Ihre Sprachgewandtheit dazu, junge Menschen zu unterrichten und ihnen ein Gefühl für die schönen Dinge des Lebens zu vermitteln. Ihre kultivierte, klare Art wirkt beruhigend, und man ist gern in Ihrer Gesellschaft. Sie haben etwas Geheimnisvolles an sich, das Ihre Mitmenschen vollkommen gefangennimmt. Da Sie Vertrauen erwecken, wird Ihnen unter Umständen Verantwortung übertragen, der andere nicht gewachsen wären. Ihr Taktgefühl und Charme nimmt Ihre Vorgesetzten für Sie ein, und trotzdem fühlen sich Ihre Kollegen keineswegs zurückgesetzt.

Gefühlsmäßig schließen Sie sich leicht an Menschen an, die bestrebt sind, sich höher zu entwickeln und nachdrücklich ihren Unmut über alles Zweideutige, Unerquickliche und Gemeine bekunden. Sie sind ein Idealist und haben klar umrissene innere Überzeugungen, die nach Ihrer Meinung Ihrem Leben erst seinen Sinn geben.

Entweder setzen Sie sich schöpferisch durch, oder Sie halten sich lieber zurück, wobei es allerdings wirklich schade um Ihre Begabungen wäre.

Venus-Trigon-Pluto

Ihre Venus im Trigon zu Pluto ermöglicht es Ihnen, die höchsten schöpferischen Erfahrungen zu machen, die die Liebe nur bieten kann. Sie profitieren geistig von den Beziehungen zu Ihren Mitmenschen und regen diese gleichzeitig zu ihrem eigenen Besten dazu an, es Ihnen in der Liebe gleichzutun.

Sie werden Ihre feurige, sinnliche Natur so lange unter Kontrolle halten, bis Ihre Eingebung Ihnen signalisiert, daß Sie den richtigen Partner gefunden haben, und dann Ihrer Leidenschaft freien Lauf lassen. Vielleicht haben Sie Affären, die noch nichts mit der großen Liebe zu tun haben, sondern mehr romantischer Art sind, aber wenn endlich der ideale Partner in Ihr Leben tritt, werden Sie auf unwiderstehliche und überzeugende Art um ihn werben. Die Chancen stehen auch durchaus so, daß Ihre Gefühle erwidert werden. Es liegt etwas Schicksalhaftes in dieser zufälligen Begegnung, das sich jeglicher Logik entzieht. Ihre Liebe wird sich weiter vertiefen, bis Sie sich eins mit Ihrem Partner fühlen.

Sie können andere hervorragend über moralische und geistige Werte belehren und ihnen klarmachen, wie sie ihr Leben bereichern, wenn sie sich an höchsten ethischen Maßstäben orientieren. Insbesondere junge Leute sind von Ihnen angetan. Sie können ihnen beibringen, sich auf die eigenen Füße zu stellen, ihren Wertvorstellungen treu zu bleiben, sich zu engagieren und selbst in Zeiten der Not ihr Herz sprechen zu lassen.

Sie werden jeden Beruf Ihrer Wahl mit Hingabe ausüben. Da Sie grundehrlich sind, werden Sie vermutlich lieber kündigen, als aus beruflichen Gründen von Ihren Moralbegriffen abzuweichen. Mit Ihren Fähigkeiten eignen Sie sich unter anderm besonders gut für die Anlageberatung, das Versicherungswesen, die Finanzverwaltung und den Verkauf. Sie wären ein hervorragender Händler, denn Ihre Aufrichtigkeit wäre für Ihre Kunden Grund genug, Ihre Waren zu kaufen. Eine beratende Tätigkeit käme ebenfalls für Sie in Frage, da Sie sich gut auf die Bedürfnisse anderer einstellen können. Sie sind voller mitfühlendem Verständnis und doch auch so stark, die Leute zu ihrem eigenen Besten dazu zu bewegen, Ihre Vorschläge anzunehmen.

Ein Charakterzug ist bei Ihnen der Schlüssel zum Erfolg: Sie glauben an sich und an Ihre Mitmenschen. Sie sind auf solide Weise grundanständig. Sie könnten der Gesellschaft einen guten Dienst erweisen, wenn Sie sich in Verwaltung oder Politik engagieren würden, beispielsweise als Finanzberater eines Politikers. Lohnen würde sich für Sie auch eine Laufbahn im Finanzamt oder eine selbständige Tätigkeit als Steuerberater. Es dürfte jedem schwerfallen, Sie hinters Licht zu führen, denn Sie haben einen scharfen Blick für unredliche Handlungen.

Welchen Weg Sie auch privat oder beruflich einschlagen werden, immer können Sie mit reichlichem Lohn für Ihre Mühe rechnen. Die Liebe, die Sie prinzipiell in alles einbringen, was Sie anpacken, hat den Nebeneffekt, daß Ihr Leben mit Wohlstand in Hülle und Fülle gesegnet wird. Dieser Aspekt ist im allgemeinen ein Hinweis auf eine Erbschaft; es ist mit ziemlicher Gewißheit anzunehmen, daß Ihr Name auf Grund Ihrer selbstlosen Einsatzbereitschaft in einem Testament aufgeführt ist.

Venus-Trigon-Aszendent

Durch Venus im Trigon zum Aszendenten haben Sie eine charmante, versöhnliche Art, die Ihnen alle, mit denen Sie zu tun haben, herzlich gewogen macht. Normalerweise sind Sie auskömmlich, kultiviert und freundlich, aber es kommt auch vor, daß Sie Ihre Ausstrahlung ganz bewußt dazu benutzen, jemandes Unterstützung zu gewinnen. Sie haben nichts gegen Geschenke einzuwenden, erweisen umgekehrt jedoch lieber Gefälligkeiten, statt auch ein Geschenk zu machen. Sie geben nicht gern Geld aus, außer für sich selbst. Wenn Sie doch einmal ein Geschenk für jemanden einkaufen, geben Sie es wahrscheinlich persönlich ab, statt es zu schicken.

Sie vermeiden es mit Bedacht, in einer Unterhaltung auf die schlechten Seiten anderer Menschen zu sprechen zu kommen, aus Angst, Ihre eigenen Charaktermängel könnten dabei ebenfalls erwähnt werden. Da Sie keine Kritik vertragen können, wollen Sie auch nichts über sich hören, was vielleicht der Wahrheit entspräche. Sie versuchen mit aller Macht, bei Ihren Freunden Anklang zu finden, und machen Zugeständnisse, damit man gut von Ihnen denkt.

Vermutlich müssen Sie sich mehr ins Zeug legen als Ihre Kollegen, um Ihre Arbeitgeber zufriedenzustellen. Vielleicht nehmen Sie Ihre Arbeit nach Ansicht Ihrer Vorgesetzten nicht ernst genug, so daß Sie sich noch mehr anstrengen, um zu beweisen, daß Sie zuverlässig sind.

Höchstwahrscheinlich haben Sie eine gute Bildung genossen und hatten Ihre Freude an den Bekanntschaften, die Sie in der Schule und an der Universität schließen konnten. Dabei haben Sie wohl auch stets Ausschau gehalten nach jemandem, der wie Sie Karriere machen wollte, gebildet war und ähnliche gesellschaftliche Interessen hatte. Wer Ihre Zuneigung gewinnt, muß den Wunsch hegen, den althergebrachten Lebensstil vergangener Zeiten zum Besseren zu verändern, und er muß hoch in Ihrer Achtung stehen. Mit anderen Worten: Sie suchen einen Partner, der auf Erfolg bedacht ist und die Früchte dieses Erfolges auch genießen will.

Sie schließen leicht Freundschaft und halten grundsätzlich Kontakt zu allen, die Ihnen im Berufsleben von Nutzen sein könnten. Sie machen sich gern mit Leuten bekannt, die für Sie vielleicht einmal wichtig werden können, und sind ihnen ebenso aufrichtig zugetan wie jedem andern auch.

Mars-Trigon-Jupiter

Das Trigon von Mars zu Jupiter ist ein Hinweis darauf, daß Sie von Ihren natürlichen Kraftreserven guten Gebrauch machen. Da bei Ihnen Verstand und Körperkräfte in einem ausgewogenen Verhältnis zueinander stehen, können Sie Ihre Ziele ohne allzugroße Anstrengung erreichen. Allerdings werden Sie sich nicht gern auf einen scharfen Konkurrenzkampf einlassen, weil Ihnen das nicht der Mühe wert zu sein scheint. Sie haben zündende, manchmal sogar geniale Ideen, wie Sie Aufgaben bewältigen können, an denen andere verzweifeln. Allem Anschein nach spielt bei Ihren Erfolgen das Glück eine wesentliche Rolle, obgleich natürlich auch Ihre Begabungen mit ins Gewicht fallen. Sie haben den Dreh heraus, zur rechten Zeit das Richtige zu tun und sogleich zur Stelle zu sein, wenn sich eine Gelegenheit bietet. Sie brauchen nie Ihre Zuflucht zur List zu nehmen, um ans Ziel Ihrer Wünsche zu gelangen. Als grundehrlicher Mensch halten Sie sich bei Ihren Angelegenheiten an Recht und Gesetz und an das Prinzip von Treu und Glauben. Nur haben Sie ein etwas zu unbekümmertes Verhältnis zum Geldausgeben. Sie blicken erstaunlich optimistisch ins Leben und zweifeln nicht im geringsten daran, das zu erreichen, was Ihnen vorschwebt.

Ihren Begabungen nach dürfte Ihnen eine Tätigkeit auf dem Gebiet des Rechts, der Verwaltung oder des Sports liegen, ferner die Arbeit mit Kindern, das Lehren und Forschen, das Schreiben sowie eine künstlerische oder kunsthandwerkliche Beschäftigung. Sie sind nicht ausschließlich auf Erfolg erpicht, sondern wollen sich, so gut es nur geht, in einer Arbeit verwirklichen, an der Sie Freude haben. Harte Wettbewerbssituationen erachten Sie als zu anstrengend gemessen an dem, was für Sie dabei herausspringt. Sie sind zu sehr Genießer, um sich die vielen Annehmlichkeiten des Lebens dadurch zu versagen, daß Sie sich mit Haut und Haar Aufgaben verschreiben, die Sie rundum einschränken.

Ihr Bekanntenkreis umfaßt die unterschiedlichsten Leute, die Ihr Leben reizvoller machen. Sie stellen keine übertriebenen Ansprüche an andere, sind aber umgekehrt auch nicht bereit, irgendwelchen Erwartungen zu entsprechen. Sie verkehren lieber in aller Freiheit mit Ihren Freunden und behalten sich das Recht vor, jederzeit eine Beziehung abbrechen zu können, die Ihnen zu verpflichtend wird.

Es stört Sie nicht weiter, daß sich gegenwärtig die Einstellung zu institutionalisierten Religionen verändert. Sie sind sich im stillen Ihrer Überzeugungen sicher, und das ganz abgesehen von den herrschenden Meinungsverschiedenheiten der Theologen und Philosophen.

Sie fühlen sich zu Menschen hingezogen, die sich wie Sie gern ungestört ihres Daseins freuen. Sie sind sehr sinnlich, halten aber Ihre Begehrlichkeit ziemlich gut unter Kontrolle. Wen Sie lieben, von dem erwarten Sie mehr als nur rein körperliche Ausdrucks- und Erlebnisfähigkeit. Sie sind ein Idealist und geben sich nicht mit einem Gefährten zufrieden, der nicht Ihre Ziele und Wünsche sowohl geistig-seelisch als auch körperlich mit Ihnen teilt.

Mars-Trigon-Saturn

Mit Ihrem Mars im Trigon zu Saturn haben Sie Pflichtbewußtsein und Durchsetzungsvermögen. Sie nutzen Ihre Kräfte effektiv, statt sie an unproduktive Vorhaben zu verschwenden. Sie sind ein guter Lehrmeister, denn Sie erwarten von niemandem, der Ihnen unterstellt ist, Unmögliches, sondern sind sogar oft eine Hilfe und leisten Beistand. Im allgemeinen können Sie sich gut beherrschen und geraten nicht so leicht in Wut, wenn jemand eine Aufgabe allzu phantasielos angeht. Da Sie kreativ und mit Begeisterung bei der Sache sind und außerdem Wert darauf legen, von

Ihren Begabungen weisen Gebrauch zu machen, sind Sie wie geschaffen für eine Lehrtätigkeit.

Ihnen stehen viele Berufszweige offen, darunter Lehre, Forschung, Rechtswesen, Polizei- oder Militärdienst, Forstwirtschaft sowie der ökologische Bereich. Für Sie kommt alles in Frage, wo es im wesentlichen auf Erhaltung und Bewahrung ankommt. Sie könnten sich auch in der Industrieplanung oder als Wirtschaftsprüfer beweisen. Sie haben buchstäblich unbegrenzte Möglichkeiten, Ihre Talente spielen zu lassen. In jedem Beruf werden Sie mit der Zeit in eine leitende Position aufrücken, denn Sie haben außergewöhnliche Führungsqualitäten.

Sie dürften mit jedermann gut auskommen. Sie nehmen Ihre Mitmenschen so, wie sie sind und sich entwickelt haben. Und Sie wissen, wie Sie andere dazu bewegen können, ihren Verpflichtungen durch sorgfältiges Planen nachzukommen. Sie machen ihnen klar, daß Erfolg sich selten von alleine einstellt – und dafür sind Sie selbst das beste Beispiel. Wer in Schwierigkeiten steckt, wird wahrscheinlich Sie um Rat fragen, weil Ihnen anscheinend trotz gelegentlicher Rückschläge oder Probleme alles gelingt. Das heißt mit andern Worten, daß Sie einfach immer zum rechten Zeitpunkt das Richtige tun, und deshalb legen andere Wert auf Ihr Urteil. Sie bewahren bei all Ihren Angelegenheiten gedämpften Optimismus, ob im Privatleben oder bei materiellen Belangen.

In Ihrem Gefühlsleben sind Sie eher zurückhaltend. Sie kommen gut mit verantwortungsbewußten, reifen Menschen zurecht und besonders mit Leuten, die klar umrissene Ziele haben und etwas aus ihrem Leben machen wollen. Ihre sexuellen Bedürfnisse halten sich in üblichen Grenzen, und meist stillen Sie Ihre Lust auf althergebrachte Art und Weise. Selbst wenn andere Sie deshalb einen Spießer nennen, bleiben Sie doch bei Ihrer Überzeugung, daß eine bindende emotionale Beziehung nicht nur auf körperlicher Anziehung beruhen darf. Die Geborgenheit in einer Familie, Ihre Aufgaben und Ziele, Ihr Ansehen in Ihrer Gemeinde und die Befriedigung darüber, Ihre Sache gut gemacht zu haben, ist Ihnen mehr wert als ein raffiniertes Liebesspiel.

Mars-Trigon-Uranus

Das Trigon von Mars zu Uranus zeigt auf, daß Sie mit Originalität und kreativem Schwung ans Werk gehen. Es liegt etwas Theatralisches in Ihrer Art, sich auszudrücken. Sie sind zwar ungestüm, aber nur, weil Sie sich immer für das begeistern, was Sie gerade stark beschäftigt. Sie brauchen Ihre Freiheit, um Ihre kreativen Möglichkeiten voll ausschöpfen zu können und sich nach Lust und Laune zu entfalten. Sie haben unerschöpfliche Energien und unzählige Projekte, an denen Sie arbeiten. Leute, die in beschränkten Verhältnissen leben müssen, tun Ihnen leid, denn Sie wissen, wie sehr sie dadurch in ihrer schöpferischen Entwicklung gehemmt werden.

Sie eignen sich am besten für Berufe, die Ihnen Bewegungsraum lassen und wo Sie selbst den Ton angeben können. Eine Acht-Stunden-Routine ist einfach zu langweilig und schränkt Sie zu sehr ein. Sie sollten sich ein Team suchen, in dem Sie zum Besten aller Ihre Führungsqualitäten unter Beweis stellen können. Forschungsaufgaben aller Art, Erfindungen, der Tourismus, eine industriekaufmännische Tätigkeit oder auch der Ingenieurberuf kämen für Sie in Frage und würden Ihnen den Anreiz bieten, den Sie brauchen. Selbst die Politik wäre für Ihre überströmenden Begabungen ein reizvolles Betätigungsfeld. Sie sind gern mit interessanten, fortschrittlichen Leuten zusammen, die sich in erster Linie für zukünftige Entwicklungen begeistern.

Allerdings müssen Sie lernen, maßzuhalten und mehr Geduld für Menschen aufzubringen, die nicht mit solcher Entschlossenheit handeln wie Sie. Ab und zu sollten Sie sich entspannen, damit die nervliche Belastung kein Dauerzustand wird. Wahrscheinlich machen Sie sich keine Vorstellung davon, wie schädlich diese Anspannung für Ihre Gesundheit sein kann, denn Sie brüsten sich damit, daß Sie nicht kürzer zu treten brauchen und mit kurzen Ruhepausen auskommen.

In Ihrem Liebesleben sind Sie impulsiv und voller Unrast, ganz davon zu schweigen, daß Sie ausgesprochen sinnlich sind. Auf Zurückweisungen reagieren Sie ungnädig. Für die einschränkenden Bande der Ehe haben Sie nicht viel übrig, und althergebrachte Formen des Zusammenlebens betrachten Sie als Relikte der Vergangenheit. Sie fühlen sich innerhalb eines großen Freundeskreises wohler, der Ihnen die verschiedensten Genüsse bieten kann. Andere werden Sie vielleicht um Ihren aufregenden Lebensstil beneiden.

Mars-Trigon-Neptun

Das Trigon zwischen Mars und Neptun besagt, daß Sie Ihre aggressive, begehrliche Natur gut in Ihre gesellschaftlichen Verpflichtungen integrieren. Sie verstehen es, Ihre eigenen Ziele und Vorstellungen zu verfolgen, ohne dabei andere Pflichten zu vernachlässigen. Da Sie Ihre innersten Triebe kennen, sind Sie auch in der Lage, sie zu beherrschen, denn Sie wissen, daß alles seine Zeit hat. Sie haben Mitgefühl für jeden, der seine Triebkräfte weniger gut unter Kontrolle halten kann, und leihen bereitwillig denjenigen ein Ohr, die sich aussprechen oder über ihre Probleme reden wollen. Mit außergewöhnlichem Gespür machen Sie bei andern Menschen aus, ob sie ehrlich oder unaufrichtig sind.

Sie fühlen sich aus innerem Antrieb zum Dienst an Ihren Mitmenschen berufen und eignen sich besonders gut für eine Tätigkeit im Bereich der

Wohlfahrt, der Medizin, des Rechts oder der Heilverfahren. Ihre heilenden Kräfte würden selbst einen professionellen Arzt in Erstaunen versetzen, dabei haben Sie einfach nur Erfolg, weil Sie den Leuten helfen, mit seelischen ebenso wie mit körperlichen Problemen fertig zu werden. In der Psychologie, im Encounter und anderen Gruppentherapieformen wie überhaupt in Rehabilitationstechniken wären Sie mit Ihren Fähigkeiten am rechten Platz.

Wenn Sie auf Beifall erpicht sind, sollten Sie am Theater Karriere machen als Schauspieler, Tänzer oder Bühnenbildner. Sie haben die Gabe, wirkungsvoll und einfühlsam vortragen zu können, und das Publikum reagiert herzlich und gefühlvoll auf Sie.

Ihr Liebesleben verläuft unkompliziert, hat aber doch auch seine Reize. Da Sie ein ausgeglichener, achtungsvoller Mensch sind, haben Sie warmherzige, zärtliche Beziehungen zum andern Geschlecht. Zwischen Ihnen und denen, die Sie lieben, bestehen aufrichtige, feste Bande, aber wenn jemand offensichtlich sein Interesse an Ihnen verliert, dann halten Sie ihn nicht länger fest. Selbst wenn jemand nicht mehr viel für Sie empfindet, wird er Sie doch weiterhin schätzen wegen Ihrer guten Qualitäten. Sie fesseln Ihre Mitmenschen durch Ihren magischen Charme und Ihre gesellige Art, und Sie verstehen sich darauf, Ihrem Partner das Leben angenehm zu versüßen.

Mars-Trigon-Pluto

Mit Mars im Trigon zu Pluto richtet sich Ihre Aggressivität ganz nach dem Endzweck, den Sie verfolgen. Sie können die schrecklichsten Probleme innerhalb der Gesellschaft effektiv lösen, weil Sie tiefen Einblick in derlei Schwierigkeiten und ihre Ursachen haben. Sie bieten Ihre Hilfe aus innerer Überzeugung an, denn Sie fühlen sich verpflichtet, etwas Konstruktives für Ihre Umwelt zu tun. Wahrscheinlich haben Sie sogar das Empfinden, in irgendeiner Weise zu den Problemen beigetragen zu haben. Andererseits kann dieser Planetenaspekt in seiner Gelöstheit Sie auch dazu veranlassen, sich kühl jeder Verantwortung zu entziehen und einfach nur Zuschauer zu bleiben.

Ihre leidenschaftliche Sinnlichkeit haben Sie einigermaßen unter Kontrolle. Ihnen liegt ungeheuer viel daran, für den Gegenstand Ihrer Zuneigung mehr zu sein als nur ein Sexualpartner. Sie wollen mehr als rein körperliche Liebeserlebnisse und haben auch mehr als das zu bieten. Die Erfüllung, die Sie suchen, wird durch gemeinsame geistige Interessen noch vertieft.

Ihre liebevolle Art verleiht Ihnen eine Ausstrahlung, durch die alle, die mit Ihnen gesellschaftlich oder emotional in Berührung kommen, angerührt und verwandelt werden.

Macht ist nach Ihrer Auffassung kein Mittel zum Zweck, sondern eine Kraft, die kontinuierliches Wachstum fördert. Sie betrachten das Leben als einen ununterbrochenen spirituellen Prozeß, in dessen Verlauf sich immer höhere Bewußtseinsformen entfalten. Ihnen ist klar, daß jeder seinen eigenen Entwicklungsstand hat, und deshalb lassen Sie Nachsicht walten, wenn einer gelegentlich einmal strauchelt. Sie bieten Ihre Hilfe nur an, wenn sie wirklich gebraucht wird, mischen sich aber ansonsten in nichts ein, es sei denn, Sie müßten eine bevorstehende Tragödie verhindern.

Sie scheuen sich nicht, für Ihre Rechte einzutreten, und überraschen vermutlich Ihre Freunde mit Ihrem an Skrupellosigkeit grenzenden Mut in ausgesprochen unangenehmen Situationen. Sie können ungeheure Energien mobilisieren, um auch schwierigste Krisen durchzustehen.

Mars-Trigon-Aszendent

Mars im Trigon zum Aszendenten ist ein Anzeichen dafür, daß Sie sich aggressiv und selbstbewußt durchsetzen. Sie haben eine solche Begeisterungsfähigkeit, daß andere davon mitgerissen werden und Sie unterstützen. Obwohl nicht alles, was Sie tun, auch richtig ist, lassen Sie sich doch keine Chance entgehen. Überhaupt riskieren Sie gern etwas, und allem Anschein nach ist Ihnen dabei das Glück hold. Sie haben einen ganz schönen Dickkopf und sind entschlossen, sich gehen zu lassen, wann immer Sie Lust dazu verspüren. Mit Ihrer scharfen Zunge können Sie sich in jedem Gespräch bestens behaupten. Nur zu gern lassen Sie sich sowohl geistig als auch körperlich auf einen harten Wettkampf ein. Im Sport haben Sie Gelegenheit, Dampf abzulassen, entweder als aktiver Teilnehmer oder als Zuschauer. Sie genießen es zwar, wenn Sie den Sieg davontragen, aber im Grunde macht Ihnen schon das Spiel selbst ungeheuren Spaß, ob Sie nun gewinnen oder nicht.

Sie brauchen beträchtliche Geldsummen, um sich Ihre Zerstreuungen leisten zu können, und träumen sich die wildesten Sachen aus, wie Sie daran kommen. Da Sie dazu neigen, über Ihre Verhältnisse zu leben, müssen Sie Maßhalten lernen. Sie finden es überaus peinlich, kein Geld zu haben, sollten aber nach Möglichkeit Abstand zu Kreditinstituten halten.

Sie schmieden keine Zukunftspläne. Statt dessen halten Sie sich lieber an das Motto »Genieße dein Leben jetzt, denn morgen könnte es schon zu spät sein«. Mit dieser Einstellung werden Sie allerdings nie eine gesicherte Position erreichen. Im Berufsleben machen Sie immer einen äußerst geschäftigen Eindruck, so daß Ihre Vorgesetzten glauben, Sie legten sich ungemein ins Zeug. Geht man aber der Sache auf den Grund, stellt sich wahrscheinlich heraus, daß Sie die Probe aufs Exempel nicht bestehen. Sie müssen sich größerer Selbstdisziplin befleißigen, damit Sie Ihren kreativen Schwung für bestimmte Aufgaben nutzen. Vielleicht würden Sie sich gerne selbständig machen, aber bei Ihrer Verschwendungssucht dürfte es Ihnen schwerfallen, als Freiberufler genügend Geld zu verdienen. Meist kommen Ihnen auch noch Ihre Privatangelegenheiten bei beruflichen Vorhaben in die Quere, und es liegt durchaus im Bereich des Möglichen, daß Sie schließlich und endlich auf die großzügige Hilfe Ihrer Mitmenschen angewiesen sind.

Ob Sie Erfolg haben, hängt von Ihrer Bereitschaft ab, mit Ihren Begabungen etwas anzufangen. Durch harte Arbeit werden Sie sicher ans Ziel Ihrer Wünsche gelangen und sich befriedigt sagen können, das aus eigener Kraft geschafft zu haben.

Jupiter-Trigon-Saturn

Mit Jupiter im Trigon zu Saturn beziehen Sie die Lehren aus früheren Erfahrungen in Ihre Zukunftspläne mit ein. Bei Ihren Zielen halten Sie sich an Richtlinien, die Sie aufgestellt haben. Erfolg ist für Sie keine Überraschung, denn Sie arbeiten im Bewußtsein Ihrer Eigenverantwortung und Fähigkeiten zielstrebig darauf hin. Ihre Mitmenschen denken vielleicht, Sie hätten den sechsten Sinn, weil Sie immer Glück zu haben scheinen, aber Sie wissen das besser. Sie erwerben sich die nötigen Kenntnisse, werten sie im einzelnen genau aus und richten dann Ihre Vorgehensweise danach. Was dabei herauskommt, ist meist eine todsichere Sache, selbst wenn Sie noch gar nicht voll eingestiegen sind. Sie überlassen einfach nichts dem Zufall.

Sie haben großes Selbstvertrauen und bei all Ihren Bemühungen eine gesunde Erwartungshaltung, was den Erfolg angeht. An Nebensächlichkeiten verschwenden Sie weder Zeit noch Mühe, dafür setzen Sie sich aber um so mehr für Dinge ein, die Ihnen wichtig sind. Sie könnten es auf dem Gebiet des Rechts, der Finanzwirtschaft, der Heilverfahren, der Jugendberatung, in der Bildung und Erziehung oder in einem geistlichen Amt zu etwas bringen. Sie machen einfallsreich Gebrauch von Ihren Talenten, wenn Sie mit Menschen zusammenarbeiten, insbesondere im religiösen Bereich. Bei öffentlichen Auftritten bringen Sie sich sehr wirkungsvoll zur Geltung. Sie kommen recht gut mit Ihren Kollegen zurecht und lassen es niemanden spüren, daß er weniger kompetent ist als Sie.

Vielleicht wollen Sie sich gar nicht den Widrigkeiten eines beruflichen Wettbewerbs aussetzen. In diesem Fall werden Sie wahrscheinlich im Bereich von Freizeit und Erholung oder in der Jugendarbeit kreativ tätig werden. Durch Ihre Mitwirkung bei Fortbildungsprogrammen für Jugendliche könnten Sie Ihre Fachkenntnisse nutzbringend weitergeben. Sie wären von unschätzbarem Wert und hätten Ihre Freude an den Erfolgen, die Sie damit erzielen würden.

Jupiter-Trigon-Uranus

Das Trigon zwischen Jupiter und Uranus deutet darauf hin, daß Sie enorme schöpferische Fähigkeiten haben und Ihre Möglichkeiten auch voll ausschöpfen können, um jedes Ziel Ihrer Wahl zu erreichen. Hellwach nehmen Sie jede Gelegenheit, die sich bietet, beim Schopf. Durch Ihr Leben zieht sich unzweifelhaft eine Glückssträhne, so daß Sie mehr als andere Menschen aus sich herausholen können.

Ihr beruflicher Wirkungskreis sollte im Bereich von Bildung und Erziehung, Recht, Politik, Religion und ähnlichem liegen. Auf jedem dieser Gebiete könnten Sie ohne allzu große Anstrengung Bedeutendes leisten. Vielleicht sind Sie auch an Jugendarbeit interessiert. Sie haben die Gabe, Jugendliche zu fesseln und zu begeistern. Mit Ihrer hochentwickelten inneren Wahrnehmungsfähigkeit und dank Ihrer aufblitzenden, genialen Einfälle können Sie Wunder wirken, besonders bei Kindern.

Verbände, Gesellschaften, Vereine oder religiöse Gruppierungen würden von Ihrer Mitwirkung außerordentlich profitieren. Sie können die Anliegen solcher Organisationen durch Ihre bloße Gegenwart eindrucksvoll herausstreichen. Mit Ihrem tiefen Verständnis für Ihre Mitmenschen und deren Wünsche besitzen Sie gute Führungsqualitäten. Sie verstehen es, Probleme in ein günstigeres Licht zu rücken, so daß sie weniger schwerwiegend erscheinen oder sich sogar ganz von selbst auflösen. Entsprechend herzlich werden Sie auch allseits aufgenommen und ermutigt.

Ihre Freiheit ist Ihnen sehr wichtig, und Sie widersetzen sich jedem, der Ihnen irgendwelche Einschränkungen auferlegen will. Reiseerfahrungen würden Ihren Horizont erweitern und wären Ihrer persönlichen Entfaltung förderlich.

Sie haben ein herzliches Verhältnis zu Ihren Freunden und sind selbst Ihren Feinden gegenüber aufrichtig, sofern es solche in Ihrem Leben überhaupt gibt. Sie glauben felsenfest an sich und denken ebenso optimistisch über mögliche Erfolge anderer Menschen, denen Sie gegebenenfalls auch Beistand leisten. Nur bei eingefleischten Pessimisten, die schon scheitern, ehe sie noch einen Versuch gemacht haben, reißt Ihnen der Geduldsfaden.

Ihr Partner muß ehrlich sein und mit innerer Festigkeit und Integrität Ihre Liebe erwidern. Man schätzt Sie wegen Ihrer Selbstlosigkeit.

Jupiter-Trigon-Neptun

Mit dem Trigon zwischen Jupiter und Neptun haben Sie Eingebungskraft und eine gut fundierte Bildung, so daß Ihr Leben ausgefüllt ist und Sie befriedigt. Durch Ihr tiefgreifendes Verständnis für Ihre Mitmenschen und die Zusammenhänge des Lebens erleben Sie Augenblicke höchster Klarheit. Da Sie einen Blick für die harten Realitäten in Ihrer Umgebung haben, werden Sie wahrscheinlich das Ihre tun, um daran etwas zum Besseren zu verändern. Sie sehen da Gutes, wo andere nur Übles zu sehen vermögen, erkennen schon konstruktive Ansätze, wo andere nur Verfall wahrnehmen, und spüren den Neubeginn der Ordnung, wo andere noch das völlige Chaos fürchten.

Mit Ihrer geistigen Differenziertheit sollten Sie sich Aktivitäten zum Wohle der Öffentlichkeit widmen. Sie könnten daran mitwirken, Sozialprogramme zu entwickeln, die den Armen helfen würden, ihre schöpferischen Potentiale zu entfalten. Bildung und Erziehung, Kunst, religiöse Interessen und Schreiben wären nur einige der in Frage kommenden Bereiche, in denen Sie Ihre enormen kreativen Talente zum Ausdruck bringen könnten. Darin würden Sie erfolgreich sein und wären gleichzeitig von unschätzbarem Wert für Ihre Mitmenschen.

Sie halten große Stücke auf die Religion und die Philosophie, weil beide Ordnung in das Leben derer bringen, die sich damit befassen. Selber sind Sie jedoch von den okkulten Wissenschaften fasziniert und haben tiefen Einblick in alles Mystische. Sie sind medial veranlagt, und viele Ihrer Kenntnisse haben Sie durch diese besondere Gabe. Ihre Mitmenschen spüren, wie stark Sie sind, und suchen bei Ihnen Trost. Indem Sie andern Ihre liebevolle, zarte Fürsorge angedeihen lassen, kommen Sie selbst leichter über Ihre inneren Ängste hinweg.

Erfüllung finden Sie am besten darin, andern von Nutzen zu sein, und das besonders, wenn Ihre Bemühungen zu dauerhaften Ergebnissen führen. Es gibt immer Dinge, für die Sie sich nach Kräften einsetzen können. Auch wenn Sie nicht erwerbstätig sind, werden Sie nützlichen Beschäftigungen nachgehen und beispielsweise an Kunstausstellungen oder Modeschauen teilnehmen oder für einen wohltätigen Zweck tätig werden.

Feinfühlig und kultiviert wie Sie sind, fühlen Sie sich zu ähnlich gearteten Menschen hingezogen. Sie werden nie Ihre Ideale in den Staub treten, nur um Ihre sinnlichen Bedürfnisse zu befriedigen, denn Sie sprechen nur auf Leute an, die auch hohe geistige Ideale haben.

Jupiter-Trigon-Pluto

Das Trigon von Jupiter zu Pluto ist ein Hinweis darauf, wie gern Sie auf einzelne und Gruppen Einfluß nehmen, damit sie ihre inneren Möglichkeiten kreativ ausschöpfen. Ihre optimistische Einstellung zum sozialen Wandel bewegt auch andere dazu, größere Erwartungen und Hoffnungen in die Zukunft zu setzen. Sie verstehen es, den Menschen in Ihrer Umgebung eine annehmbare Lebensanschauung zu vermitteln, die ihnen ihr Los erleichtert. Sie bringen sie auf konstruktive Gedanken, so daß sie die Widrigkeiten und Annehmlichkeiten, Höhen und Tiefen, Erfolge und Mißerfolge ihres Lebens besser verkraften.

Sie haben die Gabe, hinter vielen Geheimnissen des Lebens den tieferen Sinn zu erkennen und so eindrucksvoll darzustellen, daß Sie auch die eingefleischtesten Skeptiker überzeugen. Was Sie sagen, zeugt oft von höherer Einsicht und ist so schlagend, daß es selten in Frage gestellt wird. Da Sie sich Ihrer Veranlagung nach stark für andere engagieren, sollten Sie einen Beruf ergreifen, bei dem Sie dem Gemeinwohl dienen können. Der Bildungs- und Erziehungssektor wäre für Sie ein weitgesteckter und doch sehr persönlicher Wirkungskreis, die Wahrheit Ihrem eigenen Verständnis gemäß zu vermitteln und Illusionen zu zerstören, die einer Erweiterung des Bewußtseins im Wege sind. Vielleicht sind Sie eine erlöste Seele und dazu bestimmt, Ihren Mitmenschen zu dienen.

Ihre Privatbeziehungen müssen Ihnen Bewegungsfreiheit und die Möglichkeit zur kreativen Entfaltung lassen. Sie haben die Kraft, Apathie und Trägheit zu überwinden und Ihr Leben so umzugestalten, daß die Gesellschaft von Ihren Erkenntnissen profitieren kann. Sie wissen intuitiv, was recht und was unrecht ist, und öffnen auch andern die Augen, daß sie den Unterschied erkennen. Ihnen fliegen schnell die Herzen junger Menschen zu, denn Sie haben Verständnis für die Sturm-und-Drang-Zeit, die sie durchleben. Mit Ihrer herzerfrischenden Lebenslust bringen Sie selbst ältere, reife Menschen wieder in Schwung. Unter Ihrem günstigen Einfluß verliert das Leben vieler Menschen seine Gleichförmigkeit und Sinnlosigkeit.

Sie können Ihre Lebenskräfte immer wieder erneuern, indem Sie sich auf Ihre Erfahrungen besinnen und sich meditativ mit den universellen Energieströmen vereinen, die Ihnen die Wahrheit offenbaren. In diesen kostbaren Augenblicken wird Ihnen aufgehen, wie Sie von Ihrem Wissen Gebrauch machen können.

Jupiter-Trigon-Aszendent

Jupiter im Trigon zum Aszendenten besagt, daß Sie stets den sicheren Erfolg vor Augen haben. Sie schmieden getrost großartige Zukunftspläne, weil Sie wissen, wie Sie Ihre schöpferischen Fähigkeiten ausnutzen können, um Ihre Lebensziele zu verwirklichen. »Gewußt wie« heißt aber noch längst nicht »gesagt, getan«, und so läßt der Erfolg möglicherweise auf sich warten, weil Sie irrtümlich glauben, er stelle sich ganz von alleine ein, ohne daß Sie hart dafür arbeiten müßten. Sie wollen Ihr Leben in aller Behaglichkeit genießen, und das können Sie auch, sofern Sie nur willens sind, sich aus allen Kräften persönlich dafür einzusetzen.

Sie haben zwar hohe Erwartungen, fürchten aber insgeheim, Ihre Konkurrenten nicht aus dem Feld schlagen zu können. Die Fähigkeiten anderer überschätzen Sie im gleichen Maße, wie Sie Ihre eigenen unterschätzen, was leicht zu einer defätistischen Einstellung führen kann. Unternehmen Sie lieber geballte Anstrengungen, immer Ihr Bestes zu leisten, damit sich diese Ängste verlieren.

Ihre Arbeitgeber schätzen Sie weit mehr, als Sie denken. In der Hoffnung, ihre Achtung zu gewinnen, legen Sie sich bei den Ihnen zugewiesenen Aufgaben viel zu sehr ins Zeug. Sie bewundern alle, die zu Rang und Namen kommen, sind sich aber auch darüber im klaren, daß Sie fundierte Kenntnisse brauchen, wenn Sie es zu ebensolchen Ehren bringen wollen. Leider trödeln Sie immer dann herum, wenn Sie sich eigentlich zusammenreißen und konzentriert auf Ihre Ziele hinarbeiten müßten. Sie schwelgen übermäßig in Privatvergnügungen und verschwenden damit Kraft und Zeit, die Sie konstruktiver nutzen könnten. Da Sie sich nicht genügend um Ihre finanziellen Angelegenheiten kümmern, entgeht Ihnen so manche gute Gelegenheit.

Menschen Ihrer Begabung werden auf vielen Gebieten gebraucht, aber wenn Sie nicht lernen, Prioritäten zu setzen, vergeuden Sie Ihre Fähigkeiten an unproduktive Unternehmungen. Sie lassen sich zu leichtfertig vor andern über Ihre Ideen aus, die Sie besser im stillen zu Ihrem eigenen Vorteil entwickeln sollten. Borgen Sie sich nach Möglichkeit kein Geld. Da Sie ein solcher Genießer sind, dürfte es Ihnen schwerfallen, das Geliehene zurückzuzahlen, es sei denn, Sie übten sich in mehr Selbstbeherrschung.

Saturn-Trigon-Uranus

Das Trigon zwischen Saturn und Uranus zeigt auf, daß Sie aus Ihren Erfahrungen lernen und diszipliniert sind. Wenn Sie Zukunftspläne schmieden, sind Sie fasziniert von den Aussichten, die sich bieten. Die Freiheit, die Sie genießen, haben Sie sich wohlverdient. Trotz Ihrer gesunden Einstellung zu den materiellen Annehmlichkeiten dieser Welt reizt es Sie, sich in zunehmendem Maße davon freizumachen. Später einmal werden Sie mit Vergnügen andere an den Früchten Ihres Kenntnisreichtums und Ihrer Erfahrung teilnehmen lassen.

Sie haben die Gabe, Ihre inneren Gestaltungskräfte mobilisieren und ausbeuten zu können. Sie erkennen intuitiv, daß man, wenn man erfolgreich sein will, in Maßen etwas riskieren, aber nicht darauf spekulieren sollte. Deshalb verstehen Sie sich auch gut darauf, andere zu belehren, wie sie aus ihren Fähigkeiten Kapital schlagen können. Sie eignen sich gut für eine leitende Position, denn Sie haben ein scharfes Urteilsvermögen und erstaunlichen Durchblick. Da Sie Ihre Mitmenschen und deren Anlagen richtig einzuschätzen vermögen, können Sie sie so einsetzen, daß sie mit ihren Begabungen sogar Aufgaben bewältigen, die undurchführbar erscheinen.

Besonderes Geschick beweisen Sie im Umgang mit jungen Menschen, die sich gern Ihrer Autorität beugen und sich leicht mit Ihnen identifizieren. Sie werden bewundert, weil Sie »alles auf die Reihe kriegen« und sich ohne überhebliches Gebaren durchsetzen. Außerdem erwarten Sie, daß die Jugendlichen sich eigene Ziele stecken und verfolgen, ein Grund mehr, Sie hoch zu schätzen.

Bei Ihren Begabungen stehen Ihnen viele Berufe offen. Geeignete Fachgebiete wären unter anderem die Mathematik, die Naturwissenschaften, die Forschung und die Astrologie sowie der industrielle Bereich, wo Führungsqualitäten und Organisationstalent gefragt sind.

Ihre Ideale gründen sich auf solide Erfahrungen mit Bewährtem und Erprobtem. Bei der Verfolgung Ihrer Ziele befleißigen Sie sich nur lauterer Methoden. Sie denken optimistisch von Ihrer eigenen und der Zukunft derer, die ebenso hohe moralische Wertvorstellungen haben wie Sie.

Saturn-Trigon-Neptun

Mit Saturn im Trigon zu Neptun haben Sie die Fähigkeit, eine enorme Verantwortungslast zu tragen. Sie haben den übermächtigen inneren Drang, soziale Mißstände, die Sie sehen, positiv zu verändern. Ihre frühkindliche Erziehung hat den Grund gelegt für Ihre hohen ethischen und moralischen Prinzipien. Sie bringen jedem, der in drückenderen Verhältnissen lebt als Sie, Mitgefühl und Verständnis entgegen, und versuchen stets, Mittel und Wege zu finden, Ihre echte Teilnahme für Ihre Mitmenschen unter Beweis zu stellen. Wenn Hilfe gebraucht wird, sind Sie sogleich bereitwilligst zur Stelle.

In Ihrem Berufsleben zeichnen Sie sich durch Klugheit und Aufrichtigkeit aus. Auf geradezu geniale Weise machen Sie von Ihrer reichen Einbildungskraft Gebrauch. Für betrügerische, dunkle Machenschaften haben Sie absolut nichts übrig, und Sie werden auch nie von Ihren moralischen Grundsätzen abweichen, um sich persönlich zu bereichern. Ihnen dürften Berufe liegen, die etwas mit der Film- und Fotoindustrie, dem Recht, mit Sozialarbeit, dem Effektenmarkt oder im weitesten Sinne mit dem Unterhaltungssektor zu tun haben.

Ihre Umgebung kann von Ihren Begabungen nur profitieren. Sie nehmen mit aller Schärfe Verhältnisse aufs Korn, die verändert werden müssen, und decken die betreffenden Ursachen auf. Sie verstehen sich auch darauf, die Dienste der entsprechenden Behörden in Anspruch zu nehmen, und kennen die rechtlichen Schritte, die zur Wiederherstellung eines geordneten Zustandes unternommen werden müssen.

Das alles ist Ihr Pfund, mit dem Sie wuchern können. Was Sie damit anfangen, bleibt letztendlich Ihnen selbst überlassen. Sie können natürlich, wenn Sie wollen, einfach Zuschauer bleiben und sich auf die faule Haut legen, aber in diesem Fall wäre es wirklich schade um Ihre brachliegenden Talente. Zumindest könnten Sie Ihren Mitmenschen die Probleme in ihrer Umwelt ins Bewußtsein rufen und ein paar Anregungen geben, wie gewisse Projekte durchgeführt werden können.

Sie haben eine natürliche Begabung für das Schreiben und könnten damit Erfolg haben. Dank Ihrer Einbildungskraft und Beobachtungsgabe können Sie Ihren Vorstellungen eine konkrete Gestalt geben. Jede Erfahrung hat für Sie großen Wert. Mit Ihrem Kenntnisreichtum können Sie jede auftretende Schwierigkeit meistern.

Saturn-Trigon-Pluto

Das Trigon von Saturn zu Pluto verleiht Ihnen eine enorme Konzentrationsfähigkeit. Sie wissen instinktiv, wie Sie Ihre Angelegenheiten am vorteilhaftesten regeln können. Sie denken systematisch, haben realistische Vorsätze und nehmen Ihre Pflichten sehr ernst, so daß Ihnen der Erfolg so gut wie sicher ist. Nach Ihrer Auffassung ist der soziale Wandel unvermeidlich. Sie stehen zu Ihren Verpflichtungen, weil Sie wissen, daß Sie das Ihre dazu beitragen können, fruchtbare Veränderungen in der Gesellschaft herbeizuführen.

Sie verfügen über die nötige Entschlossenheit und Ausdauer, sich in praktisch jedem Bereich des Managements erfolgreich durchzusetzen. Da Sie stets die Wertvorstellungen und Gefühle anderer sorgfältig miteinkalkulieren, fällt es Ihnen leicht, sich auf Grund aller verfügbaren Fakten ein Urteil zu bilden. Sie können Ihre Mitmenschen gut dazu anspornen, tiefgreifende soziale Veränderungen in die Wege zu leiten, haben jedoch nichts für Leute übrig, die von vornherein sagen, dieses oder jenes sei nicht zu machen. Überragende Fähigkeiten beweisen Sie auch in der Finanzverwaltung großer industrieller oder gemeinnütziger Unternehmungen. Wenn Sie Programme aufstellen und unterstützen, die dem Gemeinwohl dienen, versuchen Sie, dafür öffentliche Mittel zu erschließen. Sie verstehen sich darauf, Behörden zu veranlassen, Menschen beizustehen, die in einer finanziellen oder sonstigen Notlage stecken, aus der sie sich nicht selbst heraushelfen können.

Vielleicht streben Sie ein Staatsamt an, damit Sie sich besser für all jene einsetzen können, die auf Ihre Fähigkeiten und Ihre Überzeugungskunst angewiesen sind. Ihre Effektivität wird wahrscheinlich sogar Ihre Kollegen dazu bewegen, mit Ihnen gemeinsam der Verschwendung im öffentlichen Dienst entgegenzuwirken. Mit Ihrem Gespür dafür, was notwendig ist und was nicht, können Sie auch gut der Öffentlichkeit dienen, indem Sie auf Kostensenkung hinarbeiten und damit Steuererleichterungen bewirken.

Sie haben die Gabe, die Jugend aus ihrer Lethargie zu reißen und zur aktiven Teilnahme am Umweltgeschehen zu begeistern. Erwachsenen können Sie überaus eindringlich klarmachen, daß ihre Gleichgültigkeit und Trägheit zur Erschöpfung der Ressourcen geführt hat. Sie haben Ihren Mitmenschen viel zu bieten und sollten nicht damit zurückhalten, denn Sie wissen, wie es um die Gesellschaft steht.

Saturn-Trigon-Aszendent

Saturn im Trigon zum Aszendenten sagt aus, daß Sie sich persönlich dafür verantwortlich fühlen, wie Sie Ihre kreativen Begabungen entwickeln und möglichst vorteilhaft ausbeuten können. Ihnen ist klar, daß Erfolg sich nicht von alleine einstellt, sondern daß Sie hart arbeiten müssen, um die gewünschten Ergebnisse zu erzielen. Ihre Eltern waren vermutlich nicht in der Lage, Sie finanziell zu unterstützen, aber Sie sind ihnen trotzdem dankbar, weil Sie von ihnen gelernt haben, sich auf sich selbst zu verlassen. Sie haben nicht gerade Pioniergeist und bedienen sich folglich der üblichen Mittel und Wege, um Ihre Vorstellungen zu verwirklichen. Vorsichtshalber setzen Sie sich nach Möglichkeit auf Gebieten ein, wo Sie einigermaßen sicheren Boden unter den Füßen haben, denn Sie gehen nicht gern unnötige Risiken ein.

In erster Linie ist Ihnen am materiellen Erfolg und seinen Segnungen gelegen. Sie bewerten Ihre Mitmenschen danach, wie sehr sie in einem Gespräch in die Tiefe gehen, und stellen dabei fest, ob sie verständig oder oberflächlich sind. Sie messen sich gern mit Ihren Zeitgenossen, deren Bestätigung Sie für Ihr Selbstwertgefühl brauchen, und wollen als jemand gelten, der sich allen Widrigkeiten zum Trotz aus eigener Kraft hochgearbeitet hat.

Wen Sie mögen, dem sind Sie treu ergeben. Ihr Bekanntenkreis ist vielleicht nicht sehr groß, aber dafür bleiben Sie Ihren Freunden um so länger gewogen. An sexuellen Freuden liegt Ihnen nur dann etwas, wenn sie genau Ihrer Vorstellung entsprechen; andernfalls verzichten Sie lieber darauf. Sie sprechen eben nicht einfach auf irgend jemanden an. Bevor Sie sich auf eine Liebesbeziehung einlassen, versuchen Sie erst herauszufinden, welche Vorzüge der betreffende Mensch hat. Ihr spürbares Desinteresse an rein körperlichen Beziehungen hält Ihre Mitmenschen meist auf Distanz. Da Sie sich nur beschränkt mögen, glauben Sie auch nur auf beschränkte Sinnenfreuden Anspruch zu haben, mit denen Sie sich jetzt begnügen.

Da Sie sich so isolieren, bringen Sie sich selbst um die Gemeinschaft mit Menschen, die Ihnen wirklich zugetan sind. Sie müssen zeigen, daß

Sie nicht so kalt sind, wie es den Anschein hat, und es andern leichter machen, sich für Sie zu erwärmen. Man achtet Sie wegen Ihres Gleichmuts, wird Sie aber auch wegen Ihrer Kontaktschwäche kritisieren.

Uranus-Trigon-Neptun

Das Trigon von Uranus und Neptun ist ein Hinweis darauf, daß Sie sich absolut nicht von andern vorschreiben lassen, was Sie glauben sollen. Sie entscheiden lieber selbst, ob Sie die Vorstellungen gutheißen oder ablehnen, mit denen sich frühere Generationen zufriedengegeben haben. Ihr wacher Verstand sorgt dafür, daß Sie alle politischen, philosophischen und religiösen Ideologien, Dogmen und Theorien erst einmal logisch auswerten. Ihrem Empfinden nach können Sie keiner bestimmten Glaubensrichtung folgen, ehe Sie nicht genauestens wissen, wie und warum sie entstanden ist. Für Illusionen haben Sie bei Ihrer Suche nach Wahrheit nichts übrig, und Ideen, die vielleicht Ihr Leben und Schicksal ernstlich verändern könnten, sind Ihnen suspekt. Sie haben nur zu deutlich vor Augen, daß einstmals ganze Völker von einzelnen beherrscht wurden, die ihnen ihre Ideologien aufzwangen, so daß sie ihnen wie hypnotisiert blindlings ins Garn gingen.

Um einmal zu demonstrieren, wie die beteiligten Planeten einer Massenhysterie Vorschub leisteten, müssen wir die Jahre zwischen 1938 und 1944 unter die Lupe nehmen, wo sie in dieser Beziehung zueinander standen. Adolf Hitler, Joseph Stalin, Benito Mussolini und Kaiser Hirohito übten einen hypnotischen Einfluß auf Millionen Menschen aus und setzten eine schauerliche Maschinerie in Gang, die Millionen Menschen vernichtete und das Schicksal ungezählter Überlebender für alle Zeiten radikal veränderte. Diese Planetenkonstellation ist ein Anzeichen für die Trägheit und Gleichgültigkeit der Menschen in aller Welt, durch die jener Zerstörung regelrecht Vorschub geleistet wurde.

Sie und viele andere, die in diesem Zeitraum geboren wurden, können mithelfen, eine Wiederholung der Geschichte zu verhindern, indem Sie keinen Machthaber unterstützen, über den Sie nicht Bescheid wissen. Da Sie die Gabe haben, hinter die Fassade aus Lug und Betrug zu blicken, haben Sie auch die Verantwortung, Ihre Erkenntnisse zum Wohle der Menschheit weiterzugeben. Sie müssen die Öffentlichkeit zum Kampf gegen jeden Regierungsbeamten aufrufen, der die Bürger, die er vertritt, nicht in aller Offenheit informiert.

Uranus-Trigon-Pluto

Das Trigon von Uranus zu Pluto zeigt auf, daß Sie bereitwillig alle Veränderungen hinnehmen, die der Fortschritt notwendig mit sich bringt. Sie passen sich nicht nur dem derzeitigen Trend an, sondern unterstützen darüber hinaus noch Neuentwicklungen, von denen Sie sich auf die Dauer etwas versprechen. Wenn die bestehenden gesellschaftlichen Verhältnisse den Menschen nicht mehr den nötigen Raum lassen, zu wachsen und ihre Kenntnisse zu vertiefen, halten Sie Reformen für gerechtfertigt. Besonders betroffen sind Sie, wenn Sie sehen, wie durch politischen, religiösen oder sozialen Druck die schöpferische Entfaltung des einzelnen beeinträchtigt wird. Sie lassen sich nicht einreden, Sie müßten Traditionen beherzigen, weil das Althergebrachte der Gesellschaft Zusammenhalt gebe. Diese Philosophie lehnen Sie zu Recht ab, denn wer den Fortschritt wünscht, muß kontinuierlich umdenken können. Traditionen haben nur dann einen Wert, wenn sie in die richtige Beziehung zu ihrer Zeit gebracht werden.

Sie sind in einer Zeit geboren, in der die Menschen sich zu den allergrößten Verrücktheiten herbeiließen – in den goldenen zwanziger Jahren. Die ganze Welt gab sich voller Begeisterung den betörendsten Illusionen hin und merkte überhaupt nicht, daß die gesamte Wirtschaft auf tönernen Füßen stand. Immerhin wurde damals auch die Saat gelegt für eine völlig neue Dimension der menschlichen Wahrnehmung, nur sollte es noch viele Jahre dauern, bis diese Saat aufging und Frucht brachte. In den zwanziger Jahren trat C. G. Jung mit seinen Erkenntnissen über das individuelle und kollektive Unbewußte an die Öffentlichkeit, die den Grund legten für das spätere tiefgreifendere Verständnis der menschlichen Motivation. Und im Scopes-Prozeß in Tennessee geriet Darwins Evolutionstheorie ins Rampenlicht der Weltöffentlichkeit.

Infolge des neuen Bewußtseins, das während der zwanziger Jahre aufkam, haben Sie einen viel weiteren Horizont als die Menschen früherer Generationen. Sie wollen in Ihrem Leben einen tieferen Sinn sehen als nur den, der ihm von einer rein materialistischen Philosophie zugebilligt wird. Die okkulten Wissenschaften interessieren Sie, und es fasziniert Sie, zu welchen Höhenflügen der Geist fähig ist, sobald er einmal von überkommenen Denkweisen und Vorstellungen frei ist. Sie haben keine Angst, die innere Welt auf ihre Möglichkeiten hin auszuforschen, und lassen sich gern zu jedermanns Nutz und Frommen über Ihre Entdeckungen aus.

Uranus-Trigon-Aszendent

Uranus im Trigon zum Aszendenten sagt aus, daß Sie immer in der Lage sein werden, sich schöpferisch so zu verwirklichen, wie Sie wollen, und das in der Hauptsache deshalb, weil Sie jeden merken lassen, daß Sie sich dieses Vorrechts nicht begeben werden. Sie verfügen über beträchtliche kreative Potentiale, die Sie nur diszipliniert ausschöpfen müssen. Allerdings nützt es überhaupt nichts, Sie diesbezüglich unter Druck zu setzen, denn Sie lassen sich nicht dreinreden und betrachten eine solche Einmischung als Angriff auf Ihr Privatleben.

Allem Anschein nach haben Sie keinerlei Sorgen, und Ihre heitere, optimistische Einstellung zeigt, daß Sie auch nicht unter persönlichen Problemen leiden, mit denen Sie nicht klarkommen. Sie leben in den Tag hinein und grübeln nicht groß nach, was noch alles auf Sie zukommen könnte, denn Sie wissen, daß Sie damit schon zur gegebenen Zeit fertig werden. Im allgemeinen werden Sie auch nicht von Problemen geplagt, die aus dem Unterbewußtsein stammen, weil Sie nichts Negatives an sich heranlassen. Sie schauen nicht beständig nach der Uhr, sondern leben sozusagen zeitlos. Sie haben an Zerstreuungen verschiedenster Art Freude, von denen manche ganz normal sein mögen, andere jedoch vielleicht in die Richtung des Absonderlichen, Lächerlichen gehen. Sie sind ein Rebell und in vieler Hinsicht ein Einzelgänger. Es ist Ihnen ziemlich egal, ob andere frei sind; das ist *deren* Problem. Sie wissen nur, daß Sie Ihre Freiheit unbedingt brauchen.

Sie haben einen kühnen Geist und stecken voller genialer Ideen, die Sie nach Wunsch in die Tat umsetzen können, mit der einzigen Einschränkung, daß Sie dafür die nötigen Mittel auftreiben müssen. Da Ihnen nichts daran liegt, gesellschaftlich Anklang zu finden, fühlen Sie sich auch nicht zu Statusdenken verpflichtet. Eine Liebesbeziehung mit Ihnen muß zu einem Gutteil auf intellektuelle Gemeinsamkeiten gegründet sein, denn andernfalls sind Sie schnell gelangweilt. Sie möchten sich gern in dem Gefühl wiegen, im Leben derer, mit denen Sie in Verbindung stehen, eine wichtige Rolle zu spielen; es besteht auch durchaus die Chance, daß jeder, der eng mit Ihnen befreundet ist, von Ihrer fürsorglichen Art angenehm berührt ist. Sie verstehen Ihre Mitmenschen besser, als sie sich selbst verstehen. Es gefällt Ihnen, daß sich bei jungen Leuten ein Trend zu größerer Individualität abzeichnet und daß die Jugend fest entschlossen ist, ihr Leben ohne Rücksichtnahme auf irgendwelche Traditionen selbst in die Hand zu nehmen.

Neptun-Trigon-Aszendent

Durch Neptun im Trigon zum Aszendenten haben Sie ein so tiefempfindendes Gemüt, daß Sie kaum durch die Kontakte in Ihrem Privatleben zufriedengestellt werden dürften. Ihre Erwartungen werden so gut wie nie erfüllt, weil Sie auf eine ideale zwischenmenschliche Beziehung aus sind. Im Grunde sind Sie ein romantischer Schwärmer, denn Sie dichten den Leuten Eigenschaften an, die sie gar nicht besitzen, und fühlen sich dann betrogen, wenn Sie enttäuscht werden. Statt nun darüber nachzugrübeln, sollten Sie sich lieber konzentriert der Entwicklung Ihrer schöpferischen Vorstellungen widmen. Bei Ihrer Einbildungskraft und natürlichen Begabung, Ihre Gedanken genial in die Tat umzusetzen, dürfte Ihnen das nicht schwerfallen. Die Unzufriedenheit, die Sie in Ihren Privatbeziehungen verspüren, könnten Sie leicht dadurch kompensieren, daß Sie Ihre Talente im künstlerischen Bereich anwenden, wo Sie voll und ganz Anklang finden werden. Zu Anfang wird der Lohn für Ihre Mühe noch mager ausfallen, aber das ändert sich schon, wenn Sie erst mit Leib und Seele Künstler sind und wirklich etwas können. Bei Ihrer Begabung stehen Ihnen noch viele andere Möglichkeiten offen. Unter Umständen macht es Ihnen großen Spaß, mit Kindern und Jugendlichen zu arbeiten und zu beobachten, wie sie sich unter Ihrem Einfluß entwickeln.

Sie beschäftigen sich zuviel mit Ihren Charakterschwächen, insbesondere mit denen, auf die Ihre Mitmenschen Sie aufmerksam gemacht haben. Hören Sie damit auf und fördern Sie lieber die guten Eigenschaften mehr, die Sie in Hülle und Fülle besitzen. Sie haben wahrscheinlich das Gefühl, Sie müßten sich mehr als andere ins Zeug legen, um endlich die wohlverdiente Anerkennung zu finden. Dabei sollten Sie jedoch aufpassen, daß Sie nicht Freunden zum Opfer fallen, die Ihre Nachsichtigkeit auszunutzen versuchen. Sie scheuen keine noch so schwere Arbeit, sofern Ihr Einsatz auch gewürdigt wird. Sie wissen, daß Sie der Gesellschaft auf irgendeine Weise von Nutzen sein können, nur müssen Sie mit Beharrlichkeit herauszufinden suchen, wie, und das trotz aller Rückschläge. Sie sollten mit Ihren Begabungen an die Öffentlichkeit treten und darlegen, wie Ihrer Ansicht nach die Lebensqualität generell verbessert werden kann. Zeigen Sie, daß Sie ein Menschenfreund sind, und helfen Sie aktiv mit, jeden einzelnen dazu zu bewegen, seinen höchsten Idealen zu folgen, um diese Erde wieder zu einem lebenswerten Ort zu machen.

Pluto-Trigon-Aszendent

Pluto im Trigon zum Aszendenten deutet darauf hin, daß Sie unerschöpfliche Energien haben, auf die Sie zurückgreifen können, wenn Sie sich schöpferisch betätigen. Es gibt praktisch nichts, was Sie nicht zuwege bringen könnten, wenn Sie es sich einmal in den Kopf gesetzt haben. Sie können Ihre Ideen kraftvoll und mit Selbstvertrauen darlegen und werden die Unterstützung gewinnen, die Sie brauchen. Die Vergangenheit hat für Sie nur insofern Wert, als sie Ihnen Lehren erteilt, die Sie für die Sicherung einer rosigen Zukunft auch beherzigen. Sie sind begierig darauf, Ihre Kenntnisse an andere weiterzugeben, zwingen sie aber niemandem auf, sondern warten lieber auf eine Andeutung, daß Ihre Anregungen offene Ohren finden. Mittellosigkeit ist in Ihren Augen keine Entschuldigung für Untätigkeit, denn wo ein Wille ist, da ist Ihrer Meinung nach auch ein Weg. Sie sind sehr geschickt darin, all Ihre inneren Möglichkeiten in reale Aktivposten umzuwandeln, mit deren Hilfe Sie Ihre Projekte durchführen können.

Da Sie sich Ihrer Schwächen bewußt sind, setzen Sie alles daran, Ihre negativen Eigenschaften so umzuformen, daß sie keine Einschränkung mehr bedeuten. Noch wesentlicher aber ist, daß Sie Ihre Fähigkeiten kennen und voll zu Ihrem Vorteil nutzen. Ihr Ziel, sich für die Zukunft abzusichern, fordert Sie dazu heraus, von allen verfügbaren Mitteln Gebrauch zu machen. Sie wissen, was Sie wert sind, und erwarten ein entsprechendes Entgelt für den Einsatz, den Sie im Berufsleben bringen. Ihre ganze Bewunderung gilt Leuten, die sich nur aus dem einzigen Wunsch schulen, in ihrem Fach die Besten zu sein. Nach Ihrer Auffassung ist es nicht durch Bildungslücken zu rechtfertigen, wenn man nicht weiterkommt, denn überall gibt es Bibliotheken, in denen man sich auf den erforderlichen Wissensstand bringen kann.

Sie kommen sowohl mit Konkurrenten als auch Mitarbeitern gut zurecht und sind bestrebt, bei allen Leuten Ihres Umgangs gut angesehen zu sein. Sie wollen sich in dem Bewußtsein sonnen, entscheidend dazu beigetragen zu haben, daß die andern ihre Ziele erreichen. Aber glauben Sie nicht etwa, daß diese Leute ohne Sie nicht zu Erfolg kommen könnten. Sie müssen sich darüber klar werden, daß viele Ihrer Mitmenschen durchaus in der Lage sind, ihr Leben selbst zu gestalten, und Ihre selbstgerechte Hilfe gar nicht brauchen. Seien Sie bei Bedarf zur Stelle, aber fallen Sie niemandem lästig, wenn Sie nicht gefragt sind.

KAPITEL 5
QUINKUNXE

Quinkunxe

Der Quinkunx-Aspekt bildet sich, wenn zwei Planeten durch einen Winkel von 150° voneinander getrennt sind. Er verschmilzt die planetarischen Einflüsse von Zeichen, zwischen denen element- und eigenschaftsmäßig keinerlei Sympathien, sondern nur große Spannungen bestehen. Das Quinkunx hat die Dynamik von Mars, Merkur und Pluto, die Eigenschaften von Widder, Jungfrau und Skorpion und eine starke Entsprechung zum ersten, sechsten und achten Haus. Dieser Aspekt hat etwas mit der Wirkung zu tun, die durch Aggression hervorgerufen wird; er strahlt entweder in das sechste Haus aus, wo soziale Verpflichtungen aus Eigennutz erfüllt werden, oder ins achte Haus, wo Verpflichtungen zugunsten anderer wahrgenommen werden.

Alle Zeichen und ihre aspektarischen Entsprechungen sind in ihrer Reaktion durch ihre Gegenpole festgelegt. Daraus können wir ableiten, daß das Quinkunx das Produkt von Fischen und Stier sowie der subtilen Einwirkungen des zwölften und zweiten Hauses ist. Unsere Erfahrung hat uns gelehrt, daß das Quinkunx zu dem Versuch anregt, sich die Bürde der sozialen Verantwortung durch den Dienst am Mitmenschen zu erleichtern. Es befreit von der Last unterbewußter Schuldgefühle über frühere Trägheit oder Übertretungen. Durch das Quinkunx hat man die Gelegenheit, weiteren Schwächen vorzubeugen, indem man die eigenen Wünsche zurückstellt und all seine inneren Kräfte zum Wohle anderer mobilisiert. Jedes Quinkunx weist dieses Charakteristikum auf, ganz gleich, welche Zeichen beteiligt sind.

Der massive Druck, den das Quinkunx erzeugt, kann nur abgebaut werden durch Verständnis und Entgegenkommen, beides Wesenszüge der Waage, die dem Widder entgegengesetzt ist. Die einzige Lösung für das Dilemma, das das Quinkunx heraufbeschwört, ist letztlich die, zu teilen und zu geben. Unter dem Einfluß des Quinkunx gewinnt man Befürworter für seine Vorhaben, sofern man uneigennützige Motive hat. Ansonsten gibt es nur noch negative oder gar tragische Alternativen, nämlich Krankheit und Tod.

Sonne-Quinkunx-Mond

Die Sonne im Quinkunx zum Mond ist ein Anzeichen dafür, daß die Art und Weise, wie Sie Ihr Wollen und Trachten zum Ausdruck bringen, nicht Ihrem Verhältnis zur Vergangenheit und zu emotionaler Sicherheit entspricht. Die daraus folgenden Spannungen sind meist in Ihren Bekanntschaften zu erkennen. In dem Bestreben, alten Freunden und Kollegen verbunden zu bleiben, machen Sie enorme Zugeständnisse, die Ihre eigene Entwicklung behindern. Sie schaffen Situationen, die Ihnen bindende Verpflichtungen andern Menschen gegenüber auferlegen, von denen Sie sich nur unter Schwierigkeiten wieder freimachen können. Dadurch komplizieren Sie Ihr Leben so sehr, daß man meinen könnte, Sie spielten gerne das Opferlamm. Der Eifer, den Sie an den Tag legen, um Ihren Mitmenschen von Nutzen zu sein, wäre besser am Platz in einem Beruf, bei dem Sie dieses hohe Ziel vor Augen haben könnten.

Es besteht fortwährend die Gefahr, daß Sie Ihre Gesundheit überstrapazieren, wenn Sie auf die Anforderungen eingehen, die andere an Ihre Zeit und Kraft stellen. Sie müssen von dem Gefühl loskommen, Sie seien ihnen das schuldig. Im Grunde haben Sie gar nicht das Recht, sich in anderer Leute Leben einzumischen, indem Sie deren Verpflichtungen auf sich nehmen. Was wollen Sie eigentlich beweisen? Wollen Sie die Anerkennung Ihrer Mitmenschen gewinnen, obwohl Sie insgeheim glauben, sie gar nicht zu verdienen? Seien Sie versichert, daß Sie wahrscheinlich kompetenter sind als diejenigen, in deren Dienst Sie stehen, und es nur nicht wissen. Sie sollten mehr Zeit an Ihre eigenen Angelegenheiten wenden und endlich aus Ihren Begabungen und Fähigkeiten Kapital schlagen. Sie leisten genug, wenn Sie Ihre Möglichkeiten ausbauen und dafür zu Ansehen kommen, daß Sie in allem Ihr Bestes tun.

Sie zeigen übertriebenes Mitgefühl für jeden, der mit seinem Seelenschmerz zu Ihnen kommt. Bringen Sie die gleiche Anteilnahme lieber in Tätigkeiten ein, die auch etwas für Sie abwerfen. In vielen Berufen werden Menschen mit solcher Verständnistiefe gebraucht, zum Beispiel in der Medizin, in der Naturheilkunde und in der Arbeit mit Kindern und Jugendlichen. Dort herrscht wirklich echter Bedarf für Ihre Art der selbstlosen Hingabe. Wenn Sie Ihre Talente anderswo einsetzen wollen, können Sie auch glücklich werden bei einer Beschäftigung im Bereich der öffentlichen Wohlfahrt oder bei Organisationen, die Mittel für sozial benachteiligte Menschen aufzubringen versuchen.

Sie müssen sich unbedingt Ruhe gönnen, wenn Sie sich Ihre Gesundheit erhalten wollen. Spannen Sie so oft wie möglich aus, und erholen Sie sich von Ihrem Alltagsstreß. Besuchen Sie nach Möglichkeit keine Verwandten, die erwarten, daß Sie ihnen während Ihres Aufenthaltes zur Hand gehen.

Ihre Liebesbeziehungen können eine Enttäuschung werden, weil Sie Ihrem Partner unverdiente Qualitäten andichten. Eine Zurückweisung ist besonders schmerzlich für Sie, weil Sie sich möglicherweise sagen: »Wo ich so gut zu diesem Menschen gewesen bin, habe ich eine solche Behandlung doch wirklich nicht verdient.« Hören Sie auf, sich selbst zu bemitleiden, und lernen Sie statt dessen, Ihre Mitmenschen so zu nehmen, wie sie nun einmal sind. Und wenn Ihnen etwas ganz und gar mißfällt, versuchen Sie nicht erst, nach Ihrer Vorstellung daran herumzubasteln, denn das geht immer schief.

Sie können Ihrem zukünftigen Partner eine Menge bieten und sind willens, Hand in Hand mit ihm auf gemeinsame Ziele hinzuarbeiten. Wenn Sie wissen, daß Sie geliebt werden, geraten Sie richtig in Schwung und zeigen, was Gutes in Ihnen steckt.

Sonne-Quinkunx-Mars

Das Quinkunx von der Sonne zum Mars deutet an, daß in all Ihrem Tun und Lassen eine gewisse Anspannung spürbar wird. Sie wollen voller Begeisterung, Energie und Eifer Ihr Können unter Beweis stellen, bieten Ihre Dienste jedoch immer den falschen Leuten an. Die Enttäuschung bleibt nicht aus, wenn Sie nämlich merken, daß Ihr Einsatz nicht gefragt ist. Es scheint wirklich so, als seien Sie auf Schwierigkeiten aus, die Ihnen Ihr Leben versalzen, und Sie haben auch tatsächlich übergenug davon. Sie möchten bei jedermann Anklang finden, und wem Sie einmal gefällig waren, der soll sich stets dankbar daran erinnern. Obgleich Sie im Vergleich zu andern entschieden mehr Sachkenntnis haben, sind Sie sich da selbst nicht so sicher. Nur wenn Sie von weniger kompetenten Leuten heruntergeputzt werden, wird Ihnen Ihre Überlegenheit bewußt. Sie verstehen sich darauf, von all Ihren Kräften höchst effektiv Gebrauch zu machen, so daß Sie tüchtig wirken. Aber Ihr Selbstwertgefühl hebt sich erst, wenn man sich auf Grund Ihrer Fähigkeiten um Sie reißt und für Ihre Fachkenntnisse zu zahlen bereit ist. Dann erlauben Sie es sich auch, wählerisch zu sein.

Ihre Begabungen können Sie in die verschiedensten Berufszweige einfließen lassen. Sie könnten in der Diagnostik, der medizinischen oder industriellen Forschung sowie der Naturheilkunde tätig werden oder einem Handwerk nachgehen, zum Beispiel als Zimmermann, Maurer oder Klempner. Sie würden für Ihre Arbeit hoch bezahlt, weil Sie sich so ins Zeug legen, als wäre es für Sie selbst. Ihr Name erscheint auf keinem Produkt, das nicht Ihre vollste Zustimmung hat. Auch wenn Sie, außer in Ihrer unmittelbaren Umgebung, nicht die Anerkennung finden, die Sie eigentlich verdienen, stört Sie das nicht weiter, weil Ihnen mehr daran liegt, Ihre Sache gut zu machen.

Seien Sie auf der Hut vor Leuten, die Sie auszunutzen versuchen und aus Ihren Ideen Kapital schlagen wollen. Sie ziehen solche Typen geradezu an, denn Sie sind immer gern mit Ihren Fähigkeiten zur Stelle. Andererseits sollten Sie aber auch Ihre Neigung unterdrücken, anderer Leute Unwissenheit als Vorwand zu nehmen, ihnen etwas aufzuschwätzen, was sie vielleicht gar nicht brauchen.

Sie unterschätzen Ihre Fähigkeit, die Zuneigung eines Menschen zu gewinnen, zu dem Sie sich hingezogen fühlen. Jeder, der halbwegs realistisch ist, merkt, daß Sie mit Ihren Gefühlen nicht so einfach mir nichts, dir nichts hausieren gehen. Sie sind überaus verläßlich und können getrost auch der heftigsten Kritik standhalten.

Sonne-Quinkunx-Jupiter

Die Sonne im Quinkunx zu Jupiter zeigt auf, daß es Ihnen an dem nötigen Selbstvertrauen mangelt, um vollkommen unabhängig zu sein. Deshalb sind Sie bestrebt, andern Ihre Kompetenz zu beweisen, indem Sie ihnen gefällig sind. Durch ihr Lob hoffen Sie das Selbstvertrauen zu gewinnen, das Sie brauchen. Sie reagieren überempfindlich auf alles, was auch nur andeutungsweise nach Kritik klingt, und bieten gleich Ihre Dienste an, um den mutmaßlichen schlechten Eindruck ins Gegenteil zu verkehren (einen Eindruck, den Ihr Gegenüber zu Anfang vermutlich gar nicht hatte). Da Sie sich Ihrer Fähigkeiten nicht sicher sind, unterschätzen Sie sie und brauchen erst eine reale Bestätigung dafür, daß sie tatsächlich existieren. Sie arbeiten unermüdlich, eifrig darauf bedacht, bei allem, was Sie tun, als Autorität angesehen zu werden, aber vielleicht noch mehr darum bemüht, Ihre Talente zu fördern.

Bildung ist Ihnen sehr wichtig, darum wäre ein berufsbegleitender Fortbildungslehrgang eine gute Chance für Sie. Sie werden sich sehr entschlossen einsetzen müssen, um sich das gewünschte Fachwissen anzueignen, aber Sie erfüllen auch alle Voraussetzungen dafür, Spezialist auf Ihrem Gebiet zu werden. Sie könnten etwas leisten im Bereich der Bildung und Erziehung, des Kunsthandwerks, der Heilgymnastik, der Veterinärmedizin und in anderen Berufsfeldern, wo Erfolg gleichbedeutend ist mit dem Wert, den man seiner Arbeit beimißt. Allerdings sollten Sie im Umgang mit Kollegen stets Vorsicht walten lassen. Sie neigen dazu, schon bei der leisesten Andeutung die Pflichten und Verantwortlichkeiten anderer auf sich zu nehmen. Hüten Sie sich vor Opportunisten, die Ihre Ideen als die eigenen verkaufen. Tauschen Sie nur dann Vertraulichkeiten aus, wenn Sie sicher sind, nicht enttäuscht zu werden.

Womöglich haben Sie das Gefühl, Ihre Fähigkeiten würden nicht angemessen gewürdigt, und leiden darunter, daß Sie nicht »ankommen«. Generell sind Sie mehr wert, als Sie in barer Münze verdienen, und sei es auch nur, weil Sie sich so stark für Ihre Arbeit engagieren. Lassen Sie sich beraten, wie hoch Sie Ihr Können veranschlagen sollten, schließen Sie einen entsprechenden Vertrag ab und sehen Sie dann zu, daß er auch eingehalten wird. Das ist Ihre einzige Möglichkeit, sich zu schützen.

Ihr Liebespartner hat einige Hürden zu überwinden, denn Sie glauben, ein solches Glück nicht zu verdienen. Sie nehmen an, daß Sie die in Sie gesetzten Erwartungen nicht erfüllen, aber das stimmt natürlich nicht. Sie bringen immer mehr in das Verhältnis ein, als nötig wäre, und bekommen wahrscheinlich weniger heraus, als Ihnen eigentlich zukäme.

Es wäre ratsam, wenn Sie in allem mehr Maß halten würden. Sie machen sich zu viele Sorgen, daß Sie sich nicht genügend einsetzen oder zeigen, was in Ihnen steckt, was zu Verdauungsstörungen und anderen Beschwerden führen kann. Wenn Sie sich immer völlig verausgaben, werden Sie sich mit Sicherheit physisch erschöpfen. Hochprozentige Getränke sind besonders schädlich für Sie, aber wenn Sie schon trinken müssen, dann wenigstens nicht auf nüchternen Magen. Bei dieser Planetenkonstellation kommen Leberleiden ziemlich häufig vor. Gönnen Sie sich täglich ausreichend Ruhe, und Sie werden besser und länger leben.

Sonne-Quinkunx-Saturn

Das Quinkunx von der Sonne zu Saturn weist darauf hin, daß Sie recht sorglos mit Ihrer Gesundheit umgehen und sich leicht von andern überfordern lassen. Allem Anschein nach ist es Ihnen beschieden, von Ihren Mitmenschen ausgenutzt zu werden, weil Sie nicht *nein* sagen können, wenn man Sie um einen Gefallen bittet. Vielleicht haben Sie in Ihrer Kindheit aus Pflichtgefühl mehr Hausarbeiten übernommen als andere Familienmitglieder. Insgeheim haben Sie Angst vor andern Menschen und vor der Macht, die diese anscheinend über Sie haben. Psychologisch deutet das auf latenten Masochismus hin, das heißt, Sie sind ständig auf Bestrafung für etwas aus, was Sie für frühere Verfehlungen halten.

In Ihrem Berufsleben nehmen Sie unter Umständen mit einer unauffälligen Stellung vorlieb, die kaum Aufstiegsmöglichkeiten bietet, und dann wird Ihnen die Arbeit mit der Zeit langweilig und ödet Sie an. Dabei könnten Sie sich wahrscheinlich gut in eine höhere Position hinaufarbeiten, wenn Sie nur aggressiver wären und Ihren Vorgesetzten auffallen würden. Ihr Überlebenstrieb funktioniert nicht richtig. Sie halten sich lieber zurück, statt zu riskieren, es nicht mit den andern aufnehmen zu können. Sie müssen sich endlich klarmachen, daß Ihre Mitmenschen Sie nur übervorteilen können, wenn Sie das auch zulassen.

Sie werden in Ihrem Streben nach Individualität und persönlicher Ausstrahlung sehr behindert, wenn Sie sich nicht von Ihren Mitmenschen loslösen und unabhängig werden. Versuchen Sie, sich ein Ziel zu stecken, das Sie erreichen wollen, und machen Sie dann fundierte Pläne, auf die Sie sich voll und ganz konzentrieren. Schlagen Sie sich alles, was darüber hinausgeht, aus dem Kopf. Wenn die Zeit dafür reif ist, werden Sie sich schon ein neues Ziel setzen. Sobald Sie einmal Schritt für Schritt vorgehen, winkt Ihnen auch der Erfolg. Vergleichen Sie Ihre Leistungen nicht mit denen anderer Leute – Sie haben den Vorrang!

In Ihrem Verlangen nach Anerkennung verkrampfen Sie sich und werden schüchtern. Sie müssen lernen, sich zu entspannen, denn sonst bekommen Sie Kreislauf- und Verdauungsprobleme. Seien Sie gut gegen sich, und überlassen Sie die andern sich selbst – auf diese Weise gefallen Sie sich tausendmal besser.

Sonne-Quinkunx-Uranus

Die Sonne im Quinkunx zu Uranus zeigt an, daß Sie sich oft etwas versagen, weil Sie den Forderungen anderer nachgeben. Dabei fällt Ihnen das gar nicht leicht, und wenn Sie wieder einmal schwach geworden sind, vermerken Sie es mit Bitterkeit. Vielleicht dulden Sie solche Belästigungen, weil Sie insgeheim Schuldgefühle bekommen, wenn Sie jemandem eine Bitte abschlagen. Sie fühlen sich ernstlich von Ihren Mitmenschen in die Enge getrieben, besonders durch die herrische Art, in der Sie um Ihre Dienste ersucht werden.

Sie müssen gleich hellhörig werden und die Falle wittern, die man Ihnen mit den Worten stellt: »Ich habe mich schon überall umgesehen, aber du bist wirklich der einzige Mensch, dem ich meine Probleme anvertrauen kann.« Mit dieser Methode wird Ihrer Eitelkeit geschmeichelt, und schon merken Sie auf. Sie werden immer still darunter leiden, wenn Sie sich auf diese Weise ausnutzen lassen, und irgendwann vielleicht sogar auf Rache sinnen.

Geben Sie acht, denn es gibt noch weitere Fallen. Wenn Sie sich doch einmal weigern, auf eine Forderung einzugehen, kommt womöglich die Frage: »Hast du denn überhaupt kein Herz?« Sollten Sie das Gefühl haben, darauf antworten zu müssen, dann erwidern Sie einfach, Sie wären kein Opferlamm.

Im Berufsleben werden Sie ähnliche Schwierigkeiten haben mit Kollegen, die Ihnen Vorschriften machen wollen. Suchen Sie sich einen Beruf im Bereich der Bildung und Erziehung, der Therapie, Rehabilitation, Anstaltsfürsorge und dergleichen, wo es in irgendeiner Weise um Selbstbestimmung geht. Wenn Sie die Jugend intellektuell fördern und zu eigenständigem Denken anregen würden, wäre das ebenfalls für beide Seiten von Vorteil. Bei jeder Arbeit, der Sie sich widmen, sollten Sie auch sehen können, was Ihre Bemühungen bewirken. Wird Ihr Einsatz nicht gewürdigt, zweifeln Sie unter Umständen an Ihrem Können und Wert, obwohl Sie keinerlei Grund dazu haben.

Wer sich mit Ihnen auf eine emotionale Beziehung einläßt, erwartet von Ihnen, daß Sie Ihre Fürsorglichkeit unter Beweis stellen. Lernen Sie es mit Fassung zu tragen, wenn Ihre Liebe nicht erwidert wird. Sie lassen sich leicht von Menschen täuschen, die bei Ihnen lediglich ihre Triebe ausleben möchten. Wahre Zuneigung ist eigentlich nicht zu verkennen, überlassen Sie es also am besten dem andern, sich zuerst zu erklären.

Sonne-Quinkunx-Neptun

Das Quinkunx von der Sonne zu Neptun zeigt, daß Sie Ihre Verpflichtungen für die drückendsten der Welt halten. Es sieht in gewisser Weise nach Selbstaufopferung aus, wie Sie andern erlauben, sich in Ihr Leben einzudrängen. Sie glauben es wirklich, wenn Ihre Mitmenschen Ihnen einreden, nur Sie könnten Ihre Probleme lösen. Auf Grund Ihrer Märtyrerhaltung suchen Sie sich die schwierigsten Tätigkeiten und menschlichen Verhältnisse aus, um Ihre Dienstwilligkeit zu testen. Sie sind unsicher und versuchen beständig, Wege aufzutun, wie Sie Ihre Kompetenz beweisen können. Sie reiben sich für andere auf und erschöpfen dabei Ihre Kräfte.

Berufliche Erfolge dürften auf sich warten lassen, da Sie zu sehr mit unzähligen Bagatellen beschäftigt sind. Unwichtige Kleinigkeiten nehmen Sie übertrieben ernst und verfranzen sich damit vollkommen. Sie sollten soviel gesunden Egoismus haben, daß Sie Ihre eigenen kreativen Potentiale ausschöpfen. Zum Dienst an Ihrem Nächsten werden Sie immer noch Gelegenheit genug haben, sobald Sie erst einmal Selbstwertgefühle besitzen. In der Wohlfahrt, im Krankendienst, in der Gruppentherapie, der medizinischen Forschung und in der Rehabilitation hätten Sie die Möglichkeit, sich adäquat zu verwirklichen. Geben Sie acht, daß Sie Ihren Wirkungskreis genau abstecken und mit aller Entschlossenheit nur das tun, was wirklich erforderlich ist. Mit andern Worten: Spielen Sie nicht den Lückenbüßer.

Sie neigen dazu, sich mit Menschen bekanntzumachen, die Sie brauchen, und es stimmt, daß Sie gebraucht werden, weit mehr, als umgekehrt Sie die andern brauchen. Hüten Sie sich vor Leuten, die Sie nur ausnutzen wollen und ihre üblen Absichten wahrscheinlich geschickt verbergen. Bleiben Sie stets mißtrauisch, was die Motive derer angeht, die Interesse für Sie bekunden. Gehen Sie nicht in die Falle und denken, Sie hätten die moralische Pflicht, andern von Nutzen zu sein. Wie Sie geartet sind, entscheiden Sie im Zweifelsfall stets zugunsten Ihrer Mitmenschen, um später zu merken, daß Sie doch nur geschmäht werden.

Lassen Sie es nach Möglichkeit nicht zu, daß jeder bei Ihnen seinen Seelenmüll ablädt. Wer einen Beichtvater sucht, soll sich gefälligst an einen professionellen Berater wenden und dafür bezahlen. Sie werden jedenfalls von den Menschen, die sich bei Ihnen erleichtern, keinen Pfennig bekommen.

Sonne-Quinkunx-Pluto

Die Sonne im Quinkunx zu Pluto deutet darauf hin, daß Sie Pflichten übernehmen, vor denen andere sich drücken, und daß Sie sich dann bittere Vorwürfe machen. Sie versuchen mit übertriebenem Eifer, die in

Sie gesetzten Erwartungen zu erfüllen, und meist tun Sie entschieden zuviel des Guten. Tiefinnerlich scheinen Sie Schuldgefühle zu haben, so daß Sie sich dauernd selbst beweisen müssen.

Sie stellen mörderische Anforderungen an sich, und wenn Sie nicht endlich Maß halten, werden Sie damit Ihre Gesundheit ruinieren. Außerdem mißfällt und ärgert es Ihre Mitmenschen zutiefst, wenn Sie von ihnen ebensolche Leistungen verlangen. Vergleichen Sie sich nach Möglichkeit nicht mit andern, die ähnliche Aufgaben zu bewältigen haben wie Sie.

Da Sie nach Anerkennung lechzen, legen Sie sich übermäßig ins Zeug. Sie sind geradezu davon besessen, die Bewunderung von Leuten zu gewinnen, denen Sie sich unterlegen fühlen. Sie machen sich viel zu viele Gedanken um den Einfluß und die Stellung dieser Menschen. Beschäftigen Sie sich lieber mit Ihren eigenen Zielen und Vorhaben und fördern Sie Ihre Begabungen, damit Sie sich im Wettbewerb behaupten können. Vielleicht müssen Sie Opfer bringen, um Ihre Projekte durchzuführen, aber stecken Sie keinesfalls zurück, nur um jemand anderem mit seinen Ambitionen den Vortritt zu lassen.

Wie den obigen Ausführungen zu entnehmen ist, sollten Sie etwas eigennütziger werden. Lernen Sie, Ihre Grenzen zu erkennen, und bleiben Sie mit Ihren Vorhaben innerhalb dieses Rahmens. Lassen Sie sich von einem vertrauenswürdigen Menschen beraten und halten Sie sich auch an das, was er sagt.

Sie sehnen sich danach, sich selbst endlich einmal rundum zu mögen. Das wird wahrscheinlich erst dann der Fall sein, wenn Sie sehen, daß Ihr systematisches Planen auf den Erfolg hin auch zu etwas führt. Sie dürfen sich nicht mit Nebensächlichkeiten aufhalten, sondern sollten sich aus allen Kräften für eine bestimmte Sache einsetzen. Lassen Sie sich nicht mit Widersachern ein, bis Sie gut geschult sind und sich zutrauen, erfolgreich zu sein.

Erproben Sie nicht mit andern Leuten, wer von Ihnen seinen Willen durchsetzt. Je weniger Konflikte Sie im Umgang mit andern heraufbeschwören, um so besser. Spannungen und daraus folgende Probleme bauen sich schnell ab, wenn Sie lernen, lockerer zu werden.

Sonne-Quinkunx-Aszendent

Die Sonne im Quinkunx zum Aszendenten zeigt, daß Sie unermüdlich arbeiten und nur das in Angriff nehmen, was Sie voll und ganz fordert. Sie wollen mit Ihren Leistungen bei all Ihren Bekannten Anklang finden. Insgeheim hoffen Sie wohl auch auf noch größere Resonanz, rechnen aber nicht wirklich damit. Sie wirken gern hinter den Kulissen, entwickeln in aller Stille Ihre Schöpferkräfte und eignen sich die nötigen Kenntnisse an, um dem Lebenskampf gewachsen zu sein. Ihnen ist klar, daß all Ihre Talente nichts wert sind, wenn Sie sie nicht aufbauen und in Aktivposten umwandeln. Sie haben zwar Hochachtung vor Leuten mit einer richtigen Ausbildung, kommen jedoch selbst recht gut damit zurecht, Ihre schlummernden Talente zutage zu fördern. Sie trachten immer danach, sich zu vervollkommnen, und haben mit Menschen, die leistungsschwach oder gar faul sind, keine Geduld.

Sie haben eine Menge Gutes von Ihren Eltern gelernt und sich vermutlich auf deren Anregung hin so gebildet, wie sie es für richtig hielten. Sie sind ein echter Könner. Aber Sie unterschätzen Ihre Fähigkeiten und werden erst mit sich zufrieden sein, wenn Sie berufliche Erfolge verzeichnen können. Sie verstehen es, aus Ihren Talenten Kapital zu schlagen, und erwarten auch, gut bezahlt zu werden, denn Sie wissen, was Ihre Leistungen wert sind. Wettbewerb schreckt Sie nicht weiter, weil Sie ohnehin stets versuchen, alles perfekt zu machen. Ihre Zukunft ist gesichert, dessen sind Sie sich gewiß.

Sie verausgaben sich zu sehr und riskieren dabei, sich physisch zu erschöpfen. Machen Sie sich ab und zu von Ihren Verpflichtungen frei und gönnen Sie sich die nötige Ruhe. Sie haben den Drang, sich selbst beweisen zu müssen, was in Ihnen steckt, und hören es nicht ungern, wenn Ihnen schmeichelhafte Bemerkungen über Ihre Fähigkeiten zu Ohren kommen. Nur zu leicht fallen Sie auf angebliche Freunde herein, die immer etwas von Ihnen wollen. Hüten Sie Ihre Zunge, damit Sie Ihre Ideen nicht Kollegen unterbreiten, die zu ihrem eigenen Vorteil davon Gebrauch machen, ohne Ihnen die schuldige Anerkennung zu zollen oder sie finanziell zu entschädigen.

Mond-Quinkunx-Merkur

Mit dem Mond im Quinkunx zu Merkur liegen bei Ihnen Herz und Verstand so im Streit, daß Sie Schwierigkeiten haben, Ihre Probleme zu lösen. Sie reagieren häufig rein gefühlsmäßig auf bestimmte Situationen und kommen dann zu keiner vernünftigen Einschätzung der Lage. Wenn Sie jedoch nach Ihrem Gefühl gehen, statt die nüchternen Fakten abzuwägen, werden Sie nie zu einem realistischen Urteil kommen. Sie glauben bereits Kritik herauszuhören, wo das gar nicht der Fall ist. Ihre Reaktion ist der Realität unangemessen. Statt dessen sind Sie innerlich aufgewühlt und lassen Ihren Ärger an Ihren Lieben aus, ohne sich dessen bewußt zu sein. Andere könnten leicht darauf verfallen, sich verärgert von Ihnen abzuwenden.

Sie tragen schwere Schuldgefühle über Ihr Benehmen mit sich herum, legen aber trotzdem in ähnlicher Lage wieder genau das gleiche Verhalten an den Tag. Dadurch geraten Sie in einen Teufelskreis, der mit der Zeit große innere Unruhe verursacht. Lassen Sie sich nicht zu voreiligem Handeln hinreißen, wenn Probleme auftauchen, sondern warten Sie, bis Sie sich ein klares Bild davon gemacht haben. Ihre erste Reaktion ist meist falsch und ungerechtfertigt, wie sich nach eingehender Untersuchung der Tatsachen herausstellen dürfte.

Sie haben unterbewußt das Verlangen, allen Menschen, die Sie kennenlernen, zu Diensten zu sein, was aber nur Unwillen erregt. Statt mit Ihrem Einsatz bei jedermann Anklang zu finden, fordern Sie Kritik heraus. Allem Anschein nach geben Sie sich nämlich nicht damit zufrieden, Gefälligkeiten zu erweisen, sondern möchten, daß man Ihnen dafür auch Beachtung schenkt. Das wiederum trifft den wunden Punkt bei Ihren Mitmenschen, die sich dann gezwungenermaßen verpflichtet fühlen und sich darüber ärgern. Sie sollten sich als erstes einmal angewöhnen, sich um Ihre eigenen Angelegenheiten zu kümmern, denn die haben Vorrang. Andere Menschen können Ihnen so lange gleichgültig sein, bis Sie mit Ihren persönlichen Schwierigkeiten ins reine gekommen sind. Sonst laufen Sie Gefahr, von Leuten, für die Sie Interesse haben, ausgenutzt zu werden, und sind verletzt, wenn Sie das merken.

Ihren Wunsch, andern von Nutzen zu sein, können Sie sich gut in einer entsprechenden beruflichen Tätigkeit erfüllen. Tun Sie aber in Ihrem Beruf nur das, was von Ihnen verlangt wird, und kein Stück mehr. Springen Sie nie unaufgefordert ein, denn nachher beklagen Sie sich dann, wie sehr die viele Arbeit Sie auslaugt. Sie sind zu sensibel und zu leicht aus der Fassung zu bringen, um sich Ihr Leben unnötig zu erschweren.

In Ihrem Privatleben legen Sie es allzusehr darauf an, begehrt zu sein. Wenn Sie jemanden anziehend finden, komplizieren Sie die Situation meist unverhältnismäßig und sind dann am Boden zerstört, wenn Ihre Annäherungsversuche nichts fruchten. Geben Sie Ihrem angehenden Partner lieber erst Gelegenheit, seine Zuneigung zu bekunden, ehe Sie sich selbst ins Zeug legen. Andernfalls ermutigen Sie ihn womöglich dazu, Ihre Gefühle zu mißbrauchen und Sie zu übervorteilen. Sie müssen einsehen, daß sich eine Beziehung ohne Druck von außen besser entwickeln kann.

Mond-Quinkunx-Venus

Der Mond im Quinkunx zur Venus sagt aus, daß Sie keine allzuhohe Meinung von Ihren eigenen Bedürfnissen haben, sondern sich in dieser Hinsicht lieber anpassen und Leuten den Vortritt lassen, denen Sie sich verpflichtet fühlen. Wenn Sie so zurückstecken, hat es allerdings den Anschein, als wollten Sie sich die Anerkennung Ihrer Mitmenschen erkaufen. Sie glauben, sich durch größtmögliches Entgegenkommen von den drückenden Verpflichtungen freizumachen, dabei geht es in dieser Art weiter und weiter. Ihre Reaktion auf Ihre Mitmenschen zeugt von Ihrer Unausgewogenheit und Unlogik. Wenn Sie einmal Ihre Gefühle aus Ihren Überlegungen heraushalten würden, könnten Sie auch vernünftig abschätzen, inwieweit Sie überhaupt verpflichtet sind und welche Zugeständnisse Sie von den andern zu erwarten haben. Sonst werden Sie sowohl körperlich als auch geistig ausgepowert. Sie liefern sich Leuten förmlich in die Hände, die nach Ihresgleichen Ausschau halten, weil Sie wie geschaffen dafür sind, sich versklaven zu lassen. Sie müssen mehr Selbstachtung gewinnen, damit diejenigen, mit denen Sie verkehren, Ihnen ebenfalls Hochachtung bezeigen. Niemand kann Sie übervorteilen, wenn Sie es nicht zulassen.

Unterwürfigkeit hat nichts mit Zusammenarbeit zu tun. Bestehen Sie darauf, daß Ihre Pflichten erst durchgesprochen und dann in allen Einzelheiten festgesetzt werden, bevor Sie irgendwelche Verantwortung übernehmen. Ihr Verlangen danach, immer gut anzukommen und jeden zu begünstigen, ob er es verdient oder nicht, verdunkelt Ihr Urteilsvermögen, so daß Sie in bestimmten Situationen nicht wissen, was nun falsch und was richtig ist. Das wird sich überdeutlich in Ihrem Berufsleben zeigen. Geben Sie acht, daß Ihre Kollegen Ihnen nicht auf Grund Ihrer freundlichen Wesensart mehr Arbeit aufbürden und sich selbst dadurch entlasten. Wenn Sie den Mund nicht aufmachen, werden Sie mit ziemlicher Sicherheit ausgenutzt.

Verleihen Sie weder Geld noch andere Dinge, denn es besteht nur eine geringe Chance, daß Sie es jemals zurückbekommen. Ihre Mitmenschen denken insgeheim, Sie könnten sich das leisten und würden es gar nicht merken. Wenn Sie andern einen Dienst erweisen, sollten Sie unbedingt ein Entgelt dafür festlegen. Lassen Sie sich nicht für nichts und wieder nichts Ihre Zeit stehlen. Die meisten Menschen betrachten Ihre Arbeitsleistung als Geschenk. Aber wenn Sie wirklich ein Geschenk machen wollen, dann tun Sie es zu Ihrem eigenen Vergnügen.

Mond-Quinkunx-Mars

Das Quinkunx zwischen Mond und Mars zeigt auf, daß es Ihnen an Selbstbeherrschung mangelt, wenn Sie Ihre Gefühle zum Ausdruck bringen. Sie neigen dazu, andere falsch einzuschätzen und bindende Beziehungen zu Menschen aufzunehmen, die Ihre Gutmütigkeit ausnutzen. Selbst wenn man Sie mißbraucht und mißhandelt, rühren Sie noch keinen Finger zu Ihrer Verteidigung. Sie sind einfach machtlos gegenüber den unerfüllbaren Forderungen, die an Ihre Fähigkeiten gestellt werden, und sind bitter enttäuscht, wenn Sie solcherart ausgebeutet werden. Das Schlimme an der Sache ist, daß Sie dadurch möglicherweise »abgebrüht« werden, was Ihre zwischenmenschlichen Kontakte angeht. Ihr größtes

Problem besteht darin, den Konflikt zu lösen zwischen Ihrem Verlangen, andern von Nutzen zu sein, und den Erwartungen dieser Leute, Sie würden ihre Fehler ausbügeln.

Für Sie kommen viele Berufe in Frage, da diese Planetenkonstellation Sie nicht in eine bestimmte Richtung drängt. Vielmehr zeigt sie auf, daß Sie, mehr als andere Menschen, für die unterschiedlichsten Berufe begabt sind. Nur wollen Sie auf keinen Fall das Risiko eingehen, in einen Arbeitsablauf eingespannt zu werden, wo Sie praktisch die ganze Arbeit tun, andere jedoch die Anerkennung bekommen, die eigentlich Ihnen zusteht. Unter Umständen werden Sie das Opfer eines Komplotts zwischen Ihren Kollegen und müssen für deren Inkompetenz und Mißerfolg geradestehen, als wären Sie dafür verantwortlich. Vermutlich wird es schwierig sein, nachzuweisen, daß Sie nichts damit zu tun hatten, und dann müssen Sie ungerechterweise die Konsequenzen tragen.

Widerstehen Sie der Versuchung, sich jemandem anzudienen. Auch wenn es Ihnen so scheint, als sei das die einzige Möglichkeit, andere für sich einzunehmen, sinken Sie durch ein solches Gebaren in Wirklichkeit nur in deren Achtung. Kümmern Sie sich um Ihre eigenen Angelegenheiten und lassen Sie sich entschuldigen, wenn Ihre Mitmenschen Sie in die ihren verwickeln wollen. Sie müssen Ihren eigenen Verpflichtungen nachkommen und sich überdies die nötigen Fachkenntnisse aneignen, die Ihr Selbstvertrauen so stärken, damit Sie mit sich zufrieden sind. Vielleicht kommt Ihnen die Kritik zu Ohren, Sie wären egoistisch, aber das kann Ihnen egal sein, denn Sie ersparen sich dadurch eine Menge Sorgen.

Sie können sich vor zunehmender Nervosität und innerer Unruhe bewahren, indem Sie sich von Leuten fernhalten, die auf Ihre Dienstbarkeit und Ergebenheit aus sind. Diese Menschen brauchen Sie viel nötiger als umgekehrt.

Sie werden unter Verdauungs- und Darmbeschwerden zu leiden haben, wenn Sie sich dauernd über die Probleme anderer aufregen. Es ist auf jeden Fall besser für Sie, ein paar sogenannte »Freunde« zu verlieren, als dieses Risiko einzugehen. Was Ihre Mitmenschen betrifft, sollten Sie sehr sorgfältig Prioritäten setzen; vielleicht kommen Sie dann darauf, sich nur noch mit ihnen einzulassen, wenn Ihre eigenen Angelegenheiten in Ordnung sind. Was Sie brauchen, sind Beziehungen mit beruhigender Wirkung, in denen Sie in Frieden leben können. Nehmen Sie alles andere etwas leichter!

Mond-Quinkunx-Jupiter

Der Mond im Quinkunx zu Jupiter ist ein Hinweis darauf, daß bei Ihnen ein Widerspruch besteht zwischen der Art, wie Sie gefühlsmäßig auf Reize reagieren, und Ihrem logischen Verständnis der betreffenden Situation. Es fällt Ihnen schwer, die wahre Bedeutung von Ereignissen in Ihrem Leben zu erfassen. Sie wissen, daß Sie eine Menge lernen müssen, nur ist dieser Lernprozeß allem Anschein nach außerordentlich schmerzhaft für Sie, weil Sie erst nach vielen Wiederholungen den tieferen Sinn ganz begreifen.

Sie unterschätzen Ihre Fähigkeiten und glauben, jeder andere habe mehr Sachverstand als Sie. Aus diesem Grund schlüpfen Sie in die Rolle eines Bürgers zweiter Klasse, der bereit ist, andern dienstbar zu sein, was immer auch anstehen mag. Ihnen fehlt der nötige Mut, aufdringlichen Zeitgenossen, die Vorteil aus Ihrer Nachgiebigkeit zu schlagen versuchen, die Meinung zu sagen. Das wird Ihnen allerdings nicht für immer auf der Seele liegen. Mit der Zeit werden Sie lernen, sich erst um Ihre eigenen Anliegen zu kümmern, bevor Sie sich der Nöte anderer Leute annehmen. Sie müssen nur endlich merken, daß Sie mehr wert sind, als Sie denken. So wie es aussieht, schauen Sie auf andere, um sich Ihrer eigenen Tüchtigkeit zu versichern. Sie haben Schuldgefühle, wenn Sie jemanden abweisen, der um Hilfe bittet. Machen Sie sich davon frei! Es handelt sich dabei nämlich größtenteils um emotionale Projektionen. Denken Sie zuerst an sich und danach erst an Ihren Nächsten!

Sie können auf vielerlei Weise andern von Nutzen sein und gleichzeitig etwas für sich selbst tun. Unter anderm bieten Ihnen Tätigkeiten im Bereich der Heilkunde, der Behindertenrehabilitation, des Tourismus oder der Öffentlichkeitsarbeit die Möglichkeit, beide Fliegen mit einer Klappe zu schlagen. Sie hätten sicher an einigen, wenn nicht sogar an allen Berufen in dieser Richtung Freude. Sie müssen sich frei fühlen, um Ihre kreativen Fähigkeiten auch voll und ganz ausschöpfen zu können. Sie scheuen keine noch so harte Arbeit, nur sind oft Ihre Augen größer als Ihr Mund. Stellen Sie genauestens fest, was zu Ihren Pflichten gehört, und tun Sie dann das Ihre, aber nicht einen Handschlag mehr. Andernfalls werden Ihnen wahrscheinlich Aufgaben übertragen, die andere eigentlich erfüllen müßten oder einfach nicht ausführen wollen.

Sie sollten unbedingt einer interessanten Nebenbeschäftigung nachgehen. Widmen Sie sich nach Möglichkeit einem Hobby, das Ihren Kreativkräften förderlich ist. Was immer Sie tun, wird sich als segensreich für Sie erweisen, solange Sie nicht dazu verpflichtet sind, sondern aus freien Stücken bei der Sache sind. Bei dieser Art von Betätigung könnten Sie sich wunderbar entspannen und hätten eine echte Chance, lockerer zu werden. Vielleicht unterrichten Sie gerne in der Sonntagsschule oder engagieren sich in der Gemeinde- oder Kommunalpolitik – wichtig ist bei alledem nur, daß Sie selbst entscheiden, wieviel Sie leisten wollen.

Achten Sie vor allen Dingen darauf, daß Sie sich nur mit vertrauenswürdigen Leuten einlassen, dann ersparen Sie sich unnötige Ängste.

Mond-Quinkunx-Saturn

Das Quinkunx zwischen Ihrem Mond und Saturn zeigt auf, daß Ihre Reaktionen auf andere Menschen durch untergründige Schuldgefühle gesteuert werden. Sie fühlen sich anscheinend erst wohl in Ihrer Haut, wenn Sie auf irgendeine Art zeigen können, daß Ihre Mitmenschen Ihnen aufrichtig am Herzen liegen. In gewisser Weise gestehen Sie mit diesem Verhalten ein, daß Sie sich ihrer nicht würdig fühlen. Es scheint so, als wäre Ihnen schon in frühester Kindheit durch die Erziehung Ihrer Eltern eingeimpft worden, andere hätten das Recht, Sie auszubeuten und Ihnen Minderwertigkeitsgefühle einzugeben. Als Erwachsener können Sie das ändern; eine echte Schuld tragen Sie nur sich selbst gegenüber, das heißt, Sie haben die Pflicht, sich von Ihrer Unterwürfigkeit zu befreien. Lassen Sie sich nicht von andern dadurch einschüchtern, daß die Echtheit Ihrer Gefühle bezweifelt wird.

Daß Sie sich andern unterlegen fühlen, ist Ihren Lebenszielen nicht gerade förderlich. Legen Sie genau fest, was im Zusammenhang mit andern Menschen Vorrang hat und was für Sie allein in erster Linie wesentlich ist. Denken Sie zuerst einmal an sich, ehe Sie überlegen, was Sie für andere tun können. Dann werden Sie merken, daß Ihre Mitmenschen schon selber Mittel und Wege finden, mit ihren Problemen fertig zu werden. Spielen Sie nicht den Sündenbock für Leute, die Ihnen lediglich brutal die eigenen Schuld- und Minderwertigkeitsgefühle aufdrängen wollen.

Sobald Sie Ihre Pflichten klar definiert haben, können Sie Zukunftspläne schmieden. Vielleicht gefällt Ihnen die Sozialarbeit, vielleicht auch eine Tätigkeit im Bereich von Erziehung und Bildung, Politik oder Medizin. In jeden Beruf Ihrer Wahl bringen Sie jedenfalls Ihre Gestaltungskräfte und Ihre Kreativität mit ein, mit deren Hilfe Sie Ihre Ziele auch verwirklichen können. Sie sind wie geschaffen für eine spezialisierte Tätigkeit. Sie haben ein gutes Gedächtnis, sind verantwortungsbewußt und legen sich nur noch mehr ins Zeug, wenn Ihre Leistungen gewürdigt werden. Wenn Sie sich für den Sektor der Forschung und Lehre entscheiden, sollten Sie die naturwissenschaftliche Forschung als Wirkungsfeld für Ihre Begabungen in Betracht ziehen. Die Aufmerksamkeit, die Sie auch kleinsten Details schenken, ist ein gutes Fundament für die Präzision, die auf diesem Gebiet erforderlich ist.

Ihr Liebesleben kommt wahrscheinlich nur langsam in Gang, und wie es sich später entwickelt, hängt ganz und gar davon ab, ob Sie es schaffen, sich nicht länger von andern in aller Selbstverständlichkeit an die Wand drücken zu lassen. Sie sollten sich klarmachen, wie tüchtig Sie sind, und wenn Sie endlich einmal mit Ihrem Pfund wuchern, werden Sie Ihren Mitmenschen auch privat als Persönlichkeit auffallen, die stolz und selbstbewußt auf Erfolge zurückblicken kann.

Vermutlich erwarten Sie von Ihrem Partner, daß er Sie braucht, weil nur Sie ihn in mancherlei Beziehung zufriedenstellen können. Sie sollten einander jedoch unbedingt in Ihrer individuellen Art respektieren und willens sein, sich bei Bedarf gegenseitig zu helfen. Gehen Sie unter gar keinen Umständen eine Beziehung ein, in der ein Partner schwächer ist, während der andere sich nach Lust und Laune auslebt. Das wäre eine Belastung, die auf die Dauer unerträglich werden und das Verhältnis untergraben würde.

Mond-Quinkunx-Uranus

Das Quinkunx vom Mond zu Uranus besagt, daß Sie erst Ihre emotionalen Probleme lösen müssen, ehe Sie sich wirklich frei fühlen können. Wahrscheinlich bedrückt es Sie, daß Sie, sobald Sie eine Schwierigkeit ausgeräumt haben, schon die nächste entdecken. Aber im Verlauf dieses Lernprozesses üben Sie sich darin, wiederkehrende Krisen zu meistern. Mit der Zeit werden keine Probleme mehr auftreten – dann sind Sie frei. Die Schwierigkeiten, mit denen Sie zu kämpfen haben, sind eine direkte Folge der elterlichen Erziehung in Ihrer Kindheit. Sie sind seelisch nicht mit den Lasten fertig geworden, die Sie tragen sollten. Deshalb hatten Sie Schuldgefühle und haben mit allen Mitteln versucht, sich davon zu befreien.

Aus Ihren übertriebenen Empfindungen heraus dienen Sie sich andern an, und dabei hoffen Sie inständig, schließlich und endlich einmal erlöst zu werden von dem inneren Zwang, sich nützlich zu machen. Sie eignen sich viele Fähigkeiten an, um in Ihrem Beruf erfolgreich zu sein. Am besten wäre für Sie ein Wirkungskreis, wo Sie unter anderm Gruppen lehren würden, ihre Begabungen zu entwickeln. Sie könnten von Ihren Talenten auch in der Medizin den allerbesten Gebrauch machen und Bedeutung erlangen. Ferner wäre noch die Forschung und Entwicklung ein Gebiet, das Ihnen konstruktive Möglichkeiten für die Zukunft bieten würde.

Passen Sie auf, daß Sie nicht von Leuten ausgenutzt werden, die behaupten, nur Sie könnten ihnen behilflich sein. Das ist die reine Bauernfängerei, damit Sie sich in aller Ergebenheit zu einer Dienstleistung bereitfinden, für die andere ebensogut in Frage kämen.

Als sensibler, gefühlvoller Mensch sollten Sie auf Ihre warnende innere Stimme hören und sich nicht in qualvolle Situationen verwickeln lassen. Sie haben nur geringe Widerstandskräfte und könnten sich durch solche Überbelastung ein Nervenleiden zuziehen. Das sollten Sie um jeden Preis verhindern, indem Sie sich einfach weigern, mehr zu tun, als unbedingt notwendig ist. Ruhe und Entspannung sind überaus wichtig für Sie und sollten einen gebührenden Raum in Ihrem Leben einnehmen.

Bei Ihren Liebesbeziehungen werden Sie womöglich merken, daß Sie oft die Rolle des Dienenden spielen. Sie heiraten in der Hoffnung, dadurch Ihre Probleme loszuwerden. Und wenn Sie keine Schuldgefühle mehr wegen irgendwelcher Unterlassungssünden haben, gibt es auch keinen Grund, warum Sie damit nicht Glück haben sollten.

Mond-Quinkunx-Neptun

Mit dem Mond im Quinkunx zu Neptun haben Sie Mitgefühl für andere, und das zeigen Sie auch, indem Sie Ihre Dienste anbieten, wenn Hilfe vonnöten zu sein scheint. Da Sie ein tiefempfindsamer Mensch sind, fällt es Ihnen schwer, auf Distanz zu bleiben. Sie benehmen sich ständig wie eine Glucke, die im Angesicht einer Gefahr ihre Küken zu schützen bemüht ist. Dabei bringen Sie sich im Grunde nur aus einem unterbewußten Bedürfnis heraus in solche Situationen, unter denen Sie dann märtyrerhaft leiden. Auf solche Weise kommen Sie rein gefühlsmäßig Ihren sozialen Verpflichtungen nach und beschwichtigen Ihr Verantwortungsbewußtsein. Ihre Einbildungskraft arbeitet auf Hochtouren, um Probleme zu schaffen, die Sie lösen können.

Im Berufsleben legen Sie sich unnötig ins Zeug, womöglich sehr zum Ärger Ihrer Kollegen. Auf dem Gebiet der Medizin, der Fürsorge oder der Jugendberatung hätten Sie reichlich Gelegenheit, einen wesentlichen Beitrag zum Wohle der Allgemeinheit zu leisten. Eine Tätigkeit in einem dieser Bereiche würde Sie rundum befriedigen. Ihr größtes Problem besteht darin, eine annehmbare Möglichkeit aufzutun, wie Sie Ihren inneren Triebkräften sowohl zu Ihrem eigenen als auch zum Nutzen Ihrer Mitmenschen freie Bahn lassen können. Bei allem, was Sie in Angriff nehmen, sollten Sie Ihre Verantwortlichkeiten klar abgrenzen und sich keinesfalls für zusätzliche Aufgaben zur Verfügung stellen. Sie dürfen sich bei Ihrer Konstitution nicht zuviel zumuten. Absolut notwendig sind für Sie sauber zubereitete, nahrhafte und vor allem gesunde Mahlzeiten.

In Liebesdingen werden Sie wohl so lange Enttäuschungen erleben, bis Sie in Ihrer Kontaktsuche ehrlich und realistisch geworden sind. Es fällt Ihnen ziemlich schwer, Ihre Mitmenschen so zu sehen, wie sie wirklich sind. Meist dichten Sie ihnen Eigenschaften an, denen sie überhaupt nicht gerecht werden, und sind dann bitter enttäuscht, wenn sie Ihren Erwartungen in keiner Weise entsprechen. Sie lassen sich leicht von Menschen täuschen, die Ihnen ein falsches Bild von sich vorgaukeln. Sie werden etliche Male auf unbefriedigende Bekanntschaften hereinfallen, bis Sie endlich darauf achten, daß diese Leute erst ihre Glaubwürdigkeit unter Beweis stellen, bevor Sie sich ihnen mit Haut und Haar verschreiben.

Sie sind ein romantischer Schwärmer und finden Ihren Seelenfrieden wahrscheinlich bei einer künstlerischen oder anderen kreativen Betätigung. Dank Ihrer Inspiration genießen Sie in Stunden des Alleinseins Augenblicke höchster Klarheit.

Mond-Quinkunx-Pluto

Das Quinkunx zwischen Mond und Pluto deutet auf eine Persönlichkeit hin, die sich in einem labilen Gleichgewicht befindet. Sie müssen lernen, Ihre emotionalen Zwänge mit mehr Abstand zu sehen. Vielleicht sind Sie in Ihren prägenden Kindheitsjahren dazu angehalten worden, Ihren Eltern in allem strikt zu gehorchen. Wenn Sie aufbegehrt haben, wurde Ihnen vermutlich entgegengehalten, Sie hätten Vater und Mutter wohl nicht lieb. Sie sind in dem irrtümlichen Glauben befangen, wer Sie ausnutzt, müsse auch in irgendeiner Weise um Sie besorgt sein. Aber Unterwerfung unter jemanden trägt Ihnen lediglich dessen Geringschätzung ein.

Jetzt werden Sie doch die alten Gewohnheiten ablegen und neue annehmen müssen, um sich nicht länger den Schikanen von Menschen auszusetzen, die Sie in einer schwachen Stunde zu übervorteilen versuchen. Sie sind andern auf Gnade und Ungnade ausgeliefert, wenn Sie nicht alle Kräfte zusammennehmen und dem einen Riegel vorschieben.

Im Berufsleben müssen Sie vor Kollegen auf der Hut sein, die Sie ausbeuten wollen. Wenn Sie gebeten werden, neue Pflichten zu übernehmen, sollten Sie diese erst eingehend durchleuchten. Widmen Sie sich immer nur einer einzigen Aufgabe und tun Sie nur, wozu Sie ausdrücklich angewiesen worden sind; machen Sie sich keinesfalls zum Sündenbock für anderer Leute Unfähigkeit.

Sie eignen sich gut für Tätigkeiten, die Sie gewissermaßen »hinter den Kulissen« ausüben können. Lassen Sie die Hände weg von einer Arbeitsstelle, wo Sie Überstunden machen sollen, es sei denn, Sie werden dafür entsprechend bezahlt.

Sie sollten ganz besonders achtgeben, daß Sie sich nicht emotional mit Leuten einlassen, die ihren Charme spielen lassen, um Sie um den Finger zu wickeln. Wahrscheinlich erkennen diese Menschen, wie leichte Beute Sie sind. Sie fallen schnell auf den äußeren Schein herein, und deshalb sollten Sie sich von jedem, den Sie anziehend finden, erst eine klare Vorstellung machen. In Ihrem starken Verlangen nach einem Heim und Familie legen Sie womöglich einen viel zu niedrigen Maßstab an, was einen passenden Liebespartner betrifft. Prüfen Sie alle, die in Frage kommen, mit großer Genauigkeit und Objektivität, damit Sie nicht enttäuscht werden.

Mond-Quinkunx-Aszendent

Der Mond im Quinkunx zum Aszendenten sagt aus, daß Sie geradezu danach lechzen, den Prügelknaben zu spielen. Sie sind so eifrig darauf bedacht, andern Ihr tiefes Mitgefühl zu demonstrieren, daß Sie in Ihrer teilnahmsvollen Art nur allzuleicht ausgenutzt werden. Da Ihnen anderer Leute Probleme aufs Gemüt schlagen, möchten Sie nach Möglichkeit helfen, die Schwierigkeiten auszuräumen. Sie wenden großmütig Zeit und Mühe daran, andern zu Diensten zu sein, und sind bei Bedarf gleich zur Stelle. Sie sind eben gerne gefällig, aber damit werden Sie auf die Dauer Ihre Gesundheit ruinieren.

Leider machen Sie keinen Unterschied zwischen Leuten, die Ihrer Hilfe wert sind, und solchen, die sie nicht verdienen. Und wer Ihrer Unterstützung nicht würdig ist, lacht sich womöglich noch ins Fäustchen, daß Sie sich so für ihn einsetzen. Wenn Sie für Ihre Leistungen ein entsprechendes Entgelt festlegen, brauchen Sie nicht soviel Energie an Leute zu verschwenden, die Ihren Einsatz ohnehin nicht zu würdigen wissen.

Sie werden immer in der Lage sein, sich Ihren Lebensunterhalt zu verdienen, weil Sie sich auf die verschiedensten beruflichen Erfordernisse einstellen können. Sie würden sich nie einer Tätigkeit versagen, nur weil sie nach Auffassung Ihrer Freunde und Bekannten unter Ihrem Niveau ist. Sie tun, was der Augenblick gebietet. Ihre Vorgesetzten halten Sie für einen fähigen Angestellten, der keine Arbeit scheut, während Ihre Freunde wahrscheinlich bekritteln, daß Sie sich verausgaben. Vielleicht hatten Sie kein Interesse an höherer Bildung, aber das macht nichts, denn Sie können diesen Mangel auf andere Weise ausgleichen. Und selbst wenn Sie über Kenntnisse verfügen, verlassen Sie sich doch zu Ihrem eigenen Vorteil auch stets auf Ihre Erfahrung.

Sie wiegen sich gern in dem Gefühl, allen Menschen, mit denen Sie Umgang pflegen, eine konstruktive Lebenshilfe zu geben. Sie haben nämlich keineswegs vergessen, wie Sie selbst in jungen Jahren gefördert worden sind, und Ihre Hilfeleistung ist in gewissem Sinne eine Rückzahlung. Die Wertschätzung Ihrer Person ist Ihnen Lohn genug für Ihre Mühe.

Merkur-Quinkunx-Mars

Mit Merkur im Quinkunx zu Mars besitzen Sie zwar Kenntnisse, wenden Sie aber völlig falsch an. Sie sind außerordentlich beschlagen auf vielen Gebieten, können jedoch nicht ermessen, wie Sie von Ihrem Wissen den besten Gebrauch machen sollen. Und wenn Sie dann Verpflichtungen übernommen haben, die gar nicht Ihre Sache sind, beklagen Sie sich bitterlich, Sie hätten keine Zeit mehr für sich selbst. Sie wollen von den

Leuten, denen Sie sich nützlich machen, anerkannt und für sachverständig gehalten werden, dabei wissen diese Menschen Ihre Leistungen nur allzuoft gar nicht zu würdigen. Es wäre ratsam, wenn Sie eine Liste der vordringlichsten Aufgaben in Ihrem Leben aufstellten und alle die wieder ausstreichen würden, die nicht zu Ihrem Vorteil sind. Dann sollten Sie sich voll und ganz den übrigen, die wirklich Priorität haben, widmen. Sollte danach noch Zeit übrig sein, können Sie mit Vorsicht solche hinzufügen, die andern zugutekommen. Der Grund dafür ist einleuchtend: Sie quälen sich selbst mit der Unterstellung, Sie seien Ihren Mitmenschen etwas schuldig. Hilfsbereitschaft ist sicher ein feiner Zug, aber Sie gehen das Risiko ein, von den Menschen, denen Sie gefällig sind, ausgebeutet zu werden. Passiert das, sind Sie natürlich ob solcher Gefühlskälte enttäuscht und verletzt.

Wenn Sie trotz alledem noch immer glauben, »gebraucht« zu werden, sollten Sie sich um eine Anstellung bei einer gemeinnützigen Organisation bemühen. Dort könnten Sie sich Ihre Ängste von der Seele schaffen und zugleich Ihr Brot verdienen. Sozialarbeit, Fürsorgedienste, Medizin, Rehabilitation und Therapie sind nur einige der Bereiche, in denen Sie Bestätigung finden würden und zudem noch andern von Nutzen sein könnten.

Sie laufen Gefahr, sich physisch zu erschöpfen, wenn Sie sich nicht zusammennehmen und kürzertreten. Ihr Nervenkostüm ist recht empfindlich und verträgt keine Dauerbelastung. Befleißigen Sie sich zu Ihrem eigenen Schutz und Wohlergehen einer vernünftigen Terminplanung. Sie müssen Ihrer Alltagsroutine ab und zu den Rücken kehren und sich erholen.

Stellen Sie Ihr Licht nicht unter den Scheffel, wenn Sie jemanden kennenlernen. Wem Sie zugeneigt sind, dem geben Sie schnell nach, aber lassen Sie sich um keinen Preis zwingen, Ihre Liebe unter Beweis zu stellen. In diesem Fall wird Ihnen nämlich Ihr Partner über, im wahrsten Sinne des Wortes, und dafür wiederum können Sie sich dann selbst nicht mehr ausstehen. Als hart arbeitender Mensch brauchen Sie einen Gefährten, der mit Ihnen zusammen nach Erfolg strebt und von einer gemeinsamen Basis aus im beiderseitigen Interesse das Seine tut.

Merkur-Quinkunx-Jupiter

Das Quinkunx zwischen Ihrem Merkur und Jupiter weist darauf hin, daß Sie nicht recht zum Zuge kommen mit Ihren kreativen Fähigkeiten. Allem Anschein nach zwingen vordringlichere Sachen Sie dazu, Ihre persönlichen Wünsche zurückzustellen. Offenbar kommt jeder mit seinen Problemen zu Ihnen und hofft, durch Sie eine Lösung dafür zu finden. Da Sie hochherzig sind, weisen Sie niemanden in seiner Not ab, sondern geben seinem Anliegen eine Bedeutung, die es möglicherweise gar nicht verdient. Soviel Verantwortungsgefühl ist übertrieben. Unter Umständen beklagen Sie sich bitterlich, Sie hätten keinen Moment Ruhe, und dabei unternehmen Sie nichts, um diesem Mißstand ein Ende zu machen. Wenn Sie jemandem eine Bitte abschlagen, haben Sie sofort Schuldgefühle und fallen in Ihre alten Gewohnheiten zurück. Dadurch reiben Sie sich seelisch auf und vernachlässigen wichtige eigene Aufgaben.

Sie sollten sich einmal für eine Weile vom Lebenstrubel zurückziehen und die richtige Einstellung zu sich selbst finden. Setzen Sie bei Ihren Angelegenheiten Prioritäten und nehmen Sie sich dann, je nach Wichtigkeit, eins nach dem andern vor. Lassen Sie nicht zu, daß andere Leute Schuldgefühle in Ihnen wecken, weil Sie sich von ihnen gelöst haben. Damit hemmen Sie nur Ihre Entwicklung. Obgleich Sie gescheit und auf vielen Gebieten bewandert sind, treten Schwierigkeiten auf, sobald Sie Ihre Kenntnisse anzuwenden versuchen. Hören Sie nicht so bereitwillig auf die Vorschläge anderer Menschen, die angeblich nur Ihr Bestes wollen. Sie kommen gut ohne solche Hilfestellung aus. Sie haben es nicht nötig, Ihre Leistungen mit denen anderer Leute zu vergleichen, um sich darüber Aufschluß zu verschaffen, wie tüchtig Sie sind. Sie sind hinreichend qualifiziert, sollten sich jedoch akademisch bilden, um sich ein klares Bild von Ihren Möglichkeiten machen zu können. Nur fundierte Kenntnisse geben Ihnen den nötigen Rückhalt, so daß Sie sich in Wettbewerbssituationen mit Erfolg durchsetzen können. Welche Richtung Sie auch einschlagen, immer werden Sie auf Ihrem Gebiet eine Kapazität sein. Und das Bewußtsein Ihres Könnens wird mit dazu beitragen, daß sich Ihre Ängste verlieren.

Mit Ihren Begabungen können Sie im Bereich der Erziehung und Bildung, des Tourismus oder auch der Öffentlichkeitsarbeit etwas erreichen. Sie werden Bedeutendes leisten, wenn Sie nur fleißig sind. Sie haben das richtige Naturell für harte Arbeit, sofern Sie wissen, daß Ihr Einsatz sich auch lohnt.

In Ihrem Privat- und Liebesleben verkaufen Sie sich unter Preis. Sie wollen sich unbedingt vor Ihrem Partner produzieren, bevor überhaupt sicher ist, daß die Beziehung auch von Dauer sein wird. Buhlen Sie nicht um die Gunst Ihrer oder Ihres Angebeteten, indem Sie Versprechungen machen, die Sie nachher nicht halten können. Offenheit und Aufrichtigkeit zahlen sich bei weitem mehr aus. Wenn Sie sich jemandem erst andienen müssen, dann hat derjenige womöglich wenig Sinn für Ihre Vorzüge.

Machen Sie sich bloß keine Sorgen um Dinge, die nicht zu ändern sind. Wenn Sie Ihr empfindliches Nervensystem überstrapazieren, werden Sie sich unter Umständen Darm- und Verdauungsbeschwerden zuziehen.

Merkur-Quinkunx-Saturn

Merkur im Quinkunx zu Saturn zeigt auf, daß Sie verantwortungsbewußt und ernsthaft sind, diese Charakterzüge jedoch zu stark betonen, was die Dinge unter Umständen erschwert. Die Erwartungen anderer an Sie schätzen Sie viel höher ein, als sie tatsächlich sind, und deshalb legen Sie sich mächtig ins Zeug, um immer gefällig zu sein. In Ihrem Bestreben, allseits Zustimmung zu finden, sind Sie Ihren Mitmenschen so willfährig, daß Sie lästig fallen. Da Sie bereitwilligst den Sündenbock spielen, wo andere versagt haben, verlieren die Leute allen Respekt vor Ihnen. Hören Sie auf, sich für Menschen aufzuopfern, die gleich die ganze Hand nehmen, wenn Sie nur einen Finger reichen, und sich nicht darum scheren, daß Sie dabei seelisch ausgepowert werden. An Ihnen zeigen sich alle Symptome eines echten Masochisten, und das wiederum bringt Ihre Mitmenschen auf sadistische Gedanken.

Sie werden erst Fortschritte machen, wenn Sie aufhören, sich für Leute abzuquälen, die unfähig sind, sich selbst zu helfen. Bringen Sie Ihre Fähigkeiten lieber in Wirkungsbereiche wie Architektur, technisches Zeichnen, Ingenieurwesen, Wissenschaft und Forschung, staatliche Sozialarbeit, Erziehung und Bildung oder Heilkunde ein. Auf diesen Gebieten werden Sie Gelegenheit haben, den Lohn für Ihre Anstrengungen zu ernten. Dann tun Sie zwar noch immer etwas für andere, bleiben aber in Ihren persönlichen Kontakten unbehelligt.

Setzen Sie sich Prioritäten in Ihrem Leben. Erledigen Sie zu allererst die Sachen, von denen Sie wissen, daß sie getan werden *müssen,* ehe Sie irgend etwas auf Anraten anderer in Angriff nehmen. Sagen Sie endlich einmal nein, wenn Sie Zeit und Mühe aufwenden sollen. Sie können sich getrost damit entschuldigen, Ihre derzeitigen Verpflichtungen erlaubten es leider nicht. Mit anderen Worten: Schaffen Sie sich die Leute vom Hals, oder Sie werden mit Arbeit überhäuft. Meistens ist Ihr Einsatz ohnehin vergebene Liebesmüh.

Schauen Sie nicht zurück, sonst sind Sie unter Umständen enttäuscht, daß Sie Ihre Ziele noch nicht erreicht haben. Entschließen Sie sich fest, auch einmal zu schwelgen, aber schwelgen Sie nicht in Selbstmitleid. Lernen Sie aus der Vergangenheit und ziehen Sie neue Seiten auf.

Fassen Sie sich einmal offen und ehrlich ins Auge. Vielleicht ist Ihnen gar nicht bewußt, daß Sie begabt sind. Pfeifen Sie ruhig auf anderer Leute Meinung und kümmern Sie sich lieber um die Förderung Ihrer Talente. Sie können sich auch im stillen Kämmerlein an einem Handwerk versuchen, dann werden Sie merken, wie geschickt Sie sind. Sie sollten sich darüber hinaus klarmachen, daß Sie keineswegs hinter andern zurückzustehen brauchen. Nur müssen Sie es dann auch unterlassen, Ihren Mitmenschen vorzuhalten, Sie verletzt zu haben, denn ohne Ihr stillschweigendes Einverständnis hätten sie das gar nicht tun können. Wenn Sie wirklich verletzt worden sind, war es wahrscheinlich auch notwendig. Ebenso dürfte es klar sein, daß Sie niemandes Bestätigung brauchen, sondern sich nur selbst Anerkennung schuldig sind.

Merkur-Quinkunx-Uranus

Das Quinkunx zwischen Merkur und Uranus deutet an, daß Sie sich selbst damit bestrafen und darunter leiden, aller Welt zu Diensten zu sein. Sie sind eine wandelnde Besserungsanstalt und kommen durch die Probleme Ihrer Mitmenschen dauernd aus dem inneren Gleichgewicht. Mal legen Sie sich in halbherziger Begeisterung ins Zeug, um bald darauf wieder in Seelenqualen zu versinken, weil Sie nicht zu Ende führen, was Sie einmal angefangen haben.

Sie können sich mit Ihrem übertriebenen Pflichtbewußtsein allerdings hervorragend in Ihrer unmittelbaren Umgebung wie überhaupt ganz allgemein zum Wohle der Menschheit betätigen, indem Sie einen Beruf ergreifen, der Ihrem Anliegen entgegenkommt. In der Sozialarbeit vor Ort, bei der Beschaffung von Geldmitteln für die medizinische Forschung, in der Medizinforschung selbst und bei Rehabilitationsprogrammen für geistig Behinderte hätten Sie den Wirkungskreis, den Sie brauchen. Sie haben jedoch Ihre Zukunft theoretisch schon verplant, und sie dürfte auch gesichert sein, sofern Sie nicht von Reue über irgendwelche Unterlassungssünden geplagt werden. Sie haben nämlich unter Umständen tiefe Schuldgefühle, weil Sie sich nicht so für andere einsetzen, wie Sie eigentlich könnten.

In Wahrheit haben Sie sich gar nichts vorzuwerfen. Im Gegenteil: Wenn Sie sich derart hingebungsvoll einsetzen, kommen Sie selbst zu kurz. Schließlich schulden Sie sich selber auch etwas. Und bis Sie in dieser Beziehung neue Prioritäten setzen, werden Sie auf Gnade und Ungnade Leuten ausgeliefert sein, die beständig etwas für Sie zu tun finden und Ihre Hochherzigkeit schamlos ausnutzen.

Sie fühlen sich zu Menschen hingezogen, die sich auf ähnliche Art und Weise betätigen wie Sie. Wer aus Egoismus handelt, sinkt in Ihrer Achtung sofort auf den tiefsten Punkt. Aber urteilen Sie nicht vorschnell – diese Leute erlegen sich womöglich nur die Zurückhaltung auf, in der Sie sich zu Ihrem eigenen Nachteil leider nicht üben.

Bei Ihnen besteht das Problem, daß Sie nicht wissen, wann Sie zugunsten Ihrer Gesundheit einen Riegel vorschieben sollten. Lassen Sie sich von Zeit zu Zeit untersuchen, damit Sie merken, ob Sie sich mehr abverlangen, als Sie verkraften können. Wenn Sie sich nämlich fortwährend verausgaben, müssen Sie mit ernsten Nervenbeschwerden rechnen.

Merkur-Quinkunx-Neptun

Mit Merkur im Quinkunx zu Neptun haben Sie Schuldgefühle, daß Sie nicht genügend auf die Interessen anderer eingehen. Sie machen Versprechungen, die Sie nicht halten können, und trösten sich im betreffenden Fall damit, zumindest den Versuch unternommen zu haben. Aber Ihre Rechtfertigung entspricht nicht der Realität. Sie schaffen sich völlig unnötigerweise selbst lästige Verpflichtungen. Als müßten Sie sich unbedingt selber quälen, machen Sie sich über Probleme Sorgen, die vielleicht nie auftauchen, und geraten ganz und gar aus der Fassung, wenn doch einmal welche auftreten. Sie halten aus einem Zwang heraus Ihre Versäumnisse für überaus schwerwiegend, und Sie machen sich krank, weil Sie sich mit Aufgaben befassen, die Sie auf Grund angeblich in Sie gesetzter Erwartungen durchführen zu müssen glauben.

Sie haben Vorstellungsvermögen, Phantasie und schöpferische Fähigkeiten, jedoch Schwierigkeiten, von diesen guten Anlagen auch zu Ihrer vollsten Zufriedenheit Gebrauch zu machen. Ihre Arbeit sollte Ihnen die Gelegenheit bieten, Ihre Talente spielen zu lassen. Allerdings dürfte es Ihnen schwerfallen, einen Beruf auszuüben, in dem Sie sich an einen Terminplan halten müssen. Am besten arbeiten Sie wohl allein, so daß Sie sich nicht mit Kollegen messen müssen. Eine enge Zusammenarbeit mit andern könnte zu unangenehmen Mißverständnissen führen und Ihnen Ihre Arbeit verleiden. Sie hätten entschieden mehr von einem Wirkungskreis, wo Sie keiner Kritik ausgesetzt wären.

Sie müssen lernen, Prioritäten zu setzen, damit Sie Ihre Ziele ohne übermäßige Anstrengung erreichen. In Ihrem Verlangen nach der Anerkennung Ihrer Leistungen übernehmen Sie gern zusätzliche Aufgaben. Damit überfordern Sie sich jedoch. Zirkeln Sie Ihre Verantwortlichkeiten genau ab und legen Sie nicht noch freiwillig zu. Sie können sich nicht so verzetteln und trotzdem erwarten, viel zu schaffen. Der Mißbrauch, den Sie mit sich selbst treiben, geht über Ihre Nervenkraft.

Auch in Ihrem Privatleben können Sie davon ausgehen, daß andere Ihre Hilfsbereitschaft für sich ausnutzen. Und wenn Sie dann merken, daß Sie nur ausgebeutet worden sind, sind Sie am Boden zerstört. Warten Sie ab, bis Ihre Mitmenschen ihre Glaubwürdigkeit bewiesen haben und sich Ihnen gegenüber aufrichtig zeigen. Gönnen Sie sich des öfteren Ruhe und versuchen Sie, lockerer zu werden. Der innere Druck, unter dem Sie leiden, ist nur eingebildet, aber die daraus folgende physische Erschöpfung ist sehr real.

Merkur-Quinkunx-Pluto

Ihr Merkur im Quinkunx zu Pluto deutet auf übertriebenes Verantwortungsbewußtsein hin. Sie sind so erzogen worden, alle Ihnen zugewiesenen Pflichten als förderlich für Ihr gesamtes Wachsen und Werden anzusehen. In Ihrer frühen Kindheit haben Sie sicher bittere Zeiten durchgemacht, wenn allem Anschein nach immer Sie für Aufgaben ausersehen wurden, die andere nicht übernehmen wollten. Dadurch haben Sie ein bestimmtes Verhaltensmuster entwickelt, und jetzt sind Sie zwanghaft darauf fixiert, Verpflichtungen sofort wahrzunehmen und hinter sich zu bringen. Dabei nehmen Sie wahrscheinlich auch noch die Pflichten anderer auf sich, weil Sie nicht zwischen fremder und eigener Verantwortung unterscheiden können.

Sie sind für die verschiedensten Berufe qualifiziert, müssen jedoch davon abkommen, sich in die Zuständigkeiten Ihrer Kollegen einzudrängen, und lernen, sich nur um Ihre eigenen Angelegenheiten zu kümmern. Unter dem Einfluß dieser Planetenkonstellation geraten Sie leicht mit andern aneinander, wenn Sie sich in deren Arbeitsablauf einmischen. Sie sind geradezu prädestiniert dafür, in derlei verwickelt zu werden, ohne es selbst zu merken.

Mit Ihren intellektuellen Fähigkeiten können Sie es im Bereich der Medizin, Forschung, Analyse, Chemie oder in der Verbrechensaufklärung zu etwas bringen. Sie haben die nötige Entschlossenheit und Ausdauer, an einem Projekt zu arbeiten, bis es in allen Einzelheiten untersucht und ausgewertet ist, und das sind Charaktereigenschaften, die für solche Berufsfelder Voraussetzung sind. Sie können unglaublich scharfsinnig folgern und werden mit Sicherheit viele Problemlösungen auf Grund Ihrer außergewöhnlichen inneren Wahrnehmungsfähigkeit entwickeln.

Sie verstehen sich gut mit Leuten, die ebenso aufopfernd sind wie Sie, insbesondere, wenn sie dem Gemeinwohl dienen. Wenn Ihnen jemand einen Gefallen tut, wissen Sie das zu würdigen und zeigen sich auch stets erkenntlich. Sie sind ehrlich im Umgang mit andern und verlangen Ihrerseits ebenfalls Aufrichtigkeit. Aber Sie reagieren eiskalt und mit herber Kritik auf jeden, der Sie irreführt, und sind sehr nachtragend, wenn Ihre Bemühungen nicht gebührend geschätzt werden. Als Arbeitgeber sind Sie nur schwer zufriedenzustellen, denn Sie sind ein Perfektionist.

In Ihrem ehrgeizigen Streben nach Erfolg sollten Sie sich nicht zu sehr verausgaben. Sie muten Ihren Kräften leicht zuviel zu, und das kann zu nervöser Reizbarkeit führen. Es wäre ratsam, wenn Sie Ihren beruflichen Interessen von Zeit zu Zeit den Rücken kehren würden, um die physischen Reserven wieder aufzufüllen, die durch die Anforderungen im Berufsleben erschöpft werden. Sie müssen vital bleiben, wenn Sie effektiv mit Ihren Kollegen zusammenarbeiten wollen.

Zu Ihrer Entspannung sollten Sie sich einer Freizeitbeschäftigung widmen, zum Beispiel einem Handwerk oder Kunsthandwerk, sozialen Aufgaben oder auch der Jugendarbeit. Setzen Sie Ihre überströmenden Energien da ein, wo sie einem guten Zweck dienen und hochgeschätzt werden. Sie brauchen auf jeden Fall ein Hobby, das Ihre Phantasie beflügelt, Sie fesselt und Ihnen einen Wirkungsraum für Ihre enormen kreativen Fähigkeiten bietet. Wesentlich ist nur, daß Sie von Ihrer Alltagsroutine abkommen und »abschalten«.

Merkur-Quinkunx-Aszendent

Merkur im Quinkunx zum Aszendenten zeigt auf, daß Sie alles daransetzen, den Menschen, mit denen Sie in Kontakt stehen, Verständnis entgegenzubringen. Wenn Sie ihnen in einer Wettbewerbssituation gegenüberstehen, unternehmen Sie große Anstrengungen, um ihnen selbst dann noch gute Seiten abzugewinnen. Sie unterwerfen sich Ihren Mitmenschen widerspruchslos, weil Sie meinen, diese wüßten selbst besser über sich Bescheid als Sie. Dabei ziehen Sie meistens die richtigen Schlüsse und haben recht mit Ihrem Urteil über diese Leute, denen das wahrscheinlich ziemlich unangenehm ist.

Sie sind ein feinfühliger Mensch mit gutem Urteilsvermögen und wollen unbedingt Anklang finden. Um so niedergeschmetterter sind Sie, wenn man Sie nicht ernst nimmt und Sie mit einem Kopfnicken verabschiedet. Ihnen ist Ihr kontinuierliches Wachsen und Werden sehr wichtig. Sie sind ein rechter Hansdampf-in-allen-Gassen, der so ziemlich alles meistert, was ihm unter die Finger kommt, als Lehrer ebensogut wie als Lernender. Sie lernen auch stets dazu und sind bestrebt, sich in allem zu vervollkommnen. Im Berufsleben leisten Sie zwar etwas, schwatzen aber zuviel und fallen damit Ihren Kollegen auf die Nerven. Sie hassen es, dauernd gefragt zu werden, wie und warum Sie dies und jenes machen. Andererseits gefällt es Ihnen sehr, wenn Sie jemand um Rat fragt, weil er etwas Bestimmtes lernen will.

Sie kennen sich selbst längst nicht so gut, wie Sie andere verstehen. Sie machen sich Sorgen über Dinge, die nicht zu ändern sind, und wenn jemand Sie in ein Gespräch über Ihre Versäumnisse verwickeln will, schwenken Sie schnell auf ein anderes Thema ab. Ihre Freunde bewundern Sie wegen Ihrer Fähigkeiten, und Ihren Vorgesetzten ist bewußt, daß Sie über einen scharfen Verstand verfügen. Sie wissen fast immer eine Antwort, auch wenn Sie keine höhere Bildung genossen haben. Und Sie schwelgen gern in wehmütigen Erinnerungen an alte Zeiten, an die Sie gern zurückdenken. Da Sie die Macht des Geldes kennen, haben Sie für Ihr Alter vorgesorgt. Rentenbeiträge abzuführen und regelmäßig etwas auf die hohe Kante zu legen ist für Sie genauso wichtig wie Ihr jetziger Broterwerb.

Sie sollten des öfteren Urlaub machen, kürzer treten und sich entspannen. Der Streß Ihres Berufsalltags führt leicht zu einer Überreizung, so daß Sie sich von Zeit zu Zeit davon freimachen sollten.

Venus-Quinkunx-Mars

Mit Venus im Quinkunx zu Mars haben Sie ausgeprägte Bedürfnisse, aber Schwierigkeiten, sie zu befriedigen. In Ihrem Eifer, den Beifall derer zu gewinnen, mit denen Sie zu tun haben, machen Sie enorme Zugeständnisse. Sie fragen sich nicht, warum Sie eigentlich Zustimmung brauchen. Manchmal sind Sie einfach aus Lust und Laune gefällig, um auf einmal zu merken, daß das von Ihnen erwartet wird. Dann sind Sie gegen die Betreffenden aufgebracht, und für diese Gemütsregung wiederum hassen Sie sich selbst. Sie haben offenbar keine allzu hohe Meinung von sich, denn im Grunde haben Sie natürlich eine solche Behandlung wirklich nicht verdient.

Allem Anschein nach müssen Sie für jeden Erfolg hart arbeiten, während andere es ohne viel Mühe zu etwas bringen. Hören Sie lieber augenblicklich auf, Vergleiche zwischen sich und andern zu ziehen! Es ist entschieden besser, wenn Sie sich mit gesammelter Aufmerksamkeit Ihren eigenen Angelegenheiten widmen. Ihre Mitmenschen setzen gar nicht so hohe Erwartungen in Sie, wie Sie glauben, und trotzdem gehen Sie in Ihrer Anpassung an diese mutmaßlichen Erwartungen so weit, daß Sie dafür sogar Ihr Leben umkrempeln.

Ihre beruflichen Erfolge werden so lange auf sich warten lassen, bis Sie gemerkt haben, daß Sie sich selbst ebenso wichtig nehmen müssen, wie sich Ihre Konkurrenten ernst nehmen. Wenden Sie einmal einige Zeit daran, herauszufinden, wie Ihre Kollegen und Geschäftsfreunde vorgehen. Wann hat Ihnen das letzte Mal jemand einen Gefallen getan, ohne daß Sie darum bitten mußten? Wahrscheinlich erinnern Sie sich nicht, und das ist kein Wunder. Sie sind selber schuld, wenn Sie auf Ihrer Arbeitsstelle in eine Ecke abgeschoben werden, wo Sie entweder ignoriert werden oder zumindest von allen wesentlichen Aktivitäten abgeschnitten sind.

Ihre negative Einstellung zu sich selbst kann Ihnen auch Schwierigkeiten in Ihren emotionalen Beziehungen bescheren. Sie erwecken den Eindruck, als täten Sie einfach alles, um nur ja Beachtung zu finden, und das nutzen andere zu ihrem Vorteil aus. Sie fördern bei Ihren Mitmenschen die schlechtesten Eigenschaften zutage und sind ihnen womöglich wehrlos preisgegeben. Ein Beispiel: Sie springen ein (was Sie niemals tun sollten!), um einem Kollegen zu helfen, der mit seiner Arbeit im Rückstand ist. Später merken Sie dann, daß diese Arbeit mit einem Mal zu

Ihren regulären Pflichten gehört. Als Sie eingesprungen sind, haben Sie wahrscheinlich durchblicken lassen, daß Sie reichlich Zeit dafür hätten. So leicht fallen Sie den üblen Praktiken zum Opfer, die manche Leute gebrauchen. In eine ähnliche Lage können Sie in Ihren Liebesbeziehungen geraten. Sie sind rasche Beute für unredliche Menschen, die Sie verführen und sich gefügig machen. Glauben Sie nur denen, die ihre Gefühle offen zeigen, und zwar durch Taten und nicht durch schöne Worte.

Venus-Quinkunx-Jupiter

Das Quinkunx von Venus zu Jupiter besagt, daß Sie übertrieben reagieren, wenn Sie sich anderer Leute Erwartungen anpassen. Da Sie sich über Ihre eigenen Bedürfnisse nicht genügend im klaren sind, bieten Sie großzügig andern Ihre Dienste an. Leider werden Ihre Mitmenschen Vorteile aus Ihrer Hochherzigkeit zu schlagen versuchen und Ihre Hilfsbereitschaft mißbrauchen. Sie sind nicht gerade vorsichtig in der Wahl der Menschen, denen Sie sich willig unterordnen, und das beschwört alle möglichen Probleme herauf. Bestimmt sind Sie in Ihrer Kindheit dazu erzogen worden, sich immer zu fügen. Wahrscheinlich mußten Sie nach dem Motto »Arbeit schändet nicht« sogar Leuten helfen, die im Grunde gut alleine klargekommen wären. Und so ist Ihnen mit der Zeit all die vergebene Liebesmüh, die Ihnen selbst wenig eingebracht hat, sauer geworden. Entgegenkommen zu zeigen, ist gut und schön, aber ein Kriecher braucht man deshalb noch längst nicht zu sein.

Für Sie kommen viele Tätigkeiten in Frage, die Sie gut ausüben könnten. Diese Planetenkonstellation an sich verleiht Ihnen zwar kein bestimmtes Talent, dafür aber die Fähigkeit, Berge von Verpflichtungen zu übernehmen und ihnen auch mit Erfolg nachzukommen. Sie passen sich leicht an die jeweiligen beruflichen Erfordernisse an und richten Ihre persönlichen Verhältnisse entsprechend aus. Sie werden kaum die richtige Würdigung für all die Arbeit finden, die Sie entweder selber leisten oder auch andern zuweisen. Da Sie Ihre Fähigkeiten unterschätzen, fallen Sie leicht Kollegen zum Opfer, die Ihre Ideen einfach übernehmen und zu ihrem eigenen Vorteil verwenden.

Sie machen sich ein völlig falsches Bild von den Ansprüchen, die Ihr Chef oder Ihre Arbeitskollegen an Sie stellen, und sind schnell dabei, Ihr Können zu beweisen, um den mutmaßlichen Erwartungen zu entsprechen. Ferner leiden Sie unter eingebildeten Wettbewerbssituationen, die vielleicht nie eintreten, und fürchten Konkurrenten, die gar nicht existieren. Sie haben ganz bestimmte Vorstellungen von Ihren Zielen, von denen Sie sich nur schwer abbringen lassen. Da Sie sich viel zu ernst nehmen, hindern Sie sich selbst daran, Fortschritte zu machen. Sie entwerfen Projekte, die auf Grund Ihrer unrealistischen Erwartungen von vornherein zum Scheitern verurteilt sind.

Im Umgang mit andern Menschen legen Sie im allgemeinen eine abwehrende Haltung an den Tag, selbst bei denen, die Sie von Herzen mögen. Meist stellen Sie sich als bescheidener, mit Fehlern behafteter Mensch dar, in der Hoffnung, Ihre Mitmenschen dadurch nachsichtig zu stimmen. In Ihren Liebesaffären werden Sie oft betrogen und ausgenutzt; es kommt häufig vor, daß Sie jemanden verwöhnen, der Ihnen gar keine echte Zuneigung entgegenbringt. Sie lechzen so sehr danach, Anklang zu finden, daß Sie sich sogar die unwürdigste Behandlung gefallen lassen, um dann später zu merken, daß Sie hereingelegt worden sind.

Die meisten Ihrer Gesundheitsprobleme sind psychisch begründigt. Ihre Müdigkeit ist womöglich nichts anderes als inneres Ausgebranntsein, weil Sie sich so unsäglich bemühen, bei andern anzukommen. Ihr vordringlichstes Anliegen sollte sein, sich Ihre Selbstachtung zu erhalten und nicht zuzulassen, daß man Sie ausnutzt.

Venus-Quinkunx-Saturn

Das Quinkunx zwischen Venus und Saturn ist ein Hinweis darauf, daß Sie sich durch zuviele Verpflichtungen überlastet fühlen. Sie glauben, daß andere es ständig auf Ihre Hilfsbereitschaft abgesehen haben, und dagegen sträuben Sie sich. Dabei ist Ihre Reaktion in Wirklichkeit vollkommen übertrieben, denn Sie nehmen etwas an, was in dem Maße gar nicht zutreffend ist. Dann aber ist es natürlich unfair, die andern dafür zu tadeln. Im Grunde sind Sie nämlich auf jedermanns Beifall aus, und deshalb versuchen Sie, sich allseitige Zustimmung zu erkaufen, indem Sie sich dienstbar machen.

Sie sollten einmal gründlich darüber nachdenken, ob es nicht richtig wäre, mehr an sich selbst zu denken als an die Mitmenschen. Ihre größte Schwierigkeit liegt darin, daß Sie sich selbst nicht recht mögen, und irgendwie das Gefühl haben, es zu verdienen, daß Sie ausgenutzt werden. Bei näherer Betrachtung müßten Sie jedoch merken, daß alles, was Sie andern Menschen schuldig sind, Toleranz und Achtung ist. Sich selber aber schulden Sie weit mehr als das – nämlich sich nicht einschüchtern zu lassen, Ihren Eigenwert zu erkennen und sich nur mit Sachen zu belasten, die Ihrem eigenen Interesse dienen. Wenn Sie erst einmal Ihren eigenen Bedürfnissen einigermaßen gerecht geworden sind, ist immer noch Zeit genug, andern beizuspringen.

Sobald Sie eine höhere Meinung von sich haben, können Sie auch in Ihrem Berufsleben weiterkommen. Mit der gleichen Vehemenz, die Sie für anderer Leute Belange hatten, können Sie nun darangehen, Ihre natürlichen Begabungen zu entfalten. Die Chancen für den Erfolg stehen außerordentlich gut. Sie sind ernsthaft und verantwortungsbewußt bemüht, Ihre Sache gut zu machen. Wahrscheinlich legen Sie sich sogar viel mehr ins Zeug als Ihre Kollegen und Konkurrenten. Es gibt viele Gebiete, auf denen Sie Bestätigung finden und recht erfolgreich sein könnten; dazu gehören unter anderm die Öffentlichkeitsarbeit, die Innenarchitektur, der Gartenbau, das Immobiliengeschäft und der Verkauf. Sie sind immerhin so flexibel, daß Sie sich den unterschiedlichsten beruflichen Interessen anpassen können.

Ihr Liebesleben ist unter Umständen alles andere als erfreulich, es sei denn, Sie sind eisern und lassen sich von Ihrem Partner nicht unterdrükken. Ihr Argwohn sollte geweckt sein, wenn Sie dauernd warten müssen oder Ihr Partner Sie in Gesellschaft ständig allein läßt, um sich anderswo zu amüsieren. Das alles sind nämlich Anzeichen dafür, daß das Interesse Ihres Partners nachläßt oder er Sie einfach aufs Nebengleis stellt, weil etwas anderes plötzlich mehr Reiz hat als Sie.

Durch gelegentliches Alleinsein sollten Sie sich nicht deprimieren lassen oder sich einreden, niemand hätte etwas für Sie übrig. Packen Sie lieber die Gelegenheit beim Schopf und eignen Sie sich neue Fertigkeiten an oder entwickeln Sie die weiter, die Sie schon haben. Die Wahrscheinlichkeit, daß Sie einmal zutiefst bewundert werden, ist sehr hoch, nur müssen Sie sich auch mit allen Kräften für bestimmte Ziele einsetzen. Die Niedergeschlagenheit ist Ihr ärgster Feind, denn sie wirkt sich schädlich aus, unter anderem auf den Magen-Darm-Trakt.

Venus-Quinkunx-Uranus

Bei Ihnen steht Venus im Quinkunx zu Uranus, und das heißt, daß Sie oft Ihre eigenen Wünsche zurückstellen, um statt dessen andern Menschen zu helfen. Wenn Sie jedoch sich selbst einmal etwas gönnen, wissen Sie auch, daß Sie Opfer dafür gebracht und es sich redlich verdient haben. Leider glauben Ihre Mitmenschen offenbar, Sie seien dazu verpflichtet, ihnen beizustehen, und Sie lassen sich willig darauf ein, wenn auch mit Bitterkeit im Herzen. Sie übertreiben es so sehr mit Ihrem Mitgefühl und Verständnis, daß Sie sich die Probleme anderer aufhalsen. Wenn Sie nicht sofort hilfsbereit zur Stelle waren, bestrafen Sie sich mit Schuldgefühlen. Sie müssen damit aufhören, Leute in Schwierigkeiten zu fragen, ob Sie ihnen behilflich sein können. Mit andern Worten: Kümmern Sie sich um Ihre eigenen Angelegenheiten.

Sie haben das starke Verlangen, mit andern in Kontakt zu kommen, aber das sollte Sie keineswegs zu der Annahme verleiten, Sie könnten sich Freundschaft »erkaufen«, indem Sie sich gefällig erweisen. Wenn Sie das nämlich tun, werden Sie sich später schwarz ärgern, weil Sie sich haben ausnutzen lassen, obgleich Sie daran selber schuld sind. Seien Sie nicht zu entgegenkommend, bis Sie wissen, daß Ihre Mitmenschen es ehrlich meinen. Sie können ruhig einmal testen, wie aufrichtig ihr Interesse für Sie ist, indem Sie Forderungen an sie stellen.

Sie sind ein ausgesprochen heller Kopf, dabei verständnisvoll und aufrichtig um Ihre Mitmenschen bemüht. Trotzdem bringen Sie sich oft in eine schwierige Lage und leiden dann unter tiefen Seelenängsten. Wenn Sie in Ihrem Berufsleben Erfolg haben wollen, müssen Sie auf der Hut sein. Ihre Konkurrenten werden die Oberhand zu gewinnen suchen, indem sie aus Ihren Schwächen Kapital schlagen. Hüten Sie sich auch vor Kollegen, die Ihnen gewisse Aufgaben übertragen, zu denen sie sich selber nicht bereitgefunden haben. Spielen Sie nicht den Lumpensammler für das, was andere Leute ausrangiert haben.

Die besten Betätigungsmöglichkeiten bietet Ihnen ein Wirkungskreis, in dem Sie mit Menschen oder mit künstlerischen Projekten im weitesten Sinne zu tun hätten. Schätzen Sie Ihre Fähigkeiten einmal ganz nüchtern und objektiv ein und werden Sie sich darüber klar, was Sie wirklich können. Fragen Sie nicht Ihre Bekannten um ihre Meinung, sondern suchen Sie nötigenfalls bei einem unparteiischen Beobachter Rat.

Im Privatleben sollten Sie besonders aufpassen, wenn Sie um etwas gebeten werden, was den Einsatz von Körperkräften erfordert. Sie sind impulsiv und leicht erregbar, und unter Umständen tut es Ihnen später leid, sich so sehr ins Zeug gelegt zu haben.

Venus-Quinkunx-Neptun

Das Quinkunx von Venus zu Neptun zeigt, daß Sie sensibel, phantasievoll und begeisterungsfähig sind. Aber es ist sehr anstrengend für Sie, sich diese Anlagen auch zunutze zu machen. Sie versuchen, Ihre Talente alle auf einmal spielen zu lassen, als müßten Sie einen Termin einhalten und hätten die Befürchtung, das nicht zu schaffen. Hetzen Sie sich nicht so ab, denn morgen ist auch noch ein Tag, und schließlich stellen Sie ja selbst den Zeitplan auf. Setzen Sie sich Prioritäten und nehmen Sie jedes zu seiner Zeit in Angriff. Es ist unrealistisch, mehr zuwege zu bringen, als man seiner Konstitution nach zu leisten imstande ist. Lernen Sie, Ihre Wünsche zurückzustecken, damit Sie sich nicht physisch erschöpfen. Ihre zarte Natur läßt eine solche Überbeanspruchung nicht zu.

Ihr Berufsleben kann zu einer drückenden Belastung ausarten, wenn Sie in Ihrem Verlangen nach Anerkennung und Lob andern erlauben, Sie für ihre Zwecke auszunutzen. Sie stehen immer eifrig zu Diensten und leisten viel mehr, als eigentlich Ihre Sache wäre, so daß Sie am Ende das Nachsehen haben. Legen Sie es nicht darauf an, allseits beliebt zu sein. Selbst wenn alle Welt gut von Ihnen denkt, werden Sie darum doch nicht von Ihren Bürden erlöst, sondern womöglich nur noch mehr in Ihren schöpferischen Möglichkeiten eingeschränkt.

Bei Ihrem Temperament und Ihrer Kreativität dürften Ihnen künstlerische Betätigungen am besten liegen. Die Ungezwungenheit in diesem Metier wird sich vielleicht mildernd auf das unterkühlte Klima auswirken, das oft zwischen Ihnen und Ihren Kollegen vorherrscht.

In Herzensangelegenheiten sind Sie so weich und verletzlich, daß Sie mit Sicherheit Enttäuschungen erleben werden, die Ihrem empfindlichen Gemüt übel mitspielen. Lassen Sie bei einer Liebesaffäre oder einem Liebesgeständnis Vorsicht walten. Wer weiß, worauf der andere aus ist. Mit Blindheit geschlagen zu sein, ist zwar bisweilen ein Segen, aber danach kommt das böse Erwachen.

Venus-Quinkunx-Pluto

Mit Venus im Quinkunx zu Pluto übernehmen Sie sich offenbar, indem Sie sich in Ihren emotionalen Beziehungen zu sehr verausgaben. Sie müssen im Umgang mit andern mehr Maß halten. Ihr Verhältnis zum andern Geschlecht ist immer irgendwie gespannt. Sie lassen sich leicht von rührseligen Geschichten einlullen, um auf einmal zu merken, daß Sie Zugeständnisse an Leute gemacht haben, die Ihnen gar nicht so viel bedeuten. Ihr Verlangen nach Anerkennung und Bestätigung ist daran schuld, daß Sie sich übertrieben für andere einsetzen.

In Ihrem Liebesleben lassen Sie sich möglicherweise dazu verleiten, den überschwenglichen Liebesbeteuerungen Ihrer derzeitigen Flamme Glauben zu schenken. Höchstwahrscheinlich sind Sie später enttäuscht. Seien Sie ganz besonders auf der Hut vor Partnern, die von Ihnen verlangen, Ihre Liebe konkret unter Beweis zu stellen. Sie sind sehr anfällig für solche Beziehungen und können sich damit in ungeheure Schwierigkeiten bringen, es sei denn, Sie passen auf und schützen sich. Gesundheitsprobleme, unter anderm auch der Geschlechtsorgane, sind sehr wahrscheinlich und können zu einer Dauerschädigung des gesamten Fortpflanzungssystems führen.

Es würde sich für Sie lohnen, in irgendeiner Weise im sozialen Bereich tätig zu werden, zum Beispiel in der medizinischen Forschung, der Ernährungswissenschaft und Diätetik oder in der Wohlfahrt. Dabei wäre es in jedem Fall am besten, wenn Sie eine bestimmte Aufgabe zugewiesen bekämen, die Sie ausführen müßten.

Lassen Sie sich fachkundig beraten, ehe Sie irgendeinen Vertrag unterschreiben. Sie fassen Ihre Entschlüsse oft unter einem inneren Zwang, und in solchen Fällen brauchen Sie Hilfe. Machen Sie sich klar, daß andere versuchen werden, Sie zu übervorteilen, was manchmal kostspielig sein kann.

Allem Anschein nach haben Sie in vielen Dingen Pech. Zum Beispiel könnte es sein, daß Sie an Ihrer Arbeitsstelle mit der Sammlung für ein Betriebsfest betraut sind. Während Sie fleißig die Runde machen, behauptet jemand, seinen Beitrag schon bezahlt zu haben, so daß Sie notgedrungen in die eigene Tasche greifen müssen und der Dumme sind. Das ist sicher kein Drama, aber wenn sich solche Vorfälle wiederholen, wird es doch ärgerlich. Halten Sie sich also ein für allemal daran, freiwillig weder Zeit noch Geld zu opfern. Es reicht vollkommen, wenn Sie einfach das Ihre tun.

Venus-Quinkunx-Aszendent

Venus im Quinkunx zum Aszendenten ist ein Anzeichen dafür, daß Sie den Leuten, mit denen Sie in Kontakt stehen, mehr als nötig entgegenkommen. Sie erweisen sich gefällig, um in der Gunst der andern zu steigen, und machen um des lieben Friedens willen Zugeständnisse. Aber wenn Sie später darüber nachdenken, ärgern Sie sich insgeheim womöglich schwarz über sich selbst, weil Ihnen auf einmal klar wird, daß Sie mit Ihrer Nachgiebigkeit praktisch Ihre Zustimmung gegeben haben, Sie nach Lust und Laune zu behandeln. Sie haben vielleicht keine Gelegenheit, Ihre schöpferischen Begabungen voll zu nutzen, sind jedoch schon zufrieden, wenn Sie wenigstens einige entfalten können. Sie wissen, wie Sie das, woran es in Ihrem Leben mangelt, wettmachen können, und sind mit viel weniger glücklich als die meisten Ihrer Mitmenschen. Sie messen Ihr Glück nicht an dem, was Ihnen in den Schoß fällt, sondern an der Erfüllung, die Sie bei Ihrer Arbeit finden.

Versuchen Sie, mit Ihrer Familie gut auszukommen, und gehen Sie nötigenfalls Kompromisse ein, um die häusliche Harmonie zu erhalten. Sie sind bereit, sich Ihre Ziele zu erarbeiten, und hoffen, daß alle, die Ihnen nahestehen, Ihren Einsatz auch zu würdigen wissen. Manchmal haben Sie das Gefühl, ausgenutzt zu werden, zeigen sich aber trotzdem in jeder Weise erkenntlich. Sie haben ziemlich viele Freunde, zweifeln jedoch an der Freundschaft, wenn Sie angepumpt werden.

Im Berufsleben passen Sie sich an die jeweiligen Erfordernisse an. Da Sie die Erwartungen, die angeblich in Sie gesetzt werden, viel zu hoch einschätzen, legen Sie sich übermäßig ins Zeug, um diesen mutmaßlichen Ansprüchen auch zu genügen. Immerhin haben Sie dadurch ein gutes Verhältnis zu Ihren Kollegen wie auch zu Ihren Vorgesetzten.

Sicherheit ist Ihnen sehr wichtig, nur sieht es so aus, als würden Sie sie nie wirklich erreichen. Vielleicht machen Sie eine gute Partie, wenn Sie heiraten, obgleich das bedeuten könnte, einen Kompromiß eingehen zu müssen, mit dem Sie möglicherweise nicht leben können. Wenn Sie sich aber dennoch dazu entschließen, rechtfertigen Sie Ihre Entscheidung unter Umständen damit, früher ohnehin immer Zugeständnisse gemacht zu haben, von denen Sie selber überhaupt nicht profitiert haben, sondern nur andere.

Mars-Quinkunx-Jupiter

Das Quinkunx zwischen Mars und Jupiter deutet an, daß es Ihnen schwerfällt, Prioritäten zu setzen, und das besonders bei zwischenmenschlichen Kontakten. Mit Ihrer Hochherzigkeit andern Menschen gegenüber versuchen Sie im Grunde nur, deren Einverständnis zu erkaufen, sich nach Gutdünken in ihre Angelegenheiten einzumischen. In der Annahme, sie könnten nicht alleine klarkommen, bieten Sie ihnen bereitwilligst Ihre Dienste an. Und wenn die andern dann auf Ihr Anerbieten eingehen, reiben Sie sich für sie auf und berauben sie damit zugleich der Möglichkeit, unabhängig zu werden. Wird eine vordringliche Sache nicht sofort erledigt, erwachen gleich Schuldgefühle in Ihnen. Sie können ein notorischer Nörgler sein und sind erst zufriedengestellt, wenn alles nach Ihrer Nase läuft. Oft mischen Sie sich ungefragt ein und fordern so Widerspruch heraus. Kümmern Sie sich nach Möglichkeit um Ihre eigenen Angelegenheiten, und übertragen Sie Ihre Schuldgefühle nicht auch noch auf andere, die vielleicht selber unter solchen Komplexen leiden.

Sie können eine Menge erreichen, sofern Sie sorgfältig planen und Ihre Talente da einsetzen, wo sie auch gefragt sind. Das Recht, die Verwaltung, Medizin, Wohlfahrt, Forschung, Heilkunde, Behindertenrehabilitation und religiöse Organisationen wären Gebiete, auf denen Sie sich konstruktiv betätigen könnten. Sie müssen Resultate sehen können, und in all diesen Bereichen würde deutlich werden, wie effektiv Sie Ihre kreativen Potentiale nutzen. Besonders gut würden Sie sich für eine Lehrtätigkeit eignen, da Sie Schüler und Studenten hervorragend dazu anregen können, ihre individuellen Begabungen zu entfalten.

In Ihrem Verlangen, sich nützlich zu machen, fallen Sie manchmal Leuten zum Opfer, die Sie übervorteilen und Ihre Ideen für eigene Zwecke ausbeuten. Halten Sie mit Informationen über Ihre Projekte zurück, bis Sie selbst Kapital daraus schlagen können.

Sie müssen sich darüber hinaus gegen Leute schützen, die sich darauf verschworen haben, Ihr Selbstvertrauen zu erschüttern. Sie neigen nämlich dazu, sich Menschen anzuschließen, die Ihnen Unfähigkeit attestieren, so daß Sie sich mit einer untergeordneten Stellung begnügen. Doch dann werden Zweifel in Ihnen wach, weil Sie sich selbst für ausgesprochen tüchtig halten. Wenn Sie endlich damit aufhören, beständig nach Anerkennung zu trachten, werden Ihre Fähigkeiten bestimmt nicht mehr in Frage gestellt. Fördern Sie Ihre Begabungen und erproben Sie sie im Wettbewerb, dann gewinnen Sie auch die nötige Selbstsicherheit.

In Ihren Liebesbeziehungen sollten Sie sich ebenfalls nicht so bescheiden, als dürften Sie keine allerhöchsten Ansprüche stellen. Großzügigkeit gegen den geliebten Partner ist sicher ein feiner Zug, aber Sie sollten doch lieber kritisch bleiben, bis sich herausgestellt hat, ob Ihr Partner auch wirklich aufrichtig und Ihrer würdig ist.

Mars-Quinkunx-Saturn

Das Quinkunx zwischen Mars und Saturn weist darauf hin, daß Sie Schwierigkeiten haben, sich zu verwirklichen, ohne sich dabei zugrunde zu richten. Es fällt Ihnen schwer, Ihre Verpflichtungen sowohl sich selbst als auch andern gegenüber genau festzulegen. Da Ihnen diese Abgrenzungsfähigkeit abgeht, stellen Sie sich oft selbst ein Bein und liefern sich den Marotten von Leuten aus, die Ihre Hilfsbereitschaft schamlos für sich ausbeuten. Vielleicht haben Sie Schuldgefühle, weil Sie sich früher andern gegenüber eher gleichgültig gezeigt haben, und wollen sich jetzt um jeden Preis beweisen, daß Sie doch ein Herz für Ihre Mitmenschen haben. Sie hoffen, Anklang zu finden und durch Ihren Einsatz alte Versäumnisse abzubüßen, damit Sie endlich aller Verantwortlichkeiten ledig sind. Die Bitterkeit, die Sie empfinden, wenn Sie sich andern unterordnen, entspricht im Verhältnis genau den Ängsten und Schuldgefühlen, die Sie haben, wenn Sie sich nicht aufopfern.

Sobald Sie sich einmal aus dieser Schlinge befreit haben, können Sie endlich etwas zu ihrem eigenen Besten unternehmen. Der Militärdienst, Sport, Natur- und Artenschutz und die Naturheilkunde wären Gebiete, auf denen Sie vorteilhaft Gebrauch von Ihren Begabungen machen könnten. Qualifiziert sind Sie auch für eine Tätigkeit in der Gewerkschaft oder im Wohlfahrtswesen. Wenn Sie nicht aufpassen, werden Sie allerdings unter Umständen in Streitigkeiten zwischen Ihren Kollegen verwickelt, denn Sie lassen sich sehr leicht in derlei mit hineinziehen. Versuchen Sie, Ihr Temperament zu zügeln, wenn so etwas vorkommt, denn sonst verscherzen Sie sich womöglich Ihre Aufstiegschancen. Kümmern Sie sich um Ihre eigenen Belange und mischen Sie sich nach Möglichkeit nicht in anderer Leute Angelegenheiten ein.

Sie halten Ihre Kollegen, ob Freund oder Feind, meist für begabter und tüchtiger als sich selbst, so daß Sie sich mit einer relativ unwichtigen Position zufriedengeben. Werden Sie lieber eine Kapazität auf Ihrem Fachgebiet, damit Sie sich Ihr Können nicht von andern bestätigen lassen müssen. Nur wenn Sie von sich überzeugt sind, werden Sie Erfolg haben.

Sie werden einige Ärgernisse in Ihren Privat- und Liebesbeziehungen erleben, es sei denn, Sie bleiben Ihren Überzeugungen treu. Der eine oder andere Partner wird wahrscheinlich versuchen, Sie auszunutzen, bis Sie Charakterstärke beweisen und dadurch seine Hochachtung gewinnen.

Lassen Sie es nicht zu, daß Sie quasi mit Ihren eigenen Gefühlen erpreßt werden, damit Sie sich unterordnen. Wer seine Zuflucht zu solchen Druckmitteln nimmt, sollte Ihnen gestohlen bleiben. Auch beim Ausleben Ihrer sinnlichen Begierden sollten Sie sich stets Ihre Selbstachtung bewahren.

Unter Umständen haben Sie Probleme mit Ihrer Gesundheit wie beispielsweise Knochenbrüche durch einen Unfall oder andere bewegungseinschränkende Beschwerden, sei es nun Arthritis oder Rheuma. Im Alter bewegen Sie sich wahrscheinlich nicht mehr genügend und treiben auch keinen Sport mehr, so daß Sie wirklich aufpassen müssen, nicht ganz einzurosten.

Mars-Quinkunx-Uranus

Mit dem Quinkunx von Mars zu Uranus sind Sie ein ausgesprochen schwungvoller, origineller Mensch, stehen aber offenbar beständig unter irgendeinem Zwang. Vielleicht versuchen Sie, sich selbst oder andern etwas zu beweisen. Wollen Sie sich vorzeitig ins Grab bringen? Liegt Ihnen so viel daran, andere von Ihren Talenten zu überzeugen, daß Sie sich bis zur völligen Erschöpfung verausgaben müssen? Sie verhalten sich oft so, als würde von Ihnen erwartet, sich mehr als jeder andere ins Zeug zu legen. Lernen Sie, Pflicht und übertriebenes Pflichtbewußtsein auseinanderzuhalten. Es könnte immerhin sein, daß Sie sich solche Sorgen um Ihre Zukunft machen, daß Sie keine Gelegenheit versäumen wollen, etwas dafür zu tun. Dabei haben Sie reichlich Zeit, sollten sich also lieber erst Prioritäten setzen, damit Sie das Ziel Ihrer Wünsche auch wirklich erreichen.

Sie haben vermutlich Schuldgefühle und leisten deshalb entschieden mehr, als überhaupt von Ihnen verlangt wird. Das ist für Ihr Berufsleben ausschlaggebend. Passen Sie auf, daß nicht Anforderungen an Sie gestellt werden, die übertrieben sind und die über Ihre Kräfte gehen. Es dürfte für andere eine Kleinigkeit sein, Sie überzubeanspruchen, sofern Sie das zulassen, spielen Sie nicht den Lückenbüßer, der für anderer Leute Unvermögen geradesteht. Sie bewundern alle, die offensichtlich erfolgreich sind, und versuchen, ihnen nachzueifern, aber das bringt Ihnen nur weitere Enttäuschungen ein. Machen Sie lieber guten Gebrauch von Ihrer Kreativität und Originalität, denn darin liegt Ihre persönliche Stärke, durch die Sie unabhängig werden.

Hören Sie nicht auf Leute, die an Ihnen herummäkeln. Wenn Sie nämlich darauf ansprechen, machen Sie sich nur zu deren Handlanger. Da Sie Kritik nicht gut vertragen können, geben Sie lieber nach, um daran vorbeizukommen. Erkämpfen Sie sich die Freiheit, Ihr eigener Herr zu sein, und Sie werden mit der Zeit in der Achtung Ihrer Mitmenschen steigen; dann wird man Sie auch endlich in Ruhe lassen.

Selbst in Ihrem Liebesleben sprechen alle Anzeichen für Ihre latent vorhandene Unsicherheit bezüglich Ihrer Fähigkeiten. Sie schließen sich Menschen an, die sich offenbar vollkommen in der Gewalt haben, während sie ständig Forderungen an Sie stellen. Trotz allem verdienen Sie wirklich Bewunderung für die Hilfestellung, die Sie Ihren Mitmenschen bei Bedarf geben.

Mars-Quinkunx-Neptun

Mit Mars im Quinkunx zu Neptun sind Sie bestrebt, sich positiv und konstruktiv einzusetzen, und doch ist das Ergebnis Ihrer Bemühungen offenbar stets eine Enttäuschung. Sie sind übereifrig und übersehen in Ihrer Ungeduld wesentliche Faktoren, die unter Umständen all Ihre Anstrengungen zunichte machen. Die Folge davon ist, daß Sie sich total verkrampfen, was Ihre innere Unruhe nur noch steigert, so daß Sie sich mit vermehrter Energie erneut ins Zeug werfen. Dabei entwickeln Sie ein Verhaltensmuster, das für Sie zum Teufelskreis wird. Es ist außerordentlich wichtig, daß Sie jeden Schritt, den Sie zu tun gedenken, genau vorausplanen und eingehend überprüfen. Stellen Sie nach Möglichkeit hastig entworfene Pläne zurück, denn sonst werden Sie mit Sicherheit in Schwierigkeiten geraten.

Meiden Sie Berufe, in denen Sie mit Maschinen oder hochgefährlichen Substanzen zu tun haben könnten. Außerdem sollte Ihre Arbeit nicht so schwer sein, daß Sie sich dabei körperlich erschöpfen. Eine derartige Überbelastung können Sie einfach nicht über längere Zeit aushalten. Suchen Sie sich einen Beruf, wo Sie selbst das Tempo vorgeben können und sich nicht an Termine zu halten brauchen. Alles, was im weitesten Sinne mit Kunst zusammenhängt, käme für Sie in Frage.

Sie neigen dazu, eine persönliche Beziehung einzugehen, in der ungeheure Ansprüche an Sie gestellt werden. Wenn Sie vor andern so wichtig tun, ist es kein Wunder, daß diese Leute die Gelegenheit ergreifen, Sie auszunutzen. Sie haben längst nicht soviel von Ihren Mitmenschen wie diese von Ihnen. Auf Grund Ihrer starken sinnlichen Begierden lassen Sie sich zudem mit den fragwürdigsten Typen ein. Es fällt Ihnen schwer, hinter die heuchlerische Fassade anderer Menschen zu blicken. Sicherlich wird bei Ihren sexuellen Beziehungen Betrug mit im Spiel sein, sei es nun von Ihrer Seite aus oder von seiten Ihres Partners.

Sie sind ungemein anfällig für Infektionen, zum einen aus Fahrlässigkeit, zum andern aus Kurzsichtigkeit. Dabei rangieren Geschlechtskrankheiten an erster Stelle. Je nachdem, was andere Faktoren in Ihrem Horoskop aussagen, kann es aber auch sein, daß Ihnen in Ihrer Kindheit so tiefe Schuldgefühle über freies Sexualverhalten eingeimpft worden sind, daß Sie gar keine sexuellen Erfahrungen machen können. In diesem Fall wird die psychologische Fehleinstellung Gesundheitsschäden verursachen, die schwer zu diagnostizieren und zu behandeln sind; sie werden im allgemeinen als psychosomatische Störungen bezeichnet.

Mars-Quinkunx-Pluto

Das Quinkunx von Mars zu Pluto deutet darauf hin, daß Sie übertrieben auf die Anforderungen Ihrer Umwelt und der Leute reagieren, mit denen Sie täglich verkehren. Vielleicht fragen Sie sich insgeheim, ob man wohl von Ihnen denkt, Sie seien ein Arbeitspferd und nur dazu da, nach Belieben eingespannt zu werden. Sie stehen unter einem inneren Zwang, mehr Aufgaben zu übernehmen, als Sie ohne Mühe bewältigen können, und erschöpfen damit Ihre Energien. Ständig geht Ihnen der Gedanke im Kopf herum, es gäbe ungemein viel zu tun, und die Zeit dafür sei äußerst knapp. Im Grunde schikanieren Sie sich nur selbst.

Sie haben starke sinnliche Bedürfnisse, aber wahrscheinlich Schwierigkeiten, sie zu befriedigen. Sex powert Sie über alle Maßen aus, so daß Ihnen Zurückhaltung anzuraten ist. Ernähren Sie sich nach Möglichkeit gesund, damit Sie bei Kräften bleiben und sich wohl fühlen.

Wenn etwas nicht erwartungsgemäß verläuft, haben Sie Schuldgefühle und quälen sich unnötigerweise. Vielleicht werden Sie auch arrogant und übellaunig, weil Sie das Gefühl haben, stärker belastet zu sein als andere Leute. Unter Umständen beunruhigen Sie finanzielle Schwierigkeiten zutiefst, und das wohl um so mehr, als andere, die Mitschuld daran tragen, anscheinend völlig unberührt bleiben.

Sie müssen unbedingt bei Angelegenheiten, die Ihre gesammelte Aufmerksamkeit erfordern, Prioritäten setzen. Lernen Sie, Ihre Zeit effektiver zu nutzen und Sachen beiseite zu schieben, die ruhig noch warten können. Gelegentlich dürfen Sie sich auch einfach einmal Zeit lassen und abschalten. Allmählich werden Sie schon merken, daß Sie sich selbst ebenfalls wichtig nehmen müssen. Und wenn Sie sich endlich ein wenig eigennütziger verhalten, werden Ihre Freunde staunen, wie sehr Sie sich verändert haben, und Sie heimlich bewundern wegen Ihres neugewonnenen Mutes, nein zu sagen.

Mars-Quinkunx-Aszendent

Mars im Quinkunx zum Aszendenten bedeutet, daß Sie sich übernehmen, indem Sie mehr tun, als Sie bei Ihrer Konstitution verkraften können. Sie wollen um keinen Preis, daß Ihnen zu Ohren kommt, Sie hätten sich nicht genügend ins Zeug gelegt, um zu vollenden, was Sie sich vorgenommen hatten. Leider sind Sie ein wenig zu sorglos in bezug auf Sicherheitsvorkehrungen, weil Sie sich gern in dem Gefühl wiegen, vor absolut keiner Aufgabe zurückzuschrecken. Wenn jemand bezweifelt, daß Sie auch wirklich das ausführen, wovon Sie reden, empfinden Sie das als persönlichen Affront und gehen gleich daran, die Wahrheit Ihrer Worte in die Tat umzusetzen. Manchmal bereuen Sie allerdings Ihre Impulsivität, denn Sie neigen dazu, den Mund zu voll zu nehmen. Aber Sie werden nie zugeben, daß Ihnen die Sache über den Kopf wächst.

Bei Ihren überströmenden Energien wollen Sie natürlich schnell Resultate sehen und sind begierig darauf, sich innerhalb kürzester Zeit Fähigkeiten anzueignen. Ihre Eltern haben Sie vermutlich dazu erzogen, sich blindlings in Wettbewerbssituationen zu stürzen, ohne sich vorher darauf vorzubereiten. Sie überlegen nicht erst lange, und das ist eine Ihrer Schwächen. Wägen Sie lieber zunächst einmal Ihre Erfolgschancen ab, ehe Sie einen Konkurrenzkampf akzeptieren. Obwohl Sie fast unerschöpflich darin sind, aus Ihren Talenten Kapital zu schlagen, sind doch auch Ihnen Grenzen gesetzt.

Ihre Vorgesetzten bewundern Ihre Beherzheit, bedauern aber zugleich, daß Sie tollkühn sind, wo eigentlich Vorsicht geboten ist. Durch Ihr Unvermögen, Schwächen einzugestehen, bringen Sie sich noch in Teufels Küche. Ihre Freunde stacheln Sie womöglich dazu an, zu wagen, wozu sie selbst sich nicht trauen würden. Aber warum sollten Sie denn ein solches Risiko eingehen?!

Sie sind gern in Gesellschaft und besonders gern unter Leuten, die anderer Meinung sind als Sie, denn Sie haben Ihre helle Freude an Streitgesprächen, auch wenn Sie dabei nicht die Oberhand behalten. Sie verstehen es, das Vertrauen Ihrer Mitmenschen zu gewinnen, weil Sie zuwege bringen, was sie nicht schaffen würden. Wenn Sie sich einmal etwas in den Kopf gesetzt haben, sind Sie nicht mehr zu bremsen und bleiben bis zur völligen Erschöpfung am Ball. So rastlos und energiegeladen, wie Sie sind, haben Sie bestimmt Lust, sich sportlich zu betätigen, und Sie könnten dabei Ihren Energien freien Lauf lassen.

Jupiter-Quinkunx-Saturn

Mit dem Quinkunx von Jupiter und Saturn fühlen Sie sich zwar durch Verpflichtungen völlig überlastet, wissen aber nicht, wie Sie diese Empfindung rechtfertigen sollen. Sie stecken voller Schuldgefühle über irgendwelche alten Geschichten, wo Sie sich nach Möglichkeit immer vor Pflichten gedrückt haben. Jetzt hingegen haben Sie keine Wahl mehr und sind beunruhigt, weil Sie nicht wissen, wie lange Sie diesen Zustand noch ertragen müssen. Sie dürfen einfach nicht davon ausgehen, Sie müßten sich weiterhin aufopfern, um sich der Bürde schließlich einmal zu entledigen. Lassen Sie sich lieber von einem vertrauenswürdigen Menschen beraten, der Ihnen helfen kann, die Prioritäten zu bestimmen und festzulegen, inwieweit Sie sich andern zur Verfügung stellen sollen. Vor allen Dingen müssen Sie sich darüber klar werden, wann Sie selbst wichtiger sind.

Ihre Versuche, mit Ihren schöpferischen Potentialen konstruktiv etwas anzufangen, schlagen rundum fehl, weil Sie sie meistens dazu benutzen, anderer Leute Pflichten zu erfüllen. Dadurch binden Sie sich aber selbst die Hände und liefern sich auf Gedeih und Verderb denen aus, die Sie schamlos übervorteilen. Wenn das längere Zeit andauert, steigt wahrscheinlich in Ihnen der bitterste Groll hoch gegen die Leute, denen Sie gefällig sind, obgleich Sie ihnen ja freiwillig helfen. Ihre Bitterkeit ist im Grunde nur der Ausdruck Ihres Abscheus über sich selbst, weil Sie sich so ausnutzen lassen.

Sie müssen einmal in sich gehen, damit Sie in aller Offenheit und Ehrlichkeit die richtige Perspektive zu sich selbst bekommen. Sie sind begabt, können mit Sicherheit Recht und Unrecht unterscheiden, und trotzdem ist es Ihnen allem Anschein nach beschieden, sich Ihr Leben selber zu erschweren. Scheuen Sie keine Zeit und Mühe, endlich Ihre schöpferischen Fähigkeiten zu entwickeln und auf Ihrem Fachgebiet eine Kapazität zu werden. Wenn Sie wirklich Bedeutung erlangen wollen, müssen Sie schon Ihren eigenen Wert höher einschätzen.

Sie könnten sich auf vielen Gebieten kreativ verwirklichen, zum Beispiel im Bereich der Naturheilkunde, Medizin, Erziehung und Bildung oder auch im Bauhandwerk. In jedem Beruf sollten Sie jedoch aufpassen, daß Sie nicht manchen weniger fähigen Kollegen zum Opfer fallen, die Ihre Kenntnisse für sich auszuschlachten versuchen. Hüten Sie sich davor, für einen unfähigen Kollegen den Sündenbock zu spielen. Wahrscheinlich wäre es sogar besser für Sie, sich selbständig zu machen oder nur mit wenigen Leuten zusammenzuarbeiten. Sobald Sie einmal Ihre Fähigkeiten richtig erkannt haben, sind Ihnen keine Grenzen gesetzt. Sie können in jedem Fachbereich Ihrer Wahl Höchstleistungen vollbringen und für Ihre Genialität und Ihren Erfindungsgeist einen hohen Preis fordern. Verkaufen Sie sich nicht zu billig – Sie sind mehr wert, als Sie denken.

Essen Sie maßvoll und nie, wenn Sie innerlich angespannt sind, denn Sie sind für Magen-Darm-Beschwerden anfällig. Nehmen Sie ab und zu Urlaub und gehen Sie auf Reisen, damit Sie andere Gesichter sehen. Ein flotter Spaziergang und sportliche Betätigung tun Ihnen ganz besonders gut.

Jupiter-Quinkunx-Uranus

Mit Jupiter im Quinkunx zu Uranus werden Ihre Zukunftsträume immer wieder zunichte gemacht, ohne daß Sie darauf viel Einfluß nehmen könnten. Das Problem besteht in der Hauptsache darin, daß Sie zu hohe Erwartungen haben, denn Ihre Vorstellungen sind meist unrealistisch und weit hergeholt. Die einzige Lösung dafür ist Selbstdisziplin und eine überlegte Vorgehensweise. Sie lassen sich bereitwillig von andern zu Leistungen anspornen, die über Ihre Kräfte gehen. In Ihrem Eifer, schnell Resultate zu erzielen, planen Sie Ihre Schritte nicht genügend. Sie sind überaus leicht zu beeinflussen und passen sich mehr an, als Ihren eigenen Wünschen und Bedürfnissen zuträglich ist.

Dank Ihrer Fähigkeiten eignen Sie sich für die verschiedensten Berufe. Bei jeder Tätigkeit müssen Sie sich jedoch vor Kollegen hüten, die Ihnen ihre eigenen Pflichten zuschieben wollen. Dazu kommt es hauptsächlich auf Grund Ihrer allzu sorglosen Art, die andere geradezu dazu ermutigt, Sie zu übervorteilen. Sie müssen lernen, Ihre Mitmenschen zu durchschauen und deren Machenschaften zu verhindern. Widersetzen Sie sich eisern selbst dem hartnäckigsten Drängen solcher Leute.

Sie können es in der Medizin, im Recht, in der Forschung und in der Erziehung und Lehre zu etwas bringen. Aber Sie müssen auf jeden Fall Prioritäten setzen, denn nur dann werden Sie zu Erfolg kommen. Sie müssen auch Ihre Zeit besser einteilen und effektiver arbeiten, um aus Ihren Fähigkeiten den größtmöglichen Nutzen ziehen zu können. Geben Sie acht, daß Sie sich nicht zugunsten anderer »zerreißen«, es sei denn, für Sie selbst springt auch etwas dabei heraus.

Da Sie nicht in der Lage sind, Ihr Können und Ihre Leistungen erfolgreich mit Ihren Wünschen zu koordinieren, ist es für Sie unbedingt angezeigt, sich beraten zu lassen. Ein guter Freund, dem Sie vertrauen, kommt wohl am ehesten dafür in Frage. Aber wenn Sie keinen Rat annehmen, nützt das natürlich nicht viel.

Halten Sie die Augen offen in Liebesaffären, wenn Sie auf einmal merken, daß Sie dauernd mit allen möglichen Liebesbeweisen aufwarten müssen. Gestehen Sie Ihre Zuneigung vorsichtshalber erst dann, wenn sie unzweifelhaft aufrichtig erwidert wird.

Sie brauchen unter allen Umständen genügend Ruhe, um sich Gesundheit und Wohlbefinden zu erhalten. Mäßigen Sie sich in allen Dingen.

Jupiter-Quinkunx-Neptun

Das Quinkunx von Jupiter zu Neptun deutet auf einen Zwiespalt zwischen Ihrem Verstand und Ihren Gefühlen hin. Ihr Kopf sagt Ihnen, sich nicht für andere aufzureiben, während Ihr Herz es Ihnen wiederum schwermacht, sich zu verweigern. Sie neigen dazu, sich selbst zu quälen, indem Sie Riesenprobleme schaffen, die so mühsam zu lösen sind, daß Sie sich dabei innerlich total blockieren. Manchmal ist kaum feststellbar, was eigentlich größer ist, die Abhängigkeit Ihrer Mitmenschen von Ihnen oder Ihr Bedürfnis nach deren Abhängigkeit. Aus dem unbestimmten Schuldgefühl heraus, sich nicht genügend für andere eingesetzt zu haben, versuchen Sie ständig, mit doppeltem Einsatz Abbitte zu leisten.

Sie laden sich soziale Verpflichtungen auf, die Sie gar nicht zu übernehmen brauchen, und rackern sich dafür ab. Womöglich suchen Sie sich sogar aus reiner Lust am Leiden noch den beschwerlichsten aller Berufe aus, der extreme Anforderungen an Sie stellt. Und dann beklagen Sie sich gleichzeitig bitterlich über Ihre Arbeitslast, ohne jedoch auch nur einen Versuch zu machen, diesen unhaltbaren Zustand zu ändern. Was Sie besonders fasziniert und mit Respekt erfüllt, ist eine Tätigkeit in Institutionen wie Gefängnissen und ähnlichen 12. Haus-Orten der Gesellschaft.

Ihre positive Einstellung könnte sich als segensreich erweisen, denn Sie haben aufrichtiges Verständnis für sozial benachteiligte Menschen in Ihrer Umgebung. Selbst das kann Ihnen jedoch gefährlich werden, weil Sie sich nämlich die widrigen Lebensumstände Ihrer Schützlinge viel zu sehr zu Herzen nehmen und entsprechend überreagieren. Aus einem unbewußten Zwang heraus wollen Sie alle Schuld und alle Bürden der Menschheit auf Ihre eigenen Schultern laden.

Sie sind anfällig für Gesundheitsbeschwerden, deren Ursache unklar ist und die daher schwer zu diagnostizieren sind. Oftmals handelt es sich dabei um psychosomatische Störungen, die durch Ihr falschverstandenes Pflichtbewußtsein und die damit verbundenen Schuldgefühle heraufbeschworen werden.

Sie täten gut daran, sich von jemandem raten zu lassen, der Ihr Vertrauen und Ihre Bewunderung besitzt und Ihnen dabei helfen kann, festzulegen, wann und ob Sie sich überhaupt Verpflichtungen gegenüber andern Menschen aufhalsen sollen. Sie müssen lernen, nein zu sagen, selbst für den Fall, daß andere ohne Ihren Beistand nicht zurechtzukommen scheinen.

Jupiter-Quinkunx-Pluto

Mit dem Quinkunx von Jupiter zu Pluto müssen Sie Ihr Leben anders einrichten, um Ihren Kenntnissen gerecht zu werden. Es ist allerdings der Weg des geringsten Widerstandes, wenn Sie immer nur Ihr Schicksal beklagen und sich ein anderes wünschen. Das kann dazu führen, daß Sie ein Opportunist werden und sich einfach von andern holen, worauf Sie einen rechtmäßigen Anspruch zu haben glauben. Sie haben jedoch den Sinn der Sache vollkommen mißverstanden, wenn Sie sich nicht an Ihre wahren Ziele halten, sich nämlich mit dem fortschreitenden gesellschaftlichen Wandel vertraut zu machen und Ihre Begabungen entsprechend konstruktiv einzusetzen. Soziale Verpflichtungen empfinden Sie als drükkende Last, an der Sie schwerer zu tragen haben als andere Leute. Deshalb entziehen Sie sich gern der Verantwortung. Auf der andern Seite kann es aber auch sein, daß Sie Ihre persönlichen Wünsche zurückstellen und Ihre Hilfsbereitschaft erschöpfend unter Beweis stellen. Hüten Sie sich vor Leuten, die Sie für ihre eigenen Zwecke mißbrauchen. Versuchen Sie, die Motive derer zu durchschauen, die Sie für ihre Sache gewinnen wollen.

Sie müssen sich eingehend über Ihre Umgebung informieren, damit Sie sich vor Nötigung schützen können. Durch eine entsprechende Ausbildung werden Sie Ihre Begabungen und Ihre Leistungen im Dienst an Ihren Mitmenschen objektiv abschätzen können. Wenn Sie dann eine Gelegenheit, die sich Ihnen bietet, wahrnehmen, haben Sie allerdings die moralische Pflicht, Recht und Unrecht zu unterscheiden. Die Überlegung »Was springt für mich dabei heraus?« ist weiß Gott keine ausreichende Rechtfertigung für alles, was Sie tun.

Bei der Verfolgung Ihrer Ziele werden Sie entweder Ihre eigenen Wünsche geltend machen und nach Bestätigung für Ihre Selbstüberschätzung suchen, oder Sie werden sich zähneknirschend fügen und grollen, daß Sie von andern ausgenutzt werden. Beide Verhaltensweisen sind unausgegoren. Nur wenn Sie den Mittelweg nehmen, können Sie Ihre kreativen Möglichkeiten in Maßen ausschöpfen und Genugtuung darin finden, einen wesentlichen Beitrag zum Wohle einzelner wie auch der Allgemeinheit geleistet zu haben.

Jupiter-Quinkunx-Aszendent

Jupiter im Quinkunx zum Aszendenten zeigt auf, daß Sie stets großzügig Ihre Dienste anbieten. Sie wollen jedem, der Beistand braucht, eine Hilfe sein, sind aber nicht diszipliniert genug, um Ihre eigenen Angelegenheiten so zu regeln, daß Sie auch wirklich einspringen können. Mir nichts, dir nichts machen Sie Versprechungen, ohne die leiseste Ahnung zu haben, ob und wie Sie diese überhaupt einhalten können. Sie wollen alles auf einmal tun und verlieren dabei den Überblick, was und wem Sie etwas zusagen. Sie pochen auf Ihr Recht, Ihren Launen nachgeben zu dürfen, wann immer Sie Lust dazu verspüren. Überlegen Sie sich jedoch einmal, ehe Sie sich dienstbar bezeigen, daß Sie Ihren Mitmenschen dadurch nur durch die Blume zu verstehen geben, wie unselbständig sie in eigener Sache sind. Fallen Sie nicht andern lästig, indem Sie sich in Dinge einmischen, mit denen diese recht gut selbst zurechtkommen.

Sie sind hochbegabt und können mehr zuwege bringen als drei andere. In bester Absicht verfolgen Sie Ihre Ziele, finden aber wahrscheinlich

Anerkennung nur, weil Sie unermüdlich von vorne anfangen, denn zu Ende führen Sie wenig. Da Sie einen Schuldkomplex haben, weil Sie mit so vielen Begabungen gesegnet sind, wollen Sie sich wenigstens in dem Gefühl wiegen, ihre Talente auch voll und ganz auszuschöpfen. Vermutlich verschwenden Sie so lange Mühe an unproduktive Unternehmungen, bis Sie endlich gelernt haben, sich mit Ihren Fähigkeiten und Energien einer bestimmten Aufgabe zu widmen, und mit der nötigen Entschlossenheit auch lange genug bei der Sache zu bleiben, um Ihre Ziele zu erreichen.

Sie haben ein weiches Herz und empfinden aufrichtige Teilnahme für weniger vom Glück begünstigte Menschen, und deshalb leihen Sie stets jeder rührseligen Geschichte Ihr Ohr. Passen Sie nur auf, daß Sie nicht den Sündenbock spielen, wenn andern etwas schiefgegangen ist und sie jemanden brauchen, dem sie den Schwarzen Peter zuschieben müssen. Sie haben eine Unmenge sogenannter »guter Freunde«, die sich vermutlich schleunigst aus dem Staube machen, wenn Sie sie brauchen. Diese Erfahrung sollte Sie lehren, Zurückhaltung zu üben. Sie scheuen sich wohl, Ihre Schwächen einmal realistisch ins Auge zu fassen.

Saturn-Quinkunx-Uranus

Saturn im Quinkunx zu Uranus ist ein Anzeichen dafür, daß Sie Schwierigkeiten haben, bei der Wahrnehmung Ihrer Pflichten Prioritäten zu setzen. Auch wenn Sie es nicht zugeben, lassen Sie sich von andern unter Druck setzen, weil Sie auf Beifall aus sind. Sie befinden sich in dem irrtümlichen Glauben, Sie könnten jede Aufgabe bestens ausführen. Wahr ist jedoch, daß Sie sie zwar gut bewältigen mögen, aber nichts für neue Methoden oder Neuerungen übrig haben.

In gewissem Sinne sind Sie der Vergangenheit verhaftet und versuchen verzweifelt, an alten Konzepten festzuhalten. Sie widersetzen sich Veränderungen, weil Sie dadurch Ihre Sicherheit gefährdet sehen. Da Sie nun aber den Fortschritt nicht aufhalten können, wäre es doch eigentlich logisch, ihn zu akzeptieren und mit dem Strom zu schwimmen. Die einzige Unsicherheit, die Sie fürchten müssen, ist die, aus dem Tritt zu geraten und nicht mehr im allgemeinen Trend zu liegen. Sobald Sie sich angepaßt haben, wird das Neue in Ihren Erfahrungsschatz eingehen und Ihnen von Nutzen sein.

Solange Sie nicht positiver auf Veränderungen und neue Entwicklungen reagieren, werden Sie nur begrenzt Erfolg haben. Wenn Sie flexibler sind, können Sie es dagegen getrost mit jedem Menschen aufnehmen. Die Vergangenheit erscheint Ihnen nur deshalb so sicher, weil Sie sich auf gewisse Erfahrungen berufen können, die sie geprägt haben. Aber das Leben geht weiter, und der morgige Tag, der nächste Monat und das kommende Jahr werden auch bald vergangen sein. Berauben Sie sich nicht all der Erfahrungen, die Sie in Zukunft noch machen können!

Sie müssen mit Spannungen zwischen Ihnen und Ihrem Partner rechnen. Ihr Gefährte wird einen Blick dafür haben, was in Ihnen steckt, und wollen, daß Sie diesen Schatz auch heben. Arbeiten Sie auf einen Kompromiß hin, wenn diese Sache in Ihrer Beziehung zu Auseinandersetzungen führen sollte. Andere erkennen Ihre schlummernden Talente viel klarer als Sie selbst, und das sollten Sie sich zunutze machen.

Ihr Leben wird erfüllt sein, sofern Sie nur danach streben, Ihre Begabungen weiterzuentwickeln, und sich an neue, effektivere Verfahren gewöhnen. Eine pessimistische, defätistische Einstellung kann Ihnen ernste Gesundheitsprobleme verursachen wie Arthritis oder Arterienverkalkung. Wenn Sie Glück haben, macht sie nur einen Griesgram aus Ihnen.

Saturn-Quinkunx-Neptun

Das Quinkunx zwischen Saturn und Neptun zeigt auf, daß Sie sich genötigt fühlen, Ihre reichen Begabungen irgendwie zu rechtfertigen. Sie suchen nach Mitteln und Wegen, Ihre Fähigkeiten im Kampf gegen das Leid und die soziale Ungerechtigkeit vor Ihren Augen einzusetzen. Andere merken es unter Umständen gar nicht, aber Sie fühlen sich ganz besonders verantwortlich, weil Sie einer Gesellschaft angehören, die solche Verhältnisse duldet. Wenn Sie sich soziale Verpflichtungen aufbürden, die im Grunde nicht mehr in Ihrer Verantwortlichkeit liegen, haben Sie etwas von einem Märtyrer an sich.

Vielleicht stehen Sie unter einem inneren Zwang, wieder Ordnung in das bestehende Chaos zu bringen. Geben Sie acht, daß Sie sich nicht auf Projekte einlassen, deren Ziele unklar sind. Unter Umständen werden Sie gebeten, eine Verpflichtung zu übernehmen, für die Sie gar nicht zuständig sind, oder fallen Leuten zum Opfer, die Sie ausnutzen und mißbrauchen. In der Hoffnung, durch selbstloses Tun spirituelle Verdienste zu gewinnen, versäumen Sie es möglicherweise, sich zu schützen. In Wirklichkeit jedoch benutzen Sie vielleicht auch Ihre Mitmenschen, um von Ihren Schuldgefühlen erlöst zu werden, indem Sie einfach den Spieß herumdrehen und behaupten: »Ihr braucht mich!«

Eine wesentliche Nebenwirkung Ihres Innenlebens sind die Gesundheitsprobleme, die Sie sich vermutlich einhandeln und die sowohl schwer aufzuspüren als auch zu diagnostizieren sind. Die Ursachen mögen psychosomatischer Natur sein und liegen dann tief in Ihrem Unterbewußtsein begraben. Die Auswirkungen geben leider selten Aufschlüsse über das wahre Problem. Suchen Sie einen Arzt auf, wenn Ihre Beschwerden nicht durch Eigenbehandlung verschwinden. Stecken Sie sich nach Möglichkeit nicht bei jemandem an, der krank ist. Am besten treffen Sie Vorsorge für Ihre Gesundheit und lassen sich regelmäßig untersuchen.

Im allgemeinen wissen Sie, wieviel Sie sich zumuten können, ehe Sie völlig erschöpft sind. Lassen Sie sich aber nicht aus spirituellen Gründen dazu hinreißen, vernünftige Sicherheitsvorkehrungen außer acht zu lassen. Ihre Angst, schlechte Ergebnisse zu erzielen, wenn Sie auf die Probe gestellt werden (ebensogut können sie positiv ausfallen), verleitet Sie womöglich dazu, unnötige Risiken auf sich zu nehmen und sich damit zugrunde zu richten.

Saturn-Quinkunx-Pluto

Das Quinkunx von Saturn zu Pluto ist ein Hinweis darauf, daß Sie sich ernstlich bemühen, all Ihren Verpflichtungen nachzukommen. Sie sind von der persönlichen Verantwortung durchdrungen, unhaltbare soziale Verhältnisse ändern helfen zu müssen. Ihr großes Problem ist nur, daß Sie sich mehr Pflichten aufhalsen, als Sie bewältigen können, und sich dabei physisch überfordern. Sie möchten nicht gern als jemand gelten, der sich dem Dienst im Interesse des Allgemeinwohls entzieht. Wahrscheinlich halten Sie sogar auch Ihre Mitmenschen dazu an, mitzumachen, so daß man mit vereinten Kräften um Erfolg ringen kann.

Da Sie die Angst haben, Ihr persönlicher Einsatz reiche nicht aus, sind Sie des öfteren angesichts der Resultate, die Sie erzielen, deprimiert. Sie halten Ihre Kollegen für qualifizierter und glauben, daß diese bestimmt eher als Sie den Aufstieg schaffen. Deshalb rechnen Sie sich gar nicht erst zu den Beförderungskandidaten. Bei der Entscheidung Ihrer Vorgesetzten fällt stark ins Gewicht, daß Sie zu weit ins Detail gehen und zu sehr um Perfektion bemüht sind. Sie plagen sich mit Kleinigkeiten ab, klagen über unlauteren Wettbewerb und setzen die Erwartungen anderer in Sie meist viel zu hoch an. Sie müssen Ihre berufliche Funktion viel lockerer sehen und dementsprechend Ihren Dienst tun. Reden Sie andern nicht in ihre Arbeit hinein, und Sie werden auch leichter zu Erfolg kommen.

Vermutlich haben Sie das Gefühl, Ihre Mitmenschen würden Sie für ihre eigenen Zwecke ausnutzen oder von Ihnen verlangen, einzuspringen, wenn sie selbst nicht klarkommen. Es ist auch durchaus möglich, daß bei persönlichen Kontakten die andern zu dominieren versuchen. Sie müssen zu einem differenzierteren Urteil kommen, aber auch standhaft bleiben, wenn Ihre Mitmenschen Ihnen ihre Einstellungen und Auffassungen aufzwingen wollen. Ihre Wertvorstellungen gelten genausoviel wie die der andern, und das müssen Sie mit aller Bestimmtheit klarmachen. Sie können nur ausgenutzt werden, wenn Sie sich ausnutzen lassen.

Unterschreiben Sie keinesfalls Verträge, es sei denn, Ihre Stellung und Ihre Verantwortlichkeiten würden darin genau festgelegt. Seien Sie auch auf der Hut vor vagen Abmachungen und Absichtserklärungen. Halten Sie sich an die jeweiligen Vereinbarungen, aber leisten Sie nicht freiwillig mehr, als von Ihnen verlangt wird, denn das dürfte auf die Dauer ein Verlustgeschäft für Sie sein.

Saturn-Quinkunx-Aszendent

Saturn im Quinkunx zum Aszendenten bedeutet, daß Sie sich zu Ihrem eigenen Nachteil viel zu wichtig nehmen. Sie sind so pflichtbesessen, daß Ihre Kraftreserven arg in Mitleidenschaft gezogen werden. Immerhin setzen Sie sich bei der Erfüllung Ihrer Pflichten klugerweise gewisse Grenzen, die Sie nach Möglichkeit nicht überschreiten. Sie planen Ihre Schritte taktisch wie ein Stratege, um mit Ihrem Einsatz möglichst viel zu erreichen, und verschwenden weder Zeit noch Mühe an unerhebliche Kleinigkeiten. Vorsichtig und zurückhaltend, wie Sie sind, wirken Sie kalt und unnahbar auf die Menschen, mit denen Sie in Kontakt stehen. Sie bieten Ihre Dienste erst nach sorgfältiger Einschätzung derer an, denen sie zugutekommen sollen, denn Sie wollen sichergehen, daß die betreffenden Leute Ihren Beistand auch verdienen. Manchmal beschäftigen Sie sich entschieden zuviel mit anderer Leute Angelegenheiten. Sie lassen sich selten ungefragt zu einem Ratschlag herbei, aber wenn Sie doch einmal raten, sind Ihre Vorschläge oft zu kompromißlos, um diskutabel zu sein, oder zu anspruchsvoll. Deshalb verzichten manche lieber auf Ihre Hilfe.

Im allgemeinen bleiben Sie bei der Wahrheit, weil Sie nur so vor sich selbst bestehen können. Sie wollen unbedingt aus Ihren Möglichkeiten das Beste machen, und darum steht die Förderung Ihrer Begabungen ganz obenan auf der Liste der Prioritäten, die Sie sich setzen. Ihre Erfahrungen haben Sie selbstbewußt gemacht. Sie lernen zwar langsam, aber dafür vergessen Sie auch nie, was Sie gelernt haben. Sie möchten, daß lobend anerkannt wird, wie perfekt Sie alles machen, fürchten jedoch insgeheim, daß Sie scheitern. Ihre Vorgesetzten schätzen Sie wegen Ihrer Ehrlichkeit und Integrität.

Sie nutzen jede verfügbare Quelle, um sich finanziell abzusichern. Ihre Freunde finden Sie womöglich ein bißchen zu zugeknöpft in Geldsachen, aber das berührt Sie nicht weiter, denn Sie wissen, daß Sie sich nie an sie wenden werden, wenn Sie Hilfe brauchen sollten, sondern sich lieber alleine durchbeißen, bis es wieder aufwärts geht. Sie investieren nur in Unternehmungen, die eine relativ hohe Erfolgschance haben, und sichern sich gern einen komfortablen Lebensstandard, den Sie auch halten können. Sie lassen sich nicht so leicht dazu bewegen, ins Licht der Öffentlichkeit zu treten, sondern sonnen sich lieber still im Bewußtsein Ihres Könnens.

Uranus-Quinkunx-Neptun

Das Quinkunx von Uranus zu Neptun zeigt auf, daß Sie zutiefst betroffen sind über soziale, rassische, religiöse und politische Ungerechtigkeiten. Sie fühlen sich mitschuldig daran, daß solche schwärenden Mißstände überhaupt existieren und Sie keine Macht haben, das zu ändern. Andererseits wissen Sie auch, daß diese Probleme behoben werden können, wenn nur genügend Leute wachgerüttelt sind und sich ehrlich damit befassen. Ebenso bekümmert sind Sie über die Armut, in der viele Menschen auf Grund von Umständen leben, die sich ihrer Kontrolle entziehen, oder weil sie extrem behindert sind und nur unter größten Schwierigkeiten ihren Lebensunterhalt verdienen können. Was auch immer die Ursache für solches Leid ist, Sie sind sicher, daß etwas unternommen werden kann, um diesen Menschen aus ihrer üblen Lage herauszuhelfen. Darum entschließen Sie sich wahrscheinlich, sich in den Dienst der öffentlichen Wohlfahrt, religiöser Gruppen oder staatlicher Institutionen zu stellen. Sie befürworten die Programme derartiger Organisationen voll und ganz und machen deutlich, daß Ihre Mitmenschen Ihnen am Herzen liegen. Vielleicht sind Sie selber ein Opfer der obengenannten Verhältnisse und deshalb kritischer als Leute, die nur am Rande etwas davon mitbekommen.

Ein Blick auf die Jahre zwischen 1922 und 1928 gibt uns eine gewisse Vorstellung von der Wirkung dieser Planetenkonstellation. 1923 kam der Tonfilm auf, der ankündigte, daß Geselligkeit fortan nicht mehr allein auf die private Häuslichkeit beschränkt bleiben, sondern auch andernorts ihren Platz haben sollte. 1926 wurde in England zum ersten Mal das Fernsehen vorgeführt, außerdem erschien im selben Jahr der erste Teil von Hitlers *Mein Kampf.* Hitler veränderte das Leben von Abermillionen Menschen und legte den Grund für soziales, religiöses und politisches Unrecht nie gekannten Ausmaßes.

An Ihrer Reaktion auf den Nachhall jener Ära wird erkennbar sein, wes Geistes Kind Sie sind. Sie und viele andere in diesem Zeitraum Geborene können so auf die Welt einwirken, daß dem Recht aller auf freie Selbstbestimmung Rechnung getragen wird. Ihr Beitrag wird helfen, einem jeden die Gelegenheit zu verschaffen, sich seinen Wünschen gemäß zu verwirklichen.

Uranus-Quinkunx-Pluto

Das Quinkunx von Uranus zu Pluto weist darauf hin, daß Sie sich ohnmächtig fühlen, etwas an den sozialen, religiösen oder politischen Verhältnissen zu ändern, in denen Sie leben. Ihrer Meinung nach können Sie sich nie individuell verwirklichen, weil Ihre Lebensumstände Ihnen die Hände binden. Höchstwahrscheinlich sind Sie vom Gang der Ereignisse mitgerissen worden und hatten keine Chance, sich dagegen zu wehren. Womöglich denken Sie mit Bitterkeit an die Umstände zurück, unter denen Sie leben mußten. Dabei sollten Sie dankbar sein, daß nichts von ewiger Dauer ist. Wenn sich die wirtschaftlichen Verhältnisse in Ihrer Umgebung oder auch landesweit verschlechtern, gehören Sie vermutlich zu den ernstlich Betroffenen. Ständig müssen Sie sich an wechselnde Lebenslagen anpassen, bis die Wirtschaft sich wieder erholt hat. Da Sie keinerlei Gespür dafür haben, wann sich ökonomische Miseren anbahnen, ist es durchaus möglich, daß Sie sich finanziell übernehmen und über Ihre Verhältnisse leben.

Die obigen Ausführungen gelten besonders für Menschen, die zwischen 1909 und 1913 geboren wurden. Damals standen die Leute im Bann der weittragenden Entwicklungen in der Wissenschaft und Industrie, und das Automobil wurde zum Wahrzeichen einer neuen Freiheit für jeden, der es sich leisten konnte. Viele neue Produkte erschienen auf dem Markt, so daß die Menschen durch ihr Konsumverhalten in ernste private Schwierigkeiten gerieten.

Irgendwie fürchten Sie die beängstigende Macht von politischen Führern und Industriegiganten, von denen Sie bei Ihrer Stellungssuche abhängig sind. Wie viele andere auch schützen Sie sich vor wirtschaftlichen Katastrophen, indem Sie sich einer großen Gewerkschaft anschließen, die Ihre Interessen am Verhandlungstisch vertritt. Trotzdem müssen Sie weiterkämpfen, um sich die materielle Sicherheit zu erhalten, für die Sie Ihr Leben lang gearbeitet haben. Sie sollten versuchen, Ihr derzeitiges Gehalt zu verbessern, damit Ihre Kaufkraft gewährleistet bleibt.

Uranus-Quinkunx-Aszendent

Uranus im Quinkunx zum Aszendenten deutet an, daß Sie aus Ihren kreativen Fähigkeiten einfallsreich und klug Kapital schlagen. Sie halten beständig Ausschau nach neuen Mitteln und Wegen, wie Sie Ihre Talente einsetzen können, und haben damit im allgemeinen auch Glück. Sie möchten dafür bewundert werden, daß Sie neue und bessere Wege auftun, um Ihre Ziele zu verwirklichen. Da Sie fortschrittlich eingestellt sind und sich weiterentwickeln wollen, geben Sie sich nicht mit althergebrachten Methoden zufrieden, es sei denn, diese ließen sich verbessern. Wer sich lieber auf Bewährtes und Erprobtes verläßt, wird Ihre Ideen nicht so leicht akzeptieren, so daß Sie sie wohl erst im stillen ausarbeiten müssen, bis Sie sicher sind, daß sie wirklich etwas fruchten. Sie befassen sich besonders intensiv damit, arbeitssparende Technologien zu entwickeln, die Ihnen mehr Freiheit lassen, Ihren Privatinteressen nachzugehen. Auch wenn Ihre ausgefallenen Vorschläge vielleicht auf Kritik stoßen, werden

Sie doch Leute für sich einnehmen, die einen Blick für die finanziellen Vorteile Ihrer Vorstellungen haben. Binden Sie jedoch Ihre Ideen nicht gleich jedem auf die Nase, sondern behalten Sie sie für sich, bis Sie rechtlich abgesichert sind.

Mit dem Erfindungsgeist, den Sie in finanzieller Hinsicht beweisen, werden Sie immer in der Lage sein, sich Ihren Lebensunterhalt zu verdienen. Ihre Ruhestandsjahre werden ebenfalls genügend gesichert sein, sobald Sie eingesehen haben, daß Sie dafür entsprechend Vorsorge treffen müssen.

Sie werden von Freunden bewundert, die mehr Sinn für Ihre Begabungen haben als Sie selbst; vielleicht machen Sie Ihnen sogar nützliche Vorschläge. Im Berufsleben leisten Sie ganze Arbeit, und das wissen Ihre Vorgesetzten, auch wenn sie sich nicht dahingehend äußern. Sie werden von dem Wunsch getrieben, von Ihren Talenten zum Wohle vieler Menschen Gebrauch zu machen.

In der Partnerschaft werden Sie unter Umständen Schwierigkeiten haben, weil Sie so sehr mit Eigeninteressen beschäftigt sind, die einen Großteil Ihrer Zeit beanspruchen. Da Sie sich schnell für jede Neuheit begeistern, gehen Sie meist ganz und gar in Ihrer Arbeit auf.

Neptun-Quinkunx-Aszendent

Neptun im Quinkunx zum Aszendenten bedeutet, daß Sie mit aller Macht versuchen, die Zustimmung und Mitarbeit der Leute zu gewinnen, mit denen Sie in Kontakt stehen, aber leider kommt meist nichts dabei heraus. Hinter Ihren guten Absichten wittern andere schnell selbstsüchtige Motive. Wenn Sie sich zur Geltung bringen wollen, wirken Sie so unsicher, daß man an Ihrer Sachverständigkeit zweifelt. Es fällt Ihnen schwer, aus Ihrer Kreativität Kapital zu schlagen, und Sie neigen dazu, bei der Erfüllung Ihrer Pflichten herumzutrödeln. Die Folge davon ist, daß Sie vieles anfangen, was Sie wohl nie zu Ende bringen. Ihre Mißerfolge haben Ihre Ursachen in ungenügender Planung und mangelnder Konzentrationsfähigkeit Ihrerseits. Nehmen Sie nach Möglichkeit die Dienste eines Beraters in Anspruch, der Ihnen bei Ihrer Planung behilflich sein kann.

In finanzieller Hinsicht sind Sie unrealistisch, und wenn Sie sehen, was Ihre Bemühungen Ihnen einbringen, sind Sie meist enttäuscht. Nur zu leicht gehen Sie auf die Vorschläge wohlmeinender Freunde ein und sitzen dann finanziell auf dem trockenen. Sie bieten Ihren Mitmenschen großzügig Ihre Dienste an, denn Sie haben ein weiches Herz und fühlen sich verpflichtet zu helfen, wann immer Sie können. Dabei stellen Sie jedoch oft persönliche Belange zurück, die eigentlich Ihre gesammelte Aufmerksamkeit brauchen, während die Gefälligkeiten, die Sie andern erweisen, womöglich nicht einmal richtig gewürdigt werden. Sie wissen nicht so recht, was für Sie vordringlich ist. In Ihrem Verlangen, anderer Leute Beifall zu finden, plagen Sie sich damit ab, ihnen gefällig zu sein.

Wenn Sie in der Achtung Ihrer Arbeitgeber steigen wollen, müssen Sie sich besser in der Gewalt haben. Sie erwecken den Eindruck, als gerieten Sie leicht aus der Fassung und seien deshalb unzuverlässig. Lassen Sie sich nicht zu sehr von den Zeugnissen Ihrer Kollegen beeindrucken, denn sonst schwinden Ihre Hoffnungen dahin, es ihnen gleichtun zu können. Sie arbeiten am besten allein, so daß nur Sie selbst unter Ihren Irrtümern und Terminfehlplanungen zu leiden haben.

Pluto-Quinkunx-Aszendent

Pluto im Quinkunx zum Aszendenten deutet darauf hin, daß Sie Ihre Verantwortlichkeit andern gegenüber viel zu ernst nehmen. Sie handeln, als hätten andere Gewalt über Sie und könnten Sie zwingen, sich ihren Wünschen zu fügen. Da Sie über Mißstände in Ihrer Umgebung tiefbetroffen sind, bieten Sie gern Ihre Dienste an, damit etwas dagegen unternommen wird. Dadurch geraten Sie jedoch mitten ins Getriebe sozialer Aktivitäten und schenken dann Ihren eigenen Angelegenheiten nicht mehr die nötige Aufmerksamkeit. Das Arbeitsklima liegt Ihnen besonders am Herzen, und Sie fühlen sich genötigt, es nach Kräften zu verbessern.

Sie verstehen es, Ihre Talente zu nutzen, um Ihren Lebensunterhalt zu verdienen. Allerdings wollen Sie sich finanziell auch einigermaßen absichern und werden wahrscheinlich daran interessiert sein, Ihr Kapital anzulegen oder sonstwie Vorsorge für den Notfall zu treffen. Sie sind ziemlich eigensinnig und geraten leicht aus der Fassung, wenn Beweise Sie zwingen, einen Irrtum zuzugeben. Ihre Vorstellungen haben durchaus Hand und Fuß, nur verlieren sie ihre Wirksamkeit, sobald Sie versuchen, sie andern aufzudrängen. Sie wollen als charakterfester Mensch bewundert und anerkannt werden und kochen innerlich, wenn durch Ihre Handlungsweise das Gegenteil bewiesen ist oder es jemandem gelingt, Sie vor andern bloßzustellen.

Ihre Bemerkungen über Leute, die Sie für unfähig halten, eine einflußreiche, Ihnen übergeordnete Stellung zu bekleiden, sind nicht unbedingt freundlich zu nennen. Sie neigen zu der Auffassung, diese Menschen hätten sich ihre Autorität auf unredliche Weise verschafft.

Sie haben Ihre Freude am Wettbewerb und hoffen insgeheim, eines Tages zeigen zu können, was in Ihnen steckt, wenn Sie einmal am Drücker sind.

KAPITEL 6
OPPOSITIONEN

Oppositionen

Eine Opposition ist dann gegeben, wenn zwei Planeten im Winkel von 180° zueinander stehen und somit entgegengesetzten Tierkreiszeichen angehören. Die Natur der Planeten wird dabei durch das Kräftespiel von Mars und Venus beeinflußt, durch die Eigenschaften von Widder und Waage sowie durch die Gegebenheiten des ersten und siebten Hauses. Die Opposition dient der Lösung einer psychologischen Fehlhaltung, die das jeweils beteiligte Planetenpaar erzeugt. Der Aspekt schafft Entfremdung im zwischenmenschlichen Bereich, da der betreffende Mensch unfähig ist, den tobenden Konflikt zu bewältigen und die gegensätzlichen Kräfte in Harmonie zu bringen. Allerdings kann die Spannung einer Opposition durch Verständnis und Liebe gemildert werden. Ein Planet, der einen der beiden Oppositionsplaneten im Winkel von 60° oder 120° aspektiert, wird zum »Schiedsrichter« im Konflikt. Beide Planeten werden hierdurch positiv beeinflußt, da er das Verbindungsglied zwischen der Opposition bildet und auf diese Weise eine Kommunikation zwischen ihnen ermöglicht, die zu einem Kompromiß zwischen den beteiligten Kräften führt. Existiert kein Schiedsrichter-Planet, dann muß die Qualität, die er ins Spiel gebracht hätte, irgendwie auf anderem Wege erworben werden.

Krebs und Steinbock, Mond und Saturn sowie das vierte und zehnte Haus repräsentieren die Kräfte, durch die eine Auflösung der Opposition erschwert wird. Sie zeigen, wie man Barrieren errichtet, um sich in seiner emotionalen Unsicherheit und Verletzlichkeit zu schützen. Dieser Rückzug in sich selbst kann der Entwicklung von Liebe und Verständnis entgegenwirken, ohne die man nie vom Trennenden, Entfremdenden zum Verbindenden gelangen kann.

Der Konflikt und die Belastung einer Opposition werden gewöhnlich auf andere projiziert. Die Eigenschaften und innere Haltung, die eine Opposition bewirkt, rufen in anderen Menschen Unbehagen hervor, da der betreffende Mensch sich selbst damit nicht wohl fühlt. Trotzdem ist die Opposition der Konflikt-Aspekt, der am leichtesten zu lösen ist, weil in ihr die Probleme klar zutage treten und weitgehend verarbeitet werden können.

Sonne-Opposition-Mond

Die Sonne in Opposition zum Mond weist darauf hin, daß Sie Schwierigkeiten im Umgang mit Menschen haben. Zwischen Ihren Emotionen und Ihrem Ich besteht ein Konflikt, an dem Sie psychologisch festhängen und den Sie unbewußt auf Ihre Angehörigen, Freunde, Bekannten und sogar Liebespartner übertragen. Sie handeln zögernd, mit Antriebshemmung, und haben dabei häufig das Gefühl, daß Sie doch nicht recht gehandelt haben. Wenn Sie darangehen, sich in Ihrer Eigenart zu behaupten, fühlen Sie sich innerlich zerrissen, weil Sie sich damit unloyal denen gegenüber verhalten, die Ihnen nahestehen. Sie hätten lieber ihre volle Unterstützung, um sich nicht immer erklären zu müssen und unter Schuldgefühlen zu leiden, wie es Ihnen offenbar bei allem, was Sie in Angriff nehmen, beschieden ist.

Beziehungen bedeuten Ihnen viel, und Sie sehnen sich nach einem Menschen, mit dem Sie sich voll identifizieren können. Obwohl Sie gelegentliche Kontakte genießen, reichen diese doch nie vollends aus, Ihr Verlangen zu stillen, zu jemandem zu gehören. Sie suchen nach einem Menschen, der all Ihren Bedürfnissen nach Liebe, Freundschaft, Unterstützung in Ihren Zielen, Anteilnahme an Ihren Schwierigkeiten, Stärkung in Zeiten der Schwäche, nach Inspiration und Förderung Ihrer kreativen Talente gerecht wird und mit dem Sie die Früchte Ihrer gemeinsamen Anstrengungen zusammen genießen können. Dies ist viel verlangt, und Sie müssen auf der Suche nach einem solchen Partner sicher Zugeständnisse machen. Legen Sie mehr Gewicht auf das Geben als auf das Nehmen, zeigen Sie mehr Entgegenkommen als Halsstarrigkeit, mehr Bescheidenheit als Arroganz. Das ist ebenfalls viel verlangt, aber machbar – es ist auf jeden Fall den Versuch wert. Jeder Fortschritt in diese Richtung wird sich als segensreich erweisen.

Ihr größtes Hindernis ist, daß Sie nicht bereit sind, sich von der Vergangenheit zu lösen. Sie brauchen nicht zu fürchten, daß man Sie für kalt und gleichgültig halten könnte – Sie brächten es gar nicht fertig, gefühllos zu sein. Schätzen Sie einmal realistisch ab, was Sie sich von Ihrem Leben erwarten, und entwerfen Sie dann einen Plan, wie Sie es erreichen können. Warten Sie nicht erst auf Menschen, die Ihnen die Türen öffnen. Sie sollten gelegentlich schon etwas für sich selbst tun, auch wenn Sie damit über Ihren Schatten springen müssen.

Sie werden einige Probleme in der Partnerschaft haben, bis Sie klar wissen, wo Sie stehen, und Ihre Position offen darlegen können. Sie neigen zum Selbstmitleid und zur Verbitterung, wenn Dinge nicht so laufen, wie Sie es gerne hätten, obwohl das Leben nun einmal so spielt. Der Erfolg ist um so kostbarer, je härter die Zeiten waren, die ihm vorhergegangen sind. Wahren Sie, was Ihren Körper angeht, ein ruhiges Tempo. Es würde Ihnen nicht bekommen, »die Kerze an beiden Enden anzuzünden«.

Sonne-Opposition-Mars

Die Opposition von der Sonne zum Mars kennzeichnet Sie als Kämpfer, der vor keiner Gefahr zurückschreckt. Sie lieben den Wettbewerb. Ärgernis erregen Sie nur damit, daß Sie auf jede Herausforderung so reagieren, als hinge Ihr Leben davon ab. Mit Ihrer Arroganz erzürnen Sie die Leute und vermitteln ihnen das Gefühl, sich dagegen zur Wehr setzen zu müssen. Sie genießen diese kämpferischen Auseinandersetzungen, weil Sie dabei ein für alle Mal Ihre Überlegenheit unter Beweis stellen können. Sie müssen ganz schön unsicher sein, um eine solche Bestätigung zu brauchen. Auch wenn Sie als Sieger aus einer Schlacht hervorgehen, heißt das noch nicht, daß Sie auf der ganzen Linie gewonnen haben, und so werden Sie mit Ihren Streitigkeiten fortfahren, bis Sie die Entdeckung machen, daß Ihre Siege hohl sind. Sie legen mit Ihrem Verhalten einen unglaublichen Mangel an Feingefühl an den Tag und zeigen, daß Sie unfähig sind, sich selbst realistisch einzuschätzen. Es reicht aus, wenn Sie sich selbst Ihren Wert beweisen und nicht den anderen. Wenn Sie eine angemessene Ausbildung genossen, Erfahrungen gemacht und daraus gelernt haben, was brauchen Sie dann noch mehr? Beweisen Sie Ihre Tüchtigkeit durch Ihre Effektivität im Umgang mit Menschen, bei Ihrer Arbeit und dadurch, daß Sie mit Ihren Alltagsangelegenheiten rundum zufrieden sind. Kümmern Sie sich nur um Ihre eigenen Belange, und überlassen Sie es anderen, selbst mit den ihren zurechtzukommen.

Im Laufe Ihres Lebens werden Sie die oben dargestellte Problematik in den Griff bekommen. Wenn Sie einmal diese Hürde genommen haben, können Sie Ihre persönlichen Lebensziele verwirklichen und für Ihre befriedigende Leistung auch Anerkennung ernten. Berufliche Erfüllung finden Sie vielleicht als Polizist, Rechtsbeistand oder als Schiedsmann bei Verbänden und Gewerkschaften. Unter Umständen haben Sie auch Freude an Forschungsreisen, sportlichen Aktivitäten und anderen Unternehmungen, bei denen Sie körperlich gefordert werden und wo sich Ihre überschäumenden Energien Bahn brechen können. Welchen Tätigkeitsbereich Sie auch wählen, er sollte Sie auf jeden Fall dazu herausfordern, Ihre Belastbarkeit unter Beweis zu stellen. Auf diese Weise können Sie sich hervortun und die Bewunderung der Öffentlichkeit auf sich ziehen. Ihr größter Gewinn jedoch wird die innere Befriedigung sein, die eigenen Möglichkeiten voll ausgeschöpft zu haben.

In Ihrer ausgeprägten Sinnlichkeit sind Sie nicht leicht zufriedenzustellen. Sobald Sie etwas entdecken, was Sie haben wollen, setzen Sie ihm nach. Wenn es Ihnen nicht gelingt, daranzukommen, dann geben Sie sich mit dem zufrieden, was da ist. Sie sind auf der körperlichen Ebene rasch entflammt, und schon ein optischer Eindruck reicht aus, um Ihr Interesse zu wecken. Doch besteht bei Ihnen auch eine starke Neigung zu echter Gemeinschaft, und darin liegt letztlich Ihr Ziel. Um mit einem Partner auf Dauer zusammenzuleben, werden Sie Ihre Erwartungen zurückstekken müssen. Mit Ihrem reichen Erfahrungsschatz im Rücken dürfte Ihnen das allerdings leichtfallen.

Sonne-Opposition-Jupiter

Die Sonne in Opposition zu Jupiter zeigt, daß Sie energiegeladen und begeisterungsfähig sind und genau wissen, wie Sie Ihre kreativen Begabungen nutzen können. Sie verstehen es recht gut, sich zur Geltung zu bringen, um Ihre Ziele zu erreichen; doch planen Sie oftmals zu großzügig, wo Sie sorgfältig Schritt für Schritt vorgehen sollten. Sie gehen davon aus, daß man Ihnen auf dem Weg nach oben freie Bahn läßt, und sind enttäuscht, wenn Sie statt dessen auf Widerspruch stoßen. Sie geben hochtönende Versprechungen ab, um sich dann verantwortungslos und nachlässig darin zu erweisen, sie auch einzuhalten. Ihre Bekannten erleben Sie als »Schön-Wetter-Freund«, der nicht zur Stelle ist, wenn es ungemütlich wird.

Sie wissen, wie Sie Ihren Charme spielen lassen müssen, um die Anerkennung der Leute zu gewinnen, mit denen Sie täglich Umgang pflegen. Es mag jedoch sein, daß Sie nicht ganz ehrlich mit sich und anderen sind und die Wahrheit ein wenig zurechtrücken, um Ihre Ziele zu erreichen. Sie neigen dazu, mit großem Aufwand die Rolle des Erfolgreichen zu spielen, dabei fürchten Sie ständig, daß die Konkurrenz Sie eines Tages von Ihrem Thron stürzt. Ziehen Sie bei all Ihren Bemühungen die Realität mit in Rechnung, und nehmen Sie sich nur das vor, womit Sie auch tatsächlich fertig werden. Hören Sie auf damit, den Leuten in Ihrer Umgebung den Zuversichtlichen vorzuspielen, denn man kauft Ihnen Ihre Rolle nicht ab. Sie können es sich nicht leisten, kostbare Verbündete zu verlieren, nur um für kurze Zeit Siegerfreude auszukosten.

Sie sind sehr talentiert und kreativ. Ihre Qualitäten finden gute Anwendung in Bereichen wie der Erziehung und Bildung, Geschäftsführung, dem Tourismus sowie der Medien- und Öffentlichkeitsarbeit. Um auf diesen Gebieten die besten Resultate zu erzielen, benötigen Sie Selbstbeherrschung und müssen willens sein, die volle Verantwortung Ihrer Position auf sich zu nehmen. Es ist gut, wenn Sie Ihre Grenzen erkennen und alle Aufgaben, denen Sie nicht gewachsen sind, anderen überlassen. Bei Ihrem Streben nach Anerkennung sollten Sie darauf achten, für Ihren Aufstieg zum Erfolg Ratgeber hinzuzuziehen. Versuchen Sie, den Kontakt zu den Menschen zu wahren, die Ihnen Ihr Fortkommen ermöglicht haben – wenn Sie sich dankbar für deren Beistand erweisen, können Sie auch mit ihrer weiteren Unterstützung rechnen.

In Liebesbeziehungen sind Sie anspruchsvoll und erwarten, alles zu bekommen, wonach Sie verlangen. Da Ihnen in Gefühlsangelegenheiten Beständigkeit fehlt, lassen Sie es sich erst lange Zeit gutgehen, bevor Sie sich auf einen Partner festlegen. Selbst dann noch nehmen Sie sich Freiheiten heraus, die Sie Ihrem Partner nicht zugestehen würden. Sie müssen ständig in Bewegung sein und lieben das Reisen. Neue Orte – das bedeutet neue Gesichter und neue Zerstreuungen. Wahren Sie aber jederzeit Diskretion, sonst laufen Sie Gefahr, alles Erworbene durch unerwartete Entwicklungen zu verlieren. Sie glauben allerdings nicht, daß Ihnen jemals so etwas passieren könnte.

Übereilen Sie nichts, denn ein ganzes Leben steht Ihnen zur Verfügung. Seien Sie achtsam mit Ihrer Diät, und schwelgen Sie nicht zu sehr in Essen und Trinken. Planen Sie sooft wie möglich Erholungspausen von der Alltagsroutine ein, in denen Sie die robuste Gesundheit wiederherstellen, die Ihnen für Ihre Ambitionen unerläßlich ist.

Sonne-Opposition-Saturn

Die Opposition Ihrer Sonne zu Saturn deutet auf eine Bewußtseinskrise hin, in der Sie herauszufinden versuchen, wer und was Sie sind. Dabei kann es vorkommen, daß Sie Bedrohungen wahrnehmen, wo gar keine sind. Sie brauchen ständig Bestätigung in Ihrem Selbstwertgefühl. Sie bemühen sich, mit Ihrer persönlichen Unsicherheit fertig zu werden, um endlich dazu zu kommen, sich selbst einen Platz zu schaffen. Die meisten Lektionen lernen Sie im zwischenmenschlichen Bereich, wo Sie viele Krisen bewältigen. Andere Menschen haben Ihnen gegenüber die gleiche Befangenheit, die Sie in ihrer Gegenwart verspüren. Mit der Zeit wird sich Ihre Perspektive jedoch verändern, so daß Sie endlich ein normales Selbstbewußtsein entwickeln.

Haben Sie erst Vertrauen zu sich selbst gefunden, dann können Sie in folgenden Bereichen erfolgreich arbeiten: im Lehrberuf, als Unternehmer, im Natur- und Denkmalschutz, in Justiz, Mathematik, Architektur und Politik – wie überhaupt in Funktionen, wo Sie gezwungen sind, Ihre Begabungen effektiv und mit Autorität zum Ausdruck zu bringen.

Ihr Lebenspartner wird vermutlich Ihr bester Ratgeber und Führer sein, mit dem Sie alle in Frage stehenden Entscheidungen diskutieren sollten. Lassen Sie sich durch Erfahrungen, die Sie machen, nicht derart verhärten, daß Sie sich emotionalen Erwägungen gegenüber verschließen. Vergessen Sie bei Ihrer Selbstbehauptung in der Welt nicht, auf die Gefühle anderer Rücksicht zu nehmen. Und seien Sie nicht so hart in Ihrem Urteil, sondern lassen Sie Milde walten!

Was Sie am meisten am Erfolg hindert, ist Ihr Mangel an Eigenliebe. Wenn andere Ihnen keinen Raum zur Entfaltung zugestehen, nehmen Sie ihn sich doch einfach! Warten Sie nicht darauf, daß Ihre Mitstreiter Ihnen den Weg bahnen – Sie könnten lange warten! Achten Sie Ihrerseits aber auch darauf, selbst niemanden einzuschränken, der versucht, sich zu verwirklichen. Sie sollten die gleichen Verhaltensregeln beherzigen, deren Einhaltung sie auch von anderen erwarten!

Nehmen Sie im Interesse Ihrer Gesundheit so wenig Salz wie möglich zu sich, und meiden Sie langes Sitzen. Beides kann erhebliche Auswirkungen auf Ihren Kreislauf haben.

Sonne-Opposition-Uranus

Die Opposition von der Sonne zu Uranus läßt darauf schließen, daß Sie von Ihrer Veranlagung her zu Verspannungen, Nervosität und Reizbarkeit neigen und häufige Entspannungspausen nötig haben. Sie fürchten den Wettbewerb, suchen sich aber trotzdem Leute, die eine Herausforderung für Sie darstellen. Da Sie kein Vertrauen zu Ihren eigenen Fähigkeiten haben, brauchen Sie für Ihr Selbstwertgefühl die ständige Bestätigung von außen. Sie glauben sich selbst am besten beweisen zu können, indem Sie erfolgreich im Umgang mit anderen Menschen sind. Sicher ist Ihnen klar, daß Sie über außerordentliche Talente verfügen und imstande sind, etwas zu erreichen, wenn Sie nur wollen. Sie lernen möglicherweise Leute in Machtpositionen kennen, mit denen Sie sich durchaus messen können.

Solange Sie nicht gelernt haben, andern Menschen entgegenzukommen, wird es Ihnen schwerfallen, Ihre Ziele wirklich zu erreichen. Es *gibt* eben andere Standpunkte, die oft ebenso gültig sind wie Ihre. Auch wenn es nicht leicht ist, sollten Sie wenigstens versuchen, das anzuhören, was andere zu sagen haben. Es tut Ihnen nur gut, festzustellen, daß Sie längst nicht alles wissen, sondern noch eine Menge zu lernen haben. Wenn Sie das einsehen, können Sie in vielen Berufen erfolgreich sein. Auszeichnen könnten Sie sich unter anderm auf wissenschaftlichem, sozialem oder erzieherischem Gebiet.

Ihr Konkurrenzdenken spielt auch in Ihrem sozialen Leben eine Rolle. Mit Ihrer Sprunghaftigkeit verderben Sie es sich selbst mit den Menschen, die Ihnen am meisten bedeuten. Bei vielen Geselligkeiten sind Sie ob Ihrer Launenhaftigkeit nicht gerade gern gesehen. Sie haben keinerlei Geduld mit Menschen, die Sie stumpfsinnig und langweilig finden, und manch einer aus Ihrem Freundes- und Bekanntenkreis wird sich aus diesem Grunde von Ihnen abwenden. Tatsache ist, daß Sie selbst ein solches Benehmen bei andern nicht billigen würden.

Sie verlangen ausgesprochen viel von jemandem, dem Sie sich verbunden fühlen. Sie haben einen aufregenden Lebensstil und erwarten von Ihrem Partner, daß er dabei mithält und Ihre Interessen teilt. Vom Temperament wie auch von Ihrer physischen Veranlagung her neigen Sie zu häufigem Partnerwechsel, und das ist ein wesentlicher Zug Ihrer Persönlichkeit. Sie wollen sich nicht festlegen lassen, versuchen aber nichtsdestotrotz, andere festzunageln.

Entspannung ist außerordentlich wichtig für Sie. Durch periodische Phasen der Ruhe und Zurückgezogenheit können Sie der nervösen Reizbarkeit, unter der Sie zu leiden haben, entgegenwirken. Ihre Gesundheit hängt in hohem Maße davon ab, daß Sie zu innerer Gelassenheit finden.

Sonne-Opposition-Neptun

Die Sonne in Opposition zu Neptun zeigt an, daß Sie mit schwer durchschaubaren Problemen zu kämpfen haben. In einem frühen Lebensabschnitt haben Sie Autorität wohl falsch aufgefaßt und geglaubt, speziell Sie würden hart herangenommen. Darauf haben Sie mit Trotz reagiert und waren nicht gewillt, sich jemandem unterzuordnen. So fiel es Ihnen schwer, den richtigen Blick für die Realität zu bekommen. Sie bilden sich Probleme ein, wo gar keine sind, und übersehen dabei die tatsächlichen, offensichtlichen Hindernisse.

Diese Haltung belastet Ihre Beziehung zu Ihren Mitmenschen, und es ist nicht immer klar ersichtlich, wer im Recht und wer im Unrecht ist. Ihre Unsicherheit treibt Sie allmählich dazu, nur mit solchen Leuten Kontakt zu pflegen, denen Sie sich nicht verpflichtet fühlen, so daß Sie Ihrer Ansicht nach keine Schuld trifft, wenn die Beziehung in die Brüche geht. Mit der Zeit werden Sie diese Einstellung überwinden und mit zunehmender Reife immer mehr Vertrauen in Ihre inneren Reserven entwickeln, die Ihnen Schutz und Führung bei künftigen Beziehungen bieten werden.

Sie haben Angst vor Konkurrenzsituationen, weil Sie Ihre eigenen Fähigkeiten anzweifeln. Wenn Sie sich bedroht fühlen, ziehen Sie sich lieber zurück und überlassen es andern, von den Gelegenheiten zu profitieren, die Sie selbst nur als Hürde betrachten. Durch eine selbständige Tätigkeit könnten Sie lernen, unabhängig zu werden und sich Ihrer eigenen schöpferischen Möglichkeiten voll bewußt zu werden. Sind Sie erst einmal sicherer und erfolgreicher in Ihrer Arbeit geworden, dann werden Sie auch dem Wettbewerb aufgeschlossener gegenüberstehen und in der Lage sein, mit andern zusammenzuarbeiten.

Ihr Mißtrauen hindert Sie daran, sich auf enge Liebesbeziehungen einzulassen. Aus Angst, in die Falle zu gehen, schrecken Sie vor jeder emotionalen Bindung zurück. Sie haben die Tendenz, in andern Menschen entweder die besten oder aber die schlechtesten Saiten zum Klingen zu bringen, und es hängt nur von Ihnen ab, welches dieser beiden Extreme Sie zulassen. Sie stehen insgeheim unter einem Zwang, als Strafe für unterbewußte Wünsche Leiden auf sich zu nehmen. Womöglich werden Sie sich diversen Erniedrigungen aussetzen, ehe Sie endlich merken, daß Sie sich das selbst zuzuschreiben haben.

Lernen Sie, der Realität ins Gesicht zu sehen, statt sie aus einem flüchtigen Gefühl heraus in rosigen Farben zu malen. Setzen Sie sich lieber gezielt für die Verwirklichung einer wichtigen sozialen Aufgabe ein.

Sonne-Opposition-Pluto

Die Sonne in Opposition zu Pluto zeigt, daß Sie sich im Falle eines Angriffs verteidigen werden. In Wettbewerbssituationen gehen Sie aufs Äußerste, um sich den Sieg zu sichern. Für gewöhnlich gehen Sie davon aus, daß Ihr Gegner mehr Macht hat als Sie und daß Ihre eigene Position wackelig ist. Wenn klar ist, daß Sie nicht gewinnen können, wenden Sie sich gern ab und tun so, als existiere die Herausforderung gar nicht.

Es gibt nichts Schlimmeres für Sie als eine ungewisse Situation. Oft schlagen Sie in der Hoffnung, sich damit zu schützen, als erster zu und bereuen später Ihr unkluges Verhalten. Ein andermal wieder spornen Sie andere zum Handeln an, um selbst Energien zu sparen.

Mit Ihrem Hang zu Extremen stoßen Sie sogar die Menschen vor den Kopf, auf deren Unterstützung Sie angewiesen sind. Sie setzen Ihren Willen mit so viel Starrsinn und Aggressivität durch, daß nur ganz Hartgesottene es mit Ihnen aufnehmen. Sie tun gut daran, sich zu mäßigen, vernünftiger zu werden und mehr Kompromißbereitschaft zu beweisen. Unter Umständen benutzen Sie Sex und die damit verbundene Macht als Druckmittel gegen andere. Geben Sie acht, sich damit nicht selbst zu schaden!

Besonders hart kommt es Sie an, andern das Recht auf Selbstbehauptung zuzugestehen. Andernfalls werden Sie jedoch immer wieder zu Ihrer Qual merken, daß man Ihnen die nötige Unterstützung verweigert. Möglicherweise werden Sie auch Schwierigkeiten haben, verliehenes Geld zurückzubekommen. Das alles sind aber nur vorübergehende Probleme, sofern Sie lernen, mit den Menschen zusammenzuarbeiten, von denen Sie sich sonst immer in die Enge getrieben fühlen. Hören Sie auf, jeden zu beargwöhnen, der anderer Meinung ist als Sie.

Nach einiger Zeit werden Sie genügend Selbstvertrauen besitzen, um eigene Entscheidungen treffen zu können. Sie werden Ihren Eigenwert kennen und sich nicht länger um die Sicherheit Ihrer beruflichen und häuslichen Verhältnisse sorgen.

Irgendwann in Ihrem Leben machen Sie entscheidende Veränderungen durch, die zu einer psychologischen Neuorientierung führen. Dann werden Sie vollkommen selbstsicher sein und auf den eigenen Füßen stehen. In dem Moment, wo Sie andere tolerieren, statt sich über deren Widersetzlichkeit zu ärgern, wird es sich zeigen, daß Sie genug Autorität haben, um Ihre Ziele eigenständig zu verwirklichen.

Sonne-Opposition-Aszendent

Die Sonne in Opposition zum Aszendenten weist Sie als Menschen aus, der sich leicht von andern beeindrucken läßt und hofft, daß man auf ihn gleichermaßen reagiert. Sie ziehen starke Persönlichkeiten mit ausgeprägtem Ego an, die immer versuchen werden, Sie zu beherrschen. Unwissentlich zeigen Sie Ihren Mitmenschen, daß Sie sich für ziemlich bedeutungslos halten, und erwarten dabei insgeheim, durch sie im positiven Sinne bestätigt zu werden. Sie sind ziemlich unsicher und fürchten, bei Ihren Bekannten auf Ablehnung zu stoßen. Sie tun sich gern mit erfolgreichen Leuten zusammen, die Sie bewundern können, weil Sie das Gefühl brauchen, wirklich geschätzt und nicht nur geduldet zu werden. Mit andern Worten: Sie sind auf versteckte Komplimente aus und genießen es, wenn man Ihnen schmeichelt, denn das hebt Ihr geschwächtes Selbstbewußtsein.

In Ihren Privatbeziehungen sind Sie eine Spur zu sehr bemüht, genau das zu tun, was angeblich von Ihnen erwartet wird, weil Sie ganz sicher gehen wollen, daß Ihre Freunde gut von Ihnen denken. Sie müssen sich unbedingt von den festen Banden an Ihr Elternhaus losmachen und Ihr Zugehörigkeitsbedürfnis vollständig auf jemanden übertragen, mit dem Sie eine persönliche Beziehung eingehen können.

Bevor Sie Ihre Meinung äußern, versetzen Sie sich zunächst einmal an die Stelle Ihres Gesprächspartners. Diese Eigenart kann Ihnen im Geschäft oder in Ihrem Beruf zum Vorteil gereichen, denn Sie würden Ihren Kunden das Gefühl vermitteln, sie seien die wichtigsten Personen der Welt. Dann wären sie geschmeichelt und würden Sie mit Vergnügen für Ihre Dienste entlohnen. Diese Leute kennen nämlich Ihren Wert meist besser als Sie selbst.

Die Kommunikation mit andern fällt Ihnen leicht, vermutlich, weil Sie gern Menschen um sich haben. Aber Sie müssen sich schwer ins Zeug legen, um Ihre Kollegen davon zu überzeugen, daß Sie genauso leistungsfähig sind wie andere und daß Sie, wenn sie das nicht wahrhaben wollen, lieber alleine arbeiten. Im beruflichen Konkurrenzkampf sollten Sie sich aggressiver durchsetzen, damit man Sie nicht einfach übergeht.

Mond-Opposition-Merkur

Der Mond in Opposition zu Merkur zeigt an, daß es Ihnen schwerfällt, Verstand und Empfinden miteinander in Einklang zu bringen; das Verhältnis von Gefühl und Intellekt ist gestört. Privat wie in Gesellschaft wird niemand aus Ihrer Verhaltensweise so recht klug, was Probleme im zwischenmenschlichen Bereich mit sich bringt. Ihre Reaktionen sind manchmal so emotionsgeladen, daß es andern Menschen unmöglich ist, mit Ihnen auszukommen. Bisweilen bewerten Sie Situationen, von denen andere mitbetroffen sind, mit so eiskalter Logik, daß man bezweifelt, ob Sie überhaupt einer Gefühlsregung fähig sind. Sie erregen Anstoß, ohne es zu merken, und wundern sich dann, wieso die Leute so befremdet reagieren. Diesen Widerspruch von Herz und Verstand können Sie aufheben, wenn Sie es sich zur Gewohnheit machen, keine Entscheidungen mehr zu fällen, ohne vorher die Meinung der Mitbeteiligten einzuholen. Wenn es Ihnen wirklich ernst damit ist, werden Sie die angeführten Fakten prüfen und versuchen, entgegenkommender zu sein. So handeln Sie taktvoller und gelangen zu einem reiferen Urteil. Sie neigen zu spontanen Entschlüssen, dabei wäre es Ihnen wohler in Ihrer Haut, wenn Sie Ihrer Impulsivität nicht so leicht nachgeben würden. Alle, mit denen Sie verkehren, würden sich dann ebenfalls in Ihrer Gesellschaft wohler fühlen.

Aus dem Vorhergehenden können Sie entnehmen, wie ungemein wichtig es für Sie ist, diese innere Unausgewogenheit auszugleichen. Wenn Sie lernen, mehr Kompromißbereitschaft zu zeigen, wird Ihnen Ihr Beruf auch mehr Freude machen, ob Sie nun im stillen oder in aller Öffentlichkeit arbeiten. Geben Sie es ruhig zu, wenn Sie im Unrecht sind, denn damit gewinnen Sie Ihre Kollegen für sich, und versuchen Sie, Kritik nicht allzu persönlich zu nehmen. Falls man Sie angreift oder Ihre Ansichten in Frage stellt, fassen Sie es einfach als Gelegenheit auf, Ihren Standpunkt unmißverständlich klarzumachen. Wie Alexander Pope so schön sagt: »Irren ist menschlich, Vergeben ist göttlich.«

Im häuslichen Bereich werden Ihnen Meinungsverschiedenheiten mit Ihrem Partner einigen Kummer bereiten. Sie regen sich schnell auf und fangen schon bei der kleinsten Provokation Streit an. Vielleicht gehören Sie auch zu der Sorte Käufer, die ihrem Konsumtrieb erliegen und für irgendwelche nutzlosen Dinge Schulden machen. Sie neigen ferner dazu, sich über Familienangelegenheiten, die gar nicht so viel Aufhebens verdienen, übermäßig Sorgen zu machen. Halten Sie lieber Ihre Zunge im Zaum, statt andern Menschen die Einzelheiten Ihres Privatlebens zu unterbreiten. Die meisten haben genug mit ihren eigenen Problemen zu tun. Wenn Sie um jeden Preis Neuigkeiten berichten wollen, dann bewerben Sie sich um einen Job bei Ihrer Lokalzeitung. Setzen Sie nicht Ihren Ruf in der Nachbarschaft aufs Spiel, indem Sie Gerüchte in Umlauf bringen, selbst wenn diese der Wahrheit entsprechen.

Mond-Opposition-Venus

Die Opposition von Mond zu Venus kann bewirken, daß Sie von Ihren Mitmenschen angegriffen werden, was immer Sie auch tun mögen. Das bekommen Sie besonders dann zu spüren, wenn Sie sich bei ihnen für erwiesene Gefälligkeiten bedanken wollen. Sie überschütten die Leute, mit denen Sie in Kontakt stehen, mit Lob, tragen aber meist zu dick auf, um sie davon zu überzeugen, daß Sie es ernst meinen. Sie wünschen so sehr, geliebt zu werden, daß Sie nicht riskieren, irgend jemanden zu verärgern. Obwohl Sie gern mit andern zusammenarbeiten wollen, sieht die Wirklichkeit ganz anders aus. Selbst die Menschen, die Sie am meisten lieben, mißverstehen Sie, und deshalb sind Sie oft uneins mit ihnen. Ihre Mitmenschen sind Ihnen gegenüber meist auf der Hut und versuchen, sich vor Ihnen zu schützen, weil Sie stets den Eindruck vermitteln, als wollten Sie etwas von ihnen.

Stellen Sie keine zu hohen Ansprüche an die, von denen Sie sich angezogen fühlen. Es wäre für Sie von großem Nutzen, wenn Sie mit den Menschen, die Sie mögen, ein gemeinsames Unternehmen angehen oder sich mit ihnen zusammen auf sozialem Gebiet betätigen könnten. Sie müssen lernen, sich mit andern intellektuell auseinanderzusetzen, damit Sie Verständnis für sie und ihre Probleme entwickeln und sich großzügig und hilfreich zeigen, wenn sie Unterstützung brauchen. Machen Sie sich ihnen verständlich und stellen Sie klar, daß Sie nichts als Freundschaft von ihnen erwarten. Sobald Sie Ihre eigenen Wünsche darauf abstimmen, besser mit andern zusammenzuarbeiten, werden Sie erleben, daß man Ihnen zunehmend entgegenkommt.

Sie finden Gefallen an teuren Dingen und geben schnell mehr aus, als Sie verdienen, um wunschgemäß im Wohlleben zu schwelgen. Im Grunde ist Ihr Verlangen nach materiellen Annehmlichkeiten jedoch nur die Kompensation für die so schwer zu erlangende innere Befriedigung. Sie werden vielleicht merken, wie sehr Sie durch materiellen Besitz in Abhängigkeit geraten. Vielleicht setzen Sie auch Sex als Mittel ein, um zu der ersehnten echten Sicherheit zu kommen. Diese Taktik kann aber zu üblen Komplikationen in Ihren Beziehungen und möglicherweise sogar zu Rechtsstreitigkeiten führen. Sie hören nicht gern die Wahrheit, und doch hängt Ihr gegenwärtiges und zukünftiges Glück davon ab.

Erfolgversprechend sind für Sie Tätigkeiten, die Sie vor die Öffentlichkeit bringen. Es ist Ihnen jedoch nicht unbedingt anzuraten, die Sache Ihrer Arbeitgeber voll und ganz zu der Ihren zu machen, ehe Sie in Ihrer Einstellung nicht lockerer geworden sind. Nur allzuleicht beziehen Sie Vorfälle, die eigentlich nur anderer Leute Belange betreffen, auf sich, so daß Sie rein gefühlsmäßig so urteilen, als würden diese Dinge Sie persönlich angehen. Sie müssen lernen, sich um Ihre eigenen Angelegenheiten zu kümmern.

In Ihrem Leben kann es zu schweren emotionalen Krisen kommen, ein Zeichen dafür, daß zwischen Ihnen und Ihren Angehörigen oder Bekannten noch erhebliche Mißverständnisse bestehen.

Mond-Opposition-Mars

Der Mond in Opposition zum Mars deutet an, daß Sie bei allen Bekanntschaften in Ihrem Leben so lange mit Krisen konfrontiert werden, bis Sie schließlich lernen, Kompromisse einzugehen. Schon als Jugendlicher wurden Sie leicht in Streitereien über lächerliche Nebensächlichkeiten verwickelt. Sie sind so gefühlsbetont, daß Sie sogleich zurückschlagen, wenn Sie kritisiert werden, auch wenn die Kritik noch so gut gemeint war. Sie sind eine sprühende Persönlichkeit, extrovertiert und aggressiv im Umgang mit andern Menschen. Manchmal sind Sie etwas zu voreilig und freunden sich mit Leuten an, die vom Temperament her gar nicht zu Ihnen passen.

Sie suchen Kontakt auf der körperlichen und der materiellen Ebene, während Sie den übrigen Qualitäten des betreffenden Menschen für gewöhnlich kaum Bedeutung beimessen. Zur Aufrechterhaltung einer dauerhaften Beziehung fehlt es Ihnen an Geduld, und so spielen Sie meist »Bäumchen wechsel dich« mit Ihren Partnern. Mit derartig rücksichtslosem Verhalten stoßen Sie natürlich die Menschen vor den Kopf, die Ihnen nahestehen. Sie sind recht intolerant und üben gern emotionalen Druck auf jeden aus, der Ihren Wünschen nicht nachkommt. Männern mit diesem Aspekt mangelt es an Zärtlichkeit, und Frauen werden unter seinem Einfluß versuchen, sich mit außergewöhnlicher Arroganz zu behaupten.

Ihre streitsüchtige Natur kann Ihnen bei der Arbeit Schwierigkeiten machen, da Sie Kritik zutiefst verabscheuen. Sie haben kein gutes Verhältnis zur Autorität und können sehr störrisch sein, wenn Sie irgendwelche Bestimmungen befolgen sollen. Wenn Sie einsehen würden, daß sich jeder an gewisse Regeln halten muß und nicht jeder eine leitende Stellung bekleiden kann, könnten Sie besser vorankommen. Allerdings sind Sie mit Ihrer Aggressivität bei einem Konkurrenzkampf im Vorteil. Sie sollten jedoch Ihre häufigen Gefühlsausbrüche etwas dämpfen, denn sie sind im Geschäftsleben meist fehl am Platz. Reißen Sie sich zusammen, damit Sie sich nicht in dieser Weise gehen lassen, sonst werden Sie von Ihren Kollegen geschnitten, und Ihre Vorgesetzten dürften auch nicht besonders glücklich sein über den Gesamteindruck, den Sie erwecken. Man fühlt sich nicht gerade wohl in Ihrer Gesellschaft, weil man weiß, daß Sie bereits beim geringsten Anlaß aus der Haut fahren.

Befleißigen Sie sich nach Möglichkeit größerer Selbstdisziplin im zwischenmenschlichen Bereich. Andernfalls werden Sie ständig mit Leuten aneinandergeraten, die Ihre Übergriffe nicht länger dulden wollen. Geben Sie ihnen eine Chance, und die meisten Menschen kommen Ihnen bereitwilligst entgegen. Sie können viel mehr erreichen, wenn Sie sich mehr zurückhalten und sich kompromißbereit um gegenseitiges Verständnis bemühen.

Bei dieser Planetenkonstellation kommt es häufig zu Störungen im Verdauungssystem, und das liegt in erster Linie daran, daß Sie sich nicht richtig entspannen können.

Die Opposition von Mond und Mars ist ein Hinweis darauf, daß bei Ihnen Emotionen und Durchsetzungsvermögen miteinander im Streit liegen, was aber mit geringer Mühe geändert werden kann. Werden Sie gelassener und bringen Sie ein gewisses Maß an Ordnung in Ihr Leben. Dann werden Sie merken, daß Sie damit weiter kommen, als wenn Sie dauernd gegen irgend etwas Sturm laufen.

Mond-Opposition-Jupiter

Der Mond in Opposition zu Jupiter läßt auf eine hochentwickelte Persönlichkeit mit reichen schöpferischen Fähigkeiten und großer Wertschätzung für die Talente anderer schließen. Vermutlich stellen Sie des öfteren Ihr Licht unter den Scheffel und halten sich lieber an begabte Leute, durch die Sie in Ihrer eigenen Kompetenz bestärkt zu werden hoffen. Da Sie nicht die Unterscheidungskraft haben, sich selbst richtig einzuschätzen, fühlen Sie sich bemüßigt, fachkundigen Rat einzuholen. Passen Sie jedoch auf, daß Sie nicht irregeführt werden; flüchtige Bekannte könnten Ihre emotionalen Schwachstellen ausnutzen.

Zwischen der Art und Weise, wie Sie gefühlsmäßig auf Reize ansprechen, und dem Begriff, den Sie sich von den betreffenden Erfahrungen machen, besteht eine Diskrepanz. Sie glauben bereitwillig das, was Ihre zarten Gefühle am wenigsten verletzt, nur können Ihnen dabei schwere Fehler unterlaufen. Bei Ihrer übertriebenen Großzügigkeit laufen Sie Gefahr, von Leuten hereingelegt zu werden, die Ihre Hochherzigkeit gar nicht verdienen.

Sie setzen sich gern für Menschen ein, die offensichtlich nicht die gleichen Chancen haben wie Sie. Deshalb würde Ihnen ein Beruf liegen, in dem Sie solchen Leuten helfen könnten, etwa durch Arbeit in der Fürsorge, in der Rehabilitation Behinderter, der Öffentlichkeitsarbeit, der Naturheilkunde oder auch durch Stiftungen, die Bedürftigen zugute kämen. Ihre Leistungen auf diesem Gebiet würden Sie innerlich befriedigen, weil Sie damit einen wesentlichen Beitrag zum Wohle anderer erbringen. Bedienen Sie sich ruhig neuer Methoden, um Ihre Talente zu fördern.

Ihre Freizeit könnten Sie kirchlichen oder kommunalpolitischen Aktivitäten widmen. Vermeiden Sie es nach Möglichkeit, sich mit starken Persönlichkeiten zu messen. Sie wären nur deprimiert darüber, mit welcher Macht Sie gezwungen würden, sich unterzuordnen. Lassen Sie sich nur auf einen Konkurrenzkampf ein, dem Sie sich auch gewachsen fühlen.

Sobald Sie jemanden auf Ihre Seite ziehen zu können glauben, sehen Sie ihn auch im Zweifelsfall stets in einem günstigen Licht und geben nach, um seine Zuneigung zu gewinnen. Sie sind eigentlich zu schade für so etwas und sollten sich niemandem verpflichten, ehe nicht seine Glaubwürdigkeit gewährleistet ist. Seien Sie nicht zu freigebig mit Zuneigungsbezeigungen, es sei denn, der Mensch, um den Sie sich bemühen, zeigt aufrichtiges und ehrliches Interesse an Ihnen.

Halten Sie Maß beim Essen und Trinken. Zu reichliche Speisen sind Gift für Sie. Vermutlich neigen Sie zu Übergewicht, haben jedoch eine Abneigung gegen anstrengende sportliche Betätigung, und da heißt es vorsichtig sein!

Mond-Opposition-Saturn

Die Opposition von Mond zu Saturn besagt, daß Sie zwar sehr verständnisvoll gegenüber andern sind, aber auch Zeiten der Niedergeschlagenheit und des Pessimismus durchmachen. Das hängt mit Ihrem Gefühlsleben zusammen – Sie reagieren empfindsam und ängstlich auf Menschen und Ereignisse. Sie nehmen das Leben allzu ernst, und keine Begebenheit, keine Beziehung ist für Sie bloß flüchtig und oberflächlich. In den prägenden Jahren Ihrer Kindheit sind Sie dazu erzogen worden, Pflicht und Verantwortung als wesentliches Element des Erwachsenwerdens zu akzeptieren. Es war jedoch schwer für Sie, eine so drückende Last auf sich zu nehmen, und deshalb haben Sie Ihrer empfindsamen Natur gemäß geglaubt, Sie würden nicht geliebt oder gar abgelehnt.

Sie sprechen besser auf ältere Menschen an und hatten schon als Jugendlicher lieber Umgang mit Erwachsenen als mit Gleichaltrigen. Dadurch waren Sie unter Umständen oft einsam, insbesondere dann, wenn Ältere Sie auf Grund Ihrer Jugend nicht für voll nahmen. Es wäre nicht verwunderlich, wenn Sie sich zum Einzelgänger entwickelt hätten.

Ihre beruflichen Möglichkeiten dürften relativ eingeschränkt sein, sofern Sie nicht etwas optimistischer werden. Sie übernehmen zwar Pflichten, erinnern sich dabei aber stets mit Bitterkeit an den elterlichen Einfluß in Ihrer Kindheit. Diese Bitterkeit projizieren Sie leicht auf Ihre Vorgesetzten, so daß der Umgang mit ihnen problematisch werden kann. Am besten kommen Sie zurecht, wenn Sie selbständig tätig sein oder zumindest Ihre Aufgaben eigenständig durchführen können. Sie müssen sich unbedingt selber Ziele setzen und einen Plan entwerfen, wie diese zu verwirklichen sind.

Beruflich können Sie Bestätigung finden in der Medizin (vor allem der Geriatrie), den humanistischen Wissenschaften, in der Fürsorge, im Bereich von Erziehung und Bildung, in der Justiz, im Hotel- und Gaststättengewerbe oder auch in der Verwaltung. Lernen Sie Ihr Handwerk gut und blicken Sie nicht auf diejenigen herab, die Ihnen die nötigen Kenntnisse vermitteln können. Seien Sie mit ganzem Herzen bei der Sache.

Falls Sie noch immer unter dem Einfluß Ihrer frühkindlichen Konditionierung stehen, werden Sie sich einen Partner wählen, der quasi an die Stelle des jeweiligen Elternteils tritt. Wahrscheinlich suchen Sie sich einen Menschen, der charakterstark, diszipliniert und anspruchsvoll ist. Gefühlsmäßig hätten Sie jedoch mehr von einer Partnerschaft mit jemandem, der die Strenge Ihres Elternhauses ausgleicht. Wenn es Ihnen erst gelungen ist, Ihre Einstellung andern Menschen gegenüber so weit zu ändern, daß Sie nicht länger in der Defensive leben, dann tut Ihnen ein liberaler Partner gut, der Ihnen dabei helfen kann, Ihre Fähigkeiten voll auszuschöpfen.

Auf welchen Partner Ihre Wahl auch schließlich fällt, wird sich doch kaum Ihre eigene Kindheitssituation in Ihrer Familie wiederholen. Sie wollen Ihren Kindern mehr Bewegungsfreiheit lassen, damit sie selbstsichere, unabhängige Erwachsene werden können.

Verzichten Sie, soweit wie möglich auf kalte Speisen, und verwenden Sie Salz nur in Maßen. Häufige Ruhepausen sind angeraten, und hin und wieder sollten Sie dem Streß der Alltagsroutine entrinnen. Wenn Sie sich innerlich zu sehr verkrampfen und dadurch Spannungen aufbauen, können Sie Probleme mit Ihrer Verdauung bekommen.

Mond-Opposition-Uranus

Der Mond in Opposition zu Uranus ist ein Hinweis auf Belastungen für Geist und Seele. Sie geben sich Mühe, Herz und Verstand miteinander in Einklang zu bringen, um ein gewisses Gleichgewicht zwischen Ihrem Innenleben und der Außenwelt herzustellen. Andauernd fühlen Sie sich genötigt, in bezug auf andere Entscheidungen zu treffen, und das wühlt Sie innerlich auf. Wenn Ihr Gefühl siegt, isolieren Sie sich von Ihren Mitmenschen, überwiegt dagegen Ihr Verstand, fühlen Sie selbst sich gänzlich unwohl. Nur die Erfahrung kann Sie lehren, einen Mittelweg zu finden, so daß Sie beiden Impulsen gerecht werden. Es *wird* Ihnen gelingen, wenn Sie nur geduldig sind, denn der Konflikt ist lösbar.

Das Problem wurzelt in Ihrer Angst, sich auf Beziehungen einzulassen, die Ihnen bedrohlich erscheinen. Sie suchen begierig Kontakt zu Menschen, die Ihnen herzlich entgegenkommen. Wichtig ist, daß Sie sich selbst treu bleiben und endlich einsehen, daß andere Menschen wahrscheinlich die gleichen Ängste haben wie Sie. Ihre Mitmenschen werden Ihnen wärmer begegnen und sich mit Ihnen anfreunden, wenn Sie ihnen eine Chance einräumen.

Beruflich sollten Sie andern helfen, im Privatleben zurechtzukommen. Wenn Sie andern Menschen helfen, Selbstvertrauen zu gewinnen, wird auch Ihr eigenes Selbstbewußtsein erstarken. Besonders empfehlenswert für Sie ist der Lehrberuf, weil er Sie zwingt, Ihre eigenen kreativen Fähigkeiten nach außen zu bringen. Durch die positiven Ergebnisse, die Sie dabei erzielen, werden Sie sich Ihrer eigenen Entwicklungsmöglichkeiten bewußt werden.

Sie können sich in die sonderbarsten Liebesbeziehungen verstricken. Meist schließen Sie sich in aller Naivität Menschen an, die entweder schon gebunden oder zumindest bereits versprochen sind. Sie haben einen Hang zu absonderlichen, komplizierten Beziehungen. Vielleicht ist das Ihre spezielle Art, der Verantwortung aus dem Weg zu gehen, die Sie natürlich bei solchen Verhältnissen nicht zu übernehmen brauchen. Rein gefühlsmäßig neigen Sie zu ständigem Partnerwechsel, auch wenn Sie nicht tatsächlich danach leben.

Versuchen Sie, so viele Ruhepausen wie nur möglich einzulegen. Die Überreizung Ihres Nervensystems kann ernsthafte Auswirkungen auf Ihre Verdauung haben. Gelassenheit kann Wunder wirken und Gesundheitsprobleme verhindern helfen.

Mond-Opposition-Neptun

Mit der Opposition von Mond und Neptun sind Sie außerordentlich begabt und schöpferisch. Da Sie leicht auf alle möglichen Reize ansprechen, fällt es Ihnen manchmal schwer, Wirklichkeit und Einbildung voneinander zu unterscheiden. Die Illusionen, die Sie sich über sich selbst und andere machen, bringen Unordnung und Verwirrung in Ihre Beziehungen. Sie nehmen nicht nur regen Anteil an den Verhältnissen in Ihrer Umgebung, sondern sind oft bis über beide Ohren darin verstrickt und identifizieren sich so stark mit Menschen, Orten oder Dingen, daß Sie bisweilen Gefahr laufen, Ihre eigene Identität zu verlieren. Auf der Flucht vor der Wirklichkeit vermeiden Sie es lieber, für Ihre emotionale Unsicherheit und Instabilität eine Lösung zu finden.

Obwohl Sie kreativ sind und ausgeprägten Kunstsinn besitzen, dürften Sie Schwierigkeiten haben, sich entsprechend auszudrücken. Gelegentlich spannen andere Menschen Sie für sich ein, um sich selbst zu verwirklichen, so daß Sie sich ausgenutzt fühlen. Sie sollten daran arbeiten, Ihre eigenen Talente weiterzuentwickeln. Dann können Sie sich Ziele stecken, ohne sich auf andere Leute verlassen zu müssen, die nicht unbedingt Ihr Bestes im Sinn haben. Vergleichen Sie sich keinesfalls mit andern. Sie müssen Vertrauen zu sich selbst gewinnen, um sicher zu sein, es ohne fremde Hilfe zu etwas zu bringen. Wenn Sie Ihren Mitmenschen keinen Einhalt gebieten, gehen diese über Sie hinweg.

Was Ihr berufliches Können angeht, unterschätzen Sie Ihre Fähigkeiten und neigen zu der Annahme, andere seien qualifizierter als Sie. Da Sie überaus sensibel sind und ein feines Gespür für die Probleme anderer Leute haben, könnten Sie gut als Arzt, Analytiker, Berater oder Forscher tätig werden.

Sie sind am leistungsfähigsten, wenn Sie alleine arbeiten, und schaffen eine Menge, wenn Sie nicht von andern abgelenkt werden, die möglicherweise nur von Ihnen profitieren wollen.

In Ihren persönlichen Beziehungen machen Ihnen die gleichen Illusionen zu schaffen, die auch in andern Lebensbereichen bei Ihnen vorherrschen. Wenn Ihre Liebesbeziehungen befriedigend sein sollen, müssen Sie realistischer werden und bereit sein, sich nötigenfalls anzupassen. Jeder von Ihnen sollte aus Liebe zum andern häusliche Verpflichtungen mittragen, die menschlichen Schwächen des Partners tolerieren und einsehen, daß Entgegenkommen vor Entfremdung bewahrt. Denken Sie daran, daß Ideale der eigenen Vorstellung entspringen und selten wirklichkeitsnah sind; selbst wenn sie tatsächlich existierten, würden sie trotzdem keine Allgemeingültigkeit haben.

Mond-Opposition-Pluto

Ihr Mond in Opposition zu Pluto deutet an, daß Sie Ihre Gefühle überschwenglich zeigen und leicht verletzt sind, wenn Ihre Liebe nicht erwidert wird. Um dann mit dem betreffenden Menschen abzurechnen, schrecken Sie selbst vor gewagten Methoden nicht zurück, mit denen Sie Ihren Schmerz demonstrieren wollen. Ihr empfindsames Gemüt hält nicht viel aus, und allem Anschein nach kommen Sie nie ohne größere Anstrengungen ans Ziel Ihrer Wünsche. Vielleicht hat die Erinnerung an elterliche Strafen offene Wunden bei Ihnen zurückgelassen; das könnte der Grund für die Bitterkeit und den Haß gegen alle Menschen sein, die Kontrolle über Sie auszuüben versuchen. Sie mißtrauen jedem, der Ihnen näherkommen will, und verwahren sich gegen jedes Eindringen in Ihre Privatsphäre.

Sie haben einen angeborenen Widerwillen gegen jegliche Art von Autorität und wahrscheinlich Schwierigkeiten, mit der breiten Öffentlichkeit zurechtzukommen, auch wenn Ihr Beruf das verlangt. Versuchen Sie doch einmal, die Gefühle Ihrer Mitmenschen mit in Betracht zu ziehen. Wenn Sie nicht aufpassen, entwickeln Sie sich unmerklich zu einem übelgelaunten, schwer erträglichen Menschen.

Sie sind ausgesprochen sinnlich und recht unbedacht, was die Befriedigung Ihrer Bedürfnisse angeht. Lassen Sie bei der Wahl Ihrer Liebhaber lieber Vorsicht walten, damit Sie nicht auf zweifelhaften Charakteren hängenbleiben, die Ihnen beruflich und privat erheblich schaden und Ihren guten Ruf beeinträchtigen können. Sie nehmen zwar nicht gerne einen Rat an, sollten es aber wenigstens einmal versuchen!

In der Partnerschaft neigen Sie dazu, über Geld, gemeinsame Finanzen oder um die häusliche Autorität zu streiten. Da Sie in der Liebe aggressiv sind, entfremden Sie sich Ihren Partner leicht, indem Sie ihn persönlich angreifen. Sie müssen lernen, sich mehr zurückzuhalten.

Vom Leben wie auch von der festen Beziehung, die Sie ersehnen, erwarten Sie sich sehr viel. Aber Sie müssen Ihre Erwartungen unbedingt herunterschrauben, denn sonst suchen Sie weit und breit vergeblich. Gehen Sie nicht davon aus, daß andere Sie nur ausnutzen wollen; Sie ziehen alle Arten von Menschen an, von gut bis böse. Es bleibt Ihnen überlassen, eine kluge Wahl zu treffen.

Mond-Opposition-Aszendent

Der Mond in Opposition zum Aszendenten zeigt, daß Sie sich gern in die Angelegenheiten Ihrer Bekannten mischen. Mit flüchtigen Begegnungen oder lockeren Kontakten sind Sie nicht zufrieden, denn Sie wollen gerne, daß andere Sie in Anspruch nehmen und an Ihr mitfühlendes Verständnis appellieren. Unterbewußt brauchen Sie jemanden, der Sie ständig nötig hat. Sie versuchen, die Fürsorglichkeit Ihrer Eltern, die Sie selbst in Ihrer Kindheit erlebt haben, nun andern Menschen angedeihen zu lassen, mit denen Sie sich stark identifizieren können. Das scheint Ihnen der einzige Weg zu sein, sich die emotionale Sicherheit zu bewahren, an die Sie gewöhnt sind.

Sie haben einen großen Freundeskreis und sind wegen Ihrer freundlichen, großzügigen Wesensart allseits geschätzt. Trotzdem fällt es Ihnen schwer, enge persönliche Bindungen einzugehen, weil Sie stets unsicher sind, ob Sie die damit verbundenen Verpflichtungen auch erfüllen können. Um dieses Problem zu umgehen, schließen Sie sich immer wieder Menschen an, bei denen Sie sich wohl fühlen und die Ihre Gefälligkeiten zu würdigen wissen. Sie wollen geliebt werden, das ist und bleibt Ihr Anliegen. Obgleich Sie sich ziemlich gut an Veränderungen innerhalb einer Beziehung zwischen Ihnen und einem andern Menschen anpassen, machen Sie sich doch insgeheim Sorgen, daß Sie sich nicht genug für die Aufrechterhaltung des betreffenden Verhältnisses einsetzen.

Da Sie sich mit Vorliebe sozial engagieren, würde sich die Öffentlichkeitsarbeit als geeignetes Tätigkeitsfeld für Sie anbieten. Sie sind äußerst ungern allein und sollten deshalb im Beruf mit Publikum zu tun haben. Dennoch haben Sie unter Umständen Schwierigkeiten, Ihre materiellen Ziele zu verwirklichen. Bisweilen machen Sie auf Ihre Vorgesetzten einen so labilen Eindruck, als ob es Ihnen an innerer Beständigkeit und somit an Zuverlässigkeit mangele. Es ist außerordentlich wichtig für Sie, daß Sie sich auf die eigenen Füße stellen und unabhängig werden. Sie geben nie die Hoffnung auf, daß sich eines Tages all Ihre Wünsche erfüllen.

Merkur-Opposition-Mars

Durch die Opposition von Merkur und Mars haben Sie einen regen Geist und einen unerschöpflichen Vorrat an intellektuellen Fähigkeiten. In Ihrer Rastlosigkeit sind Sie pausenlos darauf bedacht, Ihr Können unter Beweis zu stellen, wo es nur geht. Allem Anschein nach üben Sie eine Anziehungskraft auf Menschen aus, die sich Ihnen geistig unterlegen fühlen und sich deshalb gegen Sie auflehnen. Gebieten Sie Ihrer Streitlust Einhalt, wenn Sie durch Entgegenkommen und gegenseitiges Verständnis positivere Ergebnisse erzielen können. Solange Sie nicht ernsthaft bemüht sind, auch einmal Kompromisse einzugehen, werden Sie die Lage immer weiter verschlimmern. Im Fall einer Provokation sollten Sie nicht gleich aufbrausen, sondern die jeweiligen Meinungsverschiedenheiten ausdiskutieren, in der Hoffnung, sie dadurch auszuräumen. Sie machen sich unbeliebt, wenn Sie andern Menschen nicht mehr Entgegenkommen zeigen. Dabei haben Sie durchaus die Gabe, Beziehungen anzuknüpfen, nur wirken Sie zu Anfang stets feindselig auf Ihr Gegenüber, so daß Sie auf Abwehr stoßen. An allem und jedem haben Sie etwas auszusetzen, als hielten Sie sich selbst für vollkommen. Leute Ihres Temperaments sollten unbedingt des öfteren innehalten und Augen und Ohren aufsperren, um sich vor Unannehmlichkeiten zu schützen. Versuchen Sie einmal, das eine oder andere aus der Perspektive Ihrer Mitmenschen zu betrachten; daraus können Sie sicher eine Menge lernen. Ziehen Sie keine voreiligen Schlüsse, ehe Sie nicht auch anderer Leute Meinung gehört haben. Dann wird sich Ihre Urteilsfähigkeit auf der Stelle erheblich verbessern.

Sie können es in jedem Tätigkeitsbereich zum Erfolg bringen, sofern Sie nicht einfach voraussetzen, Sie wüßten auf jede Frage eine Antwort. Tun Sie lieber so, als wüßten Sie gar nichts, und lernen Sie dann aus allen Quellen, die Ihnen zur Verfügung stehen. Damit nehmen Sie einflußreiche Leute für sich ein, die Ihnen später einmal nützlich sein können. Stellen Sie sich gegebenenfalls dumm, um die Informationen zu bekommen, auf die es ankommt. Man lernt nie aus!

Ihnen dürften Tätigkeiten auf dem Gebiet der Öffentlichkeitsarbeit, Justiz, Beratung, Bildung und Erziehung oder auch der Schauspielkunst liegen. Sie haben genügend Talent, sich frei mitzuteilen; allerdings müssen Sie lernen, Ihre Ansichten etwas gemäßigter vorzubringen und vom harten Stil abzulassen. Verteidigen Sie sich nicht schon, bevor Sie überhaupt tatsächlich angegriffen worden sind. Damit verschwenden Sie nur Zeit und Energie, die Sie konstruktiver nutzen könnten.

Bleiben Sie immer diplomatisch im Umgang mit andern. Sie können es sich nicht erlauben, sich Menschen zu Feinden zu machen, die Ihnen später einmal sehr hilfreich sein könnten. Vor allem sollten Sie Ihre Zunge besser im Zaum halten. Wenn Sie fluchen, schneiden Sie nur die Kommunikation zwischen sich und Ihren Mitmenschen ab.

Merkur-Opposition-Jupiter

Die Opposition von Merkur und Jupiter zeigt auf, daß Sie meist allzu hohe Erwartungen hegen. Sie haben eine blühende Phantasie und viel Inspiration, aber womöglich nicht die Fähigkeit, beides konstruktiv in die Praxis umzusetzen. Sie nehmen nicht gern Verantwortung auf sich und glauben, auch ohne zielstrebigen Fleiß und harte Arbeit etwas erreichen zu können. Obwohl Sie auf vielen Gebieten belesen sind, ist Ihre Argumentation oft sehr lückenhaft. Sie befremden Ihre Mitmenschen leicht durch Ihr besserwisserisches Auftreten. Häufig fällen Sie ein Urteil, ohne die genaueren Einzelheiten zu kennen, so daß Sie sich später gezwungen sehen, Ihre Meinung zu revidieren. Ihre manchmal unverantwortlichen Äußerungen stehen in krassem Gegensatz zu Ihrem an und für sich hohen geistigen Niveau. Sie täten gut daran, aufmerksam zuzuhören und dazuzulernen. Für Sie ist Schweigen ganz bestimmt Gold. Wenn Sie es sich zur Gewohnheit machen könnten, erst beide Seiten anzuhören, statt hastig Schlüsse zu ziehen, kämen Sie entschieden weiter und würden viele Freunde gewinnen.

In Ihrem unstillbaren Wissensdurst wollen Sie über alles und jedes Bescheid wissen. Aber geben Sie nicht jeder neugierigen Regung nach, denn bruchstückhafte Information ist kein guter Ersatz für die umfassende Kenntnis einer Sache. Sie müssen sich unbedingt zusammennehmen und der Neigung widerstehen, von einer Sache zur andern zu springen und ein Hansdampf-in-allen-Gassen zu werden, der nichts richtig beherrscht. Wenn Sie sich hingegen auf ein einziges Ziel konzentrieren und es beharrlich weiterverfolgen, können Sie eine ganze Menge erreichen.

Unter anderm gehören das Rechtswesen, Erziehung und Bildung, die Öffentlichkeitsarbeit und die Schriftstellerei zu den Berufsfeldern, wo Sie Ihre schöpferischen Talente erfolgreich einsetzen könnten. Nehmen Sie sich nur Projekte vor, die im Bereich des Möglichen liegen. Erst wenn Sie ein Ziel erreicht haben, sollten Sie weitersehen und sich das nächste stecken. Dann sind Sie wenigstens nicht enttäuscht, wenn es Ihnen nicht gelingt, die Sterne vom Himmel zu holen. Sorgen Sie dafür, daß Sie eine Ihrem beruflichen Fortkommen angemessene Weiterbildung erhalten. Um konkurrenzfähig zu bleiben, müssen Sie mit den laufenden Entwicklungen Schritt halten können.

Lassen Sie sich keinesfalls in Rechtsstreitigkeiten verwickeln. Sie lesen meist über das »Kleingedruckte« hinweg und müssen dann die daraus folgenden Verluste tragen. Wenden Sie sich an einen guten, vertrauenswürdigen Rechtsanwalt, der sich aller Sachen annimmt, die Sie selbst vielleicht nicht ganz durchschauen. Sie können es sich nämlich nicht leisten, seine Dienste *nicht* in Anspruch zu nehmen.

Ihre Privat- und Liebesbeziehungen sind wahrscheinlich nicht ganz in Ordnung. Nur allzu leicht glauben Sie, Ihr jeweiliger Partner meine es ernst mit Ihnen, und merken gar nicht, daß er Sie für seine eigenen Zwecke ausnützt. Warten Sie deshalb mit Ihrer Liebeserklärung unbedingt so lange, bis Sie den betreffenden Menschen näher kennen. Solange Sie nicht ganz ehrlich mit sich selbst sind, werden Sie auch der Unehrlichkeit Ihrer Bekannten ausgeliefert sein.

Merkur-Opposition-Saturn

Die Opposition von Merkur zu Saturn weist darauf hin, daß Sie sehr dogmatisch und stets in Abwehrbereitschaft sind. Dabei verfügen Sie über beträchtliche intellektuelle Fähigkeiten und können alles erreichen, was Sie sich vornehmen. Allerdings bleiben Sie nicht immer bei der Wahrheit, wenn Sie Ihren Willen durchsetzen wollen, aber Ihre Mitmenschen sehen klarer, als Sie glauben, und durchschauen Ihre Täuschungsmanöver. Dadurch werden Sie sicher Freunde verlieren und sind dann niedergeschlagen, wenn Sie plötzlich allein dastehen. Einzelgängerisch, wie Sie sind, stoßen Sie die wenigen Verbündeten, die Sie haben, auch noch mit Ihrer Kritiksucht und Ihren Intrigen vor den Kopf. Letztendlich kommen Sie nicht an der Tatsache vorbei, daß Sie lernen müssen, sich nur um Ihre eigenen Angelegenheiten zu kümmern und anderer Leute Privatsphäre zu respektieren. Gehen Sie nicht davon aus, andere Menschen hätten bestimmte Ansichten, um sich dann später zu beklagen, daß dem gar nicht so ist.

Ihr Berufsleben wird voller Spannungen sein, solange Sie sich nicht mit Haut und Haar Ihren eigenen Belangen widmen und Konkurrenz Konkurrenz sein lassen. Eignen Sie sich das nötige berufliche Know-how sowie Sachkenntnisse an, und Sie werden auch die entsprechende Sicherheit erlangen. Sie könnten in folgenden Berufssparten Bedeutendes leisten: in der Architektur, im technischen Zeichnen, in Wissenschaft und Forschung, Erziehung und Bildung, Politik und Verwaltung, im Umweltschutz und in der Buchhaltung. Hier warten anspruchsvolle Tätigkeiten auf Sie, die Ihre ungeteilte Aufmerksamkeit erfordern und Ihren Begabungen angemessen wären. Bei entsprechendem Einsatz Ihrerseits werden Sie als Kapazität auf Ihrem Gebiet Anerkennung finden. Dann brauchen Sie nicht mehr zu fürchten, daß jemand Sie übertrumpft oder Ihre Kenntnisse für eigene Zwecke ausbeutet. Isolieren Sie sich nicht so sehr, daß Sie Gelegenheiten, die sich Ihnen bieten, gar nicht mehr wahrnehmen. Hören Sie auf, nach Anerkennung seitens Ihrer Kollegen zu streben – Ihre eigene Effektivität sollte Ihnen Rückenstärkung genug sein.

Wenn Sie sich ausschließlich auf Ihre eigenen Belange konzentrieren, wird es Sie auch nicht länger ärgern, wenn Kollegen befördert werden. Sie werden sehen, daß man Sie ebenfalls zur Beförderung vorschlagen wird, sobald Sie sich entsprechend bewährt haben.

Halten Sie sich an hohe moralische und sittliche Werte, damit Ihr guter Ruf unangefochten bleibt, denn sonst könnten sich Ihre Aussichten auf Wachstum und Wohlstand erheblich verschlechtern. Auf diese Art von »Bestätigung« können Sie gut verzichten.

Lesen Sie Verträge stets sorgfältig durch, noch besser: holen Sie den Rat eines Anwalts ein, Sie könnten leicht ein wichtiges Detail übersehen, was ernste Folgen haben kann. Sagen Sie nicht Ja, wenn Sie eigentlich Nein meinen, nur weil Sie sich davon Vorteile versprechen. Wenn Sie in allem Ordnung halten, verringern Sie die Chance, daß unangenehme Verwicklungen auftreten, die Sie von Ihren Zielen abbringen.

Merkur-Opposition-Uranus

Die Opposition von Merkur und Uranus zeichnet Sie als Menschen aus, der geistig überaus rege ist, aber auch die besondere Gabe hat, ständig ins Fettnäpfchen zu treten. Sie gehen davon aus, daß Ihre Meinung die einzig gültige sei, und hassen es, wenn andere sie in Frage stellen. Sie sind dermaßen daran gewöhnt, Ihren Willen durchzusetzen, daß Sie selbst dann noch Kompromisse ablehnen, wenn Sie dadurch den lieben Frieden retten könnten. Sie bringen es fertig, andere eines Irrtums zu bezichtigen, auch wenn sie sichtlich im Recht sind. Sogar Ihre besten Freunde werden sich von Ihnen abwenden, sofern Sie mit dieser Besserwisserei nicht aufhören. Eigentlich sollte Ihnen etwas Besseres einfallen, als sich mit anderen herumzuschlagen, denn Sie haben ein klares Urteilsvermögen. Im Grunde kann Sie kein Mensch hinters Licht führen, weshalb machen Sie sich also Sorgen? Nur weil Sie sich Ihrer Fähigkeiten nicht ganz sicher sind, suchen Sie nach Bestätigung durch die Auseinandersetzung mit andern. Solange Sie sich Ihre Fehler nicht eingestehen, werden Sie auch nicht merken, wo Sie versagt haben.

Ihr Schlüssel zum Erfolg ist der Kompromiß. Was wirklich in Ihnen steckt, können Sie in Bereichen wie der Wissenschaft, Bildung und Erziehung, Philosophie, Psychologie sowie in der Sozialarbeit entdecken. Ihre Leistungen auf diesen Gebieten werden Sie in der Überzeugung bestärken, daß Sie mit einigem Entgegenkommen erfolgreich sein und sich andern als aufrichtiger Freund erweisen können.

Wenn Sie mit Erfolg eine Liebesbeziehung eingehen wollen, müssen Sie unbedingt erst Ihre extreme Emotionalität eindämmen und dürfen nicht immer die Tatsachen leugnen. Sie bestehen darauf, daß Ihr Partner Ihnen die Wahrheit sagt, um sich anschließend bitterlich darüber zu beklagen. Dabei können Sie selbst erstaunlich taktlos sein, wenn Sie selbst jemandem »die Wahrheit sagen«.

Ihre beständige innere Angst und Unruhe wird Ihr Nervensystem sehr strapazieren. Versuchen Sie, Ihre Launen zu zügeln und einen Schlußstrich zu ziehen, solange es noch geht. Wenn Sie erst einmal einen Nervenzusammenbruch haben, sind Sie der Verlierer.

Merkur-Opposition-Neptun

Mit Merkur in Opposition zu Neptun sind Sie ein sehr kreativer, phantasiebegabter Mensch mit hohen Zielen. Sie lassen sich jedoch leicht von andern aus der Fassung bringen und können sich dann trotz aller Anstrengungen nicht verwirklichen. In Wettbewerbssituationen zweifeln Sie wahrscheinlich sogar an Ihren eigenen Fähigkeiten. Sie sind in vieler Hinsicht sehr naiv und fallen leicht den subversiven Taktiken Ihrer Konkurrenten zum Opfer. Da Sie an unrealistischen Vorstellungen festhalten, gelingt es Ihnen nicht, enttäuschende Erfahrungen mit Würde zu tragen. Niederlagen können Sie dazu bringen, paranoid zu werden und sich gegen Sie gerichtete Verschwörungen einzubilden. Halten Sie Ihre Mitmenschen dazu an, mit offenen Karten zu spielen, und lernen Sie, Wahn und Wirklichkeit zu unterscheiden.

Ihre beruflichen Interessen können Sie am besten in selbständiger Arbeit verfolgen. Für Sie ist es zu riskant, mit andern zusammenzuarbeiten oder in Wettbewerb zu treten. Kreativ, wie Sie sind, können Sie Erfüllung finden auf dem Gebiet der Schriftstellerei, der bildenden Kunst sowie in der Beschäftigung mit Musik und Tanz, also überall, wo Sie nicht unbedingt mit andern kooperieren müssen. Auch für die medizinische Forschung würden Sie sich mit Ihren Begabungen hervorragend eignen. Diese Art von Betätigung würde Sie zudem davor bewahren, die schlechten Seiten Ihrer Mitmenschen kennenzulernen, die Sie selbst meist provozieren.

Bei Ihrem ausgeprägten Sinn für die schönen Dinge des Lebens können Sie nichts Gekünsteltes vertragen. Sie schrecken so manches Mal vor einer Herausforderung zurück, weil dadurch die heitere Gelassenheit zerstört werden könnte, nach der Sie sich sehnen und die Ihrem Empfinden nach nur schwer zu erlangen ist. Sie sind schnell eingeschüchtert, denn Ihr Selbstvertrauen ist nicht sehr stark.

Ihre Privatbeziehungen sind mit Sicherheit voller Überraschungen, weil Sie sich für recht unterschiedliche Charaktere interessieren. Als notorischer Skeptiker mißtrauen Sie allerdings jedem, der behauptet, Sie zu lieben. Aus Angst, Ihre Schwächen könnten ausgenutzt werden, verderben Sie sich vermutlich selbst eine ganze Reihe möglicher Liebesbeziehungen. Dabei bringen Sie sich um viele Glückserlebnisse, wenn Sie jede unschuldige, aufrichtige Geste der Freundschaft schon als Versuch deuten, Sie auszubeuten.

Bemühen Sie sich ehrlich, die menschliche Natur zu verstehen, und leisten Sie bereitwillig Ihren Beitrag im Dienst an Ihren Mitmenschen.

Merkur-Opposition-Pluto

Mit der Opposition von Merkur zu Pluto sind oft seelische und emotionale Ängste verbunden. Sie reagieren außerordentlich sensibel auf soziale Probleme und ruhen nicht eher, als bis Sie einen Versuch zu ihrer Lösung unternommen haben. Ihrem Gefühl nach befindet sich alles in einem kritischen Zustand, bis Sie endlich Ihre Kräfte zusammennehmen, um das jeweilige Problem, das – wie Sie glauben – in Ihrer Verantwortung liegt, zu lösen. Weder mit sich selbst noch mit andern haben Sie Geduld, alles muß sofort erledigt werden. Obwohl Sie mit Sicherheit tüchtig sind, brauchen Sie dafür ständig aufs neue Bestätigung und beschwören so laufend Schwierigkeiten in Ihrem Leben und in Ihrem Bekanntenkreis herauf. Mäßigung und Kompromißbereitschaft von Ihrer Seite sind nötig, wenn Sie nicht wollen, daß man den Kontakt zu Ihnen abbricht.

Auf Herausforderungen reagieren Sie mit emotionaler und intellektueller Arroganz, weil Sie befürchten, daß Ihre Glaubwürdigkeit auf dem Spiel steht. Sie neigen dazu, nach dem äußeren Schein voreilig Schlüsse zu ziehen. Bei eingehender Prüfung der Situation kommen dann möglicherweise Tatsachen ans Licht, die Sie zwingen, Ihr Urteil zu revidieren. Erst wenn Sie mit diesem Problem fertig werden können, sind Sie auch dazu in der Lage, Ihre beruflichen Interessen mit Erfolg zu vertreten. Andernfalls werden Sie ständig Schwierigkeiten mit Ihren Arbeitskollegen haben, mit deren Toleranz Sie nur rechnen dürfen, wenn Sie Ihre Einstellung von Grund auf ändern.

Sie eignen sich gut für Aufgabenbereiche in Medizin und Forschung, in der Chemie, für den Lehrberuf oder die Gewerkschaftsarbeit. Kümmern Sie sich jedoch zunächst einmal um die Faktoren, die Ihr Zusammenleben mit andern Menschen erschweren. Sie sind leicht zu provozieren und brausen schnell auf, eine Eigenart, die der Verwirklichung Ihrer Ziele im Wege stehen kann. Lernen Sie, sich nur mit Ihren eigenen Belangen zu befassen und die Gefühle anderer zu respektieren. Damit sichern Sie sich deren Mitarbeit und Unterstützung, auf die Sie bestimmt gelegentlich angewiesen sind wie jeder andere auch. Man wird Ihren Einsatz anerkennen, sobald Sie nur etwas mehr Kompromißbereitschaft zeigen.

Einen passenden Partner zu finden dürfte Ihnen nicht schwerfallen, aber um ihn auch zu halten, sollten Sie doch entgegenkommender sein. Mit Ihrem Ehrgeiz und Ihrem Streben nach finanzieller Sicherheit treiben Sie einen Keil zwischen sich und Ihren Partner. Wenn in wichtigen Angelegenheiten Meinungsverschiedenheiten zwischen Ihnen beiden bestehen, wäre es klug, jemanden um Rat zu fragen, der sich in solchen Dingen auskennt. Geben Sie nicht Ihrem Verlangen nach, Ihrem Gefährten Ihre Ideen aufzudrängen oder unannehmbare Forderungen an ihn zu stellen. Damit werden Sie ihn ebenso vor den Kopf stoßen wie Ihre Arbeitskollegen.

Es wäre ideal, wenn Ihre Ziele mit denen Ihres Partners übereinstimmten; dann könnten Sie ein gemeinsames Programm aufstellen und sich gegenseitig weiterhelfen.

Halten Sie nach Möglichkeit in allem Maß, und Sie werden sich bleibender Gesundheit erfreuen. Entspannen Sie sich, indem Sie sich dem Wettbewerbsstreß entziehen. Ihre Ersparnisse sind für Sie von hohem Nutzen, da sie Ihnen die Sorge über unerwartete Ausgaben nehmen. Aber vergessen Sie nicht, daß bei Ihren Bekannten mehr zählt, was Sie *sind,* als was Sie haben.

Merkur-Opposition-Aszendent

Merkur in Opposition zum Aszendenten legt nahe, daß Sie nach Möglichkeit immer gleicher Meinung mit Ihren Bekannten sind. Aus Angst vor Zurückweisung hören Sie sich erst einmal die Ansichten dieser Leute an, ehe Sie Ihre eigenen vorbringen. Obwohl Sie darin einige Geschicklichkeit haben, gelingt es Ihnen trotzdem nicht, andere davon zu überzeugen, daß Sie eigenständig denken. Deshalb nimmt man Sie auch nicht ernst. Sie fänden es schön, wenn alle Welt Sie für den liebenswertesten Menschen weit und breit hielte. Ihre Mitmenschen fühlen sich auch tatsächlich in Ihrer Nähe wohl, denn Sie werfen Ihnen nie etwas vor, selbst wenn sie Fehler machen. Dahinter steht jedoch der zwanghafte Wunsch, geliebt zu werden; dabei würde man Sie mehr achten, wenn Sie aufrichtiger und weniger nachgiebig wären.

Sie versuchen immer, zur rechten Zeit genau das Richtige zu sagen, um bewundert zu werden. Meistens haben Sie damit auch Erfolg, aber wenn es doch einmal mißlingt, nimmt Sie das arg mit. Im Grunde sind Sie ein Meister in der Kunst der Konversation und in der Lage, eine ganze Gesellschaft zu unterhalten. Von daher besteht also gar keine Notwendigkeit, etwas anderes vorzutäuschen, als was Sie ohnehin sind, nämlich ein angenehmer Mensch, den man gerne um sich hat.

Manchmal machen Sie nicht ganz wahrheitsgemäße Angaben über Ihren familiären Hintergrund oder mutmaßliche Erbschaften, um einen guten Eindruck zu hinterlassen. Oder Sie verdrehen im eigenen Interesse die Tatsachen ein wenig. Ihr außergewöhnliches Kommunikationstalent setzen Sie am besten in Berufen ein, in denen Sie engen Kontakt zu Menschen haben. Sie eignen sich hervorragend für die Sozial- und Öffentlichkeitsarbeit wie auch für den Kommunikationssektor im allgemeinen, wo Sie die Möglichkeit haben, Ihr Können im Umgang mit Leuten unter Beweis zu stellen.

Obgleich Sie Ihre Mitmenschen wirklich mögen und auch brauchen, fühlen Sie sich nicht gern in ihrer Schuld. Sie wollen unabhängig sein und haben entschieden etwas dagegen, eingeschränkt zu werden, und sei es auch nur zeitweise. Mit Vorliebe knüpfen Sie Freundschaften zu Menschen an, die Ihnen bei der Verfolgung Ihrer Ziele behilflich sein können, und sind Ihrerseits bereit, als Gegengabe dafür ebenfalls zu Diensten zu sein, wenn Ihre Hilfe gebraucht wird. Es dürfte für Sie schwierig sein, in die gewünschte Position aufzurücken, ohne daß andere ein gutes Wort für Sie einlegen. Vergessen Sie ihnen das nicht, wenn Sie schließlich Erfolg haben.

Venus-Opposition-Mars

Unter dem Einfluß der Opposition von Venus zu Mars lechzen Sie regelrecht nach Bestrafung. Sie sind sehr sinnlich und von Ihrer Veranlagung her lebhaft und aggressiv, manchmal geradezu überschäumend. Nur mit Ihrer Kompromißfähigkeit ist es nicht weit her, was für mancherlei Probleme in Ihren Beziehungen sorgt. Sie reagieren leicht streitlustig, wenn man sich Ihren Forderungen widersetzt, da Sie kein Verständnis für die betreffenden Gründe der andern haben. Ihre starke physische Ausstrahlung mag für manche Leute, besonders für solche gleichen Geschlechts, ein Ärgernis sein. Sie verlassen sich ganz und gar auf diese Anziehungskraft, ohne dabei ein Verantwortungsgefühl für diejenigen zu entwickeln, die auf Sie ansprechen oder zu denen Sie sich hingezogen fühlen. Und doch sind Sie selbst äußerst empfindlich und werden wild, wenn Ihnen jemand rauh kommt. Für die Empfindungen anderer hingegen sind Sie taub und werden sogar schnell beleidigend, ohne es zu merken. Auf diese Weise entfremden Sie sich Ihren engsten Freunden, um sich dann hinterher zu wundern, was denn nun eigentlich schiefgelaufen ist.

Bevor Sie nicht mehr Entgegenkommen zeigen, müssen Sie mit einigen Berg- und Talfahrten im Berufsleben rechnen. Lernen Sie, die Verantwortung für auftretende Mißverständnisse zu tragen, denn schließlich sind Sie es, der so ausschließlich mit sich selbst beschäftigt ist, daß ihm die Gefühle anderer gleichgültig sind. Lassen Sie nicht zu, daß eine für Sie charakteristische Angewohnheit Ihnen Steine in den Weg zum Erfolg legt. Ziehen Sie keine voreiligen Schlüsse im Umgang mit andern Menschen; halten Sie mit Ihrem Urteil lieber zurück, bis Sie sämtliche Fakten gründlich geprüft haben. Um sich einen genauen Überblick zu verschaffen, sollten Sie sich mit den Leuten besprechen, die die Sachlage besser kennen als Sie. Wenn Sie Ihren Mitmenschen Gelegenheit geben, ihre Meinung zu äußern, werden Sie sich damit ihren Respekt und ihre Bewunderung sichern. Lassen Sie die andern zunächst ruhig in dem Glauben, Ihnen überlegen zu sein (ob das nun zutrifft oder nicht), und bringen Sie dann erst Ihre Auffassung und Ihre Gründe vor. Man wird von Ihrer Reife und Ihrer Zuvorkommenheit beeindruckt sein.

Sie sind schnell bereit, andern Ihre Gefühle zu offenbaren, und reagieren verletzt, wenn diese nicht erwidert werden. Gestehen Sie Ihren Mitmenschen das Recht zu, eigene Entschlüsse zu fassen. Wer Sie mag, wird Ihnen das schon zu verstehen geben, und wer nichts für Sie übrig hat, sollte Ihnen doch wohl kaum etwas vormachen, oder?

Versuchen Sie einmal, sich für Kunst, Literatur, Theater, Tanz usw. zu begeistern. Bei solchen geistigen Interessen wird deutlich, daß mehr in Ihnen steckt, als Ihre überwiegend physische Ausstrahlung vermuten läßt. Nur flüchtige Bekannte werden sich mit einer rein körperlichen Beziehung zufriedengeben. Wenn Sie aber jemanden auf die Dauer fesseln wollen, müssen Sie schon mehr zu bieten haben.

Venus-Opposition-Jupiter

Mit der Opposition von Venus und Jupiter neigen Sie dazu, Ihre Reaktionsfähigkeit auf Menschen und Situationen anzuzweifeln. Sie sind sich nie ganz sicher, ob Sie sich bei Bekanntschaften auch richtig verhalten. In der Hoffnung, von andern in Ihrer Kompetenz bestätigt zu werden, sind Sie stets nachsichtig. Sie brauchen die permanente Konfliktsituation, weil Sie darin Ihr Geschick im Bewältigen schwieriger Probleme beweisen können. Bei all Ihrem Tun und Lassen haben Sie nur Ihr gesellschaftliches Ansehen im Sinn und sind aufgebracht, wenn es Ihnen verweigert wird. Durch Ihre anmaßenden Erwartungen gegenüber andern und durch Ihre Selbstgefälligkeit verderben Sie es sich selbst mit Ihren besten Freunden, die Sie mit endlosen Trivialitäten über Ihr Privatleben belästigen. Sie zeigen nur, wie unreif Sie sind, wenn Sie Ihre Selbstachtung vom Beifall Ihrer Bekannten abhängig machen.

Sie lassen andere stillschweigend gewähren, spannen sie aber auch gern für Ihre eigenen Zwecke ein. Wenn hingegen Sie auf ähnliche Weise ausgenutzt werden, macht Sie das sehr ärgerlich. Sie tun sich gern mit Menschen zusammen, die Ihre Verhaltensweise gutheißen, und lehnen alle die ab, die Kritik an Ihnen üben. Sie schließen sich jeder vorherrschenden Meinung an, sofern es Ihren Absichten dienlich ist. Auf Kompromisse lassen Sie sich nur dann ein, wenn es Sie wenig oder nichts kostet. Sie sind sehr willkürlich mit Ihrem Gerechtigkeitsempfinden. Aber trotz all dieser negativen Züge erweisen Sie sich Ihren Wohltätern gegenüber großzügig und zeigen Mitgefühl für die Probleme Ihrer Kollegen.

Die beste Gelegenheit, Ihre schöpferischen Talente voll zu entfalten, bietet Ihnen wahrscheinlich das Geschäftsleben. Sie sind Ihrem Wesen nach ein »Pferdehändler« und haben Ihre Freude an direkter Auseinandersetzung, denn im Wettkampf kommen Ihre Fähigkeiten erst richtig zum Tragen. Sie können hervorragend argumentieren – Sie nennen es »unterhalten« –, und verstehen es, die Leute so einzuwickeln, daß sie gar nicht merken, wie ihnen die Felle davonschwimmen. Dabei sind Sie nicht immer ehrlich, sondern beugen die Wahrheit und schrecken auch vor Heuchelei nicht zurück, wenn es Ihnen zweckdienlich erscheint.

Ihre Liebesbeziehungen sind meist von kurzer Dauer – Sie erwecken zu Anfang den Eindruck, als sei es Ihnen ernst, und wenn Ihr Partner schließlich eine vertraglich abgesicherte Form der Verbindung vorschlägt, verlieren Sie plötzlich jegliches Interesse. Sie wollen zwar »auf vielen Hochzeiten tanzen«, aber keinesfalls selbst unter die Haube kommen. Ob Sie heiraten werden, hängt von Ihrer Bereitschaft ab, auch eheliche Verantwortung auf sich zu nehmen; an Gelegenheiten mangelt es Ihnen sicher nicht.

Venus-Opposition-Saturn

Mit Venus in Opposition zu Saturn haben Sie das Gefühl, als seien Ihre Erfahrungen nicht viel wert. Unter dem Einfluß dieses Aspekts werden Sie sich so lange mit Konkurrenten herumschlagen müssen, bis Sie endlich merken, was wirklich in Ihnen steckt. Hören Sie auf, Ihr Licht unter den Scheffel zu stellen. Rufen Sie sich immer wieder ins Gedächtnis, daß Sie Ihren Widersachern gewachsen sind, und lassen Sie andern nicht mehr Lob zukommen, als sie tatsächlich verdienen. Wenn Sie Ihre eigenen Vorzüge einmal sorgfältig abwägen, werden Sie herausfinden, daß Sie im Vergleich zu andern sehr gut abschneiden. Machen Sie sich doch nichts vor. Vielleicht hat man Ihnen in früher Kindheit das Gefühl vermittelt, Sie seien in jeder Hinsicht weniger begabt als andere, und jetzt verhalten Sie sich immer noch dementsprechend. Sie brauchen wirklich die Wettbewerbssituation, um sich vor sich selbst und andern zu beweisen, denn wenn Sie sich nicht mit andern messen, wird es Ihnen nie gelingen, Ihre wahren Fähigkeiten zu entdecken.

Ihr Leben lang machen Sie andern Menschen Zugeständnisse, ohne sich je darüber klar zu werden, ob sie das überhaupt wert sind. Allmählich werden Sie jedoch in der Lage sein, sich ein Urteil über andere zu bilden, ohne immer wieder die schmerzliche Erfahrung zu machen, sich unterordnen zu müssen. Mit zunehmendem Urteilsvermögen werden Sie dann Ihre eigenen wie auch anderer Leute Probleme gut durchschauen und lösen können.

Vielleicht erleben Sie in Ihrer Jugend emotionale Enttäuschungen, aber wenn Sie älter sind, erkennen Sie, daß kein Mensch alles bekommt, was er will. Unter Umständen versuchen Sie, Entbehrungen, die Sie in Ihrem Privatleben hinnehmen müssen, durch Berufserfolge auszugleichen. Geeignete Tätigkeitsfelder für Sie wären das Immobiliengeschäft, die Justiz, das Versicherungswesen, technisches Zeichnen sowie Ein- und Verkauf.

All diese Tätigkeiten setzen Verantwortungsbewußtsein, Genauigkeit, Integrität und Ehrlichkeit voraus, wenn Sie sich einmal in dem stolzen Gefühl wiegen wollen, etwas erreicht zu haben. Es scheint geraten, daß Sie alleine arbeiten oder zumindest selber Ihren Arbeitsrhythmus bestimmen. Mit andern eng zusammenzuarbeiten wäre wohl kaum empfehlenswert, da Sie leicht Kritik erregen. Obwohl Sie sehr befähigt sind, wird Ihr Arbeitgeber Ihnen vielleicht die verdiente Anerkennung versagen, um Ihnen keinen höheren Lohn zahlen zu müssen.

Geben Sie sich keinen falschen Hoffnungen über eine frühzeitige Ehe hin, solange Sie nicht bereit sind, auch große Zugeständnisse zu machen, um die Verbindung aufrechtzuerhalten. Warten Sie mit einer festen Partnerschaft lieber, bis Sie bei der Partnerwahl besser differenzieren können. Eine Bindung, die Sie aus Sicherheitsgründen eingehen, mag zwar Bestand haben, wird aber kaum mehr sein als eine »Vernunftehe« ohne tiefere Gefühle. Wenn Sie unter harten Bedingungen aufgewachsen sind und Entbehrungen und finanzielle Schwierigkeiten im Leben Ihrer Eltern mit ansehen mußten, haben Sie noch mehr Grund, mit der Partnerwahl bis zu dem Zeitpunkt zu warten, zu dem Sie finanziell unabhängig sind.

Venus-Opposition-Uranus

Mit Venus in Opposition zu Uranus sind Sie emotional unausgeglichen. Sie haben starke Begierden und scheren sich nicht darum, was andere diesbezüglich über Sie denken. Die Intensität, mit der Sie sich ausleben, katapultiert Sie oft in unangenehme oder gar gefährliche Beziehungen zu andern Menschen. Anscheinend sind Sie darauf aus, alle Arten von zwischenmenschlichen Kontakten auszuprobieren, ohne die damit verbundenen Risiken zu beachten. Rebellisch, wie Sie sind, folgen Sie der Devise, daß Erfahrung der beste Lehrmeister ist. Das mag zwar richtig sein, aber dafür ist der Lernprozeß auch besonders schmerzhaft, denn es bleibt manches unbewältigt, was Ihnen später im Leben zu schaffen machen kann. Mit Geld gehen Sie impulsiv – sozusagen ohne Rücksicht auf Verluste – um, geben wahrscheinlich zuviel für Kleidung und Zerstreuungen aus und lassen es sich gutgehen.

Auf dem Weg zu beruflichen Erfolgen verlassen Sie sich ganz auf Ihre geistreiche Art und Ihren Charme. Es ist durchaus möglich, daß Sie ein herzliches, persönliches Verhältnis zu Ihren Vorgesetzten haben und auch gesellschaftlich mit ihnen verkehren. Jeder Beruf, in dem Sie mit Publikum zu tun hätten, dürfte Ihnen tiefe Befriedigung gewähren.

Der Autorität ordnen Sie sich nicht vorbehaltlos unter, was Ihnen die Verwirklichung Ihrer Ziele erschweren kann. Sie haben Freude am Wettbewerb und halten erstaunliche Trümpfe in der Hand, mit deren Hilfe Sie vorankommen. Aber wenn der Wettkampf nicht spannend genug ist, verlieren Sie das Interesse. Sie besitzen Willensstärke, Entschlußkraft und Beharrungsvermögen und sind gerne bereit, Verantwortung zu übernehmen. Einmal auf dem Weg nach oben, können Sie Ihre besten Freunde und Bekannten damit vor den Kopf stoßen, daß Sie sich einfach von ihnen lossagen, wie es Ihnen geraten erscheint.

Ihre Liebesbeziehungen sind nicht von Dauer, es sei denn, Sie zeigen von sich aus Vermittlungsbereitschaft und Entgegenkommen. Sie wollen Erfüllung, ohne sich entsprechend für die Festigung der bestehenden Bande einsetzen zu müssen. Wenn Sie Ihre Einstellung nicht ändern, werden Sie zwar etliche tiefe, befriedigende Liebesaffären erleben, aber nie die Gewißheit haben, in späteren Lebensjahren zu jemandem zu gehören – und Einsamkeit ist bestimmt nicht Ihr Fall.

Venus-Opposition-Neptun

Mit Venus in Opposition zu Neptun verfügen Sie über eine grenzenlose Einbildungskraft, die Ihnen manches Mal gefährlich werden kann. In Ihrem Verlangen, alle Höhen menschlicher Erfahrung zu durchleben, gehen Sie oft unnötige Risiken ein. Sie sind so idealistisch, daß Ihre Wahrnehmung getrübt ist, und wenn Sie dann plötzlich klar sehen, sind Sie unter Umständen zutiefst enttäuscht. Da Ihre Vorstellungen unrealistisch sind, fallen sie leicht in sich zusammen. Sie dichten andern Menschen häufig Eigenschaften an, denen sie überhaupt nicht entsprechen können. Wenn jemand Sie getäuscht hat, ist Ihr Vertrauen kaum jemals wieder zu gewinnen.

Sie haben künstlerische Neigungen und sollten versuchen, sich im künstlerischen Bereich zu betätigen. Seien Sie ehrlich mit sich selbst, wenn es um die Einschätzung Ihrer Fähigkeiten geht. Bei weniger schwierigen Aufgaben wird Ihr Selbstvertrauen nicht so leicht durch Konkurrenz erschüttert. Sie können Ihre kreativen Möglichkeiten voll ausschöpfen und mit Ihren Leistungen durchaus zufrieden sein, sofern Sie sich nicht mit andern vergleichen. Sie sind nur für die Entfaltung Ihrer eigenen Fähigkeiten zuständig – was andere tun, braucht Sie nicht zu interessieren.

Da Sie von Natur aus sehr empfindsam sind, arbeiten Sie am besten mit jemandem zusammen, dem Sie aufrichtig vertrauen. Geben Sie sich im Beruf keine Blöße, sondern suchen Sie sich lieber einen Fürsprecher. Wenn Sie in eigener Regie reden, machen Sie sich nur auf unerklärliche Weise Feinde und wundern sich nachher, was denn eigentlich schiefgegangen ist.

Ihr angeborenes Mißtrauen wirkt sich nachhaltig auf Ihre persönlichen Kontakte und Ihre Liebesbeziehungen aus. Hier sind Sie selbst Ihr ärgster

Feind. Bei näherer Bekanntschaft unterstellen Sie andern oft Unaufrichtigkeit, so daß man sich gegen Sie zur Wehr setzt. Sie wissen selbst nie genau, ob es sich bei Ihnen nun um Liebe oder nur um ein Strohfeuer handelt und leben dauernd in der Angst vor einem unglücklichen Ausgang der betreffenden Beziehung. Auf dieser Basis kann sich natürlich keine echte Liebe entwickeln. Versuchen Sie, mit Ihrem Partner ins reine zu kommen, indem Sie etwaige Probleme mit ihm besprechen. Wenn Sie das nicht tun, können sich böse Folgen einstellen.

Venus-Opposition-Pluto

Mit Venus in Opposition zu Pluto haben Sie möglicherweise große Probleme, weil Sie ein reiner Gefühlsmensch sind und versuchen, andern Menschen Ihre Wünsche aufzuzwingen. Auf der andern Seite schrecken Sie vermutlich vor zu großer Nähe zurück, da Sie die Verantwortung scheuen, die eine emotionale Bindung mit sich bringt. In beiden Fällen entfremden Sie sich den Menschen, die Ihnen am teuersten sind.

In jeder festen Partnerschaft scheint das liebe Geld für Sie häufig der Grund für Unstimmigkeiten zu sein. Dabei sind es in Wirklichkeit meist Ihre überzogenen Erwartungen an Ihren Partner oder aber sein Besitzdenken Ihnen gegenüber. Schätzen Sie lieber Ihre Gefühle realistisch ab, um festzustellen, ob Sie sich einfach auseinandergelebt oder vielleicht versucht haben, Ihren Partner Ihrer Idealvorstellung anzugleichen.

Bevor Sie sich gesetzlich binden, sollten Sie die Qualitäten Ihres zukünftigen Partners sorgfältig unter die Lupe nehmen und realistisch einschätzen, ob er überhaupt dazu in der Lage ist, Ihre Bedürfnisse sowohl in der Partnerschaft als auch in der Elternschaft zu erfüllen. Ein hervorragender Liebhaber gibt nicht unbedingt einen guten Vater oder eine gute Mutter ab. Unter Umständen ist der betreffende Mensch gar nicht fähig, die Verantwortung für eine Familie und die damit verbundenen Einschränkungen der persönlichen Freiheit und Beweglichkeit auf sich zu nehmen.

Sämtliche Probleme, mit denen Sie zu kämpfen haben, könnten auf dem Weg des Kompromisses gelöst werden. Die Freiheit, die Sie dann gemeinsam genießen könnten, ist womöglich viel mehr wert als die, die jeder einzelne für sich erfährt.

Zu Beginn Ihrer beruflichen Karriere müssen Sie mit gewissen Schwierigkeiten rechnen. Manche Leute werden Ihre Naivität ausnutzen und Zwietracht zwischen Ihnen und Ihren Vorgesetzten säen. Sicherlich müssen Sie auch die ernstzunehmende Konkurrenz von seiten Ihrer Kollegen mit einkalkulieren, da Sie eine Bedrohung darstellen.

Lassen Sie sich erst auf eine engere Verbindung mit jemandem ein, wenn Sie sicher sein können, daß der Betreffende auch vertrauenswürdig ist. Das gilt besonders für Ihren Chef. Ihr gutes Einvernehmen mit ihm sichert Ihnen zwar wahrscheinlich Ihren Arbeitsplatz, wirkt sich aber nachteilig auf das Arbeitsklima mit Ihren Kollegen aus, mit denen Sie schließlich täglich auskommen müssen.

Wenn Sie wirklich effektiv sein wollen, sollten Sie bei all Ihren beruflichen Bemühungen immer den nötigen Abstand wahren. Jedes rein gefühlsmäßige Engagement wird Ihnen nur Steine in den Weg legen. Ein Mensch, den Sie mögen, kann Sie leicht an der Nase herumführen, weil Sie selbst bei übertriebenen Forderungen schlecht nein sagen können. Wenn Sie sich bereitwillig ausnutzen *lassen,* dürfen Sie sich auch nicht wundern, daß andere Sie für ihre Zwecke mißbrauchen.

Venus-Opposition-Aszendent

Venus in Opposition zum Aszendenten zeigt an, daß Sie sich zu kultivierten, gebildeten Menschen hingezogen fühlen. Sie haben eine feine Umgangsart, und im allgemeinen haben andere eine hohe Meinung von Ihnen. Wo es Ihnen zur Aufrechterhaltung harmonischer Beziehungen geraten erscheint, machen Sie Zugeständnisse, und Sie verurteilen niemanden, dessen Verhalten Ihren Erwartungen nicht ganz entspricht. Nur allzuoft sehen Sie Ihre Mitmenschen in einem zu günstigen Licht und dichten ihnen Eigenschaften an, die sie gar nicht haben. Da Sie sich in dem Glauben wiegen möchten, nur mit lauteren Charakteren zu verkehren, sind Sie enttäuscht, wenn sich herausstellt, daß Ihre Bekannten diesem Standard keineswegs entsprechen.

Obgleich Sie selbstbewußt und sicher auftreten, fühlen Sie sich im Grunde nur wohl in Ihrer Haut, wenn jemand um Sie herum ist, der Ihnen die nötige Rückenstärkung gibt. Es fällt Ihnen schwer, ganz auf sich allein gestellt zu sein. Sie machen keine leeren Worte, wenn Sie von sich behaupten, gern unter Menschen zu sein, denn Sie lieben Geselligkeit und Unterhaltung. Im stillen geben Sie sich große Mühe, sich der Zuneigung Ihrer Mitmenschen zu versichern, und versuchen, sich von Ihrer besten Seite zu zeigen, damit Sie sich ihrer Freundschaft auch als würdig erweisen. Um andern den Kontakt mit Ihnen zu erleichtern, spielen Sie die Rolle des Harmlosen, der keinerlei Bedrohung darstellt. Sie hoffen, daß Ihre negativen Eigenschaften im verborgenen bleiben und daß keiner bemerkt, wie unsicher Sie in Wirklichkeit sind.

Ihre Freunde verbreiten Ihren guten Ruf in der Öffentlichkeit und erwähnen lobend Ihre Vorzüge, wenn man sie danach fragt. In Gegenwart Ihrer Vorgesetzten oder von Menschen, die Sie bewundern, sind Sie eher etwas schüchtern.

In dem dauernden Bestreben, Mittel und Wege aufzutun, um Ihren sozialen Status zu verbessern, pflegen Sie bevorzugt Umgang mit Leuten, die entweder bereits erfolgreich oder zumindest sichtlich auf dem Weg nach oben sind. Sie haben keine Skrupel, sich eng an Menschen anzuschließen, die finanziell abgesichert sind, wenn sich dadurch Ihre Chancen auf eine feste Verbindung erhöhen. Nach außen hin sind Sie fügsam, nett und freundlich, dabei schmieden Sie insgeheim Pläne, wie Sie sich durch Ihre Bekannten Vorteile verschaffen können.

Mars-Opposition-Jupiter

Mit der Opposition von Mars und Jupiter haben Sie etwas für Herausforderungen übrig und suchen sie auch. Sie sind sehr leistungsfähig und nehmen es mit jedem Gegner auf, um sich selbst zu beweisen, daß Sie mit ihm fertig werden – eine Rückversicherung, die Sie unbedingt brauchen. Im Wettbewerb vergewissern Sie sich Ihrer Kräfte. Sie könnten zwar verlieren, aber darauf lassen Sie es getrost ankommen. Manchmal nehmen Sie allerdings den Mund zu voll und bedauern das später, wenn Sie es in Ruhe überdenken. Sie handeln gern nach der Devise »frisch gewagt ist halb gewonnen«, was jedoch nur bei sorgfältiger Planung gelingt. Ist Ihnen der Erfolg sicher, machen Sie unbedacht und prahlerisch ein Riesenspektakel, um die Aufmerksamkeit auf sich zu ziehen.

Sie haben etwas gegen Leute, die Sie ihre Überlegenheit spüren lassen, und greifen unter Umständen sogar zu unfairen Mitteln, um sie in Mißkredit zu bringen. Auf diese Weise verderben Sie es sich mit Freunden und Bekannten, die nichts Gutes ahnend lieber einen großen Bogen um Sie schlagen. Vielleicht versuchen sie in ihrem Ärger auch, Ihrem guten Ruf zu schaden. Sie müssen aufpassen, daß Sie sich nicht mit allen Menschen entzweien, die Ihnen Unterstützung gewähren könnten, denn ohne Gefährten kann das Leben sehr einsam sein.

Die besten Aussichten auf Anerkennung und freie Entfaltung Ihres schöpferischen Potentials haben Sie in den Bereichen Justiz, Verwaltung und Sport, auf dem Mediensektor, im Lehrberuf, in der Schauspielkunst oder der Öffentlichkeitsarbeit. Wenn Sie erst einmal gelernt haben, Ihren Kampfgeist etwas zu zügeln, können Sie eine Menge erreichen. Selbst Ihre Konkurrenten werden Sie bewundern, wenn Sie gute Arbeit leisten. Ihr einziges Problem ist Ihre Angst, der Verantwortung nicht gewachsen zu sein. Sorgfältige Planung und Durchführung wird Sie von dieser Sorge erlösen. Sie müssen nur einsehen, daß Sie qualifiziert genug sind, um im Wettbewerb zu bestehen, und daß Sie sich durch Konkurrenten nicht einschüchtern zu lassen brauchen.

Ihre sinnlichen Bedürfnisse sind ebenso stark wie Ihr Ehrgeiz. Sie sind nur zufrieden, wenn Sie Ihren sexuellen Begierden auch Ausdruck verleihen können, sobald sie geweckt sind. Das kann problematisch werden, es sei denn, Sie haben Glück und finden immer gerade jemanden, der Ihnen zur Verfügung steht. Gemildert wird diese Tendenz, wenn Saturn mit Mars in Verbindung tritt, so daß eine Art Selbstkontrolle wirksam wird. Ihr Partner muß mit Ihrer körperlichen Hochform auf diesem Gebiet mithalten können, denn andernfalls ergeben sich Komplikationen, die die Beziehung ernsthaft gefährden können.

Üben Sie Mäßigung in allem, was Sie tun. Sie werden so lange unter Ihrer Unschlüssigkeit leiden, bis Sie Ihren eigenen Wert erkannt haben und sich selbstsicher behaupten können, ohne auf anderer Leute Beifall angewiesen zu sein.

Mars-Opposition-Saturn

Die Opposition von Mars zu Saturn weist darauf hin, daß zwischen Ihren Wünschen und Ihrem Verantwortungsgefühl ein Konflikt besteht. Bei Ihnen wechseln Zeiten intensiver Aktivität mit Zeiten, in denen Sie anscheinend nicht genügend Energie aufbringen können, um irgend etwas fertigzustellen. Temperamentsmäßig schwanken Sie zwischen Aggressivität und Apathie hin und her. Es fällt Ihnen schwer, so ausgeglichen zu sein, daß Sie Ihre Ziele ohne »Höhenflüge« und »Tiefpunkte« erreichen könnten. Sie sind sich selbst im Wege auf der Stufenleiter zum Erfolg. Üben Sie sich in Selbstdisziplin, damit Sie von Ihren Energien konstruktiv Gebrauch machen können, und stecken Sie sich Ziele, die auch wirklich im Bereich des Möglichen liegen. Fassen Sie den festen Entschluß, sich durch keinerlei pessimistische Anwandlungen davon abhalten zu lassen, sie zu erreichen.

Sie sind meist von den Erfolgen Ihrer Kollegen und Konkurrenten zutiefst beeindruckt und messen ihnen vermutlich mehr Wert bei, als ihnen wirklich zukommt. Dabei brauchen Sie selbst unbedingt den Wettbewerb, um Ihre eigene Bedeutung schätzen zu lernen. Ihre größte Schwäche liegt darin, daß Sie Ihre eigenen Fähigkeiten nicht wahrhaben wollen. Andere werden wohl immer eine höhere Meinung von Ihnen haben als Sie selber, denn Sie brauchen stets Bestätigung dafür, daß Sie wirklich begabt sind.

Wenn Sie erst einmal die fixe Idee von Ihrer eigenen Minderwertigkeit losgeworden sind, können Sie es weit bringen. Der entscheidende Punkt ist der, daß Sie sich selbst mögen müssen, um das Gefühl zu haben, den Erfolg auch zu verdienen, und dazu müssen Sie sich einfach durchsetzen. Einigermaßen verwirklichen könnten Sie sich im Strafvollzug, Militärdienst, Ingenieurwesen, in der Natur- und Denkmalpflege sowie in der Heilkunde. Anfänglich arbeiten Sie am besten allein, bis Sie sich davon überzeugt haben, daß Sie auf Ihrem Gebiet Bedeutendes leisten. Später werden Sie auch gut mit andern zusammenarbeiten können, ohne sich durch deren Tüchtigkeit bedroht zu fühlen. Sie neigen dazu, Ziele anzuvisieren, die irgendwie außerhalb Ihrer Reichweite liegen, so daß Sie sich nicht recht über das Erreichte freuen können. Es wäre für Sie günstiger, ganz allmählich in höhere Verantwortungsbereiche hineinzuwachsen, damit Sie nicht den sicheren Boden unter den Füßen verlieren.

Ihre Privat- und Liebesbeziehungen reichen nie an das heran, was Sie sich davon versprechen. Allem Anschein nach erleben sie ständig Enttäuschungen oder stoßen auf Schwierigkeiten. Die Redensart »Was ich will, bekomm' ich nicht, und was ich bekomme, will ich nicht« ist sicher ganz bezeichnend für Ihre Gemütslage bei Ihren Kontakten. Auf jeden Fall ist fraglich, ob Sie jemals Ihr Verlangen zu Ihrer vollen Zufriedenheit stillen können, und Sie müssen immer damit rechnen, daß Ihnen einiges versagt bleibt.

Wenn Sie nicht in all Ihrem Tun und Lassen Maß halten, wird sich physische Erschöpfung einstellen. Sie haben viel Ruhe nötig, um sich Ihre Gesundheit zu erhalten. Oft gehen mit dieser Planetenkonstellation Unfälle einher, die zu Knochenbrüchen führen, und ebenso häufig treten Probleme mit den Gelenken auf wie beispielsweise Arthritis und Bursitis. Leichte sportliche Betätigung bei ausreichender Ruhe dürfte Ihnen guttun.

Mars-Opposition-Uranus

Unter dem Einfluß der Opposition von Mars und Uranus verstehen Sie es glänzend, andere Menschen zu provozieren. Sie haben Ihre Freude am Konkurrenzkampf und ein feines Gespür dafür, wie Sie gegenüber andern die Oberhand behalten. Die Tatsache ist schlicht und einfach die, daß Sie fordernd, autoritär und arrogant im Umgang mit andern sind und damit Ihre Mitmenschen entwaffnen. Allem Anschein nach blühen Sie bei Streit regelrecht auf, auch wenn es Ihnen gar nicht bitterernst ist. Das ist nämlich lediglich Ihre Methode, dauernd für Aufregung und Unruhe zu sorgen.

Ihr Verhalten stimmt kaum mit Ihrem wirklichen Können überein, obwohl Sie in Ihrer Dreistigkeit auf andere oft den Eindruck machen, als wüßten Sie genau Bescheid. Mit Ihrem Redetalent sollten Sie sich eine entsprechende Tätigkeit suchen, beispielsweise als Vertreter von Gruppeninteressen, als Politiker, Kaufmann oder Wissenschaftler. Vielleicht reizen Sie auch solche gefahrvollen Berufsfelder wie die Fliegerei, der Autorennsport, Forschungsreisen oder Bergsteigen, wobei Sie allerdings äußerst vorsichtig sein und Sicherheitsvorkehrungen treffen sollten. Da Sie sehr unfallgefährdet sind, empfehlen sich derartige Tätigkeiten nicht unbedingt. Sie neigen dazu, alle Vorsicht außer acht zu lassen, besonders dann, wenn Ihnen jemand zuschaut. Ihr Geltungsbedürfnis ist so stark, daß Sie sich dafür sogar in Gefahr begeben.

Sie dulden keinerlei Einschränkung Ihrer Freiheit und Beweglichkeit und müssen stets mobil bleiben. Steckt vielleicht die Angst dahinter, andere könnten entdecken, wie unsicher Sie in Wirklichkeit sind? Womöglich ist Ihr ganzer Lebensstil nur aufgesetzt, weil Sie nicht zugeben wollen, daß Sie im Grunde ganz und gar körperlich orientiert sind.

Es ist nicht gerade leicht, mit Ihnen auszukommen. Ihre Gefühlsausbrüche und Ihre Rechthaberei machen vielen Menschen erheblich zu schaffen. Ihrer rebellischen Art nach sind Sie grundsätzlich gegen Traditionen und die damit verbundenen persönlichen Einengungen. Sie stehen jedem kritisch gegenüber, der Macht ausübt, und halten mit solcher Verbissenheit daran fest, Ihren eigenen Weg zu gehen, daß Sie auch Gewalt anwenden, wenn jemand Sie davon abzuhalten versucht. Ihre Unberechenbarkeit ist unter Umständen Schuld daran, daß Sie gute Freunde verlieren, die Ihre Arroganz nicht länger ertragen wollen.

Mars-Opposition-Neptun

Ihre Mars-Neptun-Opposition deutet an, daß Ihre Aggressivität Ihnen nicht gerade von Nutzen ist. Sie bemühen sich zwar, gefällig zu sein, müssen aber oft erleben, daß die Leute, denen Sie einen Dienst erweisen, Ihre Motive beargwöhnen. Dann sind Sie natürlich enttäuscht, daß Ihre Lauterkeit bezweifelt wird. Nach wiederholten Vorfällen dieser Art beschließen Sie endlich, sich nicht mehr um anderer Leute Angelegenheiten zu kümmern. Dabei besteht das Problem in Wirklichkeit wahrscheinlich darin, daß Sie es nur darauf anlegen, sich zur Geltung zu bringen. Vielleicht sind Sie wirklich nicht ganz ehrlich in dem, was Sie tun und wie Sie es tun, und wecken damit berechtigtes Mißtrauen. Was unausgesprochen bleibt, wird Ihnen später angekreidet. So manches Mal gehen Ihre Wünsche ins Uferlose, so daß andere sich durch Sie eingeschüchtert oder gar bedroht fühlen.

Um erfolgreich zu sein, werden Sie sich zweierlei aneignen müssen: zum einen Bereitschaft, die Realität zu akzeptieren, wie hart sie auch sein mag, und zum andern Gefühl für Ihre Mitmenschen. Da Sie sehr körperbetont sind, werden andere sich leichter ein vollständiges Bild von Ihnen machen können, wenn Sie die oben genannten Qualitäten entwickeln, und Ihnen auch entsprechend begegnen.

Seien Sie vorsichtig in der Wahl Ihres Berufes und meiden Sie jede Beschäftigung, die auch nur den leisesten Anschein von Illegalität hat. Eine etablierte Firma wäre für Ihre Begabung und Ihren Einfallsreichtum das Geeignete. Bringen Sie soviel wie möglich über Ihre Tätigkeit und Ihre nächsten Mitarbeiter in Erfahrung, denn andernfalls könnten Sie leicht der Dumme sein. Lassen Sie sich auf nichts ein, was in irgendeiner

Weise gefahrvoll für Leib und Leben ist. Gebrauchen sie immer erst Ihren Verstand, statt sich spontan für Sensationelles oder absolutes Neuland zu begeistern.

Meiden Sie Alkohol- und Drogengenuß sowie die Beschäftigung mit den okkulten Wissenschaften. Das ist nichts für Sie, denn Sie sind zu leicht zu beeinflussen und fallen schnell auf Trugbilder und Gaukler herein. Arbeiten Sie am Theater, wenn Sie sich gern in einer künstlichen Welt aufhalten wollen. Sie sind durchaus begabt für die Schauspielkunst und verwandte Berufszweige. Sie müssen Ihre Ziele realistisch sehen. Lassen Sie sich von Menschen mit größerem Durchblick dabei helfen, Projekte zu entwerfen, die auch zu verwirklichen sind.

Mars-Opposition-Pluto

Mit Mars in Opposition zu Pluto verhalten Sie sich trotzig, wenn Sie die Auswirkungen Ihrer eigenen Aggressivität zu spüren bekommen. Sie können Ihre Energien nicht genügend unter Kontrolle halten und sind jedes Mal wieder überrascht, wie andere auf Sie reagieren. Sie drängen die Leute, mit denen Sie Umgang pflegen, kontinuierlich in die Defensive. Was die Motivation Ihrer Konkurrenten anbelangt, so machen Sie aus Mücken Elefanten und errichten sogar unnötige Barrieren zum Schutz Ihrer Eigeninteressen. Ihre Handlungsweise ist vom logischen Standpunkt aus kaum zu rechtfertigen.

Auf Grund Ihrer ausgeprägten sexuellen Begierden gehen Sie unter Umständen sehr enge Bindungen ein, aber ebensogut kann es auch zu schweren Spannungen in Ihren Beziehungen kommen. Wenn Sie Ihre Anziehungskraft dazu mißbrauchen, andere Menschen zu unterjochen, werden Sie später womöglich selber das Opfer eines Machtbesessenen sein. Letztendlich müssen Sie sich entscheiden, ob Sie sich von Machtgelüsten und Herrschsucht bestimmen lassen oder mit Ihren Energien sozialbewußt umgehen wollen. Sie könnten sich dem ideellen Ziel verschreiben, Ihre Umwelt im positiven Sinne zu verändern. Dabei müssen Sie jedoch damit rechnen, auf starken Widerstand von seiten der Wirtschaft und des Kapitals zu stoßen.

Von großer Wichtigkeit für Sie ist, daß Sie bei jedem Projekt die positiven und negativen Aspekte gegeneinander abwägen. Ziehen Sie, bevor Sie handeln, die Möglichkeit eines Kompromisses in Betracht. Überlegen Sie sich genau, was Sie bewirken wollen, und vergewissern Sie sich auch, daß Sie nicht anderer Leute Rechte verletzen. Wie Sie sich durchsetzen, werden Sie ohnehin immer den einen oder andern vor den Kopf stoßen. Nur Sie allein wissen, ob die Verwirklichung Ihrer Ziele dafür eine Entschuldigung ist.

Sie werden mit Sicherheit in Ihren Privatangelegenheiten Schwierigkeiten haben. Auch Ihre Ehe dürfte gefährdet sein, wenn Sie von Ihrem Lebensgefährten zuviel erwarten. Durch eine schlechte Finanzverwaltung, durch Autoritätsstreitigkeiten oder beiderseitige Eifersuchtsszenen können starke Spannungen im häuslichen Bereich auftreten. Unter Umständen gibt es auch Erbschafts- und Kredittilgungsprobleme.

Mars-Opposition-Aszendent

Mars in Opposition zum Aszendenten zeigt auf, daß Sie andere ständig gegen sich aufbringen, als seien Sie stets gereizt und forderten Ihre Mitmenschen damit heraus. Sie haben nicht das stärkste Selbstvertrauen. Ihr aggressives Auftreten ist nur der Versuch, sich selbst das Gegenteil zu beweisen. Sie brauchen den permanenten Austausch, um sich im Umgang mit andern Menschen zu schulen, die sonst leicht Vorteil aus Ihnen ziehen. Im Wettbewerb lernen Sie, sich mit mehr Selbstbeherrschung und Disziplin zur Geltung zu bringen. Sie sind von Natur aus rechthaberisch und machen es andern nicht gerade leicht, mit Ihnen auszukommen. Versuchen Sie, um des lieben Friedens und der Harmonie willen mehr Entgegenkommen zu zeigen. Wenn Sie erst einmal begreifen, daß Kompromißbereitschaft von Charakterstärke und nicht von Schwäche zeugt, wird man Sie wegen Ihrer Reife zu schätzen wissen.

In Ihren Privatbeziehungen rufen Sie mit Ihrem offensiven Vorgehen Widerstand hervor, der Sie schließlich selbst in die Defensive zwingt. Sie sollten zwar um Ihre Unabhängigkeit kämpfen, sich selber aber auch Zügel anlegen, um nicht jedermanns Mißfallen zu erregen. Sie wollen dafür anerkannt werden, daß Sie trotz ärgster Konkurrenz noch siegen, aber Ihre Überlegenheitshaltung verdeckt oftmals nur Ihre Minderwertigkeitsgefühle.

Sie stecken voller kreativer Energien und sollten davon Gebrauch machen. Denken Sie daran, daß die Tat mehr zählt als das Reden darüber. Wenn Ihnen klar ist, daß Sie selbst Ihres Glückes Schmied sind, müssen Sie sich auch entsprechend dafür einsetzen. Nehmen Sie Ihre besten Freunde zu Hilfe, die Ihnen mit gutem Rat beistehen können, und zeigen Sie sich dankbar, wenn Ihre Vorschläge sich als nützlich erweisen.

Vielleicht haben Sie Schwierigkeiten, Ihre Vorgesetzten dazu zu bewegen, Ihnen eine bedeutendere Position einzuräumen, weil Sie unter Belastung leicht aus der Fassung geraten. Außerdem reden Sie zur Unzeit, so daß der Eindruck entsteht, als wüßten Sie mit der Ihnen anvertrauten Autorität nicht umzugehen. Üben Sie sich in mehr Selbstbeherrschung, denn andernfalls werden Sie dauernd in unangenehme Situationen verwickelt, aus denen schwer wieder herauszukommen ist.

Jupiter-Opposition-Saturn

Die Opposition von Jupiter zu Saturn deutet darauf hin, daß Ihr Selbstwertgefühl großen Schwankungen unterworfen ist. Sie sind sich Ihrer selbst nie ganz sicher und brauchen ständig die Bestätigung von andern, daß Sie wirklich so begabt sind, wie Sie glauben. Wahrscheinlich beruht diese schwache Selbsteinschätzung auf einem gestörten Verhältnis zu Autoritätspersonen, vielleicht zu Ihren Eltern.

Mit dieser Planetenkonstellation sind Sie sozusagen hin- und hergerissen. Da Sie Beifall brauchen, suchen Sie sich Leute, die von Ihnen verlangen, daß Sie Ihre Fähigkeiten unter Beweis stellen. Wenn das erwartete Lob ausbleibt, reagieren Sie mit Ablehnung und ziehen sich zurück. In Ihrem Verlangen nach Bestätigung halten Sie sich gern an Menschen, die Ihnen nach dem Munde reden. Aber wie schal ist doch ein Sieg, den man auf solche Weise erzwingt. Wäre es nicht einfacher für Sie, sich auf einen gesunden Wettbewerb mit gleichgestellten Kollegen einzulassen und auf dieser Grundlage Entscheidungen zu treffen? Sie können anscheinend der Wahrheit nicht ins Auge blicken und erschweren sich Ihr eigenes Fortkommen, solange Sie nicht ehrlich mit sich sind. Leuten gegenüber, die Ihnen in dieser Hinsicht ähnlich sind, verhalten Sie sich meist abweisend. Sie haben einen Hang zur Verantwortungslosigkeit und drücken sich gern vor Pflichten, eine Einstellung, die unbedingt eine Korrektur braucht. Sie müssen sich zunächst einmal der Realität stellen und die damit verbundene Verantwortung auch bereitwillig übernehmen. Sodann sollten Sie begreifen, daß Ihr Benehmen andere Menschen verletzt, und versuchen, weniger rücksichtslos zu sein. Wenn Sie sich in dieser Richtung verändern, können Sie alles erreichen, was Sie sich vorgenommen haben. Sie könnten Rechtsanwalt, Erzieher oder Heilpraktiker werden. Begehen Sie aber nicht den Fehler, Ihre eigenen Fähigkeiten in Frage zu stellen, denn Ihre Kollegen könnten das gleiche tun. Vor Ihnen liegt eine Menge Arbeit, also fangen Sie am besten gleich damit an, wenn Sie nicht schon dabei sind.

Ihre gestörte Selbsteinschätzung spielt auch in Ihrem Privatleben, in Freundschaft und Liebe, eine Rolle. Sie täten gut daran, auf diesem Gebiet differenzierter zu urteilen, wenn Sie verhindern wollen, daß es in einer Beziehung, die Ihnen viel bedeutet, zum Bruch kommt. Im allgemeinen machen Sie niemandem, auch Ihrem geliebten Partner nicht, großzügige Anerbieten. Sie selbst weisen zwar manchmal jemanden zurück, der Ihnen seine begeisterte Zustimmung versagt, sind jedoch zutiefst betroffen, wenn Sie einmal auf Ablehnung stoßen, und können gar nicht fassen, womit Sie eine solche Behandlung verdient haben.

Sobald Sie in Ihrem Selbstwertgefühl bestärkt sind, werden Sie sich nicht länger von aller Welt bedroht fühlen und können endlich dazu übergehen, Ihre inneren Anlagen frei zu entfalten.

Jupiter-Opposition-Uranus

Die Opposition von Jupiter zu Uranus weist auf einen hohen Grad an Begeisterungsfähigkeit und geistiger Kapazität hin. Sie haben von Kindheit an viele Male Ihre erstaunlichen Geistesgaben unter Beweis stellen müssen, was Sie dazu befähigt hat, nun zuversichtlich und beherzt in den Wettbewerb zu treten. Sie haben keinerlei Bedenken, unter Umständen zu unterliegen, besonders nicht bei geistigen Auseinandersetzungen. Dank Ihrer Intuition sind Sie sogar Menschen überlegen, die außerordentlich gebildet und tüchtig sind.

Die Welt gehört Ihnen, denn im Grunde gibt es kein Tätigkeitsfeld, auf dem Sie nicht erfolgreich sein könnten. Am besten werden Sie Ihren Interessen in Berufen gerecht, die mit dem Recht, der Politik, mit Erziehung und Bildung, Reisen, Religion oder Grenzwissenschaften zu tun haben. In all diesen Bereichen können Sie Ihre Möglichkeiten voll ausschöpfen und kreativ zum Tragen bringen. Ihr Wissensschatz ist viel zu kostbar, als daß Sie ihn für sich behalten könnten, und auch Ihre dynamische Art, sich auszudrücken, sollte andern Menschen zugute kommen. Keiner kann besser als Sie demonstrieren, daß Bildung frei macht. Sie sind selbst größten Belastungen gewachsen, ohne sich je zu übernehmen.

Bleiben sie wachsam, damit Sie Ihre Macht nicht autoritär und despotisch ausüben. Sie werden bei der Verfolgung Ihrer Lebensziele viele Ihrer besten Freunde und Verbündeten verlieren. Vermutlich wundern Sie sich, warum diese Menschen die Zukunft nicht genauso klar sehen wie Sie, und lassen sie Ihre Geringschätzung spüren. Dabei wäre es Ihre Pflicht, anderer Leute Grenzen anzuerkennen und Nachsicht zu üben.

Ihr Leben wird ein beständiger Kampf sein. Rufen Sie sich das ins Gedächtnis, wenn Ihr Ego vor Eigendünkel schwillt.

Üben Sie sich allezeit im Maßhalten. Halten Sie sich ehrlich einen Spiegel vor, und akzeptieren Sie sich so, wie Sie nun einmal sind. Auf Grund Ihrer überragenden intellektuellen Fähigkeiten haben Sie eine größere Verantwortung zu tragen als weniger begabte Menschen.

Jupiter-Opposition-Neptun

Die Opposition von Jupiter zu Neptun weist darauf hin, daß Sie gern Versprechungen machen, die Sie nicht halten können oder wollen. Zum Zeitpunkt des Versprechens mögen Ihre Motive durchaus lauter sein, aber Sie sind nicht in der Lage, sie auch beizubehalten. Vermutlich haben Sie das Gefühl, daß andere ständig hohe Erwartungen in Sie setzen, und wehren sich dagegen. Das wirkt sich unter Umständen so aus, daß Sie sich allmählich von allen Menschen distanzieren, die Sie um die eine oder andere Gefälligkeit ersuchen. Sie sind häufig uneins mit Leuten, die vorgeben, mehr zu wissen als Sie, und sich erdreisten, von Ihnen eine Demonstration Ihres Könnens zu verlangen. Lassen Sie sich möglichst nicht auf solche Herausforderungen ein. Eine andere Methode, Sie zu nötigen, sind Schmeicheleien wie: »Keiner weiß in dieser Sache so gut Bescheid wie Sie, deshalb sollten Sie sich damit befassen!« Gehen Sie auch darauf nicht ein, denn das ist die gleiche Falle, nur unter anderem Namen.

Bei Ihrer beruflichen Tätigkeit sollten Sie nach Möglichkeit keine Verpflichtungen übernehmen, für die Sie nicht bezahlt werden. Sie nehmen sich gern zuviel vor. Aber wenn Sie allzuleicht irgendwelchen Forderungen nachgeben, werden Sie sich später fragen, ob die betreffende Arbeit überhaupt zu Ihren Pflichten gehörte. Sie sind recht argwöhnisch, was die Beweggründe anderer für eine Beziehung zu Ihnen betrifft. Dieses Mißtrauen beruht auf schlechten Erfahrungen, da wohl früher einmal Ihr Vertrauen mißbraucht wurde. Doch sollten Sie aus einer Mücke keinen Elefanten machen, so daß Sie schließlich die Arbeit vernachlässigen, die Sie wirklich tun *müssen,* auch wenn nicht immer ganz klar ist, worin sie besteht. Es wäre besser für Sie, mit andern zusammen im Rahmen einer größeren sozialen Aufgabe tätig zu sein, damit nicht Sie allein sich schuldig fühlen, wenn etwas schiefgeht.

Sie sind couragiert genug, auch Autoritäten in Frage zu stellen, falls Sie dunkle Machenschaften oder ein abgekartetes Spiel vermuten. Sie gehen auch gegen jeden an, der Ihnen willkürlich eine Verpflichtung zuschiebt. Wenn Ihnen bei einer Geldsammelaktion mitgeteilt wird: »Das ist Ihr gerechter Anteil!«, gehen Sie an die Decke und entgegnen: »Was wissen *Sie* denn überhaupt über meine finanzielle Lage! Sie können doch gar nicht beurteilen, wie mein Anteil gerechterweise ausfällt!«

In Liebesdingen sind Sie weltfremd. Sie glauben, daß der Gegenstand Ihrer Liebe über genau die Qualitäten verfügt, die Sie so sehr bewundern, und wenn sich herausstellt, daß Sie sich geirrt haben, sind Sie zutiefst enttäuscht. Sie verkraften keinerlei emotionale Ablehnung und können in diesem Fall sogar recht nachtragend sein. Nehmen Sie Ihre Mitmenschen so, wie sie nun einmal sind; lernen Sie, ihnen gute Seiten abzugewinnen und schlechte Eigenarten herunterzuspielen.

Jupiter-Opposition-Pluto

Wenn Sie unter der Opposition von Jupiter und Pluto geboren sind, brauchen Sie Weitblick, um mit den Leuten zurechtzukommen, die Ihrem Wunsch nach Wachstum und Entwicklung entgegenwirken. Sie neigen dazu, jegliche Ideologie in Frage zu stellen und Dogmen anzuzweifeln, indem Sie Ihre eigenen dagegensetzen. Deshalb werden Sie auf der Suche nach Aufschluß über die Geheimnisse des Lebens mit andern Menschen aneinandergeraten. Ihre Wertvorstellungen stimmen häufig nicht mit denen der Gesellschaft überein, und dabei bringen Sie es noch fertig, sich mit den wenigen Leuten zu überwerfen, die Ihnen helfen könnten, entscheidende Veränderungen im Sozialbewußtsein der Allgemeinheit vorzunehmen. Sie schrecken andere manchmal damit ab, daß Sie sich als eine Art Messias aufspielen und bombastisch Ihre Berufung zum Wohltäter der Menschheit verkünden.

Als negativ zu bewerten ist Ihr Hang, nach Machtpositionen zu streben, um wirksamer in das Leben anderer Menschen eingreifen zu können. Dabei benutzen Sie eventuell Ihre finanzielle Überlegenheit als zusätzliches Druckmittel, mit dem Sie Einfluß auf das Schicksal anderer nehmen. Auf diese Weise werden Sie zwar unter Umständen einen beachtlichen Erfolg verbuchen können, aber niemals den Respekt und die Bewunderung Ihrer Mitmenschen gewinnen, wenn Sie sie lediglich für Ihren anarchistischen Aufstieg zur Macht ausnutzen.

Passen Sie auf, daß Sie sich nicht in illegale Unternehmungen einlassen, nur weil diese mehr einzubringen versprechen. Die Gesellschaft, die Sie zu manipulieren versuchen, ist durchaus in der Lage, Ihnen Grenzen zu setzen oder Sie sogar hinter Gitter zu bringen – auch reiche Leute kommen ins Gefängnis. Wägen Sie sorgfältig die Risiken ab, die mit Ihren Aktivitäten verbunden sind. Was Ihnen selbst recht erscheint, mag in den Augen der Gesellschaft tiefstes Unrecht sein.

Andererseits fühlen Sie sich vielleicht auch dazu berufen, soziale Ungerechtigkeiten zu beheben und gegen Störenfriede der sozialen Ordnung zu Felde zu ziehen. Womöglich engagieren Sie sich für andere, indem Sie ganz persönlich auf sie eingehen und sich konzentriert der Lösung ihrer Probleme widmen. Sie haben Sinn für Dramatik und können die Öffentlichkeit gut aufrütteln, sowohl durch geschickt geknüpfte persönliche Kontakte als auch durch die Medien.

Nehmen Sie es mit Ihrem Vorhaben genau, wenn Sie die Interessen anderer vertreten und ihnen beim Durchsetzen ihrer Ziele behilflich sein wollen. Besser wäre es, Sie ließen sich für diesen Posten wählen, statt sich selbst einzusetzen in der Annahme, die betreffenden Menschen hätten ohne Sie keine Chance und würden nur Enttäuschungen erleiden. Sie haben wirklich viel zu geben, aber verderben Sie nicht alles durch Arroganz.

Jupiter-Opposition-Aszendent

Mit Jupiter in Opposition zum Aszendenten sind Sie großzügig zu Ihren Freunden und höflich zu Ihren Gegnern. Ihr Benehmen ist derartig kultiviert und makellos, daß sich manch einer argwöhnisch fragt, was für Motive wohl dahinterstecken. Sie tun sich gern mit Leuten zusammen, die sich selbstsicher geben und offenbar klare Ziele haben. Auf Verpflichtungen, in denen Sie keine Zukunft sehen, lassen Sie sich gar nicht erst ein. Sie ziehen Erfolgsmenschen an, denn Sie wiegen sich gern in dem gleichen optimistischen Gefühl wie sie, auf dem Weg nach oben zu sein. Wie ein Börsenmakler mit Kapitalwerten, so handeln Sie mit menschlichen »Werten« und schätzen ab, wer der Betreffende ist und welche Bedeutung er hat beziehungsweise für Sie haben kann. Sie brüsten sich mit Ihrem guten Urteilsvermögen, übersehen dabei jedoch die Tatsache, daß Sie für gewöhnlich mehr nehmen als geben, außer wenn es in Ihre Langzeitpläne hineinpaßt.

Sie schlagen nicht eben leicht Wurzeln, unter anderm wohl deshalb nicht, weil Sie sich dann ungebundener und in der Lage fühlen, aus jeder Gelegenheit Ihren Vorteil zu ziehen. Als »Ideenmensch« verstehen Sie sich darauf, Ihre kreativen Möglichkeiten voll auszuschöpfen. Sie sind ein guter Gesellschafter und imstande, jede Unterhaltung mit Geschichten zu beleben, die vielleicht frei erfunden, aber sicherlich niemals langweilig sind.

Ihr Wunsch, es zu etwas zu bringen, ist wahrscheinlich schon in früher Kindheit bei Ihnen erwacht, wo vielleicht nicht alles zufriedenstellend war. Auf Grund Ihrer damaligen häuslichen Verhältnisse haben Sie sich dann entschlossen, sich selbst und Ihre Lebensumstände nach Möglichkeit zu verbessern. Sie versuchen, sich selber davon zu überzeugen, daß Sie nur eine Chance brauchen, um aller Welt zu zeigen, wie fähig Sie sind. Dabei wollen Sie im Grunde nur nicht an Ihre materiellen und emotionalen Verpflichtungen erinnert werden. Sie wissen, daß es Ihnen guttäte, sich irgendwo niederzulassen und sich einzugestehen, daß Sie den Kontakt zu andern Menschen brauchen, wenn Sie erfolgreich sein wollen.

Ihr größtes Problem besteht darin, daß Sie Ihre Mitmenschen für Ihre eigenen Zwecke ausnutzen. Machen Sie sich klar, daß es nur zu ihrem Vorteil ist, wenn Sie selbst sich auch einmal großzügig verhalten, statt ständig die Großzügigkeit anderer in Anspruch zu nehmen.

Saturn-Opposition-Uranus

Die Opposition von Saturn zu Uranus deutet an, daß Ihr Verhältnis zu andern Menschen problematisch ist. Sie knüpfen zwar Kontakte, aber aus unerfindlichen Gründen auf eine streitlustige Art und Weise. Bisweilen sind Sie im Recht und sollten auch Ihre Position behaupten, aber doch nicht so, daß Sie dadurch die Verbundenheit mit Ihren besten Freunden aufs Spiel setzen. Sie brauchen die Rückenstärkung durch andere, weil Sie selbst bei Ihrem Tun und Lassen oft jegliche Logik vermissen lassen. Sie sollten wirklich diejenigen schätzen und respektieren, die ehrlich um Sie besorgt sind. Zuerst einmal müssen Sie Ihre Lektion lernen und kompromißbereiter werden. Später, wenn Sie aus Erfahrung klug geworden sind, werden Sie auch die Freiheit finden, die Sie suchen.

Es gibt zahlreiche Berufsfelder, für die Sie qualifiziert sind, darunter Wissenschaft und Forschung, Logistik, Statistik, Mathematik und Industrie-Management. Wenn Sie in eine leitende Position aufrücken, sollten Sie sie nicht durch Ihren Übereifer ins Wanken bringen. Da Sie höchstwahrscheinlich bei Ihren Untergebenen nicht ankommen, wird man bestimmt versuchen, Sie »abzusägen«, wogegen Sie machtlos sind. Sie selbst reagieren allerdings auch aggressiv auf Vorgesetzte, die Sie ausbeuten wollen.

Damit Ihr Leben in geordneten Bahnen verläuft, müssen Sie vieles zurechtrücken. Widerstehen Sie zunächst einmal dem Wunsch, gleich ganz oben anzufangen. Dort ist kaum Raum für Leute, die sich ihren Platz nicht verdient haben. Mit dieser Planetenkonstellation haben Sie die einmalige Gelegenheit, Menschen kennenzulernen, die Ihnen Dinge beibringen können, wie man sie auf den besten Schulen nicht lernt. Nur müssen Sie auch lernwillig sein. Und werfen Sie lieber Ihre Besserwisser-Attitüde über Bord, bis Sie wirklich etwas wissen; dann können Sie Ihre Kenntnisse auch in aller Bescheidenheit anwenden.

Auf längere Sicht wird Ihre materielle Einstellung dem Interesse an menschlichen Werten weichen, das Ihnen in Zukunft eine Bereicherung sein dürfte. Sie werden denen, die Ihnen zum Erfolg verholfen haben, dankbar sein und andere ebenso an Ihrem Wissen und Ihren Erkenntnissen teilnehmen lassen, wie Sie selber einst Zugang dazu bekamen.

Ihr Lebenspartner verdient wahrscheinlich für die Ermutigung, die er Ihnen in Zeiten des Zweifelns gewährt hat, mehr Anerkennung von Ihrer Seite, als Sie ihm zukommen lassen.

Saturn-Opposition-Neptun

Die Opposition von Saturn zu Neptun ist ein Hinweis darauf, daß sie andern von Natur aus mißtrauen, sobald Sie gezwungen sind, sich mit ihnen zu messen. Sie leiden unter der irrationalen Angst, Sie könnten versagen, und meiden deshalb die Auseinandersetzung im Wettbewerb. Durch Ihre übertriebene Vorsicht und Zurückhaltung wecken Sie bei Ihren Mitmenschen Argwohn und setzen einen Teufelskreis in Gang.

Obwohl Sie durchaus nach zeitlichen Gütern trachten, fehlt Ihnen einfach die nötige Umsicht, Ihre Ziele auch zu verwirklichen. Sie werden ständig Leuten begegnen, die Ihnen hinterlistig und verschlagen vorkommen, so daß Sie es möglicherweise für gerechtfertigt halten, es ihnen gleichzutun. Seien Sie lieber vorsichtig, denn Sie könnten das Verhalten der andern mißdeuten!

Vielleicht unternehmen Sie den Versuch, einigen gesellschaftlichen Randgruppen die drückenden, unwürdigen Bedingungen in ihrer Umgebung zu erleichtern. Manch einer wird Ihre Beweggründe anzweifeln und übersehen, daß Sie im Grunde nur Ihre Mitschuld an den bestehenden Verhältnissen abtragen wollen. Auch wenn andere sich darüber lustig machen, wie Sie sich für eine undankbare Gesellschaft aufopfern, werden Sie sich doch unbeirrt weiter engagieren. Für viele ist absolut nicht einsichtig, warum das Ihre Pflicht sein sollte, aber seien Sie versichert, daß Sie mit diesen beiden Planeten in Opposition keine andere Wahl haben.

In Ihren persönlichen Beziehungen werden Sie einiges auszustehen haben, da es Ihnen ausgesprochen schwerfällt, Ehrlichkeit von Unehrlichkeit zu unterscheiden. Andere versuchen wahrscheinlich, Sie zu übervorteilen. Es kommt auch sicher vor, daß Sie dem Menschen, den Sie lieben, Ihre aufrichtige Zuneigung bekunden, um später zu merken, daß Sie getäuscht worden sind. Das kann zu ernsten emotionalen und finanziellen Verlusten führen. Sie müssen einfach hinnehmen, daß Menschen sowohl zum Guten als auch zum Bösen fähig sind, denn Sie werden mit Sicherheit beide Erfahrungen machen.

Auf Ihrer Suche nach der idealen Bezugsperson sind Sie vermutlich so lange Drangsalen ausgesetzt, bis Sie sich endlich der Realität stellen. Vielleicht ziehen Sie es auch vor, ein Einzelgängerdasein zu führen, weil Ihnen das die einzige Möglichkeit zu sein scheint, sich zu schützen. Ergehen Sie sich keinesfalls in depressiven Stimmungen, denn dadurch öffnen Sie psychosomatischen Krankheiten Tür und Tor.

Saturn-Opposition-Pluto

Mit Saturn und Pluto in Opposition fallen Sie leicht machthungrigen Menschen zum Opfer. Sie laufen Gefahr, in Unternehmungen verwickelt zu werden, die bestenfalls fragwürdig und schlimmstenfalls gefährlich sind. Wenn Sie einmal in Gesellschaft geraten, wo negative oder unproduktive Zwecke verfolgt werden, haben Sie es mit Sicherheit sehr schwer, sich unbeschadet wieder davon freizumachen.

In Ihrem eigenen Interesse sollten Sie jeden Ihrer Mitarbeiter gründlichst prüfen. Glauben Sie niemals an schöne Versprechungen, die finanzielle Gewinne verheißen, solange nicht bewiesen ist, daß sie auch Hand und Fuß haben. Vielleicht winkt man Ihnen mit materiellen Vorteilen, die viel zu hoch geschraubt und unrealistisch sind, aber seien Sie immer mißtrauisch allem gegenüber, was »zu gut klingt, um wahr zu sein«, denn meistens liegt da etwas im argen. Das gilt auch für persönliche, emotionale Bindungen. Ihr Partner wird wahrscheinlich mehr von der Beziehung mit Ihnen profitieren als Sie selbst.

Ihr Berufsleben dürfte durch Machtkämpfe an der Spitze erschüttert werden, in die Sie irgendwie hineingezogen werden. Die Folge davon kann sein, daß Ihre Position untergraben wird. Sicherlich werden Sie auch stets Leuten begegnen, die Unmögliches von Ihnen verlangen, so daß es bestimmt zu einem schweren Bruch in dem betreffenden Verhältnis kommt.

Die sozialen Bedingungen, unter denen Sie leben, sind unter Umständen extrem hart und lassen Ihnen keine Möglichkeit zur konstruktiven Entfaltung. Aus Angst vor Armut und vor dem Verlust Ihres gesellschaftlichen Status greifen Sie womöglich zu unlauteren Mitteln, um sich zu schützen und abzusichern.

Die schwierigen Verhältnisse, denen Sie in Ihrem Lebenskampf oft ausgesetzt sind, erfordern sorgfältige Einschätzung und eine konstruktive Planung. Sie müssen lernen, entweder Ihre Umgebung zu verändern oder sich davon abzusetzen und einen neuen Anfang zu machen. Stecken Sie sich klare Ziele und legen Sie jeden Tag aufs neue den Grundstein für eine sichere Zukunft, die Sie sich bauen und in der Sie Ihre Ziele verwirklichen. Das ist der beste Kurs für Sie, wenn Sie die Früchte Ihrer Arbeit genießen und keine unnötigen Scherereien haben wollen.

Saturn-Opposition-Aszendent

Bei der Opposition von Saturn und Aszendent kann man davon ausgehen, daß in all Ihre Beziehungen Ihre Abwehrhaltung hineinspielt. Sie müssen sich schon sehr anstrengen, um bei Ihren Mitmenschen anzukommen, und das halten Sie meistens nicht der Mühe wert. Sie sind so sehr mit Ihren eigenen Angelegenheiten beschäftigt, daß Sie sich nicht auch noch mit denen anderer Leute befassen können. Gleichzeitig aber beklagen Sie sich darüber, daß Sie Ihren Mitmenschen offenbar gleichgültig sind. In Wirklichkeit nehmen Sie selbst einfach so wenig am Leben anderer teil, daß der Eindruck entsteht, Sie hielten sich für etwas Besseres. Deshalb bleiben die Leute auf Distanz.

Sie gehen davon aus, daß Ihre Talente nicht gewürdigt werden, und bieten darum Ihre Dienste gar nicht erst an. In der Überzeugung, andere seien fähiger als Sie, schrecken Sie vor scharfem Wettbewerb zurück. Dabei brauchen Sie die Bestätigung der andern, um sich Ihrer eigenen Fähigkeiten zu versichern. Meist testen Sie erst vorsichtig, wie Ihre Mitmenschen auf Ihre Handlungsweise reagieren, und legen ihnen schon eine Meinung in den Mund, ehe sie überhaupt die Chance hatten, sich zu äußern. Wahrscheinlich sind Sie unter harten Bedingungen aufgewachsen und nicht daran gewöhnt, für Ihre Bemühungen gelobt zu werden. Sie haben zwar ganz eigene Vorstellungen, sind sich jedoch nicht sicher, ob Sie Ihre Ideen auch umsetzen und damit den Beifall ernten können, den

Sie so verzweifelt brauchen. Eine solche Kleinigkeit wie die Bitte um eine Gehaltserhöhung ist für Sie eine gewichtige Sache, für deren Durchführung Sie Ihre ganze Entschlußkraft zusammennehmen müssen.

Sie lassen lieber Ihre Mitmenschen auf sich zukommen, als selber den ersten Schritt zu tun, weil Sie fürchten, sonst auf Ablehnung zu stoßen. Vielleicht sind Sie von dem Gedanken besessen, Ihre unterschwelligen Ängste würden jedermann in die Augen springen, was natürlich nicht der Fall ist. Schuldgefühle sollten Sie einzig und allein darüber haben, daß Sie sich selbst nicht genügend behaupten. Sie sind tüchtiger als die meisten Ihrer Konkurrenten und würden sich niemals eine Aufgabe vornehmen, die Sie nicht auch bewältigen können. Das merken Sie selbstverständlich erst dann, wenn Sie diese Erfahrung tatsächlich einmal machen. Insgeheim scheuen Sie Verantwortung, obgleich Sie durchaus in der Lage sind, Ihre Pflichten sowohl sich selber als auch andern gegenüber zu erfüllen. Was Sie brauchen, ist lediglich das sichere Bewußtsein, daß der Erfolg innerhalb Ihrer Reichweite liegt.

Uranus-Opposition-Neptun

Mit Uranus in Opposition zu Neptun sind Sie sich oft Ihrer Freiheit so wenig bewußt, daß Sie versäumen, Ihr Recht darauf geltend zu machen, wenn Ihre Freiheit durch soziale oder politische Umwälzungen in Frage gestellt wird. Sie überlassen es gern andern, die nötigen Schritte gegen eine solche Einschränkung der persönlichen Freiheit zu unternehmen. Vielleicht haben Sie sich über Jahre hinweg so sehr mit einer bestimmten religiösen, politischen oder sozialen Gruppierung identifiziert, daß Sie sich unwissentlich Ihres Rechts begeben haben, darin noch irgendwie Kontrolle ausüben zu können. Dabei müssen Sie stets die Möglichkeit in Betracht ziehen, von den jeweiligen Anführern, denen Sie so blindlings folgen, enttäuscht zu werden, weil diese unter Umständen geheime Vereinbarungen treffen und den Leuten, die sie repräsentieren, Informationen vorenthalten. Sie brauchen den Schock der Ernüchterung, damit Sie in gerechtem Zorn endlich aktiv für Ihre Freiheit kämpfen.

Sie sind zu einer Zeit der politischen Wirren und des Nationalismus geboren, in der starke Wirtschaftsstrukturen vorherrschten und eine enorme Militärmaschinerie entwickelt wurde. Durch die Apathie und Trägheit der Massen konnten die politischen Führer der Welt die Integrität der persönlichen Freiheit unterminieren, um ihre Bürger einige Jahre später in den Weltkrieg zu treiben. Die Kampfhandlungen waren eine direkte Folge der in den vorausgegangenen zwölf Jahren gewachsenen Unruhen.

Sie haben ein intuitives Gespür für das Übel, das sich im großen Kessel nationaler und internationaler Politik zusammenbraut. Wenn irgendwo

Störungen auftreten, bestätigen sie nur Ihre Erwartungen. Auf Grund Ihrer inneren Erkenntnisfähigkeit haben Sie die moralische Verpflichtung, die Menschen aufzurütteln, wenn eine drohende Gefahr durch den Druck der öffentlichen Meinung abgewendet werden könnte. Das gleiche gilt auch für religiöse, rassische und soziale Probleme, und das im besonderen Maße, sobald Ihre wirtschaftliche Sicherheit und ganz allgemein Ihr Seelenfrieden betroffen ist. Sehen Sie sich aber vor, nicht in fanatische Organisationen hineinzugeraten, deren Motive fragwürdig sind.

Uranus-Opposition-Pluto

Die Opposition von Uranus zu Pluto zeigt, daß Sie allen tiefgreifenden soziologischen, religiösen, philosophischen und politischen Entwicklungen mit Mißtrauen begegnen. Unwillkürlich vermuten Sie immer gleich, daß dadurch Ihre persönlichen Rechte irgendwie geschmälert oder abgeleugnet werden könnten, fühlen sich bedroht und ziehen voreilige Schlüsse, noch bevor Sie die Entwicklungen sorgfältig überprüft haben. Dabei sind Sie nicht grundsätzlich gegen Veränderungen, aber Sie wollen genügend Zeit haben, sich anzupassen. Obwohl Sie für sich beanspruchen, Ihrer eigenen Nase folgen zu dürfen, brauchen Sie in Ihrer Unsicherheit doch auch die Zustimmung eines von Ihnen bewunderten und geachteten Menschen, um sich der Richtigkeit Ihrer Auffassung zu vergewissern. Ihre Meinung steht allerdings fest und läßt wenig Raum für Kompromisse. Sie fühlen sich zu starken Persönlichkeiten hingezogen, die scheinbar nur Ihr Bestes im Sinn haben, und bieten ihnen gern Ihre volle Unterstützung an. Auf diese Weise brauchen Sie sich nicht weiter schuldig zu fühlen, wenn diese Leute sich nicht erwartungsgemäß verhalten – falls etwas schiefläuft, können Sie immer jemand anders dafür verantwortlich machen.

Diese Planetenkonstellation trat zwischen 1900 und 1903 in Erscheinung, einer Zeit im Wandel, die ständige Neuanpassung verlangte. Durch den Zeppelin und das Motorrad wurden neue Arten der Fortbewegung erschlossen. Der Rundfunk ließ die Welt zusammenschrumpfen, und die Entwicklung des Flugzeugs tat noch das ihrige dazu.

Sie können jüngere Generationen dazu anregen, jede Veränderung als notwendiges Element des Fortschritts zu begreifen. Sie können Zeugnis davon ablegen, daß blinder Gehorsam gegenüber Führerfiguren, die allzu mächtig und allzu kurzsichtig sind, die persönliche Freiheit ernstlich gefährden kann. Indem Sie aktiv an der Wahl fähiger Regierungsbeamter und Abgeordneter mitwirken, demonstrieren Sie, wie man verändernd in das Schicksal eingreifen kann. Legen Sie besonderen Nachdruck auf die Tatsache, daß zur Erhaltung eines so kostbaren Gutes wie der Freiheit jeder einzelne voll und ganz gefordert ist. Nur dann können die Menschen ihr Los selbst bestimmen und einigermaßen sicher sein, daß es auch weiterhin ein glückliches bleibt, ohne darum notwendige Veränderungen außer acht zu lassen.

Uranus-Opposition-Aszendent

Uranus in Opposition zum Aszendenten deutet darauf hin, daß Ihre Bekanntschaften Ihrem Wunsch nach Freiheit entgegenstehen. Sie ziehen Menschen an, die ihre eigene Freiheit verwirklichen, ohne Rücksicht darauf zu nehmen, daß sie die Ihre dadurch beschneiden, und das ärgert Sie. Sie selbst sprechen auf Leute an, die sich antiautoritär verhalten, weil Sie deren Enthusiasmus für Unabhängigkeit teilen wollen. Wenn jemand von Ihnen eine bindende Zusage haben will, fühlen Sie sich unbehaglich, denn Verträge und ähnlich geartete Verpflichtungen halten Sie für einengend und frustrierend. Eine Heirat im üblichen Sinne ist nichts für Sie. Sie ziehen ein eher lockeres Verhältnis auf der Basis gegenseitiger Zuneigung einer normalen Ehe vor. Außerdem genießen Sie noch die Annehmlichkeiten eines großen Freundeskreises, in dem Ihre Ansichten geteilt werden und in dessen Mitte Sie sich sicher und geborgen fühlen.

Ihre Altersgenossen bewundern die Genialität, mit der Sie Ihre kreativen Fähigkeiten nutzen. Sie wählen bevorzugt Tätigkeiten, bei denen Sie die Freiheit haben, auf Ihre eigene Art und Weise zu arbeiten, ohne durch irgendwelche Vorschriften und Bestimmungen eingeschränkt zu sein. Sie haben nichts für Anweisungen übrig, wann und wie Sie etwas tun oder bis zu welchem Zeitpunkt Sie mit einer Sache fertig sein sollten.

Da Sie von Natur aus rebellisch sind, haben Sie sicher frühzeitig Ihr Zuhause verlassen, um Ihren eigenen Zielen nachzugehen. Sie wissen zwar sehr genau, was Sie wollen, sind aber wahrscheinlich nicht dazu in der Lage, auch die volle Verantwortung für Ihre Handlungsweise zu übernehmen. Dem Wettbewerb gehen Sie nach Möglichkeit aus dem Weg, mit der Begründung, Sie wollten sich nicht von einer reglementierten Gesellschaft einfangen lassen.

Obwohl Sie insgeheim hoffen, einen wesentlichen Beitrag zur positiven Veränderung der Gesellschaft zu leisten, fehlt Ihnen womöglich die innere Bereitschaft, Ihr Anliegen auch in die Tat umzusetzen. Ihre Autoritätsfeindlichkeit kann Ihnen Schwierigkeiten bei der Verwirklichung Ihrer Ziele bereiten. Sie stellen eigene Regeln auf, die Ihnen als Leitlinien dienen, fordern jedoch nicht sehr viel von sich. Zu Ihrer Rolle im Leben gehört aber auch, andern Menschen zur Freiheit zu verhelfen, indem Sie ihnen den eindringlichen Rat geben, sich eine Ausbildung zu verschaffen und sich über die sozialen und politischen Zusammenhänge zu informieren, die für sie maßgebend sein können.

Neptun-Opposition-Aszendent

Neptun in Opposition zum Aszendenten ist ein Anzeichen dafür, daß Sie sich stark von den Leuten, mit denen Sie zusammen sind, beeinflussen lassen. Dabei fällt es Ihnen schwer, Freund und Feind zu unterscheiden. Manch einer nutzt deshalb wahrscheinlich Ihre emotionale Empfindsamkeit aus, um Sie von sich abhängig zu machen. Sie haben eine zu hohe Meinung von den Leuten, mit denen Sie verkehren, und sind verletzt, wenn Sie enttäuscht werden.

Sehen Sie sich vor, wenn Sie andern Ihre Hilfe anbieten. Sie sollten sich nur dann zur Verfügung stellen, wenn Sie ganz sicher wissen, daß jemand Ihren Beistand braucht. In Ihrer grenzenlosen Menschenfreundlichkeit machen Sie sich zu viele Gedanken um das Wohlergehen anderer. Doch im Grunde kompensieren Sie damit nur Ihre Unfähigkeit, auf eigenen Füßen zu stehen. Sie haben jemanden nötig, der Sie braucht, weil Sie sich zugehörig fühlen wollen. Alleinsein macht Sie hilflos, und deshalb verpflichten Sie sich andern Menschen.

Sie besitzen viel Phantasie und eine sehr einfallsreiche Art, sich auszudrücken, so daß Sie Ihre Talente im Bereich der Schriftstellerei, Musik oder Kunst spielen lassen sollten. Vom Konkurrenzkampf halten Sie sich besser fern, bis Sie die Gewißheit haben, auch eventuelle Niederlagen zu verkraften.

Sie verlassen sich darauf, daß andere Ihnen die nötigen Voraussetzungen für den Gelderwerb vermitteln. Da Sie das Gefühl haben, Glück und Zufriedenheit nicht zu verdienen, betonen Sie Ihre negativen Eigenschaften. In Wirklichkeit werden Sie aber mehr geliebt, als Sie wahrhaben wollen, und haben Freunde, die aufrichtig um Ihr Wohl besorgt sind. Holen Sie sich bei ihnen Rat, bevor Sie eine Verpflichtung eingehen, damit Sie später nichts bereuen. Wenn Vorgesetzte Ihnen eine Zusage machen, sollten Sie diese lieber schriftlich festhalten oder wenigstens dafür sorgen, daß ein Zeuge anwesend ist, der Ihnen Rückendeckung gibt, falls sie nicht eingehalten wird.

In der Liebe geraten Sie leicht in den Bann einer stärkeren Persönlichkeit. Lassen Sie sich aber keinesfalls auf eine feste Beziehung ein, ehe Sie den betreffenden Menschen nicht genau kennen und wissen, daß die Gefühle zwischen Ihnen beiden echt sind.

Pluto-Opposition-Aszendent

Pluto in Opposition zum Aszendenten bewirkt, daß Sie temperamentvolle Menschen mit ausgeprägtem Ego anziehen. Sie haben ein starkes Bedürfnis nach engen, intimen Kontakten zu vielen Personen Ihrer Umgebung, und das allein sollte Ihnen schon eine Warnung sein. Wenn Sie bemerken, daß jemand Sie umformen will, um Sie seinen Wunschvorstellungen anzugleichen, sollten Sie sich schleunigst aus dem Staub machen. Andererseits ist das auch ein sicheres Zeichen dafür, daß Sie bei den Menschen, auf die Sie ansprechen, das gleiche versuchen. Sie stellen hohe Ansprüche an alle, mit denen Sie verkehren, weisen jedoch ähnliche Forderungen an Sie selbst empört zurück. Im Grunde hat hier das alte Sprichwort Geltung: »Gleich und gleich gesellt sich gern.« Durch solche Probleme können auch die reizvollsten Beziehungen in die Brüche gehen.

Ihr Talent, Ihre Mitmenschen zu beeinflussen, macht die Öffentlichkeitsarbeit zum geeigneten Betätigungsfeld für Sie. Aber auch die Arbeit in der Politik, im sozialen Bereich oder in der Finanzwirtschaft dürfte Ihnen die ersehnte innere Befriedigung gewähren. Sie haben Sinn für Rhetorik und beeindrucken die Leute mit Ihrer Fähigkeit, Aufmerksamkeit auf sich zu ziehen.

Für gewöhnlich bekommen Sie, was Sie wollen und wann Sie es wollen, und können es nicht vertragen, wenn Ihnen etwas verweigert wird. Nehmen Sie sich vor, Ihren Mitmenschen die Augen für ihre sozialen Verpflichtungen zu öffnen, und Sie können Wunder vollbringen. Mit dem Versuch, unhaltbare soziale Zustände zu beheben, gewinnen Sie sich die Unterstützung Ihrer Freunde. Allerdings werden Regierungsbeamte wahrscheinlich alles daransetzen, Sie in Mißkredit zu bringen, damit sich die öffentliche Meinung gegen Sie wendet. Aber vor solchen Taktiken ist Ihnen nicht bange, denn Sie verfügen über Informationen, mit denen Sie solche Leute in ebenso große Unannehmlichkeiten stürzen könnten.

Im Privatleben tun Sie sich schwer, den gleichen Erfolg zu erringen, wie Sie ihn dank Ihrer Leistungen in der Öffentlichkeit genießen. Bei näherer Bekanntschaft können Sie lästig fallen, so daß die andern sich unbehaglich fühlen. Doch sind Sie immerhin auch verständig und haben die Gabe, sich psychisch auf andere Menschen einzustimmen, was Ihnen den Umgang mit ihnen erleichtern dürfte.

WEITERE TITEL KAILASH/IRISIANA
IM HEINRICH HUGENDUBEL VERLAG

Stephen Arroyo

ASTROLOGIE, KARMA UND TRANSFORMATION

Die Chancen schwieriger Aspekte

336 Seiten

Klassische Astrologie beschäftigt sich mit Charakterfestlegung und Prognose. Im Gegensatz hierzu untersucht Arroyo die spannungsreichen Aspekte hinsichtlich ihres Potentials, destruktive Energien in Kreativität umzuwandeln. Dieses richtungweisende Werk kann als Astrologielesebuch, aber auch als Nachschlagewerk für Aspekte, Transite und die Planeten in den Häusern dienen. Einige Stichworte: Sonne- und Mond-Prinzipien – Transformation I, Uranus und Neptun – Transformation II, Pluto und Saturn – Karma und Beziehungen – Aszendent und MC, essentielle Faktoren der Persönlichkeitsstruktur – Astrologiekonzepte in den Schriften von E. Cayce.

Stephen Arroyo

ASTROLOGIE, PSYCHOLOGIE UND DIE VIER ELEMENTE

224 Seiten

Obwohl Astrologie die älteste Disziplin darstellt, die sich mit dem menschlichen Charakter und dem daraus resultierenden Schicksal beschäftigt, wurde sie bislang von der Schulpsychologie ignoriert. Dies ist unverständlich; denn Astrologie gibt dem hierin Kundigen ein hervorragendes Diagnosemittel zur Hand, mit dem er die tieferen Probleme des um Hilfe Suchenden sofort erkennen kann. Das Horoskop als Diagnose-Instrument ist in seiner Einfachheit wohl allen Tests überlegen und könnte in der therapeutischen Praxis viel Zeit ersparen. Insbesondere verdeutlicht der Autor, was die überragende Bedeutung der Astrologie ausmacht: Grundbausteine der Kräfte zu veranschaulichen, die das Leben auf unserem Planeten Erde formen. »Eine energetische Betrachtungsweise der Astrologie und ihre Anwendung in den psychotherapeutischen Verfahren« heißt der Untertitel der amerikanischen Ausgabe, und genau hierum geht es.

Wolfgang Döbereiner

ASTROLOGISCHES LEHR- UND ÜBUNGSBUCH

Münchener Rythmenlehre

Band 1: *462 S.*, **Band 2:** *458 S.*, **Band 3:** *437 S.*, **Band 4:** *398 S.*

Neben einer allgemeinen Einführung in astrologische Denk- und Deutungsinhalte stellt dieses langerwartete Werk die einzige Unterweisung in der Münchner Rhythmenlehre dar. Wie in keinem anderen Astrologiebuch wird der Schüler hiermit in die Lage versetzt, den behandelten Stoff zu erlernen. Besonders erfreulich ist die große Materialfülle, die vielen Übungsbeispiele und Zeichnungen, die ein Training für die psychologische Deutung ermöglichen, wie man es sonst nirgendwo findet.

Wolfgang Döbereiner

ASTROLOGISCH-HOMÖOPATHISCHE ERFAHRUNGSBILDER ZUR DIAGNOSE UND THERAPIE VON ERKRANKUNGEN

Band 1: Theorien und Lehrsätze, *289 Seiten*

Band 2: Beispiele für die astrologische Praxis, *156 Seiten*

Band 1 enthält die Beschreibung wichtiger astrologischer Konstellationen – ihre Auswirkungen auf Körper und Seele mit dem Hinweis auf die entsprechenden Heilmittel aus der Homöopathie. Band 2 demonstriert Anwendung und Auswirkung der Theorie anhand von Praxisfällen.

Liz Greene

SATURN

264 Seiten

Saturn – der Pervertierer der Anlagen, die in Materie gepreßte Seele, der Hüter der Schwelle, der gefallene Engel Gottes!
Diese Attribute und noch andere, meist recht negative Qualitäten werden ihm, astrologischer Tradition entsprechend, zugeschrieben. Liz Greene untersucht, ob diese einseitige Beurteilung nicht den positiven Aspekt Saturns unterschlägt. Sicherlich, Saturn bedeutet immer eine Aufgabe, eine Lektion. Aber was passiert, wenn wir uns der Aufgabe stellen – ja sie vielleicht sogar willkommen heißen?! Dann entpuppt sich der Teufel als Lehrmeister, der uns auf dem Pfad der Erkenntnis weiterbringt.

Hermann Meyer

ASTROLOGIE UND PSYCHOLOGIE

288 Seiten

Dieses Buch eröffnet dem Leser die Möglichkeit, sein eigenes Horoskop zu berechnen und zu deuten sowie die Mechanismen und Gesetze des Schicksals verstehen zu lernen. Die psychologische Astrologie will helfen, destruktiv erlebte Anlagen konstruktiv umzuwandeln. Aus dem Inhalt: Wie Schwangerschaftseinflüsse die Seele des werdenden Kindes beeinflussen – Psychosomatik – die Aufdeckung seelischer Einflüsse über das Horoskop – Entsprechung Innenwelt/Außenwelt – positive und negative Verstärkung des Schicksals – Saturn als Pervertierer der Anlagen – unbewußte Partnerwahl.

Hermann Meyer

PARTNERSCHAFT, GESUNDHEIT UND GLÜCK IN DER PSYCHOLOGISCHEN ASTROLOGIE

305 Seiten

»Jeder ist seines Glückes Schmied«, sagt eine alte Volksweisheit, wer ist aber wirklich bereit, Verantwortung zu übernehmen für die Qualität seiner Partnerschaft, für seine Gesundheit und für das, was uns scheinbar zufällig als Glück oder Pech widerfährt?! Anhand astrologischer Symbole zeigt der Autor hier, wie Anlagen positiv oder negativ gelebt werden und wie wir sie transformieren können. – Einige Stichworte zum Inhalt:
- Unfall als unbewußte Suche nach Ausgleich und Harmonie
- Wie Schuldgefühle und Ängste die Partnerbeziehung beeinflussen
- Wegpartner, Ergänzungspartner und Traumpartner
- Krebs als Folge von materieller und psychischer Fremdbestimmung
- Glück und Pech als Folgen eigenes Verhaltens.

Liz Greene

JENSEITS VON SATURN

Pluto, Neptun, Uranus. Eine Astrologie des Kollektiven.

228 Seiten

Die äußeren Planeten Uranus, Neptun und Pluto repräsentieren im Horoskop die eher unbewußten psychischen Anteile, die uns als Masse motivieren, in eine ähnliche Richtung zu gehen wie unsere Zeitgenossen bzw. die Generation. In bekannt klarer, skorpionisch in die Tiefe gehender Form, macht uns Liz Greene mit den äußerlich oft schwer erkennbaren Charakteristika der astrologischen »Langsamläufer« vertraut. Mit dem heute zur Verfügung stehenden Wissen der Tiefenpsychologie nimmt sie immer wieder Anleihen in der antiken Mythologie auf, um das Wirken der Planeten-Götter aus dem unterbewußten Hintergrund hervorzuheben und bildhaft werden zu lassen. Beispielhaft verdeutlicht Liz Greene die Wirkung auf das kollektive Unbewußte an Horoskopen einflußreicher Menschen, die quasi stellvertretend den Zeitgeist bzw. den Einfluß der äußeren Planeten exemplifizieren, und an Staatsgründungs-Geburtsbildern: Hitler, Marx, Lenin, Freud, die Gründung der Staaten Rußland, USA, Israel etc.

Sehr konkret geht sie ein auf:

- Generationsaspekte (Saturn Konjunktion Pluto, Neptun usw.)
- Aspekte und Transite der äußeren zu den inneren Planeten
- Beispielhoroskope

Trotz zahlreicher historischer, soziologischer und psychologischer Studien über das Phänomen »Massenpsychologie« hat sich unser Wissensstand gegenüber dem vor 100 Jahren kaum verbessert. Im vorliegenden Werk finden wir überzeugende Hinweise darauf, daß die Astrologie ein sehr präzises und nützliches Instrumentarium zur Untersuchung und zum Verständnis der verborgenen Motivationen anbietet, die die Menschheit leiten.